十三經漢魏古注叢書

儀禮注

〔東漢〕鄭 玄 注

闞 海 整理

商務印書館
The Commercial Press

商務印書館（上海）有限公司　出品
The Commercial Press（Shanghai）Co.Ltd

十三經漢魏古注叢書

總主編：朱傑人

執行主編：徐　淵　但　誠

叢 書 序

儒學的發生和發展，是與儒家經典的確認與被詮釋、被解讀相始終的。東漢和帝永元十四年（公元102年），司空徐防"以《五經》久遠，聖意難明，宜爲章句，以悟後學。上疏曰：'臣聞《詩》《書》《禮》《樂》，定自孔子，發明章句，始於子夏。其後諸家分析，各有異説。漢承亂秦，經典廢絶，本文略存，或無章句。收拾缺遺，建立明經，博徵儒術，開置太學。'"（〔南朝宋〕范曄撰，〔唐〕李賢等注：《後漢書》卷四十四《徐防傳》，北京：中華書局，1965年，第1500頁）於今而言，永元離孔聖時代未遠（孔子逝於公元前479年，至永元十四年，凡581年），然徐防已然謂"《五經》久遠，聖意難明"，而強調"章句"之學的重要性。所謂"章句"，即是對經典的訓釋。從徐防的奏疏看，東漢人既認同子夏是對儒家經典進行訓釋的"發明"者，也承認秦亂以後儒家的經典只有本文流傳了下來，而"章句"已經失傳。

西漢武帝即位不久，董仲舒上《天人三策》，確立了儒學作爲國家的主流意識形態。自此，對儒家經典的研究與注釋出現了百花齊放的局面，章句之學成爲一時之顯學。漢人講經，重師法和家法。皮錫瑞曰："前漢重師法，後漢重家法。先有師法，而後能成一家之言。師法者，溯其源；家法者，衍其流也。"（〔清〕皮錫瑞著，周予同注釋：《經學歷史》，北京：中華書局，2008年，第136頁）既溯其源，則

　　兩漢經學，幾乎一出於子夏。即其"流"，大抵也流出不遠。漢章帝建初四年（公元 79 年），詔群儒會講白虎觀論《五經》異同，詔曰："蓋三代導人，教學爲本。漢承暴秦，褒顯儒術，建立《五經》，爲置博士。其後學者精進，雖曰承師，亦別名家。孝宣皇帝以爲去聖久遠，學不厭博，故遂立大、小夏侯《尚書》，後又立《京氏易》。至建武中，復置顏氏、嚴氏《春秋》，大、小戴《禮》博士。此皆所以扶進微學，尊廣道藝也。"（〔南朝宋〕范曄撰，〔唐〕李賢等注：《後漢書》卷三《肅宗孝章帝紀》，第 137—138 頁）漢章帝的詔書肯定了師法與家法在傳承儒家經典過程中不可或缺的作用，並認爲收羅和整理瀕臨失傳的師法、家法之遺存，可以"扶進微學，尊廣道藝"。

　　嚴正先生認爲兩漢經學家們"注重師法和家法是爲了證明自己學說的權威性，他們可以列出從孔子以至漢初經師的傳承譜系，這就表明自己的學說確實是孔子真傳"（姜廣輝主編：《中國經學思想史》第二卷，北京：中國社會科學出版社，2003 年，第 14 頁）。這種風氣，客觀上爲兩漢時代經學的發展提供了一個可控而不至失範的學術環境，有利於經學的傳播和發展（當然，家法、師法的流弊是束縛了經學獲得新的生命力，那是問題的另一個方面）。漢代的這種學風，一直影響到魏、晉、唐。孔穎達奉旨修《五經正義》，馬嘉運"以穎達所撰《正義》頗多繁雜，每掎摭之，諸儒亦稱爲允當"（〔後晉〕劉昫等撰：《舊唐書》卷七十三《馬嘉運傳》，北京：中華書局，1975 年，第 2603 頁）。所謂"頗多繁雜"，實即不謹師法。史載，孔穎達的《五經正義》編定以後，因受到馬嘉運等的批評並未立即頒行，而是"詔更令詳定"

（〔後晉〕劉昫等撰：《舊唐書》卷七十三《馬嘉運傳》，第
2603頁）。直至高宗永徽四年（公元653年），才正式詔頒於
天下，令每歲明經科以此考試。此時離孔穎達去世已五年之
久。此可見初唐朝野對儒家經典訓釋的慎重和謹嚴。這種謹
慎態度的背後，顯然是受到自漢以來經典解釋傳統的影響。

　　正因爲漢、魏至唐，儒家學者們對自己學術傳統的堅守
和捍衛，給我們留下了一份彌足珍貴的遺產，那就是一系列
關於儒家經典的訓釋。我們今天依然可以見到的如：《周易》
王弼注，《詩經》毛亨傳、鄭玄箋，《尚書》僞孔安國傳，三
《禮》鄭玄注，《春秋左傳》杜預注，《春秋公羊傳》何休解詁，
《春秋穀梁傳》范甯集解，《論語》何晏集解，《孟子》趙岐
章句，《爾雅》郭璞注，《孝經》孔安國傳、鄭玄注等。這些
書，我們姑且把它們稱作"古注"。

　　惠棟作《九經古義序》曰："漢人通經有家法，故有《五
經》師。訓詁之學，皆師所口授，其後乃著竹帛。所以漢經
師之說立於學官，與經並行。《五經》出於屋壁，多古字古
音，非經師不能辯，經之義存乎訓，識字審音乃知其義，是
故古訓不可改也，經師不可廢也。"（〔清〕惠棟：《九經古義》
述首，王雲五編：《叢書集成初編》254—255，上海：商務
印書館，1937年，第1頁）惠氏之說，點出了不能廢"古注"
的根本原因，可謂中肯。

　　對儒家經典的解讀，到了宋代發生一個巨大的變化：
"訓詁之學"被冷落，"義理之學"代之而起。由此又導出漢
學、宋學之別，與漢學、宋學之爭。

　　王應麟說："自漢儒至於慶曆間，說經者守訓故而不
鑿。《七經小傳》出而稍尚新奇矣。至《三經義》行，視漢

3

儒之學若土梗。"（〔宋〕王應麟著，〔清〕翁元圻輯注，孫通海點校：《困學紀聞注》卷八《經説》，北京：中華書局，2016 年，第 1192 頁）按，《七經小傳》劉敞撰，《三經義》即王安石《三經新義》。然則，王應麟認爲宋代經學風氣之變始於劉、王。清人批評宋學："非獨科舉文字蹈空而已，説經之書，亦多空衍義理，横發議論，與漢、唐注疏全異。"（〔清〕皮錫瑞著，周予同注釋：《經學歷史》，第 274 頁）惠棟甚至引用其父惠士奇的話説："宋人不好古而好臆説，故其解經皆燕相之説書也。"（〔清〕惠棟：《九曜齋筆記》卷二《本朝經學》，《聚學軒叢書》本）其實，宋學的這些弊端，宋代人自己就批評過。神宗熙寧二年（公元 1069 年）司馬光上《論風俗劄子》曰："竊見近歲公卿大夫好爲高奇之論，喜誦老、莊之言，流及科場，亦相習尚。新進後生，未知臧否，口傳耳剽，翕然成風。至有讀《易》未識卦、爻，已謂《十翼》非孔子之言；讀《禮》未知篇數，已謂《周官》爲戰國之書；讀《詩》未盡《周南》《召南》，已謂毛、鄭爲章句之學。讀《春秋》未知十二公，已謂三《傳》可束之高閣。循守注疏者，謂之腐儒；穿鑿臆説者，謂之精義。"（〔宋〕司馬光撰，李文澤、霞紹暉校點：《司馬光集》卷四五，成都：四川大學出版社，2010 年，第 973—974 頁）可見，此種學風確爲當時的一種風氣。但清人的批評指向却是宋代的理學，好像宋代的理學家們都是些憑空臆説之徒。這種批評成了理學躲不開的夢魘，也成了漢學、宋學天然的劃界標準。

遺憾的是，這其實是一種被誤導了的"常識"。

理學家並不拒斥訓詁之學，更不輕視漢魏古注。恰恰相反，理學家的義理之論正是建立在對古注的充分尊重與理

4

解之上才得以成立，即使對古注持不同意見，也必以翔實的考據和慎密的論證爲依據。而這正是漢學之精髓所在。試以理學的經典《四書章句集注》爲例，其訓詁文字基本上採自漢唐古注。據中國臺灣學者陳逢源援引日本學者大槻信良的統計："《論語集注》援取漢宋諸儒注解有九百四十九條，採用當朝儒者説法有六百八十條；《孟子集注》援取漢宋諸儒注解一千零六十九條，採用當朝儒者説法也有二百五十五條。"（陳逢源：《朱熹與四書章句集注》，臺北：里仁書局，2006 年，第 195—196 頁）這一統計説明，朱子的注釋是"厚古"而"薄今"的。

朱子非常重視古注，推尊漢儒："古注有不可易處。"（〔宋〕黎靖德輯，鄭明等校點：《朱子語類》卷六十四，《朱子全書》〔第十六册〕，上海：上海古籍出版社，合肥：安徽教育出版社，2002 年，第 2130 頁）"諸儒説多不明，却是古注是。"（〔宋〕黎靖德輯，鄭明等校點：《朱子語類》卷六十四，《朱子全書》〔第十六册〕，第 2116 頁）"東漢諸儒煞好。……康成也可謂大儒。"（〔宋〕黎靖德輯，鄭明等校點：《朱子語類》卷八十七，《朱子全書》〔第十七册〕，第 2942 頁）甚至對漢人解經之家法，朱子亦予以肯定："其治經必專家法者，天下之理固不外於人之一心，然聖賢之言則有淵奧爾雅而不可以臆斷者，其制度、名物、行事本末又非今日之見聞所能及也，故治經者必因先儒已成之説而推之。借曰未必盡是，亦當究其所以得失之故，而後可以反求諸心而正其繆。此漢之諸儒所以專門名家，各守師説，而不敢輕有變焉者也……近年以來，習俗苟偷，學無宗主，治經者不復讀其經之本文與夫先儒之傳注，但取近時科舉中選之文諷誦摹仿，擇取經中可爲題目之句以意扭捏，妄作主張，明知不是經意，但取便於行文，不假恤也……主司不惟不知其繆，乃反以爲工而置之高等。習以成風，轉相祖述，慢侮聖言，日以益盛。名爲治經而實爲經學之賊，號爲作文而實爲文字之妖。不可坐視而不之正也。"（〔宋〕朱熹撰，徐德明、王鐵校點：《學校貢舉私議》，《晦庵先生朱文公文集》卷六十九，《朱子全書》〔第二十三册〕，第 3360 頁）這段文字明白無誤地指出，漢人家法之不可無，治經必不可丟棄先儒已成之説。

這段文字還對當時治經者抛棄先儒成説而肆意臆説的學風提出了嚴厲的批評。認爲這不是治經，而是經學之賊。他對他的學生説："傳注，惟古注不作文，却好看。只隨經句分説，不離經意最好。疏亦然。今人解書，且圖要作文，又加辨説，百般生疑。故其文雖可讀，而經意殊遠。"（〔宋〕黎靖德輯，鄭明等校點：《朱子語類》卷十一，《朱子全書》〔第十四册〕，第 351 頁）他認爲守注疏而後論道是正道："祖宗以來，學者但守注疏，其後便論道，如二蘇直是要論道，但注疏如何棄得？"（〔宋〕黎靖德輯，鄭明等校點：《朱子語類》卷一百二十九，《朱子全書》〔第十八册〕，第 4028 頁）他提倡訓詁、經義不相離："漢儒可謂善説經者，不過只説訓詁，使人以此訓詁玩索經文，訓詁、經文不相離異，只做一道看了，直是意味深長也。"（〔宋〕朱熹撰，徐德明、王鐵校點：《答張敬夫》，《晦庵先生朱文公文集》卷三十一，第 1349 頁）

錢穆先生論朱子之辨《禹貢》，論其考據功夫之深，而有一歎曰："清儒窮經稽古，以《禹貢》專門名家者頗不乏人。惜乎漢宋門户牢不可破，先横一偏私之見，未能直承朱子，進而益求其真是之所在，而仍不脱於遷就穿鑿，所謂

6

巧愈甚而謬愈彰，此則大可遺憾也。"（錢穆：《朱子新學案》
[第五冊]，《錢賓四先生全集》，臺北：聯經出版事業公司，
1998 年，第 341 頁）

　　20 世紀 20 年代，商務印書館曾經出過一套深受學界好
評的叢書《四部叢刊》。《叢刊》以精選善本爲勝，贏得口碑。
經部典籍則以漢魏之著，宋元之刊爲主，一時古籍之最，
幾乎被一網打盡。但《四部叢刊》以表現古籍原貌爲宗旨，
故呈現方式爲影印。它的好處是使藏之深閣的元明刻本走入
了普通學者和讀者的家庭，故甫一問世，便廣受好評，直至
今日它依然是研究中國學術文化的學者們不可或缺的基本圖
書。但是，它的缺點是曲高和寡而價格不菲，不利於普及與
流通。鑒於當下持續不斷的國學熱、傳統文化熱，人們研讀
經典已從一般的閱讀向深層的需求發展，商務印書館決定啓
動一項與時俱進的大工程：編輯一套經過整理的儒家經典古
注本。選目以《四部叢刊》所收漢魏古注爲基礎，輔以其他
宋元善本。爲了適應現代人的閱讀習慣，這套叢書改直排爲
橫排，但爲了保持古籍的原貌而用繁體字，並嚴格遵循古籍
整理的規範，有句讀（點），用專名綫（標）。參與整理的，
都是國內各高校和研究機構學有專長的中青年學者。

　　另外，本次整理還首次使用了剛剛開發成功的 Source
Han（開源思源宋體）。這種字體也許可以使讀者們有一種
更舒適的閱讀體驗。

朱傑人

二〇一九年二月

於海上桑榆匪晚齋

目　　錄

整理説明

　　《儀禮》《周禮》《禮記》三書合稱最早見於《後漢書·儒林傳》。三書雖號《三禮》，實則各自側重不同，與《周禮》《禮記》相比，《儀禮》主要記載各種禮儀場合的儀節，是"最有本質性的書籍"（日本學者池田末利語）。

　　《儀禮》在漢代只稱《士禮》《禮》或《禮經》，據阮元《儀禮注疏校勘記》，鄭玄注《儀禮》時徑稱篇名，而洪适《隸釋》稱東晉戴延之謂之《禮記》，《儀禮》之名後起，大概已經要到東晉時代了。

　　關於《儀禮》的流傳。漢代以前，《儀禮》流傳情況已經不能確知，《史記·儒林列傳》云"《禮》固自孔子時而其經不具，及至秦焚書，書散亡益多"；同時，根據《漢書·藝文志》的説法，"及周之衰，諸侯將踰法度，惡其害己，皆滅去其籍，自孔子時而不具，至秦大壞"。《史記》《漢志》所説有想象的成分在其中，但有一點卻可以確定，在先秦時代，《禮》就已經不完備了。

　　漢興，高堂生傳《士禮》十七篇，以今文寫定，到了宣帝時，后倉傳於大、小戴與慶普，三家皆立於學官，後來大戴傳與徐良；小戴傳與橋仁、楊榮；慶普傳與夏侯敬及其族子慶咸。在西漢，《儀禮》受到特別的重視，司馬遷稱"《春秋》者，禮儀之大宗"，觀《漢書》中所稱引的"《春秋》之義"，多與《儀禮》合，可以證明司馬遷所言非虛，也折射出西漢人重視《儀禮》，以及《公羊》中所稱引的禮多與《儀禮》相合。元帝開始，由於托古改制的逐漸展開，《周禮》也逐漸被重視，到王莽時達到高潮。王莽托古改制，簡直到了對《周禮》迷信的程度，在這樣的政治環境下，《儀禮》的地位有所下降。到了東漢，二戴之學雖然被立於學官，並且傳承不絕，中間甚至有習慶氏學的曹褒制作《漢禮》，但旋即被廢除而不能實行。《儀禮》之學在東漢總體呈現不斷衰微的趨勢。由此可見，《隋書·經籍志》言"三家雖存並微"絕非無的放矢。

到東漢末年，鄭玄遍注群經，雜采今古文爲其所習之小戴《禮》作注。所謂雜采今古文，就是他在整理過程中參考了今、古文兩種本子相互參照，文字有異，則"取其義長者"，賈公彥指"鄭注《禮》之時，以今、古二字並之。若從今文，不從古文，即今文在經……於注內疊出古文……若從古文，不從今文，則古文在經，注內疊出今文"。這就是我們看到的今本《儀禮》。不過，需要特別交代的是，沈文倬先生在研究武威漢簡《儀禮》之後，認爲鄭玄雜采之説乃賈公彥的理解，實際不能成立。爲行文的方便，我們姑且仍然采用傳統説法。

到了南北朝時代，經學分爲南北，但"禮則同尊於鄭氏"，由於東晉以來門閥世家的興盛，禮學在南朝尤其受到推崇。據《南史·儒林傳》記載，當時的學者基本上都通《三禮》或之一，而尤其注重對《喪服》的研討，其中雷嗣宗於《三禮》之學最爲精通，時號稱"雷鄭"。直到今天，南朝諸多論禮的細節還見於《通典》之中。北朝的《儀禮》之學，"《三禮》並出遵明之門"，這個遵明就是北魏的大儒徐遵明，徐遵明傳李鉉，李鉉傳熊安生，"其後能通《禮經》者，多是安生門人"。除徐、熊一系之外，還有北周沈重，爲當世儒宗，撰有《儀禮義》三十五卷。雖然南北朝禮學繁盛，但是由於材料的散佚，今天已經見不到完整的南北朝《儀禮》注釋文獻了。

進入隋朝，南北學隨政治統一而趨向於統一，當時最著名的禮學家當推張文翊，本傳稱其"特精《三禮》"，可見當時必定還有其他爲數不少的禮學家存在。唐代貞觀年間，先是唐太宗下旨編纂《五經定本》，後又下旨編纂《五經義疏》，到高宗時又再修而更名曰《五經正義》，至永徽四年（公元651年）修成。但這部《五經正義》在《禮》的選擇上卻選擇了《禮記》而非《儀禮》加以注釋，可見當時《三禮》地位之升降。雖然有高宗時代的太學博士、弘文館學士賈公彥采前代諸家之説而撰定《儀禮注疏》五十卷，但是《儀禮》的地位仍然沒有因此得到提升。唐中葉以後，《儀禮》之學式微，韓愈號爲"一代文宗"，卻仍然説："余嘗苦《儀禮》之難讀，又其行於今者蓋寡，沿襲不同，復之無由，考於今，誠無所用之。"一般學者對此學之畏，可以想見。

降及北宋，儒者於《禮》幾乎不講，至使賈疏剝蝕乖舛，幾不可讀。加之王安石時罷去《儀禮》學官，此學更是衰微。南宋時，張淳校訂《儀禮》，撰成《儀禮識誤》，《四庫提要》稱其"最爲詳審"；李如圭撰《儀禮集釋》十七卷，全錄鄭注，且旁徵博引，多發賈疏未發之覆；魏了翁又撰《儀禮要義》五十卷，其書取注、疏精華，《四庫提要》稱"其書梳剔爬抉，於學者最爲有功"；至朱子時，與弟子黃榦撰《儀禮經傳通解》，可稱《儀禮》功臣，不僅分門別類將各種

《儀禮》的經傳注疏資料彙編在一起，而且將古書中的相關資料附於其後，使雜亂的材料歸於統緒，便於閱讀。朱子在《論修禮書》中介紹了自己的設想以及完成的工作時説："《儀禮》，禮之根本，而《禮記》乃其枝葉。《禮記》乃秦漢上下諸儒解釋《儀禮》之書，又有他説附益於其間。今欲定作一書，先以《儀禮》篇目置於前，而附《禮記》於後。如《射禮》，則附以《射義》，似此類已得二十餘篇。若其餘《曲禮》《少儀》，又自作一項，而以類相從。若疏中有説制度處，亦當采取以益之。"

元代取士不用《儀禮》，唯有吳澄撰《儀禮逸經傳》及敖繼公撰《儀禮集説》，而又以敖繼公所撰最爲重要。不過敖氏每於鄭説處立異，删鄭玄注中其以爲不合於經者，更爲立説，顯然不是一種客觀平實的治學態度。明代學風疏闊，治《儀禮》者只有寥寥數家，郝敬的《儀禮節解》盡棄注疏；朱朝瑛《讀儀禮略記》甚至於經文亦不盡録，並且沿襲敖繼公、郝敬之説，幾無可取。

到了清代，漢學復興，特別是乾嘉時代，更是經學大盛。乾隆即位後不久，即編纂武英殿本《十三經注疏》；後又編纂《三禮義疏》，此後研究《儀禮》者不可勝記。其中張爾岐《儀禮鄭注句讀》、萬斯大《儀禮商》、吳廷華《儀禮疑義》、蔡德晉《禮經本義》、盛世佐《儀禮集編》等多能發明疑意，或輯前代諸家之説存之；甚至作爲文章家的"桐城派"方苞也於《儀禮》用力甚勤，撰成《儀禮析疑》一書，多有發明。另外，尚有專門研究《儀禮》某些内容的專書，如江永的《儀禮釋宮增注》、程瑶田《儀禮喪服足徵記》。清代《儀禮》學術著作在此之外，尚須提及三部重要著作，那就是胡培翬的《儀禮正義》、張惠言的《儀禮圖》和凌廷堪的《禮經釋例》，三部書分別從義、圖、例三個方面對《儀禮》進行了系統的研究，可謂是研究《儀禮》之津筏。到了清末，張錫恭集禮學之大成，其《喪服鄭氏學》發明鄭義，多能闡發鄭玄注釋的精微之處，張舜徽就認爲："與錫恭同時友善、同爲《禮經》之學者，有吳縣曹元忠、元弼兄弟。元忠著有《禮議》，元弼著有《禮經校釋》《禮經學》，而皆不及錫恭之精。"

關於版本。《儀禮》在漢代究竟是何等面貌，原本不知，幸地不愛寶，武威漢簡《儀禮》的出土爲一探《儀禮》的原始面貌提供了可能。陳夢家認爲武威漢簡《儀禮》是慶氏之學；沈文倬在《禮漢簡佚文釋》中又對照鄭注本對漢簡《儀禮》進行了詳細校勘與研究，認爲漢簡本是一個不同於二戴及慶氏學的本子，它應該是一個古文隸定中摻入了今文的本子。鄭玄雜采今、古文注釋《三禮》之後，即形成了今本《儀禮》。唐代賈公彥《儀禮疏》則爲單疏本，此群經皆然。唐中葉以後，《儀禮》之學衰微，斷爛殘編。北宋景德元年（公元 1004 年），呂蒙正上邢昺、孫奭校訂的賈疏，這就是現今所知最早的《儀禮疏》景德官本（清代汪士鐘影刻此本，後收入《四部叢刊》中），但《儀禮》之學衰微已久，雖經邢、孫等人校訂，仍然多有錯訛舛奪之處。明嘉靖時，陳鳳梧爲閱讀之便，將《儀禮》經注疏合刊，這是《儀禮》經注疏合刊之始，後應檟本、李元陽本、萬曆北監本、汲古閣本均以此爲祖本，且對於合刊形式也因襲不替。陳本雖有閱讀之便，但錯訛之處仍不勝枚舉，受批評甚多。到了清代，乾隆四年（公元 1739 年），以明監本爲基礎刊刻了《十三經注疏》，由於這項工作是在武英殿進行，所以這個本子被稱爲武英殿本。嘉慶時，當時的江寧知府張敦仁延請顧廣圻校訂景德官本、嚴州本，並在此基礎上據唐石經、朱熹《通解》等校正經注疏文字，最後於嘉慶十一年（公元1806年）匯聚成《儀禮疏》，其中所缺六卷（三二—三七）以宋魏了翁《儀禮要義》補足，其他缺葉則以明本補足，依景德官本分爲三十卷，這個本子，可以説是《儀禮注疏》版本中，最重要的一環，其編校體例嚴謹，是顧氏文獻觀點的直接體現，也得到了當時的認同。嘉慶二十年，阮元組織重刻《十三經注疏》，即直接以張敦仁本爲底本進行翻刻，推重之義，可見一斑。在此基礎上，阮刻又綜合其他各本，形成了完備的刻本，且校勘詳細，因此，它是目前流傳最廣的本子。

本次整理，以《四部叢刊》影印宋本爲底本，參校嚴州本、張敦仁本、阮刻本等。爲了表明《儀禮》各個儀節，還參考了胡培翬《儀禮正義》，今人楊天宇、彭林等的成果對經文進行了分節。因爲叢書明確要爲大家提供一個讀本，從這樣的角度出發，整理者在整理過程中參考校本做了簡單的校勘工作。

本次整理過程中，復旦大學研究生于金鐸同學做了大量實際工作，謹致謝忱。

由於水平有限，整理過程中的一切錯誤，均由整理者負責。

闞　海

二〇一九年十一月

整理凡例

一、《儀禮鄭注》原書經、注相間，根據本叢書的總體例，整理時重新排版，先列經文，鄭注以節後注的形式列出。分節的原則以《儀禮》儀節的過程推進爲准，參考胡培翬《儀禮正義》及楊天宇、彭林等的分節。

一、本書底本選用《四部叢刊》影印宋本。

一、本書分卷，一以底本爲準。

一、本書所用參校本有覆宋嚴州本《儀禮鄭注》、張敦仁本《儀禮疏》及阮元校刻《十三經注疏》。

一、爲了盡可能保留原本面貌，本書在整理過程中，凡是底本中的異體字，盡量保留；對底本中明顯的刊刻錯訛徑直改動，不再出校。

一、本書標點時，參考了北京大學出版社出版的繁體豎排標點本、《儒藏》精華編《儀禮正義》和上海古籍出版社出版的《儀禮注疏》。

儀禮卷第一

儀禮卷第一

鄭　氏　注

士冠禮第一

（一·一）

士冠禮。筮于廟門。^{［一］}主人玄冠，朝服，緇帶，素
韠，即位于門東，西面。^{［二］}有司如主人服，即位於西方，
東面北上。^{［三］}筮與席、所卦者，具饌于西塾。^{［四］}布席于
門中闃西、闑外，西面。^{［五］}筮人執筴，抽上韇，兼執之，
進受命於主人。^{［六］}宰自右少退，贊命。^{［七］}筮人許諾，右
還，即席坐，西面。卦者在左。^{［八］}卒筮，書卦，執以示
主人。^{［九］}主人受眂，反之。^{［一〇］}筮人還，東面。旅占，卒，
進告吉。^{［一一］}若不吉，則筮遠日，如初儀。^{［一二］}徹筮席。^{［一三］}
宗人告事畢。^{［一四］}

［一］ 筮者，以蓍問日吉凶於《易》也。冠必筮日於廟門者，重以
　　　 成人之禮，成子孫也。廟謂禰廟。不於堂者，嫌蓍之靈由
　　　 廟神。

［二］ 主人，將冠者之父兄也。玄冠，委貌也。朝服者，十五升布
　　　 衣而素裳也。衣不言色者，衣與冠同也。筮必朝服者，尊
　　　 蓍龜之道。緇帶，黑繒帶也。士帶博二寸，再繚四寸，屈垂

11

三尺。素韠，白韋韠[一]，長三尺，上廣一尺，下廣二尺，其頸五寸，肩革帶博二寸[二]。天子與其臣，玄冕以視朔，皮弁以日視朝。諸侯與其臣，皮弁以視朔，朝服以日視朝。凡染黑，五入爲緅，七入爲緇，玄則六入與？

[三] 有司，群吏有事者，謂主人之吏，所自辟除，府史以下，今時卒吏及假吏是也。

[四] 筮所以問吉凶，謂蓍也。所卦者，所以畫地記爻，《易》曰：六畫而成卦。饌，陳也。具，俱也。西塾，門外西堂也。

[五] 闑，門橛。閾，閫也。古文“闑”爲“槷”，“閾”爲“蹙”。

[六] 筮人，有司主《三易》者。韇，藏筴之器。今時藏弓矢者，謂之韇丸也。兼，并也。進，前也。自西方而前受命者，當知所筮也。

[七] 宰，有司主政教者。自，由也。贊，佐也。命，告也。佐主人告所以筮也。《少儀》曰：贊幣自左，詔辭自右。

[八] 即，就也。東面受命，右還北行就席。卦者，有司主畫地識爻者也。

[九] 卒，已也。書卦者，筮人以方寫所得之卦也。

[一〇] 反，還也。

[一一] 旅，衆也。還與其屬共占之。古文“旅”作“臚”。

[一二] 遠日，旬之外。

[一三] 徹，去也，斂也。

[一四] 宗人，有司主禮者。

（以上筮吉日）

〔一〕 白韋韠 “白”，底本作“日”，據嚴州本、張敦仁本、阮刻本改。

〔二〕 肩革帶博二寸 “二寸”，底本作“三寸”，據嚴州本、張敦仁本、阮刻本改。

（一·二）

　　主人戒賓，賓禮辭，許。[一]主人再拜，賓荅拜。主人退，賓拜送。[二]

　　[一] 戒，警也，告也。賓，主人之僚友。古者有吉事則樂與賢者歡成之，有凶事則欲與賢者哀戚之。今將冠子，故就告僚友使來。禮辭，一辭而許。再辭而許曰固辭。三辭曰終辭，不許也。

　　[二] 退，去也，歸也。

　　（以上戒賓）

（一·三）

　　前期三日，筮賓，如求日之儀。[一]

　　[一] 前期三日，空二日也。筮賓，筮其可使冠子者，賢者恒吉。《冠義》曰：古者冠禮，筮日筮賓，所以敬冠事。敬冠事所以重禮，重禮所以爲國本。

　　（以上筮賓）

（一·四）

　　乃宿賓。賓如主人服，出門左，西面再拜。主人東面荅拜。[一]乃宿賓，賓許。主人再拜，賓荅拜。主人退，賓拜送。[二]宿贊冠者一人，亦如之。[三]

　　[一] 宿，進也。宿者必先戒，戒不必宿。其不宿者爲衆賓，或悉

来或否。主人朝服。

［二］乃宿賓者，親相見致其辭。

［三］贊冠者，佐賓爲冠事者。謂賓若他官之屬，中士若下士也。
宿之以筮賓之明日。

（以上宿賓及贊冠者）

（一·五）

厥明夕，爲期于廟門之外。主人立于門東，兄弟在其
南，少退，西面北上。有司皆如宿服，立于西方，東面北
上。［一］擯者請期。宰告曰："質明行事。"［二］告兄弟及有
司。［三］告事畢。［四］擯者告期于賓之家。

［一］厥，其也。宿服，朝服。

［二］擯者，有司佐禮者，在主人曰擯，在客曰介。質，正也。宰
告曰：旦日正明行冠事。

［三］擯者告也。

［四］宗人告也。

（以上爲期）

（一·六）

夙興，設洗直于東榮，南北以堂深。水在洗東。［一］
陳服于房中西墉下，東領，北上。［二］爵弁服，纁裳，純
衣，緇帶，韎韐。［三］皮弁服，素積，緇帶，素韠。［四］玄
端，玄裳、黄裳、雜裳可也，緇帶，爵韠。［五］緇布冠缺
項，青組纓屬于缺。緇纚，廣終幅，長六尺。皮弁笄、爵

14

弁笄。緇組紘纁邊。同篋。[六]櫛實于簞。[七]蒲筵二，在南。[八]側尊一甒醴，在服北。有篚實勺、觶、角柶、脯醢，南上。[九]爵弁、皮弁、緇布冠，各一匴，執以待于西坫南，南面，東上。賓升則東面。[一〇]

[一]夙，早也。興，起也。洗，承盥洗者棄水器也，士用鐵。榮，屋翼也。周制，自卿、大夫以下，其室爲夏屋。水器尊卑皆用金罍，及大小異。

[二]墉，牆。

[三]此與君祭之服。《雜記》曰：士弁而祭於公。爵弁者，冕之次，其色赤而微黑，如爵頭然，或謂之緅，其布三十升。纁裳，淺絳裳。凡染絳，一入謂之縓，再入謂之䞓，三入謂之纁，朱則四入與？純衣，絲衣也。餘衣皆用布，唯冕與爵弁服用絲耳。先裳後衣者，欲令下近緇，明衣與帶同色。韎韐，緼韍也，士緼韍而幽衡，合韋爲之。士染以茅蒐，因以名焉。今齊人名蒨爲韎韐。韐之制似韠，冠弁者不與衣陳而言於上，以冠名服耳。今文“纁”皆作“熏”。

[四]此與君視朔之服也。皮弁者，以白鹿皮爲冠，象上古也。積，猶辟也，以素爲裳，辟蹙其要中。皮弁之衣用布亦十五升，其色象焉。

[五]此莫夕於朝之服。玄端即朝服之衣，易其裳耳。上士玄裳，中士黃裳，下士雜裳。雜裳者，前玄後黃。《易》曰：夫玄黃者，天地之雜色，天玄而地黃。士皆爵韋爲韠，其爵同。不以玄冠名服者，是爲緇布冠陳之。《玉藻》曰：韠，君朱，大夫素，士爵韋。

[六]缺，讀如“有頍者弁”之“頍”。緇布冠無笄者，著頍，圍

15

髮際，結項中。隅爲四綴，以固冠也。項中有緌，亦由固頤
爲之耳。今未冠笄者著卷幘，頤象之所生也。縢、薛名藍爲
頤。屬，猶著。纚，今之幘梁也。終，充也。纚一幅長六
尺，足以韜髮而結之矣。笄，今之簪。有笄者屈組爲紘，垂
爲飾。無笄者纓而結其絛。繶邊，組側赤也。同篋，謂此上
凡六物。隋方曰篋。

[七] 簞，笥也。

[八] 筵，席也。

[九] 側，猶特也。無偶曰側，置酒曰尊。側者無玄酒。服北者，
纁裳北也。篚，竹器如笭者。勺，尊升，所以斟酒也。爵三
升曰觶。柶狀如匕，以角爲之者，欲滑也。南上者，篚次
尊，籩豆次篚。古文“觶”作“廙”。

[一〇] 爵弁者，制如冕，黑色，但無繅耳。《周禮》：王之皮弁會，
五采玉琪，象邸，玉笄。諸侯及孤、卿、大夫之冕，皮弁
各以其等爲之。則士之皮弁，又無玉象邸飾。緇布冠，今
小吏冠其遺象也。匴，竹器名，今之冠箱也。執之者，有
司也。坫在堂角。古文“匴”作“篹”，“坫”作“襜”[一]。

（以上冠日陳設）

(一·七)

主人玄端，爵韠，立于阼階下，直東序，西面。[一]
兄弟畢袗玄，立于洗東，西面北上。[二] 擯者玄端，負東
塾。[三] 將冠者采衣，紒，在房中，南面。[四]

〔一〕 坫作襜 “作”，底本作“爲”，據嚴州本、張敦仁本、阮刻本改。

16

［一］玄端，士入廟之服也。阼，猶酢也。東階所以荅酢賓客也。堂東西牆謂之序。

［二］兄弟，主人親戚也。畢，猶盡也。袗，同也。玄者，玄衣玄裳也，緇帶、韠。位在洗東，退於主人。不爵韠者，降於主人也。古文“袗”爲“均”也。

［三］東塾，門内東堂，負之北面。

［四］采衣，未冠者所服。《玉藻》曰：童子之節也，緇布衣，錦緣，錦紳，并紐，錦束髮，皆朱錦也。紒，結髮。古文“紒”爲“結”。

（以上主人以下即位）

（一·八）

　　賓如主人服，贊者玄端從之，立于外門之外。^{［一］}擯者告。^{［二］}主人迎，出門左，西面再拜。賓荅拜。^{［三］}主人揖贊者，與賓揖，先入。^{［四］}每曲揖。^{［五］}至于廟門，揖入。三揖，至于階，三讓。^{［六］}主人升，立于序端，西面。賓西序，東面。^{［七］}贊者盥于洗西，升，立于房中，西面南上。^{［八］}

［一］外門，大門外。

［二］告者出，請入告。

［三］左，東也。出以東爲左，入以東爲右。

［四］贊者賤，揖之而已。又與賓揖，先入道之，贊者隨賓。

［五］周左宗廟，入外門，將東曲，揖。直廟，將北曲，又揖。

［六］入門將右曲，揖。將北曲，揖。當碑，揖。

［七］主人、賓俱升，立相鄉。

［八］盥於洗西，由賓階升也。立于房中，近其事也。南上，尊於
　　　主人之贊者。古文“盥”皆作“浣”。

（以上迎賓及贊者入）

（一·九）

　　主人之贊者筵于東序，少北，西面。[一]將冠者出房，
南面。[二]贊者奠纚、笄、櫛于筵南端。[三]賓揖將冠者。
將冠者即筵坐。贊者坐，櫛，設纚。[四]賓降，主人降。
賓辭，主人對。[五]賓盥，卒，壹揖，壹讓，升。主人升，
復初位。[六]賓筵前坐，正纚，興，降西階一等。執冠者升
一等，東面授賓。[七]賓右手執項，左手執前，進容，乃
祝，坐如初，乃冠。興，復位。贊者卒。[八]冠者興，賓
揖之。適房，服玄端、爵韠，出房，南面。[九]

　　［一］主人之贊者，其屬中士若下士。筵，布席也。東序，主人位
　　　　　也。適子冠於阼，少北，辟主人。

　　［二］南面立于房外之西，待賓命。

　　［三］贊者，賓之贊冠者也。奠，停也。古文“櫛”爲“節”。

　　［四］即，就。設，施。

　　［五］主人降，爲賓將盥，不敢安位也。辭對之辭未聞。

　　［六］揖、讓皆壹者，降於初。古文“壹”皆作“一”。

　　［七］正纚者，將加冠宜親之。興，起也。降，下也。下一等，升
　　　　　一等，則中等相授。冠，緇布冠也。

　　［八］進容者，行翔而前鶬焉，至則立祝。坐如初，坐筵前。興，

18

起也。復位西序東面。卒謂設缺項結纓也。

〔九〕復出房南面者，一加禮成，觀衆以容體。

（以上始加）

（一·十）

　　賓揖之，即筵坐。櫛，設笄。賓盥，正纚如初。降二等，受皮弁，右執項，左執前，進，祝，加之如初，復位。贊者卒紘。〔一〕興。賓揖之。適房，服素積，素韠，容，出房，南面。〔二〕

　　〔一〕如初，爲不見者言也。卒紘，謂繫屬之。
　　〔二〕容者，再加彌成，其儀益繁。

（以上再加）

（一·十一）

　　賓降三等，受爵弁，加之。服纁裳，韎韐。其他如加皮弁之儀。〔一〕徹皮弁、冠、櫛、筵，入于房。〔二〕

　　〔一〕降三等，下至地。他謂卒紘容出。
　　〔二〕徹者，贊冠者，主人之贊者爲之。

（以上三加）

（一·十二）

　　筵于户西，南面。〔一〕贊者洗于房中，側酌醴，加柶，

19

覆之，面葉。[二] 賓揖，冠者就筵。筵西，南面。賓受醴
于户東，加柶，面枋，筵前北面。[三] 冠者筵西拜受觶，賓
東面荅拜。[四] 薦脯醢。[五] 冠者即筵坐，左執觶，右祭脯
醢，以柶祭醴三，興。筵末坐，啐醴，建柶，興。降筵，
坐奠觶，拜，執觶興。賓荅拜。[六]

[一] 筵，主人之贊者。户西，室户西。

[二] 洗，盥而洗爵者。《昏禮》曰：房中之洗在北堂，直室東隅。
　　籩在洗東，北面盥。側酌者，言無爲之薦者。面，前也。
　　葉，柶大端。贊酌者，賓尊不入房。古文“葉”爲“擖”。

[三] 户東，室户東。今文“枋”爲“柄”。

[四] 筵西拜，南面拜也。賓還荅拜於西序之位。東面者，明成人
　　與爲禮，異於荅主人。

[五] 贊冠者也。

[六] 建柶，扱柶於醴中。其拜皆如初。古文“啐”爲“呼”。

（以上賓醴冠者）

（一・十三）

　　冠者奠觶于薦東，降筵，北面坐，取脯，降自西階，
適東壁，北面見于母。[一] 母拜受，子拜送，母又拜。[二]

[一] 薦東，薦左。凡奠爵，將舉者於右，不舉者於左。適東壁
　　者，出闈門也。時母在闈門之外，婦人入廟由闈門。

[二] 婦人於丈夫，雖其子猶俠拜。

（以上冠者見於母）

（一·十四）

　　賓降，直西序，東面。主人降，復初位。^[一]冠者立于西階東，南面。賓字之，冠者對。^[二]

　　［一］初位，初至階讓升之位。

　　［二］對，應也。其辭未聞。

　　（以上賓字冠者）

（一·十五）

　　賓出，主人送于廟門外。^[一]請醴賓。賓禮辭，許。賓就次。^[二]冠者見於兄弟，兄弟再拜，冠者荅拜。見贊者，西面拜，亦如之。^[三]入見姑姊，如見母。^[四]

　　［一］不出外門，將醴之。

　　［二］此醴當作禮。禮賓者，謝其自勤勞也。次，門外更衣處也，以帷幕簟席爲之。

　　［三］見贊者西面拜，則見兄弟東面拜。贊者後賓出。

　　［四］入，入寢門也。廟在寢門外。如見母者，亦北面，姑與姊亦俠拜也。不見妹，妹卑。

　　（以上冠者見兄弟、贊者、姑姊）

（一·十六）

　　乃易服，服玄冠、玄端、爵韠，奠摯見于君。遂以摯見於鄉大夫、鄉先生。^[一]

［一］易服不朝服者，非朝事也。摯，雉也。鄉先生，鄉中老人爲

卿、大夫致仕者。

（以上冠者見君、鄉大夫、鄉先生）

（一·十七）

乃醴賓以壹獻之禮。^{［一］}主人酬賓，束帛、儷皮。^{［二］}

贊者皆與。贊冠者爲介。^{［三］}

［一］壹獻者，主人獻賓而已，即燕無亞獻者。獻、酢、酬，賓主

人各兩爵而禮成。《特牲》《少牢饋食》之禮獻尸，此其類也。

士禮一獻，卿、大夫三獻。禮賓不用栖者，沛其醴。《内則》

曰：飲，重醴清糟，稻醴清糟，黍醴清糟，梁醴清糟。凡醴

事，質者用糟，文者用清。

［二］飲賓客而從之以財貨曰酬，所以申暢厚意也。束帛，十端

也。儷皮，兩鹿皮也。古文“儷”爲“離”。

［三］贊者，衆賓也。皆與，亦飲酒爲衆賓。介，賓之輔，以贊爲

之，尊之。飲酒之禮，賢者爲賓，其次爲介。

（以上醴賓）

（一·十八）

賓出，主人送于外門外，再拜。歸賓俎。^{［一］}

［一］一獻之禮有薦有俎，其牲未聞。使人歸諸賓家也。

（以上送賓歸俎）

22

（一·十九）

　　若不醴，則醮用酒。^[一]尊于房戶之間，兩甒，有禁，玄酒在西，加勺，南枋。^[二]洗，有篚在西，南順。^[三]始加，醮用脯醢。賓降，取爵于篚。辭降如初。卒洗，升酌。^[四]冠者拜受，賓荅拜如初。^[五]冠者升筵坐，左執爵，右祭脯醢，祭酒，興，筵末坐，啐酒，降筵拜。賓荅拜。冠者奠爵于薦東，立于筵西。^[六]徹薦、爵、筵、尊不徹。^[七]加皮弁，如初儀。再醮攝酒。其他皆如初。^[八]加爵弁，如初儀。三醮，有乾肉折俎，嚌之，其他如初。北面取脯，見于母。^[九]若殺，則特豚，載合升，離肺實于鼎，設扃鼏。^[一〇]始醮，如初。^[一一]再醮，兩豆：葵菹、蠃醢。兩籩：栗、脯。^[一二]三醮，攝酒如再醮，加俎，嚌之，皆如初，嚌肺。^[一三]卒醮，取籩脯以降，如初。

[一]　若不醴，謂國有舊俗可行，聖人用焉，不改者也。《曲禮》曰：君子行禮，不求變俗。祭祀之禮，居喪之服，哭泣之位，皆如其國之故，謹脩其法而審行之是。酌而無酬酢曰醮。醴亦當為禮。

[二]　房戶間者，房西室戶東也。禁，承尊之器也，名之為禁者，因為酒戒也。玄酒，新水也，雖今不用，猶設之，不忘古也。

[三]　洗，庭洗，當東榮，南北以堂深。篚亦以盛勺觶，陳於洗西。南順，北為上也。

[四]　始加者，言一加一醮也。加冠於東序，醮之於戶西，同耳。始醮亦薦脯醢。賓降者，爵在庭，酒在堂，將自酌也。辭降如初，如將冠時降盥，辭主人降也。凡薦出自東房。

［五］贊者筵于戶西，賓升，揖冠者就筵。乃酌，冠者南面拜受，
　　　賓授爵，東面苔拜，如醴禮也。於賓苔拜，贊者則亦薦之。

［六］冠者立俟賓命，賓揖之，則就東序之筵。

［七］徹薦與爵者，辟後加也。不徹筵、尊，三加可相因由便也。

［八］攝，猶整也。整酒謂挍之。今文“攝”爲“聶”。

［九］乾肉，牲體之脯也。折其體以爲俎。嚌，嘗之。

［一〇］特豚，一豚也。凡牲皆用左胖。羹於鑊曰亨，在鼎曰升，
　　　　在俎曰載。載合升者，明亨與載皆合左右胖。離，割也。
　　　　割肺者，使可祭也，可嚌也。今文“扃”爲“鉉”，古文
　　　　“鼎”爲“密”。

［一一］亦薦脯醢，徹薦、爵，筵、尊不徹矣。

［一二］臝醢，蝸蝓醢。今文“臝”爲“蝸”。

［一三］攝酒如再醮，則再醮亦攝之矣。加俎嚌之，嚌當爲祭，字
　　　　之誤也。祭俎如初，如祭脯醢。

　　（以上醮禮）

（一·二十）

　　若孤子，則父兄戒、宿。[一]冠之日，主人紒而迎賓，
拜，揖，讓，立于序端，皆如冠主，禮於阼。[二]凡拜，
北面于阼階上，賓亦北面于西階上苔拜。若殺，則舉鼎陳
于門外，直東塾，北面。[三]

［一］父兄，諸父諸兄。

［二］冠主，冠者親父若宗兄也。古文“紒”爲“結”，今文“禮”
　　　作“醴”。

24

　　〔三〕孤子得申禮，盛之。父在有鼎，不陳於門外。

　　（以上孤子冠）

（一·二十一）

　　若庶子，則冠于房外，南面，遂醮焉。〔一〕

　　〔一〕房外，謂尊東也。不於阼階，非代也。不醮於客位，成而
　　　　不尊。

　　（以上庶子冠）

（一·二十二）

　　冠者母不在，則使人受脯于西階下。

　　（以上見母權法）

（一·二十三）

　　戒賓曰：“某有子某，將加布於其首，願吾子之教之
也。”〔一〕賓對曰：“某不敏，恐不能共事，以病吾子，敢
辭。”〔二〕主人曰：“某猶願吾子之終教之也。”賓對曰：“吾
子重有命，某敢不從！”〔三〕宿曰：“某將加布於某之首，吾
子將蒞之，敢宿。”賓對曰：“某敢不夙興！”〔四〕

　　〔一〕吾子，相親之辭。吾，我也。子，男子之美稱。古文“某”
　　　　爲“謀”。
　　〔二〕病，猶辱也。古文“病”爲“秉”。

25

〔三〕敢不從，許之辭。

〔四〕涖，臨也。今文無“對”。

（以上戒賓、宿賓之辭）

（一·二十四）

　　始加，祝曰：“令月吉日，始加元服。[一]棄爾幼志，順爾成德。壽考惟祺，介爾景福。”[二]再加，曰：“吉月令辰，乃申爾服。[三]敬爾威儀，淑慎爾德。眉壽萬年，永受胡福。”[四]三加，曰：“以歲之正，以月之令，咸加爾服。[五]兄弟具在，以成厥德。[六]黃耇無疆，受天之慶。”[七]

〔一〕令、吉皆善也。元，首也。

〔二〕爾，女也。既冠爲成德。祺，祥也。介、景皆大也。因冠而戒，且勸之。女如是則有壽考之祥，大女之大福也。

〔三〕辰，子丑也。申，重也。

〔四〕胡，猶遐也、遠也，遠無窮。古文“眉”作“麋”。

〔五〕正，猶善也。咸，皆也。皆加女之三服。謂緇布冠、皮弁、爵弁也。

〔六〕厥，其。

〔七〕黃，黃髮也。耇，凍梨也。皆壽徵也。疆，竟。

（以上三加祝辭）

（一·二十五）

　　醴辭曰：“甘醴惟厚，嘉薦令芳。[一]拜受祭之，以定

爾祥。承天之休，壽考不忘。"[二]

[一]嘉，善也。善薦，謂脯醢芳香也。

[二]休，美也。不忘，長有令名。

（以上醴辭）

（一·二十六）

醮辭曰："旨酒既清，嘉薦亶時。[一]始加元服，兄弟
具來。孝友時格，永乃保之。"[二]再醮，曰："旨酒既湑，
嘉薦伊脯。[三]乃申爾服，禮儀有序。祭此嘉爵，承天之
祜。"[四]三醮曰："旨酒令芳，籩豆有楚。[五]咸加爾服，
肴升折俎。[六]承天之慶，受福無疆。"

[一]亶，誠也。古文"亶"爲"癉"。

[二]善父母爲孝，善兄弟爲友。時，是也。格，至也。永，長
　　也。保，安也。行此乃能保之。今文"格"爲"嘏"。凡醮
　　者不祝。

[三]湑，清也。伊，惟也。

[四]祜，福也。

[五]旨，美也。楚，陳列之貌。

[六]肴升折俎，亦謂豚。

（以上醮辭）

27

（一·二十七）

字辭曰："禮儀既備，令月吉日，昭告爾字。[一]爰字孔嘉，髦士攸宜，[二]宜之于假。永受保之，曰伯某甫。"仲叔季，唯其所當。[三]

[一]昭，明也。

[二]爰，於也。孔，甚也。髦，俊也。攸，所也。

[三]于，猶爲也。假，大也。宜之是爲大矣。伯仲叔季，長幼之稱。甫是丈夫之美稱。孔子爲尼甫，周大夫有嘉甫，宋大夫有孔甫，是其類。甫字或作父。

（以上字辭）

（一·二十八）

屨，夏用葛。玄端黑屨，青絇、繶、純，純博寸。[一]素積白屨，以魁柎之，緇絇、繶、純，純博寸。[二]爵弁纁屨，黑絇、繶、純，純博寸。[三]冬，皮屨可也。不屨繐屨。[四]

[一]屨者順裳色，玄端黑屨，以玄裳爲正也。絇之言拘也，以爲行戒，狀如刀衣鼻，在屨頭。繶，縫中紃也。純，緣也。三者皆青。博，廣也。

[二]魁，蜃蛤。柎，注者。

[三]爵弁屨以黑爲飾，爵弁尊，其屨飾以繢次。

[四]繐屨，喪屨也。縷不灰治曰繐。

（以上屨）

記。

28

（一·記·一）

　　冠義。始冠，緇布之冠也。大古冠布，齊則緇之。其
緌也，孔子曰："吾未之聞也，冠而敝之可也。"[一]

　　[一]大古，唐、虞以上。緌，纓飾。未之聞，大古質，蓋亦無飾。

　　　　重古，始冠冠其齊冠。白布冠者，今之喪冠是也。

　　（以上記用緇布冠義）

（一·記·二）

　　適子冠於阼，以著代也。醮於客位，加有成也。[一]

　　[一]醮，夏、殷之禮，每加於阼階，醮之於客位，所以尊敬之，

　　　　成其為人也。

　　（以上記重適子之義）

（一·記·三）

　　三加彌尊，諭其志也。[一]冠而字之，敬其名也。[二]

　　[一]彌，猶益也。冠服後加益尊。諭其志者，欲其德之進也。

　　[二]名者質，所受於父母。冠成人益文，故敬之也。今文無

　　　　"之"。

　　（以上記三加及冠字之義）

（一·記·四）

委貌，周道也。章甫，殷道也。毋追，夏后氏之道
也。[一]周弁，殷冔，夏收。[二]三王共皮弁、素積。[三]

> [一]　委，猶安也。言所以安正容貌。章，明也。殷質，言以表明
> 　　　丈夫也。甫，或爲父，今文爲"斧"。毋，發聲也。追，猶
> 　　　堆也。夏后氏質，以其形名之。三冠皆所常服以行道也，其
> 　　　制之異同未之聞。
>
> [二]　弁，名出於槃。槃，大也，言所以自光大也。冔名出於幠。
> 　　　幠，覆也，言所以自覆飾也。收，言所以收斂髮也，其制之
> 　　　異亦未聞[一]。
>
> [三]　質不變。

（以上記三代冠字異同）

（一·記·五）

無大夫冠禮，而有其昏禮。古者五十而后爵，何大夫
冠禮之有？[一]公侯之有冠禮也，夏之末造也。[二]天子之
元子猶士也，天下無生而貴者也。[三]繼世以立諸侯，象賢
也。[四]以官爵人，德之殺也。[五]

> [一]　據時有未冠而命爲大夫者。周之初，禮，年未五十而有賢才
> 　　　者，試以大夫之事，猶服士服，行士禮。二十而冠，急成人
> 　　　也。五十乃爵，重官人也。大夫或時改取，有昏禮是也。

〔一〕　其制之異亦未聞　"其"上，阮刻本有"齋所服而祭也"六字。

30

［二］造，作也。自<u>夏</u>初以上，諸侯雖父死子繼，年未滿五十者，亦服士服，行士禮，五十乃命也。至其衰末，上下相亂，篡殺所由生，故作公侯冠禮以正君臣也。《<u>坊記</u>》曰：君不與同姓同車，與異姓同車不同服，示民不嫌也。以此坊民，民猶得同姓以殺其君也。

［三］元子，世子也。無生而貴，皆由下升。

［四］象，法也。爲子孫能法先祖之賢，故使之繼世也。

［五］殺，猶衰也。德大者爵以大官，德小者爵以小官。

（以上記大夫以上冠者用士禮之義）

（一·記·六）

死而謚，今也。古者生無爵，死無謚。[一]

［一］今謂<u>周</u>衰，記之時也。古謂<u>殷</u>。<u>殷</u>士生不爲爵，死不爲謚。<u>周</u>制以士爲爵，死猶不爲謚耳，下大夫也。今記之時，士死則謚之，非也。謚之由<u>魯莊公</u>始也。

（以上記士爵謚古今異同）

儀禮卷第二

儀禮卷第二

鄭 氏 注

士昏禮第二

（二·一）

　　昏禮。下達，納采用鴈。^[一]主人筵于戶西，西上，右几。^[二]使者玄端至。^[三]擯者出請事，入告。^[四]主人如賓服，迎于門外，再拜。賓不荅拜。揖入。^[五]至于廟門，揖入。三揖，至于階，三讓。^[六]主人以賓升，西面。賓升西階，當阿，東面致命。主人阼階上北面再拜。^[七]授于楹間，南面。^[八]賓降，出。主人降，授老鴈。^[九]

[一] 達，通也。將欲與彼合昏姻，必先使媒氏下通其言。女氏許之，乃後使人納其采擇之禮。用鴈爲摯者，取其順陰陽往來。《詩》云："取妻如之何？匪媒不得。"昏必由媒，交接設紹介，皆所以養廉恥。

[二] 主人，女父也。筵，爲神布席也。戶西者，尊處，將以先祖之遺體許人，故受其禮於禰廟也。席西上，右設几，神不統於人，席有首尾。

[三] 使者，夫家之屬，若群吏使往來者。玄端，士莫夕之服，又服以事其廟^[一]。有司緇裳。

─────────

〔一〕 又服以事其廟 "其"，嚴州本、張敦仁本同，阮刻本作"於"。

［四］擯者，有司佐禮者。請，猶問也。禮不必事，雖知猶問之，重慎也。

［五］門外，大門外。不答拜者，奉使不敢當其盛禮。

［六］入三揖者，至內霤，將曲，揖。既曲，北面，揖。當碑，揖。

［七］阿，棟也。入堂深，示親親。今文“阿”爲“庪”。

［八］授於楹間，明爲合好，其節同也。南面，並授也。

［九］老，羣吏之尊者。

（以上納采）

（二·二）

擯者出請。[一] 賓執鴈，請問名。主人許。賓入，授，如初禮。[二]

［一］不必賓之事有無。

［二］問名者將歸卜其吉凶。古文“禮”爲“醴”。

（以上問名）

（二·三）

擯者出請，賓告事畢。入告，出請醴賓。[一] 賓禮辭，許。[二] 主人徹几，改筵，東上，側尊甒醴于房中。[三] 主人迎賓于廟門外，揖讓如初，升。主人北面再拜。賓西階上，北面答拜。主人拂几，授校，拜送。賓以几辟，北面設于坐左，之西階上答拜。[四] 贊者酌醴，加角柶，面葉，出于房。[五] 主人受醴，面枋，筵前西北面。賓拜受醴，復

36

位。主人阼階上拜送。^[六]贊者薦脯醢。^[七]賓即筵坐，左執觶，祭脯醢，以柶祭醴三，西階上北面坐，啐醴，建柶，興，坐奠觶，遂拜。主人荅拜。^[八]賓即筵，奠于薦左，降筵，北面坐取脯。主人辭。^[九]賓降，授人脯，出。主人送于門外，再拜。^[一〇]

[一] 此醴亦當爲禮。禮賓者，欲厚之。

[二] 禮辭，一辭。

[三] 徹几改筵者，鄉爲神，今爲人。側尊亦言無玄酒。側尊於房中，亦有篚有籩豆，如冠禮之設。

[四] 拂，拭也。拭几者，尊賓新之也。校，几足。辟，逡遁^{〔一〕}。古文"校"爲"枝"^{〔二〕}。

[五] 贊，佐也，佐主人酌事也。贊者亦洗酌，加角柶，覆之如冠禮矣。出房南面，待主人迎受。古文"葉"作"擖"。

[六] 主人西北面疑立，待賓即筵也。賓復位於西階上北面，明相尊敬。此筵不主爲飲食起。

[七] 薦，進。

[八] 即，就也。左執觶，則祭以右手也。凡祭於脯醢之豆間，必所爲祭者謙敬，示有所先也。啐，嘗也。嘗之者，成主人意。建，猶扱也。興，起也。奠，停也。

[九] 薦左，籩豆之東。降，下也。自取脯者，尊主人之賜，將歸執以反命。辭者，辭其親徹。

〔一〕 逡遁 "遁"，嚴州本同，張敦仁本、阮刻本作"巡"。
〔二〕 古文校爲枝 "枝"，嚴州本同，張敦仁本、阮刻本作"技"。

［一〇］人謂使者從者。授於階下西面，然後出去。

（以上醴使者）

（二·四）

納吉，用鴈，如納采禮。^[一]

［一］歸卜於廟，得吉兆，復使使者往告。昏姻之事於是定。

（以上納吉）

（二·五）

納徵，玄纁束帛、儷皮，如納吉禮。^[一]

［一］徵，成也。使使者納幣以成昏禮。用玄纁者，象陰陽備也。束帛，十端也。《周禮》曰："凡嫁子取妻，入幣純帛無過五兩。"儷，兩也。執束帛以致命，兩皮爲庭實。皮，鹿皮。今文"纁"皆作"熏"。

（以上納徵）

（二·六）

請期，用鴈。主人辭，賓許告期，如納徵禮。^[一]

［一］主人辭者，陽倡陰和，期日宜由夫家來也。夫家必先卜之，得吉日，乃使使者往，辭即告之。

（以上請期）

（二·七）

期，初昏，陳三鼎于寢門外東方，北面北上。其實特豚，合升，去蹄，舉肺、脊二，祭肺二，魚十有四，腊一肫，髀不升。皆飪。設扃鼏。[一]設洗于阼階東南。[二]饌于房中，醯醬二豆，菹醢四豆，兼巾之；黍、稷四敦，皆蓋。[三]大羹湆在爨。[四]尊于室中北墉下，有禁，玄酒在西，絺幂，加勺，皆南枋。[五]尊于房户之東，無玄酒，篚在南，實四爵，合卺。[六]

[一] 期，取妻之日。鼎三者，升豚、魚、腊也。寢，壻之室也。北面，鄉內也。特，猶一也。合升，合左右胖，升於鼎也。去蹄，蹄甲不用也。舉肺、脊者，食時所先舉也。肺者，氣之主也，周人尚焉。脊者，體之正也，食時則祭之，飯必舉之，貴之也。每皆二者，夫婦各一耳。凡魚之正，十五而鼎，減一爲十四者，欲其敵偶也。腊，免腊也。肫或作純。純，全也，凡腊用全。髀不升者，近竅，賤也。飪，熟也。扃，所以杠鼎[一]。鼏，覆之。古文“純”爲“鈞”，“髀”爲“脾”。今文“扃”作“鉉”，“鼏”皆作“密”。

[二] 洗，所以承盥洗之器棄水者。

[三] 醯醬者，以醯和醬，生人尚褻味。兼巾之者，六豆共巾也。巾爲禦塵，蓋爲尚溫。《周禮》曰：“食齊視春時。”

[四] 大羹湆，煮肉汁也。大古之羹無鹽菜。爨，火上。《周禮》曰：“羹齊視夏時。”今文“湆”皆作“汁”。

[五] 墉，牆也。禁，所以庋甒者。玄酒，不忘古也。絺，麤葛。

〔一〕 所以杠鼎 “杠”，嚴州本同，張敦仁本、阮刻本作“扛”。

今文"枋"作"柄"。

[六] 無玄酒者，略之也。夫婦酌於内尊，其餘酌於外尊。合卺，破匏也。四爵兩卺凡六，爲夫婦各三酳。一升曰爵。

（以上將親迎陳饌）

（二·八）

主人爵弁，纁裳，緇袘。從者畢玄端。乘墨車，從車二乘，執燭前馬。[一] 婦車亦如之，有裧。[二] 至于門外。[三] 主人筵于户西，西上，右几。[四] 女次，純衣，纁袡，立于房中，南面。[五] 姆纚笄、宵衣，在其右。[六] 女從者畢袗玄，纚笄，被穎黼，在其後。[七] 主人玄端，迎于門外，西面再拜。賓東面荅拜。[八] 主人揖入，賓執鴈從。至于廟門，揖入，三揖，至于階，三讓。主人升，西面。賓升，北面，奠鴈，再拜稽首，降，出。婦從，降自西階。主人不降送。[九] 壻御婦車，授綏，姆辭不受。[一〇] 婦乘以几，姆加景，乃驅。御者代。[一一] 壻乘其車，先俟于門外。[一二]

[一] 主人，壻也，婿爲婦主。爵弁而纁裳，玄冕之次。大夫以上親迎，冕服。冕服迎者，鬼神之。鬼神之者，所以重之親之。纁裳者，衣緇衣。不言衣與帶，而言袘者，空其文，明其與袘俱用緇。袘，謂緣。袘之言施，以緇緣裳，象陽氣下施。從者，有司也。乘貳車[一]，從行者也。畢，猶皆也。墨車，漆車，士而乘墨車，攝，盛也。執燭前馬，使徒役持炬

─────────

〔一〕乘貳車 "貳"，底本作"二"，據嚴州本、張敦仁本、阮刻本改。

火，居前焰道。

[二] 亦如之者，車同等。士妻之車，夫家共之。大夫以上，嫁女則自以車送之。袶，車裳幃，《周禮》謂之容。車有容，則固有蓋。

[三] 婦家大門之外。

[四] 主人，女父也。筵，爲神布席。

[五] 次，首飾也，今時髲也。《周禮》“追師”掌“爲副編次”。純衣，絲衣。女從者畢袗玄，則此亦玄矣。袡亦緣也，袡之言任也，以纁緣其衣，象陰氣上任也。凡婦人不常施袡之衣，盛昏禮爲此服。《喪大記》曰“復衣不以袡”，明非常。

[六] 姆，婦人年五十無子，出而不復嫁，能以婦道教人者，若今時乳母矣。纚，絀髮。笄，今時簪也。纚亦廣充幅，長六尺。宵，讀爲《詩》“素衣朱綃”之“綃”。《魯詩》以綃爲綺屬也。姆亦玄衣，以綃爲領，因以爲名，且相別耳。姆在女右，當詔以婦禮。

[七] 女從者，謂姪娣也。《詩》云：“諸娣從之，祁祁如雲。”袗，同也，同玄者，上下皆玄。襭，禪也。《詩》云：“素衣朱襮。”《爾雅》云：“黼領謂之襮。”《周禮》曰：“白與黑謂之黼。”天子、諸侯后、夫人狄衣，卿、大夫之妻刺黼以爲領，如今偃領矣。士妻始嫁，施禪黼於領上，假盛飾耳。言被，明非常服。

[八] 賓，壻。

[九] 賓升，奠鴈，拜，主人不荅，明主爲授女耳。主人不降送，禮不參。

[一〇] 壻，御者，親而下之。綏，所以引升車者。僕人之禮，必授人綏。

[一一] 乘以几者，尚安舒也。景之制蓋如明衣，加之以爲行道禦

塵，令衣鮮明也。景亦明也。驅，行也。行車輪三周，御
者乃代壻。今文"景"作"憬"。

[一二] 壻車在大門外，乘之先者，道之也。男率女，女從男，夫
婦剛柔之義自此始也。俟，待也。門外，壻家大門外。

（以上親迎）

(二·九)

婦至，主人揖婦以入。及寢門，揖入，升自西階。媵
布席于奧。夫入于室，即席。婦尊西，南面。媵、御沃盥
交。[一] 贊者徹尊冪，舉者盥，出，除鼏[一]。舉鼎入，陳于
阼階南，西面北上。匕、俎從設。[二] 北面載，執而俟。[三]
匕者逆退，復位于門東，北面西上。[四] 贊者設醬于席前，
菹醢在其北。俎入，設于豆東，魚次，腊特于俎北。[五] 贊
設黍于醬東，稷在其東，設湇于醬南。[六] 設對醬于東，[七]
菹醢在其南，北上。設黍于腊北，其西稷。設湇于醬北。
御布對席，贊啟會，卻于敦南，對敦于北。[八] 贊告具。揖
婦，即對筵，皆坐。皆祭，祭薦、黍、稷、肺。[九] 贊爾
黍，授肺、脊，皆食以湇、醬，皆祭舉、食舉也。[一〇] 三
飯，卒食。[一一] 贊洗爵，酌，酳主人，主人拜受。贊戶內
北面荅拜。酳婦亦如之。皆祭。[一二] 贊以肝從，皆振祭，
嚌肝，皆實于菹豆。[一三] 卒爵，皆拜。贊荅拜，受爵。再
酳如初，無從。三酳用巹，亦如之。[一四] 贊洗爵，酌于
戶外尊。入戶，西北面奠爵，拜。皆荅拜。坐祭，卒爵，

〔一〕除鼏 "鼏"，底本、嚴州本同，張敦仁本、阮刻本作"冪"。

拜。皆荅拜，興。^[一五]主人出，婦復位。^[一六]乃徹于房中，如設于室，尊否。^[一七]主人說服于房，媵受。婦說服于室，御受。姆授巾。^[一八]御袵于奧，媵袵良席在東，皆有枕，北止。^[一九]主人入，親說婦之纓。^[二〇]燭出。^[二一]媵餕主人之餘，御餕婦餘。贊酌外尊酳之。^[二二]媵侍于户外，呼則聞。^[二三]

[一] 升自西階，道婦入也。媵，送也，謂女從者也。御當爲訝，訝，迎也，謂壻從者也。媵沃壻盥於南洗，御沃婦盥於北洗。夫婦始接，情有廉恥，媵、御交道其志。

[二] 執匕者、執俎者從鼎而入，設之匕，所以別出牲體也。俎，所以載也。

[三] 執俎而立，俟豆先設。

[四] 執匕者事畢，逆退由便。至此乃著其位，略賤也。

[五] 豆東，菹醢之東。

[六] 饌，要方也。

[七] 對醬，婦醬也。設之當特俎。

[八] 啟，發也。今文"啟"作"開"，古文"卻"爲"谷"。

[九] 贊者西面，告饌具也。壻揖婦，使即席。薦，菹醢。

[一〇] 爾，移也，移置席上，便其食也。皆食，食黍也。以，用也，用者謂啜湇咂醬。古文"黍"作"稷"。

[一一] 卒，已也。同牢示親，不主爲食起，三飯而成禮也。

[一二] 酳，漱也，酳之言演也、安也。漱，所以絜口，且演安其所食。酳酢内尊。

[一三] 肝，肝炙也。飲酒宜有肴以安之。

[一四] 亦無從也。

［一五］贊酌者自酢也。

［一六］復尊西南面之位。

［一七］徹室中之饌，設于房中，爲媵、御餕之。徹尊不設，有外尊也。

［一八］巾所以自絜清。今文"說"皆作"稅"。

［一九］衽，臥席也。婦人稱夫曰良。《孟子》曰："將見良人之所之。"止，足也。古文"止"作"趾"。

［二〇］入者，從房還入室也。婦人十五許嫁，笄而禮之，因著纓，明有繫也。蓋以五采爲之，其制未聞。

［二一］昏禮畢，將臥息。

［二二］外尊，房户外之東尊。

［二三］爲尊者有所徵求。今文"侍"作"待"。

（以上成禮）

（二·十）

夙興，婦沐浴，纚笄、宵衣以俟見。^{［一］}質明，贊見婦于舅姑。席于阼，舅即席。席于房外，南面，姑即席。^{［二］}婦執笄棗、栗，自門入，升自西階，進拜，奠于席。^{［三］}舅坐，撫之，興，荅拜。婦還，又拜。^{［四］}降階，受笄腶脩，升，進，北面拜，奠于席。姑坐，舉以興，拜，授人。^{［五］}

［一］夙，早也。昏，明日之晨。興，起也。俟，待也，待見於舅姑寢門之外。古者命士以上，年十五父子異宮。

［二］質，平也。房外，房户外之西。古文"舅"皆作"咎"。

44

〔三〕笄，竹器而衣者，其形蓋如今之筥、筤蘆矣[一]。進拜者，進東
　　面乃拜。奠之者，舅尊，不敢授也。

〔四〕還又拜者，還於先拜處拜。婦人與丈夫爲禮則俠拜。

〔五〕人，有司。姑執笄以起，荅婦拜，授有司徹之。舅則宰
　　徹之。

（以上婦見舅姑）

（二·十一）

　　贊醴婦，[一] 席于戶牖間。[二] 側尊甒醴于房中。婦疑
立于席西。[三] 贊者酌醴，加柶，面枋，出房，席前北面。
婦東面拜受。贊西階上，北面拜送。婦又拜，薦脯醢。[四]
婦升席，左執觶，右祭脯醢，以柶祭醴三，降席，東面
坐，啐醴，建柶，興，拜。贊荅拜。婦又拜，奠于薦東，
北面坐取脯，降，出，授人于門外。[五]

〔一〕醴當爲禮。贊禮婦者，以其婦道新成，親厚之。

〔二〕室戶西，牖東，南面位。

〔三〕疑，正立自定之貌。

〔四〕婦東面拜，贊北面荅之，變于丈夫始冠成人之禮。

〔五〕奠于薦東，升席，奠之。取脯，降，出，授人，親徹，且榮
　　得禮。人，謂婦氏人。

（以上贊者醴婦）

〔一〕 筤蘆矣　“筤”，嚴州本、張敦仁本、阮刻本作“簏”。

（二·十二）

舅姑入于室。婦盥饋。[一]特豚，合升，側載，無魚、腊，無稷，並南上，其他如取女禮。[二]婦贊成祭，卒食，一酳，無從。[三]席于北墉下。[四]婦徹，設席前如初，西上。婦餕，舅辭，易醬。[五]婦餕姑之饌。御贊祭豆、黍、肺、舉肺、脊，乃食，卒。姑酳之，婦拜受，姑拜送。坐祭，卒爵。姑受，奠之。[六]婦徹于房中，媵御餕，姑酳之。雖無娣，媵先。於是與始飯之錯。[七]

[一]饋者，婦道既成，成以孝養。

[二]側載者，右胖載之舅俎，左胖載之姑俎，異尊卑。並南上者，舅姑共席于奧，其饌各以南爲上。其他，謂醬、涪、菹、醢。女，謂婦也，如取婦禮同牢時。今文“並”當作“併”。

[三]贊成祭者，授處之。今文無“成”也。

[四]墉，牆也。室中北牆下。

[五]婦餕者，即席將餕也。辭易醬者，嫌淬汙。

[六]奠之，奠于篚。

[七]古者嫁女，必姪娣從，謂之媵。姪，兄之子。娣，女弟也。娣尊姪卑，若或無娣，猶先媵容之也[一]。始飯，謂舅、姑。錯者，媵餕舅餘，御餕姑餘也。古文“始”爲“姑”。

（以上婦饋舅姑）

〔一〕猶先媵容之也　“容”，底本作“客”，據嚴州本、張敦仁本、阮刻本改。

（二·十三）

舅姑共饗婦以一獻之禮。舅洗于南洗，姑洗于北洗，奠酬。[一] 舅姑先降自西階，婦降自阼階。[二] 歸婦俎于婦氏人。[三]

[一] 以酒食勞人曰饗。南洗在庭，北洗在北堂，設兩洗者，獻酬酢以絜清爲敬。奠酬者，明正禮成，不復舉。凡酬酒皆奠於薦左，不舉，其燕則更使人舉爵。

[二] 授之室，使爲主，明代己。

[三] 言俎則饗禮有牲矣。婦氏人，丈夫送婦者，使有司歸以婦俎，當以反命於女之父母，明其得禮。

（以上舅姑饋婦）

（二·十四）

舅饗送者以一獻之禮，酬以束錦。[一] 姑饗婦人送者，酬以束錦。[二] 若異邦，則贈丈夫送者以束錦。[三]

[一] 送者，女家有司也。爵至酬賓，又從之以束錦，所以相厚。古文“錦”皆爲“帛”。

[二] 婦人送者，隸子弟之妻妾，凡饗速之。

[三] 贈，送也。就賓館。

（以上饗送者）

（二·十五）

若舅姑既没，則婦入三月乃奠菜。[一] 席于廟奧，東面，右几。席于北方，南面。^[二]祝盥，婦盥于門外。婦執笲菜，祝帥婦以入。祝告，稱婦之姓曰："某氏來婦，敢奠嘉菜于皇舅某子。"^[三]婦拜扱地，坐，奠菜于几東席上，還，又拜如初。^[四]婦降堂，取笲菜入。祝曰："某氏來婦敢告于皇姑某氏。"奠菜于席，如初禮。^[五]婦出，祝闔牖戶。^[六]老醴婦于房中，南面，如舅姑醴婦之禮。^[七]壻饗婦送者丈夫、婦人，如舅姑饗禮。

[一] 没，終也。奠菜者，以筐祭菜也，蓋用菫。

[二] 廟，考妣之廟，北方墉下。

[三] 帥，道也。入，入室也。某氏者，齊女則曰姜氏，魯女則曰姬氏。來婦，言來爲婦，嘉美也。皇，君也。

[四] 扱地，手至地也。婦人扱地，猶男子稽首。

[五] 降堂，階上也。室事交乎戶，今降堂者，敬也。於姑言敢告，舅尊於姑。

[六] 凡廟無事則閉之。

[七] 因於廟見禮之。

（以上舅姑歿婦廟見及饗婦饗送者）

記。

(二·記·一)

士昏禮。凡行事必用昏昕，受諸禰廟。辭無不腆，無辱。^[一]摯不用死，皮帛必可制。^[二]腊必用鮮，魚用鮒，必殽全。^[三]

48

［一］用昕，使者。用昏，壻也。腆，善也。賓不稱幣不善，主人
　　不謝來辱。

［二］摯，鴈也。皮帛，儷皮、束帛也。

［三］殺全者，不餧敗，不剝傷。

（以上記昏禮時地辭物）

（二・記・二）

　女子許嫁，笄而醴之，稱字。^{［一］}祖廟未毀，教于公宮
三月。若祖廟已毀，則教于宗室。^{［二］}

［一］許嫁，已受納徵禮也。笄女之禮，猶冠男也，使主婦女賓執
　　其禮。

［二］祖廟，女高祖爲君者之廟也，以有緦麻之親，就尊者之宮，
　　教以婦德、婦言、婦容、婦功。宗室，大宗之家。

（以上記笄女教女事）

（二・記・三）

　問名，主人受鴈，還，西面對。賓受命，乃降。^{［一］}

［一］受鴈于兩楹間，南面還于阼階上，對賓以女名。

（以上記問名儀節）

（二・記・四）

　祭醴，始扱壹祭，又扱再祭。賓右取脯，左奉之，乃

歸，執以反命。^{〔一〕}

〔一〕反命，謂使者問名、納吉、納徵、請期，還報於壻父。

（以上記祭醴法）

（二·記·五）

納徵，執皮，攝之，内文，兼執足，左首。隨入，西上，參分庭一在南。^{〔一〕}賓致命，釋外足見文。主人受幣，士受皮者，自東出于後，自左受，遂坐，攝皮，逆退，適東壁^{〔一〕}。^{〔二〕}

〔一〕攝，猶辟也。兼執足者，左手執前兩足，右手執後兩足。左首象生，《曲禮》曰：“執禽者左手。”隨入，爲門中阨狹。西上，中庭位併。

〔二〕賓致命，主人受幣，庭實所用爲節。士謂若中士、下士。不命者，以主人爲官長。自，由也。

（以上記納徵庭實之節）

（二·記·六）

父醴女而俟迎者，母南面于房外。^{〔一〕}女出于母左，父西面戒之，必有正焉，若衣、若笄。母戒諸西階上，不降。^{〔二〕}

〔一〕女既次純衣，父醴之于房中，南面，蓋母薦焉，重昏禮也。

_____

〔一〕適東壁　“壁”，底本作“壁”，據嚴州本、張敦仁本、阮刻本改。

女奠爵于薦東，立于位而俟壻。壻至，父出，使擯者請事。母出南面房外，示親授壻，且當戒女也。

［二］必有正焉者，以託戒使不忘。

（以上記父母授女）

(二·記·七)

婦乘以几，從者二人坐持几，相對。[一]

［一］持几者，重慎之。

（以上記婦升車法）

(二·記·八)

婦入寢門。贊者徹尊幂，酌玄酒，三屬于尊，棄餘水于堂下階間，加勺。[一]

［一］屬，注也。玄酒，况水貴新，昏禮又貴新，故事至乃取之，三注于尊中。

（以上記玄酒之節）

(二·記·九)

笄，緇被纁裏，加于橋。舅荅拜，宰徹笄。[一]

［一］被，表也，笄有衣者。婦見舅姑，以飾爲敬。橋所以庪笄，其制未聞。今文"橋"爲"鎬"。

（以上記笄飾及受笄之節）

(二·記·十)

　　婦席、薦饌于房。[一] 饗婦，姑薦焉。[二] 婦洗在北堂，直室東隅，篚在東，北面盥。[三] 婦酢舅，更爵，自薦。[四]不敢辭洗，舅降則辟于房，不敢拜洗。[五] 凡婦人相饗，無降。[六]

　　[一] 醴婦、饗婦之席薦也。
　　[二] 舅姑共饗婦。舅獻爵，姑薦脯醢。
　　[三] 洗在北堂，所謂北洗。北堂，房中半以北。洗南北直室東
　　　　隅，東西直房戶與隅間。
　　[四] 更爵，男女不相因也。
　　[五] 不敢與尊者爲禮。
　　[六] 姑饗婦人送者于房，無降者，以北洗篚在上。

（以上記醴婦、饗婦饌具儀節）

(二·記·十一)

　　婦入三月，然後祭行。[一]

　　[一] 入夫之室三月之後，於祭乃行，謂助祭也。

（以上記婦助祭之期）

(二·記·十二)

　　庶婦則使人醮之，婦不饋。[一]

［一］庶婦，庶子之婦也。使人醮之，不饗也。酒不酬酢曰醮，亦
　　有脯醢。適婦酌之以醴，尊之。庶婦酌之以酒，卑之。其儀
　　則同。不饋者，共養統於適也。

（以上記庶婦之不同於適婦者）

（二·記·十三）

　　昏辭曰："吾子有惠，貺室某也。［一］某有先人之禮，
使某也請納采。"［二］對曰："某之子惷愚，又弗能教，吾子
命之，某不敢辭。"［三］致命曰："敢納采。"

［一］昏辭，擯者請事告之辭。吾子，謂女父也。稱有惠，明下達。
　　貺，賜也。室，猶妻也。子謂<u>公冶長</u>可妻也。某，壻名。
［二］某，壻父名也。某也，使名也。
［三］對曰者，擯出納賓之辭。某，女父名也。吾子，謂使者。今
　　文"弗"爲"不"，無"能"字。

（以上納采之辭）

（二·記·十四）

　　問名曰："某既受命，將加諸卜，敢請女爲誰氏。"［一］
對曰："吾子有命，且以備數而擇之，某不敢辭。"［二］

［一］某，使者名也。誰氏者，謙也，不必其主人之女。
［二］卒曰某氏，不記之者，明爲主人之女。

（以上問名之辭）

（二·記·十五）

醴曰：“子爲事故，至於某之室，某有先人之禮，請醴從者。”[一]對曰：“某既得將事矣，敢辭。”[二]“先人之禮，敢固以請。”[三]“某辭不得命，敢不從也。”[四]

[一]言從者，謙不敢斥也。今文“於”爲“于”。

[二]將，行。

[三]主人辭固如故。

[四]賓辭也。不得命者，不得許己之命。

（以上醴賓之辭）

（二·記·十六）

納吉曰：“吾子有貺命，某加諸卜，占曰吉。使某也敢告。”[一]對曰：“某之子不教，唯恐弗堪。子有吉，我與在，某不敢辭。”[二]

[一]貺，賜也，賜命謂許以女名也。某，壻父名。

[二]與，猶兼也。古文“與”爲“豫”。

（以上納吉之辭）

（二·記·十七）

納徵曰：“吾子有嘉命，貺室某也。某有先人之禮，儷皮束帛，使某也請納徵。”致命曰：“某敢納徵。”對曰：“吾子順先典，貺某重禮。某不敢辭，敢不承命。”[一]

〔一〕典，常也，法也。

（以上納徵之辭）

（二·記·十八）

　　請期曰：“吾子有賜命，某既申受命矣。惟是三族之不虞，使某也請吉日。”[一]對曰：“某既前受命矣，唯命是聽。”[二]曰：“某命某聽命于吾子。”[三]對曰：“某固唯命是聽。”使者曰：“某使某受命，吾子不許，某敢不告期曰某日。”[四]對曰：“某敢不敬須。”[五]

〔一〕三族，謂父昆弟、己昆弟、子昆弟。虞，度也。不億度，謂卒有死喪。此三族者，己及子皆爲服期，期服則踰年，欲及今之吉也。《雜記》曰：“大功之末，可以冠子、嫁子。”

〔二〕前受命者，申前事也。

〔三〕曰某，壻父名也。

〔四〕某，吉日之甲乙。

〔五〕須，待。

（以上請期之辭）

（二·記·十九）

　　凡使者歸，反命曰：“某既得將事矣，敢以禮告。”[一]主人曰：“聞命矣。”

〔一〕告禮所執脯。

55

（以上使者反命之辭）

（二·記·二十）

父醮子。^[一]命之曰："往迎爾相，承我宗事。^[二]勖帥以敬先妣之嗣，若則有常。"^[三]子曰："諾！唯恐弗堪，不敢忘命。"

[一] 子，壻。

[二] 相，助也。宗事，宗廟之事。

[三] 勖，勉也。若，猶女也。勉帥婦道，以敬其爲先妣之嗣。女之行則當有常，深戒之。《詩》云："大姒嗣徽音。"

（以上父醮子辭）

（二·記·二十一）

賓至，擯者請，對曰："吾子命某，以茲初昏，使某將請承命。"^[一]對曰："某固敬具以須。"

[一] 賓，壻也。命某，某，壻父名。茲，此也。將，行也，使某行昏禮來迎。

（以上迎至門告擯者辭）

（二·記·二十二）

父送女，命之曰："戒之敬之，夙夜毋違命。"^[一]母施衿結帨，曰："勉之敬之，夙夜無違宮事。"^[二]庶母及門內，施鞶，申之以父母之命，命之曰："敬恭聽，宗爾父母

之言，夙夜無愆，視諸衿鞶。"〔三〕

〔一〕夙，早也。早起夜臥。命，舅姑之教命。古文"毋"爲"無"。

〔二〕帨，佩巾。

〔三〕庶母，父之妾也。鞶，鞶囊也，男鞶革，女鞶絲，所以盛帨巾之屬爲謹敬。申，重也。宗，尊也。愆，過也。諸，之也。示之以衿鞶者，皆託戒使識之也。不示之以衣笄者，尊者之戒，不嫌忘之。視乃正字，今文作"示"，俗誤行之。

（以上父母送女戒命之辭）

（二·記·二十三）

壻授綏，姆辭曰："未教，不足與爲禮也。"〔一〕

〔一〕姆，教人者。

（以上姆辭壻授綏之辭）

（二·記·二十四）

宗子無父，母命之。親皆没，己躬命之。〔一〕支子則稱其宗。〔二〕弟稱其兄。〔三〕

〔一〕宗子者，適長子也。命之，命使者。母命之，在《春秋》"紀裂繻來逆女"是也。躬，猶親也。親命之，則"宋公使公孫壽來納幣"是也。言宗子無父，是有父者，禮，七十老而傳，八十齊衰之事不及。若是者，子代其父爲宗子，其取也，父命之。

57

［二］支子，庶昆弟也。稱其宗子命使者。

［三］弟，宗子之母弟。

（以上記使命所自出）

（二·記·二十五）

　　若不親迎，則婦入三月，然後壻見，曰：“某以得爲外昏姻，請覿。”^{［一］}主人對曰：“某以得爲外昏姻之數，某之子未得濯溉於祭祀，是以未敢見。今吾子辱請，吾子之就宮，某將走見。”^{［二］}對曰：“某以非他故，不足以辱命，請終賜見。”^{［三］}對曰：“某得以爲昏姻之故，不敢固辭。敢不從。”^{［四］}主人出門左，西面。壻入門，東面，奠摯，再拜，出。^{［五］}擯者以摯出，請受。^{［六］}壻禮辭，許，受摯，入。主人再拜受，壻再拜送，出。^{［七］}見主婦，主婦闔扉，立于其內。^{［八］}壻立于門外，東面。主婦一拜。壻荅再拜。主婦又拜，壻出。^{［九］}主人請醴，及揖讓入，醴以一獻之禮。主婦薦，奠酬，無幣。^{［一○］}壻出，主人送，再拜。

［一］女氏稱昏，壻氏稱姻。覿，見也。

［二］主人，女父也。以白造緇曰辱。

［三］非他故，彌親之。辭命，謂將走見之言。今文無“終賜”。

［四］不言外，亦彌親之辭。古文曰“外昏姻”。

［五］出門，出內門。入門，入大門。出內門不出大門者，異於賓客也。壻見於寢。奠摯者，壻有子道，不敢授也。摯，雉也。

［六］欲使以賓客禮相見。

［七］出，已見女父。

［八］主婦，主人之婦也。見主婦者，兄弟之道，宜相親也。闔扉者，婦人無外事。扉，左扉。

［九］必先一拜者，婦人於丈夫必俠拜。

［一〇］及，與也。無幣，異於賓客。

（以上記不親迎者見婦父母之禮）

儀禮卷第三

士相見禮第三

（三·一）

士相見之禮。摯，冬用雉，夏用腒。左頭奉之，曰：
“某也願見，無由達。某子以命命某見。”[一]主人對曰：“某
子命某見，吾子有辱。請吾子之就家也，某將走見。”[二]
賓對曰：“某不足以辱命，請終賜見。”[三]主人對曰：“某
不敢爲儀，固請吾子之就家也，某將走見。”[四]賓對曰：
“某不敢爲儀，固以請。”[五]主人對曰：“某也固辭，不
得命，將走見。聞吾子稱摯，敢辭摯。”[六]賓對曰：“某
不以摯，不敢見。”[七]主人對曰：“某不足以習禮，敢固
辭。”[八]賓對曰：“某也不依於摯，不敢見，固以請。”[九]
主人對曰：“某也固辭，不得命，敢不敬從。”出迎于門外，
再拜。賓荅再拜。主人揖，入門右。賓奉摯，入門左。主
人再拜，受。賓再拜，送摯，出。[一〇]主人請見。賓反
見，退。主人送于門外，再拜。[一一]主人復見之，以其
摯，曰：“曏者吾子辱，使某見。請還摯於將命者。”[一二]
主人對曰：“某也既得見矣，敢辭。”[一三]賓對曰：“某也非
敢求見，請還摯于將命者。”[一四]主人對曰：“某也既得見
矣，敢固辭。”[一五]賓對曰：“某不敢以聞，固以請於將命

63

者。”^[一六]主人對曰：“某也固辭不得命，敢不從。”^[一七]賓奉摯入。主人再拜，受。賓再拜，送摯，出。主人送于門外，再拜。

［一］摯，所執以至者，君子見於所尊敬，必執摯以將其厚意也。士摯用雉者，取其耿介，交有時，別有倫也。雉必用死者，爲其不可生服也。夏用腒，備腐臭也。左頭，頭陽也。無由達言，久無因緣以自達也。某子，今所因緣之姓名也。以命者，稱述主人之意。今文“頭”爲“脰”。

［二］有，又也。某子命某往見，今吾子又自辱來，序其意也。走，猶往也。今文無“走”。

［三］命，謂請吾子之就家。

［四］不敢爲儀，言不敢外貌爲威儀，忠誠欲往也。固，如故也。今文“不”爲“非”。古文云“固以請也”。

［五］言如固請，終賜見也。今文“不”爲“非”。

［六］不得命者，不得見許之命也。走，猶出也。稱，舉也。辭其摯，爲其大崇也。古文曰“某將走見”。

［七］見於所尊敬而無摯，嫌大簡。

［八］言不足習禮者，不敢當其崇禮來見己。

［九］言依於摯，謙自卑也。今文無“也”。

［一〇］右，就右也。左，就左也。受摯於庭，既拜受，送則出矣。不受摯於堂，下人君也。今文無。

［一一］請見者，爲賓崇禮來相接，以矜莊歡心未交也。賓反見則燕矣。下云“凡燕見於君”至“凡侍坐於君子”，博記反見之燕義，臣初見於君，再拜，奠摯而出。

［一二］復見之者，禮尚往來也。以其摯，謂曩時所執來者也。

　　　　孄，裏也。將，猶傳也。傳命者，謂擯、相者。

［一三］讓其來荅己也。

［一四］言不敢求見，嫌褻主人，不敢當也。今文無“也”。

［一五］固如故也。

［一六］言不敢以聞，又益不敢當。

［一七］許受之也。異日則出迎^{〔一〕}，同日則否。

（以上士與士相見之禮）

（三·二）

　　士見於大夫，終辭其摯。於其入也，一拜其辱也。賓退，送，再拜。^{〔一〕}

　　［一］終辭其摯，以將不親荅也。凡不荅而受其摯，唯君於臣耳。
　　　　大夫於士，不出迎，入一拜，正禮也。送再拜，尊賓。

（以上士見大夫之禮）

（三·三）

　　若嘗爲臣者，則禮辭其摯，曰：“某也辭不得命，不敢固辭。”^{〔一〕}賓入，奠摯，再拜。主人荅壹拜。^{〔二〕}賓出，使擯者還其摯于門外，曰：“某也使某還摯。”^{〔三〕}賓對曰：“某也既得見矣，敢辭。”^{〔四〕}擯者對曰：“某也命某，某非敢爲儀也，敢以請。”^{〔五〕}賓對曰：“某也夫子之賤私，不足以踐禮，敢固辭。”^{〔六〕}擯者對曰：“某也使某不敢爲儀也，固以

〔一〕異日則出迎　“出迎”，底本作“當退”，據嚴州本、張敦仁本、阮刻本改。

65

請。"[七] 賓對曰："某固辭不得命，敢不從。"再拜受。[八]

[一] 禮辭，一辭其摯而許也。將不荅而聽其以摯入，有臣道也。

[二] 奠摯，尊卑異，不親授也。古文"壹"爲"一"。

[三] 還其摯者，辟正君也。

[四] 辭君還其摯也。今文無。

[五] 還摯者，請使受之。

[六] 家臣稱私。踐，行也。言某臣也不足以行賓客禮。賓客所不荅者，不受摯。

[七] 言使某，尊君也。或言命某傳言耳。

[八] 受其摯而去之。

（以上士嘗爲大夫臣者見於大夫之禮）

(三·四)

　　下大夫相見以鴈，飾之以布，維之以索，如執雉。[一] 上大夫相見以羔，飾之以布，四維之結于面，左頭，如麛執之。[二] 如士相見之禮。[三]

[一] 鴈取知時，飛翔有行列也。飾之以布，謂裁縫衣其身也。維，謂繫聯其足。

[二] 上大夫，卿也。羔取其後帥，群而不黨也。面，前也。繫聯四足，交出背上，於胷前結之也。如麛執之者，秋獻麛，有成禮如之。或曰麛，孤之摯也。其禮蓋謂左執前足，右執後足。今文"頭"爲"脰"。

[三] 大夫雖摯異，其儀猶如士。

66

（以上大夫相見之禮）

（三·五）

始見于君，執摯，至下，容彌蹙。[一]庶人見於君，不爲容，進退走。[二]士、大夫則奠摯，再拜稽首。君荅壹拜。[三]

[一]下，謂君所也。蹙，猶促也，促，恭慤貌也。其爲恭，士、大夫一也。

[二]容，謂趨翔。

[三]言君荅士、大夫一拜，則於庶人不荅之。庶人之摯鶩。古文“壹”作“一”。

（以上大夫、士、庶人見於君）

（三·六）

若他邦之人，則使擯者還其摯，曰：“寡君使某還摯。”賓對曰：“君不有其外臣，臣不敢辭。”再拜稽首，受。

（以上他邦之人見於君）

（三·七）

凡燕見于君，必辯君之南面。若不得，則正方，不疑君。[一]君在堂，升見無方階，辯君所在。[二]

[一]辯，猶正也。君南面，則臣見正北面。君或時不然，當正東面，若正西面，不得疑君所處邪鄉之，此謂特見圖事，非立賓主之燕也。疑，度之。

67

［二］升見，升堂見於君也。君近東，則升東階。君近西，則升西階。

（以上燕見於君）

（三·八）

　　凡言，非對也，妥而後傳言。^{［一］}與君言，言使臣。與大人言，言事君。與老者言，言使弟子。與幼者言，言孝弟於父兄。與衆言，言忠信慈祥。與居官者言，言忠信。^{［二］}凡與大人言，始視面，中視抱，卒視面，毋改。衆皆若是。^{［三］}若父，則遊目，毋上於面，毋下於帶。^{［四］}若不言，立則視足，坐則視膝。^{［五］}

［一］凡言，謂己爲君言事也。妥，安坐也。傳言，猶出言也。若君問，可對則對，不待安坐也。古文“妥”爲“綏”。

［二］博陳燕見言語之儀也。言使臣者，使臣之禮也。大人，卿、大夫也。言事君者，臣事君以忠也。祥，善也。居官，謂士以下。

［三］始視面，謂觀其顏色可傳言未也。中視抱，容其思之，且爲敬也。卒視面，察其納己言否也。毋改，謂傳言見荅應之間，當正容體以待之，毋自變動，爲嫌解惰不虛心也。衆，謂諸卿、大夫同在此者。皆若是，其視之儀無異也。古文“毋”作“無”，今文“衆”爲“終”。

［四］子於父，主孝不主敬，所視廣也，因觀安否何如也。今文“父”爲“甫”，古文“毋”作“無”。

［五］不言則伺其行起而已。

（以上進言之法）

（三·九）

　　凡侍坐於君子，君子欠伸，問日之早晏，以食具告，改居，則請退可也。^[一]夜侍坐，問夜、膳葷，請退可也。^[二]

　　　[一]君子，謂卿、大夫及國中賢者也。志倦則欠，體倦則伸。問日晏，近於久也。具，猶辦也。改居，謂自變動也。古文"伸"作"信"，"早"作"蚤"。

　　　[二]問夜，問其時數也。膳葷，謂食之。葷辛物，蔥薤之屬，食之以止臥。古文"葷"作"薰"。

　　（以上侍坐於君子之法）

（三·十）

　　若君賜之食，則君祭先飯，徧嘗膳，飲而俟。君命之食，然後食。^[一]若有將食者，則俟君之食，然後食。^[二]若君賜之爵，則下席，再拜稽首，受爵，升席祭，卒爵而俟。君卒爵，然後授虛爵。^[三]退，坐取屨，隱辟而后屨。君爲之興，則曰："君無爲興，臣不敢辭。"君若降送之，則不敢顧辭，遂出。^[四]大夫則辭、退、下，比及門，三辭。^[五]

　　　[一]君祭先飯，食其祭食，臣先飯，示爲君嘗食也。此謂君與之禮食。膳，謂進庶羞。既嘗庶羞，則飲，俟君之徧嘗也。今云咕嘗膳。

　　　[二]將食，猶進食，謂膳宰也。膳宰進，則臣不嘗食。《周禮·膳夫》："品嘗食，王乃食。"

　　　[三]受爵者於尊所，至於授爵，坐授人耳。必俟君卒爵者，若欲其釂然也。今文曰"若賜之爵"，無"君"也。

〔四〕謂君若食之飲之而退也。隱辟，俛而逡巡。興，起也。辭君
　　興而不敢辭其降，於己大崇，不敢當也。

〔五〕下亦降也。

（以上臣侍坐賜食、賜飲及退去之儀）

（三·十一）

　　若先生異爵者請見之，則辭。辭不得命，則曰：“某無
以見，辭不得命，將走見，先見之。”〔一〕

〔一〕先生，致仕者也。異爵，謂卿、大夫也。辭，辭其自降而
　　來。走，猶出也。先見之者，出先拜也。《曲禮》曰：“主人
　　敬賓，則先拜賓。”

（以上先生異爵者見士）

（三·十二）

　　非以君命使，則不稱寡大夫。士則曰寡君之老。〔一〕凡
執幣者不趨，容彌蹙以爲儀。〔二〕執玉者則唯舒武，舉前曳
踵。〔三〕凡自稱於君，士、大夫則曰“下臣”。宅者在邦則
曰“市井之臣”，在野則曰“草茅之臣”。庶人則曰“刺草之
臣”。他國之人則曰“外臣”。〔四〕

〔一〕謂擯、贊者辭也。不稱寡者，不言寡君之某，言姓名而已。
　　大夫、卿、士，其使則皆曰寡君之某。《檀弓》曰：“仕而未
　　有祿者〔一〕，君有饋焉曰獻，使焉曰寡君之老。”

〔一〕仕而未有祿者　“仕”，底本作“往”，阮刻本作“士”，據嚴州本、張敦仁本改。

［二］不趨，主慎也。以進而益恭爲威儀耳。今文無"容"。

［三］唯舒者，重玉器，尤慎也。武，迹也。舉前曳踵，備蹟跆也。今文無"者"，古文"曳"作"抴"。

［四］宅者，謂致仕者也。致仕者去官而居，宅或在國中，或在野。《周禮》"載師"之職："以宅田任近郊之地。"剗，猶劃除也。今文"宅"爲"託"，古文"茅"作"苗"。

（以上廣言稱謂及執幣玉之儀）

儀禮卷第四

儀禮卷第四

鄭　氏　注

鄉飲酒禮第四

（四·一）

　　鄉飲酒之禮。主人就先生而謀賓、介。^[一]主人戒賓，賓拜辱。主人荅拜，乃請賓。賓禮辭，許。主人再拜，賓荅拜。^[二]主人退，賓拜辱。^[三]介亦如之。^[四]

　　[一] 主人，謂諸侯之鄉大夫也。先生，鄉中致仕者。賓、介，處士賢者。《周禮》"大司徒"之職："以鄉三物教萬民而賓興之：一曰六德，知，仁，聖，義，忠，和。二曰六行，孝，友，睦，姻，任，恤。三曰六藝，禮，樂，射，御，書，數。"鄉大夫以正月之吉受法于司徒，退而頒之于其鄉吏，使各以教其所治，以考其德行，察其道藝。及三年大比，而興賢者、能者。鄉老及鄉大夫帥其吏與其衆寡，以禮禮賓之。厥明，獻賢能之書於王，是禮乃三年正月而一行也。諸侯之鄉大夫，貢士於其君，蓋如此云。古者年七十而致仕，老於鄉里。大夫名曰父師，士名曰少師，而教學焉，恒知鄉人之賢者，是以大夫就而謀之。賢者爲賓，其次爲介，又其次爲衆賓，而與之飲酒，是亦將獻之以禮禮賓之也。今郡國十月行此飲酒禮，以黨正每歲"邦索鬼神而祭祀，則以禮屬民而飲

酒于序，以正齒位"之説，然此篇無正齒位之事焉。凡鄉黨
飲酒，必於民聚之時，欲見其化，知尚賢尊長也。《孟子》曰：
"天下有達尊三，爵也，德也，齒也。"

［二］戒，警也，告也。拜辱，出拜其自屈辱至己門也。請，告以
其所爲來之事。不固辭者，素所有志。

［三］退，猶去也。去又拜辱者，以送謝之。

［四］如戒賓也。

　　（以上謀賓、戒賓）

（四·二）

　　乃席賓、主人、介。[一]衆賓之席皆不屬焉。[二]尊兩
壺于房户間，斯禁，有玄酒在西。設篚于禁南，東肆，加
二勺于兩壺。[三]設洗于阼階東南，南北以堂深，東西當東
榮。水在洗東，篚在洗西，南肆。[四]

［一］席，敷席也。夙興往戒，歸而敷席。賓席牖前，南面。主人
席阼階上，西面。介席西階上，東面。

［二］席衆賓於賓席之西。不屬者，不相續也。皆獨坐，明其德
各特。

［三］斯禁，禁切地無足者。玄酒在西，上也。肆，陳也。

［四］榮，屋翼。

　　（以上陳設）

（四·三）

　　羹定。[一]主人速賓，賓拜辱。主人荅拜，還，賓拜

辱。^[二]介亦如之。^[三]賓及衆賓皆從之。^[四]主人一相迎于門外，再拜賓，賓答拜。拜介，介答拜。^[五]揖衆賓。^[六]主人揖，先入。^[七]賓厭介，入門左。介厭衆賓入。衆賓皆入門左，北上。^[八]主人與賓三揖，至于階，三讓。主人升，賓升。主人阼階上當楣北面再拜。賓西階上當楣北面答拜。^[九]

［一］肉謂之羹。定，猶孰也。

［二］速，召也。還，猶退。

［三］如速賓也^[一]。

［四］從，猶隨也。言及衆賓，介亦在其中矣。

［五］相，主人之吏，擯、贊傳命者。

［六］差益卑也，拜介、揖衆賓，皆西南面。

［七］揖，揖賓也。先入門而西面。

［八］皆入門西，東面。賓之屬相厭，變於主人也。推手曰揖，引手曰厭，今文皆作“揖”。又曰“衆賓皆入左”，無“門”。

［九］三揖者，將進揖，當陳揖，當碑揖。楣，前梁也。復拜，拜賓至此堂，尊之。

（以上速賓、迎賓、拜至）

（四·四）

主人坐，取爵于篚，降洗。^[一]賓降。^[二]主人坐，奠爵于階前，辭。^[三]賓對。^[四]主人坐取爵，興，適洗，南

<hr/>

〔一〕　如速賓也　“速賓”，底本作“賓速”，據嚴州本、張敦仁本、阮刻本改。

面坐，奠爵于篚下，盥洗。^[五]賓進，東北面，辭洗。^[六]主人坐，奠爵于篚，興對。賓復位，當西序，東面。^[七]主人坐取爵，沃洗者西北面。^[八]卒洗，主人壹揖，壹讓，升。^[九]賓拜洗。主人坐奠爵，遂拜，降盥。^[一〇]賓降，主人辭，賓對，復位，當西序。卒盥，揖讓升。賓西階上疑立。^[一一]主人坐取爵，實之。賓之席前，西北面獻賓。^[一二]賓西階上拜，主人少退。^[一三]賓進受爵以復位，主人阼階上拜送爵，賓少退。^[一四]薦脯醢。^[一五]賓升席，自西方。^[一六]乃設折俎。^[一七]主人阼階東疑立。賓坐，左執爵，祭脯醢。^[一八]奠爵于薦西，興，右手取肺，卻左手執本，坐，弗繚，右絶末以祭，尚左手，嚌之，興，加于俎。^[一九]坐挩手，遂祭酒。^[二〇]興，席末坐，啐酒。^[二一]降席，坐奠爵，拜告旨，執爵興。主人阼階上荅拜。^[二二]賓西階上，北面坐，卒爵，興。坐奠爵，遂拜，執爵，興。主人阼階上荅拜。^[二三]

［一］將獻賓也。

［二］從主人也。

［三］重以己事煩賓也。事同曰讓，事異曰辭。

［四］對，荅也。賓主之辭未聞。

［五］已盥乃洗爵，致絜敬也。今文無"奠"。

［六］必進東行，示情。

［七］言復位者，明始降時位在此。

［八］沃洗者，主人之群吏。

［九］俱升。古文"一"作"壹"。

［一〇］復盥，爲手坋汗。

［一一］疑，讀爲“疑然從於趙盾”之“疑”。疑，正立自定之貌。

［一二］獻，進也。進酒於賓。

［一三］少退，少辟。

［一四］復位，復西階上位。

［一五］薦，進也。進之者，主人有司。

［一六］升由下也，升必中席。

［一七］牲體枝解，節折在俎。

［一八］坐，坐於席。祭脯醢者以右手。

［一九］興，起也。肺，離之。本，端厚大者。繚，猶紾也。大夫以上，威儀多。紾絕之，尚左手者，明垂紾之乃絕其末。嚌，嘗也。

［二〇］挩，拭也。古文“挩”作“說”。

［二一］啐亦嘗也。

［二二］降席，席西也。旨，美也。

［二三］卒，盡也，於此盡酒者，明此席非專屬飲食起。

（以上主人獻賓）

（四·五）

　　賓降洗。[一]主人降。[二]賓坐奠爵，興，辭。[三]主人對，賓坐，取爵，適洗南，北面。主人阼階東，南面辭洗。賓坐奠爵于篚，興對。主人復阼階東，西面。賓東北面盥，坐取爵，卒洗，揖讓如初，升。主人拜洗。賓荅拜，興，降盥，如主人禮。賓實爵主人之席前，東南面酢主人。主人阼階上拜，賓少退。主人進受爵，復位。賓西階上拜送爵，薦脯醢。主人升席自北方，設折俎，祭如賓禮。^[四]不告旨，^[五]自席前適阼階上，北面坐，卒爵，興，坐奠爵，遂拜，執爵興。賓西階上荅拜。^[六]主人坐奠爵于序端，阼階上北面再拜崇酒。賓西階上荅拜。^[七]

［一］將酢主人。

［二］亦從賓也。降，降立阼階東，西面。

［三］西階前也。

［四］祭者，祭薦俎及酒，亦嚌啐。

［五］酒，己物也。

［六］自席前者，啐酒席末，因從北方降由便也。

［七］東西牆謂之序^{〔一〕}。崇，充也，言酒惡相充實。

（以上賓酢主人）

(四·六)

主人坐取觶于篚，降洗。賓降，主人辭降。賓不辭洗，立當西序，東面。^[一]卒洗，揖讓升。賓西階上疑立。主人實觶酬賓，阼階上北面，坐奠觶，遂拜，執觶興。賓西階上荅拜。^[二]坐祭，遂飲，卒觶，興，坐奠觶，遂拜，執觶興。賓西階上荅拜。主人降洗，賓降辭，如獻禮，升，不拜洗。^[三]賓西階上立。主人實觶賓之席前，北面。賓西階上拜。主人少退，卒拜，進，坐奠觶于薦西。^[四]賓辭，坐取觶，復位。主人阼階上拜送，賓北面坐奠觶于薦東，復位。^[五]

〔一〕 東西牆謂之序　“謂”，底本作“爲”，據嚴州本、張敦仁本、阮刻本改。

［一］不辭洗者，以其將自飲。

［二］酬，勸酒也。酬之言周，忠信爲周。

［三］不拜洗，殺於獻。

［四］賓已拜，主人奠其觶。

［五］酬酒不舉，君子不盡人之歡，不竭人之忠，以全交也。

（以上主人酬賓）

（四·七）

主人揖，降。賓降，立于階西，當序，東面。^{［一］}主人以介揖讓升，拜如賓禮。主人坐取爵于東序端，降洗。介降，主人辭降。介辭洗，如賓禮，升，不拜洗。^{［二］}介西階上立。^{［三］}主人實爵介之席前，西南面獻介。介西階上北面拜，主人少退。介進，北面受爵，復位。主人介右北面拜送爵，介少退。^{［四］}主人立于西階東。薦脯醢。介升席自北方，設折俎，祭如賓禮，不嚌肺，不啐酒，不告旨。自南方降席，北面坐，卒爵，興，坐奠爵，遂拜，執爵興。主人介右荅拜。^{［五］}

［一］主人將與介爲禮，賓謙不敢居堂上。

［二］介禮殺也。

［三］不言疑者，省文。

［四］主人拜于介右，降尊以就卑也。今文無“北面”。

［五］不嚌、啐，下賓。

（以上主人獻介）

（四·八）

　　介降洗，主人復阼階，降辭如初。^[一]卒洗，主人盥。^[二]介揖讓升，授主人爵于兩楹之間。^[三]介西階上立。主人實爵，酢于西階上，介右坐奠爵。遂拜，執爵興。介荅拜。主人坐祭，遂飲，卒爵，興，坐奠爵，遂拜，執爵興。介荅拜。主人坐奠爵于西楹南，介右再拜崇酒。介荅拜。^[四]

　　［一］如賓酢之時。

　　［二］盥者當爲介酌。

　　［三］就尊南授之。介不自酌，下賓。酒者，賓主共之。

　　［四］奠爵西楹南，以當獻衆賓。

　　（以上介酢主人）

（四·九）

　　主人復阼階，揖，降，介降立于賓南。主人西南面三拜衆賓，衆賓皆荅壹拜。^[一]主人揖，升，坐取爵于西楹下，降洗，升實爵，于西階上獻衆賓。衆賓之長升，拜受者三人。^[二]主人拜送。^[三]坐祭，立飲，不拜既爵，授主人爵，降復位。^[四]衆賓獻，則不拜受爵，坐祭，立飲。^[五]每一人獻，則薦諸其席。^[六]衆賓辯有脯醢。^[七]主人以爵降，奠于篚。^[八]

　　［一］三拜、壹拜，示徧，不備禮也。不升拜，賤也。

　　［二］長，其老者。言三人，則衆賓多矣。

［三］於衆賓右。

［四］既，卒也。卒爵不拜，立飲立授，賤者禮簡。

［五］次，三人以下也。不拜，禮彌簡。

［六］謂三人也。

［七］亦每獻薦於其位，位在下。今文"辯"皆作"徧"。

［八］不復用也。

（以上主人獻衆賓）

(四·十)

揖讓升。賓厭介升，介厭衆賓升，衆賓序升，即席。^{［一］}一人洗，升，舉觶于賓。^{［二］}實觶，西階上坐奠觶，遂拜，執觶興，賓席末荅拜，坐，祭，遂飲，卒觶，興，坐奠觶，遂拜，執觶興，賓荅拜。降洗，升，實觶，立于西階上。賓拜。^{［三］}進坐奠觶于薦西。賓辭，坐受以興。^{［四］}舉觶者西階上拜送，賓坐奠觶于其所。^{［五］}舉觶者降。^{［六］}

［一］序，次也。即，就也。今文"厭"皆爲"揖"。

［二］一人，主人之吏。發酒端曰舉。

［三］賓拜，拜將受觶。

［四］舉觶不授，下主人也。言坐受者，明行事相接，若親受謙也。

［五］所薦西也。

［六］事已。

（以上一人舉觶）

83

(四·十一)

設席于堂廉，東上。^[一]工四人，二瑟，瑟先。相者
二人，皆左何瑟，後首，挎越，內弦，右手相。^[二]樂正
先升，立于西階東。^[三]工入，升自西階，北面坐。相者
東面坐，遂授瑟，乃降。^[四]工歌《鹿鳴》《四牡》《皇皇者
華》。^[五]卒歌，主人獻工。工左瑟。一人拜，不興，受爵。
主人阼階上拜送爵。^[六]薦脯醢，使人相祭。^[七]工飲，不
拜既爵，授主人爵。^[八]衆工則不拜受爵，祭飲，辯有脯
醢，不祭。^[九]大師則爲之洗。賓、介降，主人辭降。工
不辭洗。^[一○]

[一] 爲工布席也。側邊曰廉。《燕禮》曰："席工於西階上少東，
　　樂正先升，北面。"此言樂正先升，立于西階東，則工席在
　　階東。

[二] 四人，大夫制也。二瑟，二人鼓瑟，則二人歌也。瑟先者，
　　將入序在前也。相，扶工也，衆賓之少者爲之，每工一人。
　　《鄉射禮》曰"弟子相工如初入"，天子相工使視瞭者，凡
　　工，瞽、瞍也，故有扶之者。"師冕見，及階，子曰：'階
　　也。'及席，子曰：'席也。'"固相師之道。後首者，變于
　　君也。挎，持也。相瑟者則爲之持瑟。其相歌者，徒相也。
　　越，瑟下孔也。內弦，側擔之者。

[三] 正，長也。

[四] 降立于西方，近其事。

[五] 三者皆《小雅》篇也。《鹿鳴》，君與臣下及四方之賓燕講道
　　修政之樂歌也。此采其己有旨酒，以召嘉賓。嘉賓既來，示
　　我以善道。又樂嘉賓有孔昭之明德，可則傚也。《四牡》，君

勞使臣之來樂歌也。此采其勤苦王事，念將父母，懷歸傷悲，忠孝之至，以勞賓也。《皇皇者華》，君遣使臣之樂歌也。此采其更是勞苦，自以爲不及，欲諮謀于賢知而以自光明也。

［六］一人，工之長也。凡工賤，不爲之洗。

［七］使人相者，相其祭酒、祭薦。

［八］坐授之。

［九］祭，飲，獻酒重，無不祭也。今文“辯”爲“徧”。

［一〇］大夫若君賜之樂，謂之大師，則爲之洗，尊之也。賓、介降，從主人也。工，大師也。上既言獻工矣，乃言大師者，大師或瑟或歌也。其獻之，瑟則先，歌則後。

（以上升歌三終及獻工）

（四·十二）

笙入，堂下磬南，北面立。樂《南陔》《白華》《華黍》。^[一] 主人獻之于西階上。一人拜，盡階，不升堂，受爵。主人拜送爵。階前坐祭，立飲，不拜既爵，升，授主人爵。^[二] 衆笙則不拜受爵，坐祭，立飲，辯有脯醢，不祭。^[三]

［一］笙，吹笙者也。以笙吹此詩，以爲樂也。《南陔》《白華》《華黍》，《小雅》篇也，今亡，其義未聞。昔周之興也，周公制禮作樂，采時世之詩以爲樂歌，所以通情，相風切也，其有此篇明矣。後世衰微，幽、厲尤甚，禮樂之書，稍稍廢棄。孔子曰：“吾自衛反魯，然後樂正，《雅》《頌》各得其所。”

謂當時在者而復重雜亂者也，惡能存其亡者乎？且<u>正考父</u>校<u>商</u>之名《頌》十二篇于<u>周大師</u>，歸以祀其先王。至<u>孔子</u>二百年之間，五篇而已，此其信也。

［二］一人，笙之長者也。笙三人，和一人，凡四人。《鄉射禮》曰："笙一人拜于下。"

［三］亦受爵于西階上。薦之皆於其位，磬南。今文"辯"爲"徧"。

（以上笙奏三終及獻笙）

（四·十三）

乃閒歌《魚麗》，笙《由庚》；歌《南有嘉魚》，笙《崇丘》；歌《南山有臺》，笙《由儀》。^{［一］}

［一］閒，代也，謂一歌則一吹。六者皆《小雅》篇也。《魚麗》，言太平年豐物多也。此采其物多酒旨，所以優賓也。《南有嘉魚》，言太平君子有酒樂與賢者共之也。此采其能以禮下賢者，賢者纍蔓而歸之，與之燕樂也。《南山有臺》，言太平之治以賢者爲本。此采其愛友賢者，爲邦家之基，民之父母，既欲其身之壽考，又欲其名德之長也。《由庚》《崇丘》《由儀》，今亡，其義未聞。

（以上閒歌三終）

（四·十四）

乃合樂《周南·關雎》《葛覃》《卷耳》，《召南·鵲巢》《采蘩》《采蘋》。^{［一］}工告于樂正曰："正歌備。"樂正告于賓，乃降。^{［二］}

［一］合樂，謂歌樂與衆聲俱作。《周南》《召南》，《國風》篇也，王后、國君夫人房中之樂歌也。《關雎》言后妃之德，《葛覃》言后妃之職，《卷耳》言后妃之志。《鵲巢》言國君夫人之德，《采蘩》言國君夫人不失職，《采蘋》言卿、大夫之妻能脩其法度。昔大王、王季居于岐山之陽，躬行《召南》之教，以興王業。及文王而行《周南》之教以受命。《大雅》云："刑于寡妻。至于兄弟，以御于家邦。"謂此也。其始一國耳，文王作邑于豐，以故地爲卿士之采地，乃分爲二國。周，周公所食。召，召公所食。於時文王三分天下有其二，德化被于南土，是以其詩有仁賢之風者，屬之《召南》焉；有聖人之風者，屬之《周南》焉。夫婦之道，生民之本，王政之端，此六篇者，其教之原也。故國君與其臣下及四方之賓燕，用之合樂也。鄉樂者，風也。《小雅》爲諸侯之樂，《大雅》《頌》爲天子之樂。鄉飲酒升歌《小雅》，禮盛者可以進取也。燕合鄉樂，禮輕者可以逮下也。《春秋傳》曰：《肆夏》《繁遏》《渠》，天子所以享元侯也。《文王》《大明》《緜》，兩君相見之樂也。然則諸侯相與燕，升歌《大雅》，合《小雅》；天子與次國、小國之君燕亦如之；與大國之君燕，升歌《頌》，合《大雅》，其笙間之篇未聞。

［二］樂正降者，以正歌備無事也。降立西階東，北面。

（以上合樂）

（四·十五）

　　主人降席自南方，［一］側降。［二］作相爲司正。司正禮辭，許諾。主人拜，司正荅拜。［三］主人升，復席。司正洗觶，升自西階，阼階上北面受命于主人。主人曰："請安于賓。"司正告于賓，賓禮辭，許。[四]司正告于主人。主人阼階上再拜，賓西階上荅拜。司正立于楹間以相拜。皆揖，復席。[五]

[一] 不由北方，由便。

[二] 賓、介不從。

[三] 作，使也。禮樂之正既成，將留賓爲有解惰，立司正以監之。拜，拜其許。

[四] 爲賓欲去留之，告賓於西階。

[五] 再拜，拜賓許也。司正既以賓許告主人，遂立楹間以相拜。賓、主人既拜，揖就席。

（以上司正安賓）

（四·十六）

司正實觶，降自西階，階間北面坐奠觶，退共，少立。[一]坐取觶，不祭，遂飲，卒觶興，坐奠觶，遂拜，執觶興，盥洗，北面坐奠觶于其所，退立于觶南。[二]

[一] 階間北面，東西節也。其南北當中庭。共，拱手也。少立，自正慎其位也。己帥而正，孰敢不正。《燕禮》曰："右還，北面。"

[二] 洗觶奠之，示絜敬。立於其南以察衆。

（以上司正表位）

（四·十七）

賓北面坐取俎西之觶，阼階上北面酬主人。主人降席，立于賓東。[一]賓坐奠觶，遂拜，執觶興，主人答拜。不祭，立飲，不拜，卒觶，不洗，實觶，東南面授主人。[二]主人阼階上拜，賓少退。主人受觶。賓拜送于主人之西。[三]賓揖，復席。[四]

[一]初起旅酬也。凡旅酬者，少長以齒，終於沃盥者，皆弟長而無遺矣。

[二]賓立飲，卒觶，因更酌以鄉主人，將授。

[三]旅酬同階，禮殺。

[四]酬主人訖。

（以上賓酬主人）

（四·十八）

主人西階上酬介，介降席自南方，立于主人之西，如賓酬主人之禮。主人揖，復席。[一]

[一]其酌實觶，西南面授介。自此以下旅酬，酌者亦如之。

（以上主人酬介）

（四·十九）

司正升相旅，曰：“某子受酬。”受酬者降席。[一]司正退，立于序端，東面。[二]受酬者自介右，[三]衆受酬者受自左，[四]拜，興，飲，皆如賓酬主人之禮。[五]辯，卒受

者以觶降，坐奠于篚。^[六]司正降，復位。^[七]

[一] 旅，序也。於是介酬衆賓，衆賓又以次序相酬。某者衆賓姓
也，同姓則以伯、仲別之，又同則以且字別之。

[二] 辟受酬者，又便其贊上贊下也。始升相，西階西北面。

[三] 由介東也。尊介，使不失故位。

[四] 後將受酬者，皆由西變於介也。今文無“衆酬者”。

[五] 嫌賓以下異也。

[六] 辯，辯衆賓之在下者。《鄉射禮》曰：“辯，遂酬在下者皆升，
受酬于西階上。”

[七] 觶南之位。

（以上介酬衆賓）

（四·二十）

使二人舉觶于賓、介，洗，升，實觶于西階上，皆坐
奠觶，遂拜，執觶興。賓、介席末荅拜。皆坐祭，遂飲，
卒觶，興，坐奠觶，遂拜，執觶興。賓、介席末荅拜。^[一]
逆降，洗，升，實觶，皆立于西階上。賓、介皆拜。^[二]
皆進，薦西奠之，賓辭，坐取觶以興。介則薦南奠之，介
坐受以興。退，皆拜送，降。賓、介奠于其所。^[三]

[一] 二人，亦主人之吏。若有大夫，則舉觶于賓與大夫。《燕禮》
曰：“媵爵者立于洗南，西面，北上，序進盥洗。”

[二] 於席末拜。

[三] 賓言取，介言受，尊卑異文。今文曰“賓受”。

（以上二人舉觶）

（四·二十一）

　　司正升自西階，受命于主人。主人曰：“請坐于賓。”賓辭以俎。[一]主人請徹俎，賓許。[二]司正降，階前命弟子俟徹俎。[三]司正升，立于席端。[四]賓降席，北面。主人降席，阼階上北面。介降席，西階上北面。遵者降席，席東南面。[五]賓取俎，還授司正，司正以降，賓從之。主人取俎，還授弟子，弟子以降自西階，主人降自阼階。介取俎，還授弟子，弟子以降，介從之。若有諸公、大夫，則使人受俎，如賓禮。眾賓皆降。[六]

[一] 至此盛禮俱成，酒清肴乾，賓主百拜，強有力者猶倦焉。張而不弛，弛而不張，非文、武之道。請坐者，將以賓燕也。俎者，肴之貴者。辭之者，不敢以禮殺當貴者。

[二] 亦司正傳請告之。

[三] 西階前也。弟子，賓之少者。俎者，主人之吏設之，使弟子俟徹者，明徹俎賓之義。

[四] 待事。

[五] 皆立相須徹俎也。遵者，謂此鄉之人仕至大夫者也。今來助主人樂賓，主人所榮而遵法者也，因以為名。或有無，來不來，用時事耳。今文“遵”為“僎”，或為“全”。

[六] 取俎者皆鄉其席，既授弟子，皆降，復初入之位。

（以上徹俎）

（四·二十二）

　　說屨，揖讓如初，升，坐。[一]乃羞。[二]無筭爵。[三]無筭樂。[四]

[一]說屨者，爲安燕當坐也。必說於下者，屨賤，不空居堂。說屨，主人先左，賓先右。今文“說”爲“稅”。

[二]羞，進也，所進者，狗胾醢也。鄉設骨體，所以致敬也。今進羞，所以盡愛也。敬之愛之，所以厚賢也。

[三]筭，數也。賓主燕飲，爵行無數，醉而止也。《鄉射禮》曰：“使二人舉觶于賓與大夫。”又曰：“執觶者，洗，升，實觶，反奠於賓與大夫。”皆是。

[四]燕樂亦無數。或間或合，盡歡而止也。《春秋》襄二十九年：吳公子札來聘，請觀于周樂。此國君之無筭。

　　（以上坐燕飲酒）

（四·二十三）

　　賓出，奏《陔》。[一]主人送于門外，再拜。[二]

[一]《陔》，《陔夏》也。陔之言戒也，終日燕飲，酒罷以陔爲節，明無失禮也。《周禮·鍾師》“以鍾鼓奏九夏”，是奏《陔夏》則有鍾鼓矣。鍾鼓者，天子、諸侯備用之，大夫、士鼓而已。蓋建於阼階之西，南鼓。《鄉射禮》曰：“賓興樂正命奏《陔》，賓降及階，《陔》作，賓出，衆賓皆出。”

[二]門東，西面拜也。賓、介不荅拜，禮有終也。

　　（以上賓出）

（四·二十四）

　　賓若有遵者，諸公、大夫則既一人舉觶，乃入。[一]席
于賓東，公三重，大夫再重。[二]公如大夫入，主人降，
賓、介降，衆賓皆降，復初位。主人迎，揖讓升。公升如
賓禮，辭一席，使一人去之。[三]大夫則如介禮，有諸公則
辭加席，委于席端，主人不徹。無諸公，則大夫辭加席，
主人對，不去加席。[四]

> [一]不干主人，正禮也。遵者，諸公、大夫也。謂之賓者，同從
> 　　外來耳。大國有孤，四命謂之公。
> [二]席此二者於賓東，尊之不與鄉人齒也。天子之國，三命者不
> 　　齒；於諸侯之國，爵爲大夫則不齒矣。不言遵者，遵者亦
> 　　卿、大夫。
> [三]如，讀若今之若。主人迎之於門內也。辭一席，謙自同於大夫。
> [四]加席，上席也。大夫席再重。

　　（以上遵者入之禮）

（四·二十五）

　　明日，賓服鄉服以拜賜。[一]主人如賓服以拜辱。[二]
主人釋服。[三]乃息司正。[四]無介，[五]不殺，[六]薦脯醢，[七]
羞唯所有，[八]徵唯所欲，[九]以告于先生、君子可也。[一〇]
賓、介不與。[一一]鄉樂唯欲。[一二]

> [一]拜賜，謝恩惠。鄉服，昨日與鄉大夫飲酒之朝服也。不言朝
> 　　服，未服以朝也。今文曰“賓服鄉服”。

93

［二］拜賓，復自屈辱也。《鄉射禮》曰：“賓朝服以拜賜于門外，主人不見。如賓服，遂從之，拜辱於門外，乃退。”

［三］釋朝服，更服玄端也。古文“釋”作“舍”。

［四］息，勞也，勞賜昨日贊執事者。獨云司正，司正庭長也。

［五］勞禮略也，司正爲賓。

［六］市買若因所有可也，不殺則無俎。

［七］羞同也。

［八］在有何物。

［九］徵，召也。

［一〇］告，請也。先生不以筋力爲禮，於是可以來。君子，國中有盛德者。可者，召不召唯所欲。

［一一］禮瀆則褻。古文“與”爲“豫”〔一〕。

［一二］鄉樂。《周南》《召南》六篇之中。唯所欲作，不從次也。不歌《鹿鳴》《魚麗》者，辟國君也。

（以上拜賜、拜辱、息司正）

記。

(四·記·一)

鄉朝服而謀賓、介，皆使能，不宿戒。^[一]

［一］鄉，鄉人，謂鄉大夫也。朝服，冠玄端，緇帶，素韠，白屨。今郡國行鄉飲酒之禮，玄端而衣皮弁服，與禮異。再戒爲宿戒。禮，將有事先戒而又宿戒。

〔一〕古文與爲豫　“豫”，<u>嚴州本</u>同，<u>張敦仁本</u>、<u>阮刻本</u>作“預”。

（以上記鄉服及解不宿戒）

(四·記·二)

蒲筵，緇布純。[一] 尊綌冪，賓至徹之。[二] 其牲狗也，[三] 亨于堂東北。[四] 獻用爵，其他用觶。[五] 薦脯五挺，横祭于其上，出自左房。[六] 俎由東壁，自西階升。[七] 賓俎，脊、脅、肩、肺。主人俎，脊、脅、臂、肺。介俎，脊、脅、肫、胳、肺。肺皆離。皆右體，進腠。[八]

［一］筵，席也。純，緣也。

［二］綌，葛也。冪，覆尊巾。

［三］狗取擇人。

［四］祖陽氣之所始也。陽氣主養。《易》曰："天地養萬物，聖人養賢以及萬民。"

［五］爵尊，不褻用之。

［六］挺，猶膱也。《鄉射禮》曰："祭半膱，膱長尺有二寸。"左在東，陽也，陽主養。房，饌陳處也。《冠禮》之饌，脯醢南上。《曲禮》曰："以脯修置者〔一〕，左朐右末。"

［七］亨狗既孰，載之俎，饌於東方。

［八］凡牲，前脛骨三，肩、臂、臑也。後脛骨二，膞、胳也。尊者俎尊骨，卑者俎卑骨。《祭統》曰："凡爲俎者，以骨爲主，骨有貴賤。"凡前貴後賤。離，猶挫也。腠，理也。進理，謂前其本也。今文"胳"作"骼"。

（以上記器具牲羞之屬）

〔一〕以脯修置者　"修"，張敦仁本同，嚴州本、阮刻本作"脩"。

（四·記·三）

　　以爵拜者不徒作。[一]坐卒爵者拜既爵，立卒爵者不拜既爵。[二]凡奠者於左，[三]將舉於右。[四]衆賓之長一人辭洗，如賓禮。[五]立者東面，北上。若有北面者，則東上。[六]樂正與立者皆薦以齒。[七]凡舉爵，三作而不徒爵。[八]樂作，大夫不入。[九]獻工與笙，取爵于上篚。既獻，奠于下篚。[一〇]其笙則獻諸西階上。[一一]磬，階間縮霤，北面鼓之。[一二]主人、介凡升席自北方，降自南方。[一三]司正既舉觶而薦諸其位。[一四]凡旅不洗，[一五]不洗者不祭。[一六]既旅，士不入。[一七]徹俎，賓、介、遵者之俎，受者以降，遂出授從者。[一八]主人之俎以東。[一九]樂正命奏《陔》，賓出，至于階，《陔》作。若有諸公，則大夫於主人之北，西面。[二〇]主人之贊者西面北上，不與。[二一]無筭爵，然後與。[二二]

　　［一］作，起也。言拜既爵者不徒起，起必酢主人。

　　［二］降殺各從其宜，不使相錯。唯工不從此禮。

　　［三］不飲者，不欲其妨。

　　［四］便也。

　　［五］於三人之中復差有尊者，餘二人雖爲之洗，不敢辭，其下不洗。

　　［六］賢者衆寡無常也。或統於堂，或統於門。

　　［七］謂其飲之次也，尊樂正同於賓黨，不言飲而言薦，以明飲也。既飲皆薦於其位。樂正位西階東，北面。

　　［八］謂獻賓、獻大夫、獻工皆有薦。

　　［九］後樂賢者。

　　［一〇］明其異器，敬也。如是則獻大夫亦然。上篚三爵。

[一一] 謂主人拜送爵也。於工拜于阼階上者，以其坐于西階東也。古文無"上"。

[一二] 縮，從也，霤以東西爲從。鼓，猶擊也。大夫而特縣，方賓鄉人之賢者，從士禮也。射則磬在東。古文"縮"爲"麋"。

[一三] 席南上，升由下，降由上，由便。

[一四] 司正，主人之屬也。無獻，因其舉觶而薦之。

[一五] 敬禮殺也。

[一六] 不甚絜也。

[一七] 後正禮也。既旅則將燕矣。

[一八] 以送之。

[一九] 藏於東方。

[二〇] 其西面者，北上統於公。

[二一] 贊，佐也。謂主人之屬，佐助主人禮事，徹鼏，沃盥，設薦俎者。西面，北上，統於堂也。與，及也，不及謂不獻酒。

[二二] 燕乃及之。

（以上記禮樂儀節隆殺、面位次序）

97

儀禮卷第五

儀禮卷第五

鄭　氏　注

鄉射禮第五

（五·一）

　　鄉射之禮。主人戒賓。賓出迎，再拜。主人荅再拜，乃請。[一] 賓禮辭，許。主人再拜，賓荅再拜。主人退，賓送，再拜。[二] 無介。[三]

　　[一] 主人，州長也。鄉大夫若在焉，則稱鄉大夫也。戒，猶警也，語也。出迎，出門也。請，告也，告賓以射事。不言拜辱，此爲習民以禮樂，不主爲賓已也。不謀賓者，時不獻賢能，事輕也。今郡國行此禮以季春。《周禮》鄉老及鄉大夫，三年正月獻賢能之書於王，退而以鄉射之禮五物詢衆庶。諸侯之鄉大夫既貢士於其君，亦用此禮，射而詢衆庶乎？

　　[二] 退，還射宮，省錄射事。

　　[三] 雖先飲酒，主於射也，其序賓之禮略。

　　（以上戒賓）

（五·二）

　　乃席賓，南面，東上。[一] 衆賓之席繼而西。[二] 席主

101

人於阼階上，西面。^[三]尊於賓席之東，兩壺，斯禁，左玄
酒，皆加勺。篚在其南，東肆。^[四]設洗于阼階東南，南北
以堂深，東西當東榮。水在洗東，篚在洗西，南肆。^[五]縣
于洗東北，西面。^[六]乃張侯，下綱不及地武。^[七]不繫左
下綱，中掩束之。^[八]乏參侯道，居侯黨之一，西五步。^[九]

[一] 不言於戶牖之間者，此射於序。

[二] 言繼者，甫欲習衆庶，未有所殊別。

[三] 阼階，東階。

[四] 斯禁，禁切地無足者也。設尊者北面，西曰左，尚之也。
肆，陳也。

[五] 榮，屋翼也。

[六] 此縣謂磬也。縣於東方，辟射位也。但縣磬者，半天子之
士，無鍾。

[七] 侯，謂所射布也。綱，持舌繩也。武，迹也。中人之迹尺二
寸。侯象人，綱即其足也，是以取數焉。

[八] 事未至也。

[九] 容謂之乏，所以為獲者御矢也。侯道五十步，此乏去侯北十
丈，西三丈。

（以上陳設）

（五·三）

羹定。^[一]主人朝服，乃速賓。賓朝服出迎，再拜，主
人荅再拜，退。賓送，再拜。^[二]賓及衆賓遂從之。

［一］肉謂之羹。定，猶孰也。謂狗孰可食。

［二］速，召也。射賓輕也。戒時玄端。今郡國行此鄉射禮，皮弁服，與禮爲異。

（以上速賓）

（五·四）

及門，主人一相出迎于門外，再拜。賓荅再拜。^{［一］}揖衆賓。^{［二］}主人以賓揖，先入。^{［三］}賓厭衆賓，衆賓皆入門左，東面，北上，賓少進。^{［四］}主人以賓三揖，皆行。及階，三讓，主人升一等，賓升。^{［五］}主人阼階上，當楣北面再拜。賓西階上，當楣北面荅再拜。^{［六］}

［一］相，主人家臣，擯贊傳命者。

［二］差卑，禮宜異。

［三］以，猶與也。先入，入門右，西面。

［四］引手曰厭。少進，差在前也。今文皆曰“揖衆賓”。

［五］三讓而主人先升者，是主人先讓於賓。不俱升者，賓客之道，進宜難也。

［六］主人拜賓至此堂。

（以上迎賓、拜至）

（五·五）

主人坐取爵於上篚以降。^{［一］}賓降。^{［二］}主人阼階前西面坐奠爵，興，辭降。^{［三］}賓對。^{［四］}主人坐取爵，興，適洗，南面坐奠爵于篚下，盥洗。^{［五］}賓進，東北面辭洗。^{［六］}

主人坐奠爵于篚，興對，賓反位。^[七] 主人卒洗，壹揖，壹讓，以賓升。賓西階上北面拜洗，主人阼階上北面奠爵，遂荅拜，乃降。^[八] 賓降，主人辭降，賓對。主人卒盥，壹揖，壹讓，升。賓升，西階上疑立。^[九] 主人坐取爵，實之賓席之前，西北面獻賓。^[一〇] 賓西階上北面拜，主人少退。^[一一] 賓進受爵于席前，復位。^[一二] 主人阼階上拜送爵，賓少退。薦脯醢。^[一三] 賓升席自西方。^[一四] 乃設折俎。^[一五] 主人阼階東疑立。賓坐，左執爵，右祭脯醢，奠爵于薦西，興，取肺，坐絕祭，^[一六] 尚左手，嚌之，^[一七] 興加于俎，坐，挩手，執爵，遂祭酒，興，席末坐啐酒，^[一八] 降席，坐奠爵，拜，告旨，^[一九] 執爵，興。主人阼階上荅拜，賓西階上北面坐，卒爵，興，坐奠爵，遂拜，執爵興。^[二〇] 主人阼階上荅拜。

［一］將獻賓也。

［二］從主人也。

［三］重以主人事煩賓也。今文無“阼階”。

［四］對荅。

［五］盥手又洗爵，致絜敬也。古文“盥”皆作“浣”。

［六］必進者，方辭洗，宜違位也。言東北面，則位南於洗矣。

［七］反從降之位也。《鄉飲酒》曰：“當西序，東面。”

［八］乃降，將更盥也。古文“壹”皆作“一”。

［九］疑，止也。有矜莊之色。

［一〇］進酒於賓也。凡進物曰獻。

［一一］少退，猶少辟也。

［一二］復位，西階上位。

［一三］薦，進。

［一四］賓升降由下也。

［一五］牲體枝解節折以實俎也。

［一六］卻左手執本，右手絕末以祭也。肺離上爲本，下爲末。

［一七］嚌，嘗也。右手在下，絕以授口嘗之。

［一八］挩，拭也。啐，嘗也。古文“挩”作“說”。

［一九］降席，席西也。旨美也。

［二〇］卒，盡。

（以上主人獻賓）

（五·六）

　　賓以虛爵降。^{［一］}主人降。^{［二］}賓西階前東面，坐奠爵，興，辭降。主人對。賓坐取爵，適洗，北面，坐奠爵于篚下，興，盥洗。^{［三］}主人阼階之東，南面，辭洗。賓坐奠爵于篚，興，對。主人反位。^{［四］}賓卒洗，揖讓如初，升。主人拜洗。賓荅拜，興，降盥，如主人之禮。賓升，實爵，主人之席前東南面酢主人。^{［五］}主人阼階上拜，賓少退。主人進受爵，復位。賓西階上拜送爵。薦脯醢。主人升席自北方。乃設折俎，祭如賓禮。^{［六］}不告旨，^{［七］}自席前適阼階上，北面坐卒爵，興，坐奠爵，遂拜，執爵興。賓西階上北面荅拜。^{［八］}主人坐奠爵于序端，阼階上再拜崇酒。賓西階上荅再拜。^{［九］}

［一］將洗以酢主人。

［二］從賓也。降立阼階東，西面，當東序。

105

［三］賓北面盥洗，自外來。

［四］反位，從降之位也。主人辭洗進。

［五］酢，報。

［六］祭，薦俎及酒，亦嚌啐。

［七］酒已物。

［八］自，由也。啐酒於席末，由前，降便也。

［九］序端，東序頭也。崇，充也，謝酒惡相充滿也。

（以上賓酢主人）

（五·七）

　　主人坐取觶于篚以降。^{［一］}賓降，主人奠觶，辭降。賓對，東面立。主人坐取觶，洗，賓不辭洗。^{［二］}卒洗，揖讓升。賓西階上疑立。主人實觶，酬之，阼階上北面坐奠觶，遂拜，執觶興。^{［三］}賓西階上北面答拜。主人坐祭，遂飲，卒觶，興，坐奠觶，遂拜，執觶興。賓西階上北面答拜。主人降洗，賓降辭，如獻禮。^{［四］}升，不拜洗。^{［五］}賓西階上立。主人實觶賓之席前，北面。^{［六］}賓西階上拜。主人坐奠觶于薦西。賓辭，坐取觶以興，反位。^{［七］}主人阼階上拜送。賓北面，坐奠觶于薦東，反位。^{［八］}

［一］將酬賓。

［二］不辭洗，以其將自飲。

［三］酬，勸酒。

［四］以將酌己。

［五］酬禮殺也。

　　［六］酬賓。

　　［七］賓辭，辭主人復親酌己。

　　［八］酬酒不舉。

（以上主人酬賓）

（五・八）

　　主人揖降。賓降，東面立于西階西，當西序。^{［一］}主人西南面三拜衆賓，衆賓皆荅壹拜。^{［二］}主人揖升，坐取爵于序端，降洗，升實爵，西階上獻衆賓。衆賓之長升拜受者三人。^{［三］}主人拜送。^{［四］}坐祭，立飲，不拜既爵，授主人爵，降，復位。^{［五］}衆賓皆不拜受爵，坐祭，立飲。^{［六］}每一人獻，則薦諸其席。^{［七］}衆賓辯有脯醢。^{［八］}主人以虛爵降，奠于篚。^{［九］}

　　［一］主人將與衆賓爲禮，賓謙不敢獨居堂。

　　［二］三拜，示徧也。壹拜，不備禮也。獻賓畢乃與衆賓拜，敬不能並。

　　［三］長，其老者。言三人，則衆賓多矣。國以多德行道藝爲榮，何常數之有乎？

　　［四］拜送爵於衆賓右。

　　［五］既盡。

　　［六］自第四巳下，又不拜受爵，禮彌略。

　　［七］諸，於。

　　［八］薦於其位。

　　［九］不復用。

107

（以上主人獻衆賓）

（五·九）

揖讓升。賓厭衆賓升。衆賓皆升，就席。一人洗，舉
觶於賓。^[一]升實觶，西階上坐奠觶，拜，執觶興。賓席末
荅拜。舉觶者坐祭，遂飲，卒觶，興，坐奠觶，拜，執觶
興，賓荅拜。降洗，升實之，西階上北面。^[二]賓拜。^[三]
舉觶者進，坐奠觶于薦西。^[四]賓辭，坐取以興。^[五]舉觶
者西階上拜送。賓反奠于其所。舉觶者降。

[一] 一人，主人之吏。

[二] 將進奠觶。

[三] 拜受觶。

[四] 不授，賤不敢也。

[五] 若親受然。

（以上一人舉觶）

（五·十）

大夫若有遵者，則入門左。^[一]主人降，^[二]賓及衆賓皆
降，復初位。^[三]主人揖讓，以大夫升，拜至，大夫荅拜。
主人以爵降，大夫降。主人辭降，大夫辭洗，如賓禮。席
于尊東。^[四]升，不拜洗，主人實爵，席前獻于大夫。大夫
西階上拜，進受爵，反位。主人大夫之右拜送。大夫辭加
席。主人對，不去加席。^[五]乃薦脯醢。大夫升席。設折俎，
祭如賓禮，不嚌肺，不啐酒，不告旨，西階上卒爵，拜。

主人荅拜。^[六]大夫降洗。^[七]主人復阼階，降，辭如初。卒洗，主人盥。^[八]揖讓升。大夫授主人爵于兩楹間，復位。主人實爵，以酢于西階上，坐奠爵，拜，大夫荅拜。坐祭，卒爵，拜，大夫荅拜。主人坐奠爵于西楹南，再拜崇酒，大夫荅拜。主人復阼階，揖降。^[九]大夫降，立于賓南。^[一〇]主人揖讓，以賓升。大夫及衆賓皆升，就席。

[一] 謂此鄉之人爲大夫者也。謂之遵者，方以禮樂化民，欲其遵法之也。其士也，於旅乃入。鄉大夫、士非鄉人，禮亦然，主於鄉人耳。今文"遵"爲"僎"。

[二] 迎大夫於門內也。不出門，別於賓。

[三] 不敢居堂，俟大夫入也。初位，門內東面。

[四] 尊東，明與賓夾尊也。不言東上，統於尊也。

[五] 辭之者，謙不以己尊加賢者也。不去者，大夫再重席，正也。賓一重席^{〔一〕}。

[六] 凡所不者，殺於賓也。大夫升席由東方。

[七] 將酢主人也。大夫若衆，則辯獻長乃酢。

[八] 盥者雖將酌自飲，尊大夫不敢褻。

[九] 將升賓。

[一〇] 雖尊，不奪人之正禮。

（以上遵入獻酢之禮）

（五·十一）

席工于西階上，少東。樂正先升，北面立于其西。^[一]

〔一〕 賓一重席　"重席"，嚴州本、張敦仁本同，阮刻本作"席重"。

工四人，二瑟，瑟先。相者皆左何瑟，面鼓，執越，內弦，右手相。入升自西階，北面，東上。工坐，相者坐授瑟，乃降。^[二]笙入，立于縣中，西面。^[三]乃合樂，《周南·關雎》《葛覃》《卷耳》，《召南·鵲巢》《采蘩》《采蘋》。^[四]工不興，告于樂正曰："正歌備。"^[五]樂正告于賓，乃降。^[六]

[一] 言少東者，明樂正西側階，不欲大東，辟射位。

[二] 瑟先，賤者先就事也。相，扶工也。面，前也。鼓在前，變於君也。執越，內弦，右手相，由便也。越，瑟下孔，所以發越其聲也。前越言執者，內有弦結，手入之淺也。相者降，立西方。

[三] 堂下樂相從也。縣中，磬東立，西面。

[四] 不歌、不笙、不間，志在射，略於樂也。不略合樂者，《周南》《召南》之風，鄉樂也，不可略其正也。昔大王、王季、文王始居岐山之陽，躬行《召南》之教，以成王業，至三分天下，乃宣《周南》《召南》之化，本其德之初，"刑于寡妻，至于兄弟，以御于家邦"。故謂之鄉樂。用之房中，以及朝廷。饗、燕、鄉射、飲酒，此六篇，其風化之原也。是以合金石絲竹而歌之。

[五] 不興者，替、曠禮略也。

[六] 樂正降者，堂上正樂畢也。降立西階東，北面。

（以上合樂樂賓）

（五·十二）

主人取爵于上篚，獻工。大師則爲之洗。^[一]賓降，

110

主人辭降。^[二]工不辭洗，卒洗，升實爵。工不興，左瑟，一人拜受爵。^[三]主人阼階上拜送爵。薦脯醢。使人相祭。^[四]工飲，不拜既爵，授主人爵。衆工不拜，受爵，祭飲，辯有脯醢，不祭。^[五]不洗，遂獻笙于西階上。^[六]笙一人拜于下，盡階，不升堂。受爵，主人拜送爵。階前坐祭，立飲，不拜既爵，升，授主人爵。衆笙不拜受爵，坐祭，立飲，辯有脯醢，不祭。主人以爵降，奠于篚。反升，就席。^[七]

[一] 尊之也。君賜大夫樂，又從之以其人，謂之大師。

[二] 大夫不降，尊也。

[三] 左瑟，辟主人授爵也。一人，無大師，則工之長者。

[四] 人，相者。

[五] 祭飲，不興受爵，坐祭，坐飲。

[六] 不洗者，賤也。衆工而不洗矣，而箸笙不洗者，笙賤於衆工，正君賜之，猶不洗也。

[七] 亦揖讓以賓升，衆賓皆升。

（以上獻工與笙）

（五·十三）

主人降席自南方。^[一]側降。^[二]作相爲司正。司正禮辭，許諾。主人再拜，司正荅拜。^[三]主人升就席。司正洗觶，升自西階，由楹內適阼階上，北面受命于主人。^[四]西階上北面，請安于賓。^[五]賓禮辭，許。司正告于主人，遂立于楹間以相拜。^[六]主人阼階上再拜，賓西階上荅再拜，皆揖就席。^[七]司正實觶，降自西階，中庭北面坐奠觶，興，退，少立。^[八]進，坐取觶，興，反坐，不祭，遂卒觶，興，坐奠觶，拜，執觶興，洗，北面坐奠于其所，^[九]興，少退，北面立于觶南。^[一〇]末旅^[一]。^[一一]

[一] 禮殺由便。

[二] 賓不從降。

[三] 爵備樂畢，將留賓以事，爲有解倦失禮，立司正以監之，察儀法也。《詩》云："既立之監，或佐之史。"

[四] 洗觶者，當酌以表其位，顯其事也。楹內，楹北。

[五] 傳主人之命。

[六] 相，謂贊主人及賓相拜之辭。

[七] 爲已安也。今文"揖"爲"升"。

[八] 奠觶，表其位也。少立，自修正慎其位也。古文曰"少退立"。

[九] 今文"坐取觶"，無"進"。又曰"坐奠之拜"。

[一〇] 立觶南，亦其故擯位。

[一一] 旅，序也。末以次序相酬，以將射也。旅則禮終也。

（以上立司正）

（五·十四）

三耦俟于堂西，南面，東上。^[一]司射適堂西，袒、決、

〔一〕末旅　"末"，嚴州本、張敦仁本同，阮刻本作"未"。

遂，取弓于階西，兼挾乘矢，升自西階。階上北面，告于賓曰："弓矢既具，有司請射。"^[二]賓對曰："某不能，爲二三子許諾。"^[三]司射適阼階上，東北面告于主人曰："請射于賓，賓許。"

[一]　司正既立，司射選弟子之中德行、道藝之高者，以爲三耦，使俟事於此。

[二]　司射，主人之吏也。於堂西袒、決、遂者，主人無次，隱蔽而已。袒，左免衣也。決，猶闓也，以象骨爲之，著右大擘指，以鉤弦闓體也。遂，射韝也，以韋爲之，所以遂弦者也。其非射時，則謂之拾。拾，斂也，所以蔽膚斂衣也。方持弦矢曰挾。乘矢，四矢也。《大射》曰："挾乘矢於弓外，見鏃於斺，右巨指鉤弦。"古文"挾"皆作"接"。

[三]　言某不能，謙也。二三子，謂衆賓已下。

（以上司射請射）

(五・十五)

司射降自西階，階前，西面，命弟子納射器。^[一]乃納射器，皆在堂西。賓與大夫之弓倚于西序，矢在弓下，北括。衆弓倚于堂西，矢在其上。^[二]主人之弓矢在東序東。^[三]

[一]　弟子，賓黨之年少者也。納，内也。射器，弓、矢、決、拾、旌、中、籌、福、豐也。賓黨東面，主人之吏西面。

[二]　上，堂西廉。矢亦北括。

[三]　亦倚于東序也。矢在其下，北括。

113

（以上弟子納射器）

（五·十六）

司射不釋弓矢，遂以比三耦於堂西。三耦之南，北面，命上射曰：“某御於子。”命下射曰：“子與某子射。”[一]

[一] 比，選次其才相近者也。古文曰“某從於子”。

（以上司射比三耦）

（五·十七）

司正爲司馬，[一] 司馬命張侯，弟子説束，遂繫左下綱。[二] 司馬又命獲者倚旌于侯中。[三] 獲者由西方，坐取旌，倚于侯中，乃退。

[一] 兼官，由便也。立司正爲涖酒爾，今射，司正無事。
[二] 事至也。今文“説”皆作“稅”。
[三] 爲當負侯也。獲者，亦弟子也，謂之獲者，以事名之。

（以上司馬命張侯倚旌）

（五·十八）

樂正適西方，命弟子贊工，遷樂于下。[一] 弟子相工，如初入。降自西階，阼階下之東南，堂前三笴，西面北上坐。[二] 樂正北面，立于其南。[三]

　　[一]當辟射也。贊，佐也。遷，徙也。

　　[二]笴，矢幹也。今文無“南”。

　　[三]北面，鄉堂，不與工序也。

（以上樂正遷樂）

（五·十九）

　　司射猶挾乘矢以命三耦：“各與其耦讓取弓矢，拾。”[一]三耦皆袒、決、遂。有司左執弣，右執弦而授弓。[二]遂授矢。[三]三耦皆執弓，搢三而挾一个。[四]司射先立于所設中之西南，東面。三耦皆進，由司射之西，立于其西南，東面北上而俟。

　　[一]猶有故之辭。拾，更也。

　　[二]有司，弟子納射器者也。凡納射器者，皆執以俟事。

　　[三]受於納矢而授之。

　　[四]未違俟處也。搢，插也，插於帶右。

（以上三耦取弓矢俟射）

（五·二十）

　　司射東面，立于三耦之北，搢三而挾一个。[一]搢進，當階北面揖，及階揖，升堂揖。豫則鉤楹內，堂則由楹外，當左物，北面揖。[二]及物揖。左足履物，不方足，還，視侯中，俯正足。[三]不去旌。[四]誘射，[五]將乘矢。[六]執弓不挾，右執弦。[七]南面揖，揖如升射，降，出于其位南，適堂西，改取一个，挾之。[八]遂適階西，取扑，搢

之，以反位。^[九]

［一］爲當誘射也，固東面矣。復言之者，明卻時還。

［二］鉤楹，繞楹而東也。序無室，可以深也。周立四代之學於
　　國，而又以有虞氏之庠爲鄉學。《鄉飲酒》義曰“主人迎賓
　　于庠門外”是也。庠之制，有堂有室也。今言豫者，謂州學
　　也。讀如“成周宣謝災”之“謝”，《周禮》作序。凡屋無
　　室曰謝，宜從謝。州立謝者，下鄉也。左物，下物也。今文
　　“豫”爲“序”，序乃夏后氏之學，亦非也。

［三］方，猶併也。志在於射，左足至，右足還，併足則是立也。
　　南面視侯之中，乃俯視併正其足。

［四］以其不獲。

［五］誘，猶教也。

［六］將，行也。行四矢，象有事於四方。

［七］不挾，矢盡。

［八］改，更也。不射而挾之，示有事也。今文曰“適序西”。

［九］扑，所以撻犯教者。《書》云：“扑作教刑。”

（以上司射誘射）

（五·二十一）

　　司馬命獲者執旌以負侯。^[一]獲者適侯，執旌負侯而
俟。^[二]司射還，當上耦，西面作上耦射。^[三]司射反位。
上耦揖進，上射在左，並行，當階，北面揖，及階揖。上
射先升三等，下射從之，中等。^[四]上射升堂，少左。下射
升，上射揖，並行。^[五]皆當其物，北面揖，及物揖。皆

左足履物，還，視侯中，合足而俟。司馬適堂西，不決、遂，袒執弓。[六]出于司射之南，升自西階，鉤楹由上射之後，西南面立于物間。右執簫，南揚弓，命去侯。[七]獲者執旌許諾，聲不絶，以至于乏。坐，東面偃旌，興而俟。[八]司馬出于下射之南，還其後，降自西階，反由司射之南，適堂西，釋弓，襲，反位，立于司射之南。[九]司射進，與司馬交于階前，相左；由堂下西階之東，北面視上射，命曰：“無射獲，無獵獲。”上射揖，司射退，反位。[一〇]乃射，上射既發，挾弓矢，而后下射射，拾發，以將乘矢。[一一]獲者坐而獲。[一二]舉旌以宮，偃旌以商。[一三]獲而未釋獲。[一四]卒射，皆執弓，不挾，南面揖，揖如升射。[一五]上射降三等，下射少右，從之，中等，並行，上射於左。[一六]與升射者相左，交于階前，相揖。由司馬之南適堂西，釋弓，說決、拾，襲而俟于堂西，南面，東上。三耦卒射，亦如之。司射去扑，倚于西階之西，升堂，北面告于賓曰：“三耦卒射。”[一七]賓揖。[一八]

[一] 欲令射者見侯與旌，深有志於中也。

[二] 俟，待也。今文“俟”爲“立”。

[三] 還，左還也。作，使也。

[四] 中，猶間也。

[五] 並，併也。併東行。

[六] 不決、遂，因不射不備。

[七] 鉤楹，以當由上射者之後也。簫，弓末也。《大射》曰：“左執弣。”揚，猶舉也。

[八] 聲不絶，不以宮商，不絶而已，鄉射威儀省。偃，猶什也。

117

［九］圖下射者，明爲二人命去侯。

［一〇］射獲，謂矢中人也。獵，矢從傍。

［一一］古文“而后”作“後”，非也。《孝經説》“然后”曰“后”者，“後”也，當從“后”。

［一二］射者中，則大言獲。獲，得也。射講武田之類，是以中爲獲也。

［一三］宮爲君，商爲臣，聲和，律呂相生。

［一四］但大言獲，未釋其筭。

［一五］不挾，亦右執弦，如司射。

［一六］降下。

［一七］去扑乃升，不敢佩刑器即尊者之側。

［一八］以揖然之。

（以上三耦射）

(五·二十二)

　　司射降，揗扑，反位。司馬適堂西，袒執弓，由其位南進，與司射交于階前，相左，升自西階，鉤楹，自右物之後，立于物間，西南面，揖弓，命取矢。[一] 獲者執旌許諾，聲不絕，以旌負侯而俟。[二] 司馬出于左物之南，還其後，降自西階，遂適堂前，北面，立于所設福之南，命弟子設福。[三] 乃設福于中庭，南當洗，東肆。[四] 司馬由司射之南，退，釋弓于堂西，襲，反位。弟子取矢，北面坐委于福，北括，乃退。司馬襲進，當福南，北面坐，左右撫矢而乘之。[五] 若矢不備，則司馬又袒執弓，如初，升，命曰：“取矢不索。”[六] 弟子自西方應曰：“諾。”乃復求矢，

加于楅。[七]

［一］揗，推之也。

［二］俟，弟子取矢以旌指教之。

［三］楅，猶幅也，所以承笴矢者。

［四］東肆，統於賓。

［五］撫，拊之也。就委矢，左右手撫而四，四數分之也。上既言襲矢，復言之者，嫌有事即袒也。凡事升堂乃袒。

［六］索，猶盡也。

［七］增，故曰加。鄲獲者許諾，至此弟子曰諾，事同，互相明。

（以上取矢委楅）

（五·二十三）

　　司射倚扑于階西，升，請射于賓，如初。賓許諾。賓、主人、大夫若皆與射，則遂告于賓，適阼階上，告于主人，主人與賓爲耦。[一]遂告于大夫。大夫雖衆，皆與士爲耦。以耦告于大夫曰：“某御於子。”[二]西階上，北面，作衆賓射。[三]司射降，搢扑，由司馬之南適堂西，立，比衆耦。[四]衆賓將與射者皆降，由司馬之南適堂西，繼三耦而立，東上。大夫之耦爲上，若有東面者，則北上。[五]賓、主人與大夫皆未降，[六]司射乃比衆耦辯。[七]

［一］言若者，或射或否，在時欲耳。射者繹己之志，君子務焉。大夫，遵者也。告賓曰：“主人御于子。”告主人曰：“子與賓射。”

［二］大夫皆與士爲耦，謙也。來觀禮，同爵自相與耦，則嫌自尊
　　　別也。大夫爲下射，而云御於子，尊大夫也。士謂眾賓之在
　　　下者，及群士來觀禮者也。禮，一命巳下，齒于鄉里。

［三］作，使。

［四］眾耦，大夫耦及眾賓也。命大夫之耦曰：“子與某子射。”其
　　　命眾耦如三耦。

［五］言若有者，大夫、士來觀禮及眾賓多無數也。

［六］言未降者，見其志在射。

［七］眾賓射者，降比之耦乃徧。

（以上司射請射比耦）

（五·二十四）

　　遂命三耦拾取矢，司射反位。^{［一］}三耦拾取矢，皆袒、
決、遂，執弓進立于司馬之西南。^{［二］}司射作上耦取矢。^{［三］}
司射反位。上耦揖進，當福北面揖，及福揖。^{［四］}上射東
面，下射西面。上射揖進，坐，橫弓，卻手自弓下取一
个，兼諸弣，順羽，且興，執弦而左還，退，反位，東
面揖。^{［五］}下射進，坐，橫弓，覆手，自弓上取一个，興，
其他如上射。^{［六］}既拾取乘矢，揖，皆左還，南面揖，皆少
進，當福南，皆左還，北面，搢三挾一个。^{［七］}揖，皆左
還，上射於右。^{［八］}與進者相左，相揖，反位。^{［九］}三耦拾
取矢，亦如之。後者遂取誘射之矢，兼乘矢而取之，以授
有司于西方，而后反位。^{［一〇］}

　　［一］反位者，俟其袒、決、遂來。

［二］必袒、決、遂者，明將有射事。

［三］作之者，還當上耦如作射。

［四］當楅，楅正南之東西。

［五］橫弓者，南踣弓也。卻手由弓下取矢者，以左手在弓表，右手從裏取之，便也。兼并矢於拊，當順羽，既又當執弦也。順羽者，手放而下，備不整理也。不言毋周，在阼非君，周可也。

［六］覆手由弓上取矢者，以左手在弓裏，右手從表取之，亦便。

［七］楅南，鄉當楅之位。

［八］上射轉居右，便其反位也。下射左還，少南行，乃西面。

［九］相左，皆由進者之北。

［一〇］取誘射之矢，挾五個，弟子逆受於東面位之後。

（以上三耦拾取矢）

（五・二十五）

眾賓未拾取矢，皆袒、決、遂，執弓，搢三挾一個，由堂西進，繼三耦之南而立，東面北上，大夫之耦爲上。[一]

［一］未，猶不也。眾賓不拾者，未射，無楅上矢也。言此者，嫌眾賓三耦同倫，初時有射者，後乃射有拾取矢，禮也。

（以上賓受弓矢序立）

（五・二十六）

司射作射如初。一耦揖升如初。司馬命去侯，獲者許諾。司馬降，釋弓，反位。司射猶挾一个，去扑，與司馬交于階前，升，請釋獲于賓。[一]賓許，降，搢扑，西面，立于所設中之東，北面命釋獲者設中，遂視之。[二]釋獲者執鹿中，一人執筭以從之。[三]釋獲者坐設中，南當楅，西當西序，東面，興，受筭，坐實八筭于中，橫委其餘于中西，南末。興，共而俟。[四]司射遂進，由堂下，北面命曰："不貫不釋。"[五]上射揖。司射退，反位。釋獲者坐取中之八筭，改實八筭于中，興，執而俟。[六]

[一] 猶，有故之辭。司射既誘射，恒執弓挾矢以掌射事，備尚未知，當教之也。今三耦卒射，衆足以知之矣。猶挾之者，君子不必也。

[二] 視之，當教之。

[三] 鹿中，謂射於謝也，於庠當兕中。

[四] 興還北面受筭，反東面實之。

[五] 貫，猶中也。不中正，不釋筭也。古文"貫"作"關"。

[六] 執所取筭。

（以上司射作射請釋獲）

(五·二十七)

乃射，若中，則釋獲者坐而釋獲，每一个釋一筭。上射於右，下射於左，若有餘筭，則反委之。[一]又取中之八筭，改實八筭于中，興，執而俟。三耦卒射。

[一] 委餘筭，禮尚異也。委之，合於中西。

（以上三耦釋獲而射）

（五・二十八）

賓、主人、大夫揖，皆由其階降，揖。主人堂東袒、決、遂，執弓，搢三挾一个。賓於堂西亦如之。皆由其階，階下揖，升堂揖。主人爲下射，皆當其物，北面揖，及物揖，乃射。卒，南面揖，皆由其階，階上揖，降階揖。賓序西，主人序東，皆釋弓，說決、拾，襲，反位，升，及階揖，升堂揖，皆就席。[一]

　　［一］或言堂，或言序，亦爲庠、謝，互言也。賓、主人射，大夫
　　　　止於堂西。

（以上賓、主人射）

（五・二十九）

大夫袒、決、遂，執弓，搢三挾一个，由堂西出于司射之西，就其耦。大夫爲下射，揖進，耦少退。揖如三耦。及階，耦先升。卒射，揖如升射，耦先降。降階，耦少退。皆釋弓于堂西，襲。耦遂止于堂西，大夫升就席。[一]

　　［一］耦於庭，不並行，尊大夫也。在堂如上射之儀，近其事，
　　　　得申。

（以上大夫與耦射）

（五·三十）

　　衆賓繼射，釋獲皆如初。司射所作，唯上耦。[一] 卒射，釋獲者遂以所執餘獲，升自西階，盡階，不升堂，告于賓曰：“左右卒射。”降，反位，坐委餘獲于中西，興，共而俟。[二]

　　[一] 於是言唯上耦者，嫌賓、主人射亦作之。《大射》三耦卒射，司射請于公及賓。

　　[二] 司射不告卒射者、釋獲者於是有事，宜終之也。餘獲，餘筭也。無餘筭，則空手耳。俟，俟數也。

　　（以上衆賓射）

（五·三十一）

　　司馬袒、決，執弓，升命取矢如初。獲者許諾，以旌負侯如初。司馬降，釋弓，反位。弟子委矢如初。大夫之矢，則兼束之以茅，上握焉。[一] 司馬乘矢如初。

　　[一] 兼束大夫矢，優之，是以不拾也。束於握上，則兼取之，順羽便也。握，謂中央也。不束主人矢，不可以殊於賓也。言大夫之矢，則矢有題識也。肅慎氏貢楛矢，銘其括。今文“上”作“尚”。

　　（以上司馬命取矢、乘矢）

（五·三十二）

　　司射遂適西階西，釋弓，去扑，襲，進由中東，立于中南，北面，視算。[一]釋獲者東面于中西坐，先數右獲。[二]二算爲純。[三]一純以取，實于左手。十純則縮而委之。[四]每委異之，[五]有餘純則橫於下。[六]一算爲奇，奇則又縮諸純下。[七]興，自前適左，東面。[八]坐，兼斂算，實于左手，一純以委，十則異之。[九]其餘如右獲。[一〇]司射復位。釋獲者遂進取賢獲，執以升自西階，盡階，不升堂，告于賓。[一一]若右勝，則曰："右賢於左。"若左勝，則曰："左賢於右。"以純數告。若有奇者，亦曰奇。[一二]若左右鈞，則左右皆執一算以告曰："左右鈞。"降復位，坐，兼斂算，實八算于中，委其餘于中西，興，共而俟。

[一]釋弓去扑，射事已。

[二]固東面矣，復言之者，爲其少南就右獲。

[三]純，猶全也。耦陰陽。

[四]縮，從也。於數者東西爲從。古文"縮"皆爲"蹙"。

[五]易，校數。

[六]又異之也。自近爲下。

[七]奇，猶虧也。又從之。

[八]起由中東就左獲，少北於故，東面鄉之。

[九]變於右。

[一〇]謂所縮所橫。

[一一]賢獲，勝黨之算也。齊之而取其餘。

[一二]賢，猶勝也。言賢者射之，以中爲儁也[一]。假如右勝，告曰右賢於左若干純、若干奇。

〔一〕 以中爲儁也　"儁"，底本作"雋"，據嚴州本、張敦仁本、阮刻本改。

125

（以上數獲）

（五·三十三）

司射適堂西，命弟子設豐。[一] 弟子奉豐升，設于西楹之西，乃降。勝者之弟子洗觶，升酌，南面坐，奠于豐上，降，袒，執弓，反位。[二] 司射遂袒執弓，挾一個，搢扑，北面于三耦之南，命三耦及眾賓，勝者皆袒、決、遂，執張弓。[三] 不勝者皆襲，說決、拾，卻左手，右加弛弓于其上，遂以執弣。[四] 司射先反位。[五] 三耦及眾射者皆與其耦進立于射位，北上。司射作升飲者，如作射。一耦進，揖如升射，及階，勝者先升，升堂，少右。[六] 不勝者進，北面坐，取豐上之觶，興，少退，立卒觶，進，坐奠于豐下，興，揖。[七] 不勝者先降，[八] 與升飲者相左，交于階前，相揖，出于司馬之南，遂適堂西，釋弓，襲而俟。[九] 有執爵者。[一〇] 執爵者坐取觶，實之，反奠于豐上。升飲者如初。[一一] 三耦卒飲。賓、主人、大夫不勝，則不執弓，執爵者取觶，降洗，升實之，以授于席前。[一二] 受觶以適西階上，北面立飲。[一三] 卒觶，授執爵者反就席。大夫飲，則耦不升。[一四] 若大夫之耦不勝，則亦執弛弓，特升飲。[一五] 眾賓繼飲，射爵者辯，乃徹豐與觶。[一六]

[一] 將飲不勝者，設豐所以承其爵也。豐形蓋似豆而卑。

[二] 勝者之弟子，其少者也。耦不酌，下無能也。酌者不授爵，略之也。執弓反射位，不俟其黨，已酌有事。

[三] 執張弓，言能用之也。右手執弦，如卒射。

[四] 固襲説決、拾矣。復言之者，起勝者也。執弛弓，言不能用

126

之也。兩手執弣，又不得執弦。

〔五〕居前，俟所命來。

〔六〕先升，尊賢也。少右，辟飲者也。亦相飲之位。

〔七〕立卒觶，不祭不拜，受罰爵，不備禮也。右手執觶，左手
執弓。

〔八〕後升先降，略之，不由次。

〔九〕俟，復射。

〔一〇〕主人使贊者代弟子酌也。於既升飲而升自西階，立于
序端。

〔一一〕每者輒酌，以至於徧。

〔一二〕優尊也。

〔一三〕受罰爵者，不宜自尊別。

〔一四〕以賓、主人飲，觶在上，嫌其升。

〔一五〕尊者可以觚，無能對〔一〕。

〔一六〕徹，猶除也。設豐者反豐於堂西，執爵者反觶於篚。

（以上飲不勝者）

（五·三十四）

司馬洗爵，升實之以降，獻獲者于侯。〔一〕薦脯醢，設
折俎，俎與薦皆三祭。〔二〕獲者負侯，北面拜受爵，司馬西
面拜送爵。〔三〕獲者執爵，使人執其薦與俎從之，適右个，
設薦俎。〔四〕獲者南面坐，左執爵，祭脯醢，執爵興，取
肺，坐祭，遂祭酒。〔五〕興，適左个，中皆如之。〔六〕左个

〔一〕　無能對　“對”，阮刻本同，嚴州本、張敦仁本無。

之西北三步，東面設薦俎。獲者薦右，東面立飲，不拜既爵。[七] 司馬受爵，奠于篚，復位。獲者執其薦，使人執俎從之，辟設于乏南。[八] 獲者負侯而俟。

[一] 鄉人獲者賤，明其主以侯爲功得獻也。

[二] 皆三祭，爲其將祭侯也，祭侯三處也。

[三] 負侯，負侯中也。拜送爵不同面者，辟正主也。其設薦俎，西面錯，以南爲上。爲受爵于侯，薦之於位。古文曰“再拜受爵”。

[四] 獲者以侯爲功，是以獻焉。人謂主人贊者，上設薦俎者也，爲設籩在東，豆在西，俎當其北也。言使設，新之。

[五] 爲侯祭也，亦二手祭酒反注[一]，如大射。

[六] 先祭左个，後中者，以外即之，至中，若神在中也。

[七] 不就乏者，明其享侯之餘也。立飲薦右，近司馬，於是司馬北面。

[八] 遷設薦俎就乏，明己所得禮也。言辟之者，不使當位，辟舉旌、偃旌也。設于南，右之也。凡他薦俎，皆當其位之前。

（以上司馬獻獲者）

(五·三十五)

司射適階西，釋弓矢，去扑，說決、拾，襲，適洗，洗爵，升實之，以降，獻釋獲者于其位，少南。薦脯醢，折俎，有祭。[一] 釋獲者薦右東面拜受爵，司射北面拜送爵。

〔一〕亦二手祭酒反注　“反”，底本作“及”，據張敦仁本、阮刻本改。

釋獲者就其薦坐，左執爵，祭脯醢，興，取肺，坐祭，遂祭酒，興，司射之西，北面立飲，不拜既爵。司射受爵，奠于篚。釋獲者少西辟薦，反位。[二]

［一］不當其位，辟中。

［二］辟薦少西之者，爲復射妨司射視筭也，亦辟俎。

（以上司射獻釋獲者）

（五·三十六）

司射適堂西，袒、決、遂，取弓于階西，挾一個，搢扑，以反位。[一]司射去扑，倚于階西，升，請射于賓，如初。賓許。司射降，搢扑，由司馬之南適堂西，命三耦及眾賓，皆袒、決、遂，執弓就位。[二]司射先反位。[三]三耦及眾賓皆袒、決、遂，執弓，各以其耦進，反于射位。[四]

［一］爲將復射。

［二］位，射位也。不言射者，以當序取矢。

［三］言先三耦及眾賓也。既命之，即反位，不俟之也。羃不言先三耦，未有拾取矢位，無所先。

［四］以，猶與也。今文“以”爲“與”。

（以上司射又請射、命耦反射位）

（五·三十七）

司射作拾取矢。三耦拾取矢如初，反位。賓、主人、大夫降，揖，如初。主人堂東，賓堂西，皆袒、決、遂，執弓，皆進，階前揖。[一]及楅揖，拾取矢，如三耦。[二]卒，北面搢三挾一个。[三]揖退。[四]賓堂西，主人堂東，皆釋弓矢，襲，及階揖，升堂揖，就席。[五]大夫袒、決、遂，執弓，就其耦。[六]揖皆進，如三耦。耦東面，大夫西面。大夫進，坐，說矢束。[七]興，反位。而后耦揖進，坐，兼取乘矢，順羽而興，反位，揖。[八]大夫進，坐亦兼取乘矢，如其耦，北面，搢三挾一个，[九]揖退。耦反位。大夫遂適序西，釋弓矢，襲，升即席。[一〇]衆賓繼拾取矢，皆如三耦，以反位。

[一]南面相俟而揖行也。

[二]及楅，當楅東西也。主人西面，賓東面，相揖拾取矢。不北面揖，由便也。

[三]亦於三耦爲之位。

[四]皆已揖左還，各由其塗反位。

[五]將袒先言主人，將襲先言賓，尊賓也。

[六]降袒、決、遂於堂西，就其耦於射位，與之拾取矢。

[七]說矢束者，下耦以將拾取。

[八]兼取乘矢者，尊大夫，不敢與之拾也。相下相尊，君子之所以相接也。

[九]亦於三耦爲之位。

[一〇]大夫不序於下，尊也。

（以上三耦主人、大夫、衆賓皆拾取矢）

（五·三十八）

司射猶挾一个以進，作上射如初。一耦揖升如初。[一]司馬升，命去侯。獲者許諾。司馬降，釋弓，反位。司射與司馬交于階前，去扑，襲，升，請以樂樂于賓。賓許諾。司射降，搢扑，東面，命樂正曰：“請以樂樂于賓，賓許。”[二]司射遂適階間，堂下北面命曰：“不鼓不釋。”[三]上射揖。司射退，反位。樂正東面命大師曰：“奏《騶虞》，間若一。”[四]大師不興，許諾。樂正退，反位。

[一] 進，前也。彄言還當上耦西面，是言進，終始互相明也。今文或言作“升射”。

[二] 東面，於西階之前也。不就樂正命之者，傳尊者之命於賤者，遙號令之可也。樂正亦許諾，猶北面不還，以賓在堂。

[三] 不與鼓節相應，不釋筭也。鄉射之鼓五節，歌五終，所以將八矢，一節之間當拾發，四節四拾，其一節先以聽也。

[四] 東面者，進還鄉大師也。《騶虞》，《國風·召南》之詩篇也。《射義》曰：“《騶虞》者，樂官備也。”其詩有“一發五豝、五豵，于嗟騶虞”之言，樂得賢者衆多，嘆思至仁之人，以充其官，此天子之射節也，而用之者，方有樂賢之志，取其宜也。其他賓客、鄉大夫則歌《采蘋》。間若一者，重節。

（以上司射請以樂節射）

（五·三十九）

乃奏《騶虞》以射。三耦卒射，賓、主人、大夫、衆賓繼射，釋獲，如初。卒射，降。[一]釋獲者執餘獲，升

告左右卒射，如初。^[二]

[一]皆應鼓與歌之節，乃釋筭。降者衆賓。

[二]卒，已也。今文曰“告于賓”。

（以上三耦、主人、大夫、衆賓以樂射）

（五·四十）

司馬升，命取矢。獲者許諾。司馬降，釋弓，反位。
弟子委矢，司馬乘之，皆如初。

（以上樂射取矢）

（五·四十一）

司射釋弓視筭，如初。^[一]釋獲者以賢獲與鈞告，如初。
降復位。

[一]筭，獲筭也。今文曰“視數”也。

（以上司射視筭告獲）

（五·四十二）

司射命設豐，設豐、實觶如初。遂命勝者執張弓，不
勝者執弛弓，升飲如初。

（以上樂射飲不勝者）

（五·四十三）

　　司射遂袒、決、遂，左執弓，右執一个，兼諸弦，面
鏃，適堂西，以命拾取矢，如初。[一]司射反位。三耦及
賓、主人、大夫、衆賓皆袒、決、遂，拾取矢，如初。矢
不挾，兼諸弦弣以退，不反位，遂授有司于堂西。[二]辯拾
取矢，揖，皆升就席。[三]

　　[一]側持弦矢曰執。面，猶尚也。并矢於弦，尚其鏃，將止，變
　　　　於射也。

　　[二]不挾亦謂執之如司射也。不以反射位授有司者，射禮畢。

　　[三]謂賓、大夫及衆賓也。相俟堂西，進立于西階之前。主人以
　　　　賓揖升，大夫及衆賓從升，立時少退于大夫。三耦及弟子自
　　　　若留下。

　　（以上取矢授有司）

（五·四十四）

　　司射乃適堂西，釋弓，去扑，説決、拾，襲，反位。
司馬命弟子，説侯之左下綱而釋之，[一]命獲者以旌退，命
弟子退楅。司射命釋獲者退中與筭而俟。[二]

　　[一]説，解也。釋之不復射，奄束之。

　　[二]諸所退皆俟堂西，備復射也。旌言以者，旌恒執也。獲者，
　　　　釋獲者，亦退其薦俎。

　　（以上退諸射器射事竟）

（五·四十五）

　　司馬反爲司正，退，復觶南而立。[一]樂正命弟子贊工即位。弟子相工，如其降也，升自西階，反坐。[二]賓北面坐，取俎西之觶，興，阼階上北面酬主人。主人降席，立于賓東。賓坐奠觶，拜，執觶興，主人荅拜。賓不祭，卒觶，不拜，不洗，實之，進東南面。[三]主人阼階上北面拜，賓少退。[四]主人進受觶，賓主人之西，北面拜送。[五]賓揖就席。主人以觶適西階上酬大夫。大夫降席，立于主人之西，如賓酬主人之禮。[六]主人揖，就席。若無大夫，則長受酬，亦如之。[七]司正升自西階，相旅，作受酬者曰：“某酬某子。”[八]受酬者降席。司正退，立于西序端，東面。[九]衆受酬者拜，興，飲皆如賓酬主人之禮。辯，遂酬在下者，皆升，受酬于西階上。[一〇]卒受者以觶降，奠于篚。

　　[一] 當監旅酬。

　　[二] 贊工，遷樂也。降時如初入。樂正反自西階東，北面。

　　[三] 所不者，酬而禮殺也。賓立飲。

　　[四] 少退，少逡遁也。

　　[五] 旅酬而同階，禮殺也。

　　[六] 其既實觶，進西南面，立鄉所酬。

　　[七] 長，謂以長幼之次酬衆賓。

　　[八] 某者，字也。某子者，氏也。稱酬者之字，受酬者曰某子。旅酬下爲上，尊之也。《春秋傳》曰“字不若子”，此言某酬某子者，《射禮》略於《飲酒》，《飲酒》言某子受酬，以飲酒爲主。

〔九〕退立，俟後酬者也。始升，相立階西，北面。

〔一〇〕在下，謂賓黨也。《鄉飲酒記》曰："主人之贊者西面，北上，不與，無筭爵然後與。"此異於賓。

（以上旅酬）

（五·四十六）

司正降，復位，使二人舉觶于賓與大夫。^{〔一〕}舉觶者皆洗觶，升實之，西階上北面，皆坐奠觶，拜，執觶，興。賓與大夫皆席末答拜。舉觶者皆坐祭，遂飲，卒觶，興，坐奠觶，拜，執觶興。賓與大夫皆答拜。舉觶者逆降，洗，升實觶，皆立于西階上，北面東上。賓與大夫拜。舉觶者皆進，坐奠于薦右。^{〔二〕}賓與大夫辭，坐受觶以興。^{〔三〕}舉觶者退，反位，皆拜送，乃降。賓與大夫坐，反奠于其所，興。^{〔四〕}若無大夫，則唯賓。^{〔五〕}

〔一〕二人，主人之贊者。

〔二〕坐奠之，不敢授。

〔三〕辭，辭其坐奠觶。

〔四〕不舉者，盛禮已崇。古文曰"反坐"。

〔五〕長一人舉觶，如《燕禮》媵爵之爲。

（以上司正使二人舉觶）

（五·四十七）

司正升自西階，阼階上受命于主人，適西階上，北面請坐于賓。^{〔一〕}賓辭以俎。^{〔二〕}反命于主人。主人曰："請徹俎。”賓許。司正降自西階，階前命弟子俟徹俎。^[三]司正升，立于序端。賓降席，北面。主人降席自南方，阼階上北面。大夫降席，席東南面。^[四]賓取俎，還授司正。司正以降自西階，賓從之降，遂立于階西，東面。司正以俎出，授從者。^[五]主人取俎，還授弟子。弟子受俎，降自西階以東。主人降自阼階，西面立。^[六]大夫取俎，還授弟子。弟子以降自西階，遂出授從者。大夫從之降，立于賓南。^[七]衆賓皆降，立于大夫之南，少退，北上。^[八]

［一］請坐，欲與賓燕，盡殷勤也。至此盛禮以成，酒清肴乾，強有力者猶倦焉。

［二］俎者，肴之貴者也。辭之者，不敢以燕坐褻貴肴。

［三］弟子，賓黨也。俎者，主人贊者設之，今賓辭之，使其黨俟徹，順賓意也。上言請坐于賓，此言主人曰，互相備耳。

［四］俟弟子升，受俎。

［五］授賓家從來者也。古者與人飲食，必歸其盛者，所以厚禮之。

［六］以東授主人侍者。

［七］凡言還者，明取俎各自鄉其席。

［八］從降，亦爲將燕。

（以上請坐燕因徹俎）

（五·四十八）

主人以賓揖讓，説屨，乃升。大夫及衆賓皆説屨，升，坐。^[一]乃羞。^[二]無筭爵。使二人舉觶。賓與大夫不興，取奠觶飲，卒觶，不拜。[三] 執觶者受觶，遂實之。
賓觶以之主人，大夫之觶長受，[四] 而錯，皆不拜。[五] 辯，
卒受者興，以旅在下者于西階上。[六] 長受酬。酬者不拜，
乃飲，卒觶，以實之。[七] 受酬者不拜，受。[八] 辯旅，皆
不拜。[九] 執觶者皆與旅。[一〇] 卒受者以虛觶降，奠于篚。
執觶者洗，升實觶，反奠于賓與大夫。[一一] 無筭樂。[一二]

[一] 說屨者，將坐，空屨褻賤[一]，不宜在堂也。說屨則摳衣，爲
　　其被地。

[二] 羞，進也。所進者，狗胾醢也。燕設啗具，所以案酒。

[三] 二人，謂羣者二人也。使之升，立于西階上。賓與大夫將
　　旅，當執觶也。卒觶者固不拜矣，著之者，嫌坐卒爵者拜既
　　爵，此坐于席，禮既殺，不復崇。

[四] 長，衆賓長。

[五] 錯者，實主人之觶以之次賓也。實賓長之觶以之次大夫，其
　　或多者，迭飲於坐而已。皆不拜受，禮又殺也。

[六] 衆賓之末[二]，飲而酬主人之贊者；大夫之末[三]，飲而酬賓黨，
　　亦錯焉。不使執觶者酌，以其將旅酬，不以己尊孤人也。其
　　末若皆衆賓，則先酬主人之贊者，若皆大夫，則先酬賓黨而
　　已。執觶者酌，在上辯，降復位。

[七] 言酬者不拜者，嫌酬堂下異位當拜也。古文曰"受酬者
　　不拜"。

[八] 禮殺，進受尊者之酬猶不拜。

―――――――――

〔一〕 將坐空屨褻賤　"坐空"，嚴州本、張敦仁本同，阮刻本作"空坐"。
〔二〕 衆賓之末　"末"，底本作"未"，據嚴州本、張敦仁本、阮刻本改。
〔三〕 大夫之末　"末"，底本作"未"，據嚴州本、張敦仁本、阮刻本改。

［九］主人之贊者於此始旅，嫌有拜。

［一〇］嫌已飲不復飲也。上使之勸人耳，非逮下之惠也，亦自以
　　　　齒與於旅也。

［一一］復奠之者，燕以飲酒，爲歡醉乃止，主人之意也。今文無
　　　　“執觶”及“賓觶”“大夫之觶”，皆爲“爵”。實觶，觶
　　　　爲之。

［一二］合鄉樂，無次數。

（以上坐燕）

（五·四十九）

賓興。樂正命奏《陔》。[一]賓降及階，《陔》作。賓出，
衆賓皆出，主人送于門外，再拜。[二]

［一］《陔》，《陔夏》，其詩亡。周禮，賓醉而出，奏《陔夏》。《陔
　　　夏》者，天子、諸侯以鍾鼓，大夫、士鼓而已。

［二］拜送賓于門東，西面。賓不荅拜，禮有終。

（以上送賓）

（五·五十）

明日，賓朝服以拜賜于門外。[一]主人不見，如賓服，
遂從之，拜辱于門外，乃退。[二]

［一］拜賜，謝恩惠也。

［二］不見，不褻禮也。拜辱，謝其自屈辱。

（以上賓拜賜）

（五·五十一）

主人釋服，乃息司正。[一] 無介。[二] 不殺。[三] 使人速。[四] 迎于門外，不拜，入，升。不拜至，不拜洗。薦脯醢，無俎。賓酢主人。主人不崇酒，不拜衆賓。既獻衆賓，一人舉觶，遂無筭爵。[五] 無司正。[六] 賓不與。[七] 徵唯所欲，[八] 以告於鄉先生、君子可也。[九] 羞唯所有。[一〇] 鄉樂唯欲。[一一]

［一］釋服，説朝服，服玄端也。息，猶勞也。勞司正，謂賓之與之飲酒，以其昨日尤勞倦也。《月令》曰：“勞農以休息之。”

［二］勞禮略貶於飲酒也。此已下皆記禮之異者。

［三］無俎故也。

［四］速，召賓。

［五］言遂者，明其間闋也。賓俎奠觶于其所，擯者遂受命于主人，請坐于賓，賓降説屨升坐矣。不言遂請坐者，請坐主於無筭爵。

［六］使擯者而已，不立之。

［七］昨日至尊，不可褻也。古文“與”作“豫”。

［八］徵，召也。謂所欲請呼。

［九］告，請也。鄉先生，鄉大夫致仕者也。君子，有大德行不仕者。

［一〇］用時見物。

［一一］不歌《雅》《頌》，取《周》《召》之詩，在所好。

（以上息司正）

記。

（五·記·一）

　　大夫與，則公士爲賓。^[一]使能，不宿戒。^[二]其牲，狗也。^[三]亨于堂東北。^[四]尊，綌冪，賓至，徹之。^[五]蒲筵，緇布純。^[六]西序之席，北上。^[七]獻用爵，其他用觶。^[八]以爵拜者，不徒作。^[九]薦，脯用籩，五臡，祭半臡，橫于上。醢以豆，出自東房。臡長尺二寸。^[一〇]

　　[一]不敢使鄉人加尊於大夫也。公士，在官之士。鄉賓主用處士。

　　[二]能者敏於事，不待宿戒而習之。

　　[三]狗取擇人。

　　[四]《鄉飲酒義》曰："俎陽氣之所發也。"

　　[五]以綌爲冪，取其堅絜。

　　[六]筵，席也。純，緣。

　　[七]眾賓統於賓。

　　[八]爵尊，不可褻也。

　　[九]以爵拜，謂拜既爵。徒，猶空也。作，起也。不空起，言起必酢主人。

　　[一〇]脯用籩，籩宜乾物也。醢以豆，豆宜濡物也。臡，猶脡也，爲記者異耳。祭橫于上，殊之也，於人爲縮。臡，廣狹未聞也。古文"臡"爲"載"，今文或作"植"。

（以上記賓所取）

（五·記·二）

　　俎由東壁，自西階升。[一] 賓俎，脊、脅、肩、肺。主人俎，脊、脅、臂、肺。肺皆離。皆右體也。進腠。[二] 凡舉爵，三作而不徒爵。[三] 凡奠者於左，[四] 將舉者於右。[五] 衆賓之長，一人辭洗，如賓禮。[六] 若有諸公，則如賓禮，大夫如介禮。無諸公，則大夫如賓禮。[七] 樂作，大夫不入。[八]

　　[一] 狗既亨載于東方。

　　[二] 以骨名肉，貴骨也。賓俎用肩，主人用臂，尊賓也。離，猶	撲也。腠，膚理也。進理，謂前其本。右體，周所貴也。若	有尊者，則俎其餘體也。

　　[三] 謂獻賓、獻大夫、獻工皆有薦。

　　[四] 不飲，不欲其妨。

　　[五] 便其舉也。

　　[六] 尊之於其黨。

　　[七] 尊卑之差。諸公，大國之孤也。

　　[八] 後樂賢也。

（以上記俎、舉爵、奠爵、辭洗及公大夫之禮）

（五·記·三）

　　樂正與立者齒。[一] 三笙一和而成聲。[二] 獻工與笙，取爵于上篚。既獻，奠于下篚。其笙則獻諸西階上。[三]

立者東面北上。^[四]司正既舉觶，而薦諸其位。^[五]三耦者，使弟子。司射前戒之。^[六]司射之弓矢與扑倚于西階之西。^[七]

［一］謂其飲之次也。尊樂正同於賓黨。《鄉飲酒記》曰：“與立者皆薦以齒。”

［二］三人吹笙，一人吹和，凡四人也。《爾雅》曰：“笙小者謂之和。”

［三］奠爵于下篚，不復用也。今文無“與笙”。

［四］賓黨。

［五］薦於觶南。

［六］弟子，賓黨之少者也。前戒，謂先射請戒之。

［七］便其事也。

（以上記樂正、衆賓、司正、三耦之禮）

(五·記·四)

司射既袒、決、遂而升，司馬階前命張侯，遂命倚旌。^[一]凡侯，天子熊侯，白質；諸侯麋侯，赤質；大夫布侯，畫以虎豹；士布侯，畫以鹿豕。^[二]凡畫者，丹質。^[三]射自楹間，物長如笴。其間容弓，距隨長武。^[四]序則物當棟，堂則物當楣。^[五]命負侯者，由其位。^[六]凡適堂西，皆出入于司馬之南。唯賓與大夫降階，遂西取弓矢。^[七]

［一］著並行也。古文曰“遂命獲者倚旌”。

［二］此所謂獸侯也，燕射則張之。鄉射及賓射當張采侯二正，而

142

記此者，天子、諸侯之燕射各以其鄉射之禮，而張此侯，由是云焉白質、赤質，皆謂采其地。其地不采者，白布也。熊、麋、虎、豹、鹿、豕，皆正面畫其頭象於正鵠之處耳。君畫一，臣畫二，陽奇陰偶之數也。燕射射熊、虎、豹，不忘上下相犯。射麋、鹿、豕，志在君臣相養也。其畫之皆毛物之。

［三］賓射之侯、燕射之侯皆畫雲氣於側以爲飾。必先以丹采其地，丹淺於赤。

［四］自楹間者，謂射於庠也。楹間，中央東西之節也。物，謂射時所立處也。謂之物者，物，猶事也，君子所有事也。長如笴者，謂從畫之長短也。笴，矢幹也，長三尺，與跬相應，射者進退之節也。間容弓者，上下射相去六尺也。距隨者，物橫畫也，始前足至東頭爲距，後足來合而南面爲隨。武，跡也，尺二寸。

［五］是制五架之屋也。正中曰棟，次曰楣，前曰庪。

［六］於賤者，禮略。

［七］尊者宜逸，由便也。

（以上記侯射位）

（五·記·五）

　　旌，各以其物。[一]無物則以白羽與朱羽糅，杠長三仞，以鴻脰韜上，二尋。[二]凡挾矢，於二指之間橫之。[三]司射在司馬之北。司馬無事不執弓。[四]始射，獲而未釋獲；復，釋獲；復，用樂行之。[五]上射於右。[六]楅長如笴，博三寸，厚寸有半，龍首，其中蛇交，韋當。[七]楅，髤，

横而拳之，南面坐而奠之，南北當洗。[八]

[一] 旌，揔名也，雜帛爲物，大夫、士之所建也。言各者，鄉射
或於庠，或於謝。

[二] 無物者，謂小國之州長也。其鄉大夫一命，其州長士不命，
不命者無物。此翿旌也，翿亦所以進退衆者。糅，雜也。
杠，橦也。七尺曰仞。鴻，鳥之長脰者也。八尺曰尋。今文
“糅”爲“縮”，“韜”爲“翿”。

[三] 二指，謂左右手之第二指。此以食指、將指挾之。

[四] 以不主射故也。

[五] 君子取人以漸。

[六] 於右物射。

[七] 博，廣也。兩端爲龍首，中央爲蛇身相交也。虵、龍，君子
之類也。交者，象君子取矢於楅上也。直心背之衣曰當，以
丹韋爲之。司馬左右撫矢而乘之，分委於當。

[八] 髹，赤黑漆也。

（以上記旌楅之制）

（五·記·六）

射者有過則撻之。[一] 衆賓不與射者不降。[二] 取誘射
之矢者，既拾取矢，而后兼誘射之乘矢而取之。[三] 賓、主
人射，則司射擯升降，卒射即席，而反位卒事。[四] 鹿中，
髹，前足跪，鑿背，容八筭。釋獲者奉之，先首。[五] 大
夫降，立于堂西以俟射。[六] 大夫與士射，袒薰襦。[七] 耦
少退于物。[八] 司射釋弓矢，視筭與獻。釋獲者釋弓矢。[九]

［一］過，謂矢揚中人。凡射時，矢中人當刑之。今鄉會衆賢以禮樂勸民，而射者中人，本意在侯，去傷害之心遠，是以輕之以扑撻於中庭而已。《書》曰："扑作教刑。"

［二］不以無事亂有事。古文"與"爲"豫"。

［三］謂反位已禮成，乃更進取之，不相因也。

［四］擯賓、主人升降者，皆尊之也。不使司馬擯其升降，主於射。

［五］前足跪者，象教擾之獸受負也。

［六］尊大夫，不使久列於射位。

［七］不肉袒，殊於耦。

［八］下大夫也。既發則然。

［九］唯此二事，休武主文，釋弓矢耳，然則擯升降不釋。

（以上記射禮諸儀）

（五·記·七）

　禮射不主皮。主皮之射者，勝者又射，不勝者降。^{［一］}主人亦飲于西階上。^{［二］}獲者之俎，折脊、脅、肺、臑。^{［三］}東方謂之右个。^{［四］}釋獲者之俎，折脊、脅、肺，皆有祭。^{［五］}大夫説矢束，坐説之。^{［六］}歌《騶虞》，若《采蘋》，皆五終。射無筭。^{［七］}

［一］禮射，謂以禮樂射也，大射、賓射、燕射是矣。不主皮者，貴其容體比於禮，其節比於樂，不待中爲備也。言不勝者降，則不復升射也。主皮者無侯，張獸皮而射之，主於獲也。《尚書傳》曰：戰鬬不可不習，故於蒐狩以閑之也。閑

145

之者，貫之也。貫之者，習之也。凡祭，取餘獲陳於澤，然後卿、大夫相與射也。中者，雖不中也取；不中者，雖中也不取。何以然？所以貴揖讓之取也，而賤勇力之取。嚮之取也於囷中，勇力之取也。今之取也於澤宮，揖讓之取也。澤，習禮之處，非所於行禮，其射又主中，此主皮之射與？天子大射張皮侯，賓射張五采之侯，燕射張獸侯。

［二］就射爵而飲也。己無俊才，不可以辭罰。

［三］臑若膊胳觳之折，以大夫之餘體。

［四］侯以鄉堂爲面也。

［五］皆，皆獲者也。祭，祭肺也。以言肺，謂刌肺不離，嫌無祭肺。

［六］明不自尊別也。

［七］謂衆賓繼射者，衆賓無數也。每一耦射，歌五終也。

（以上記禮射、獲者之俎及歌）

(五·記·八)

古者於旅也語。[一] 凡旅不洗。[二] 不洗者不祭。[三] 既旅，士不入。[四] 大夫後出，[五] 主人送于門外，再拜。[六] 鄉侯上个五尋，[七] 中十尺。[八] 侯道五十弓，弓二寸，以爲侯中，[九] 倍中以爲躬，[一○] 倍躬以爲左右舌，[一一] 下舌半上舌。[一二] 箭籌八十。[一三] 長尺有握，握素。[一四] 楚扑長如笴。刌本尺。[一五]

［一］禮成樂備，乃可以言語，先王禮樂之道也。疾今人慢於禮樂之盛，言語無節，故追道古也。

［二］敬殺。

146

［三］不盛。

［四］後正禮也。既旅，則將燕矣。士入，齒於鄉人。

［五］下鄉人，不干其賓主之禮。

［六］拜送大夫，尊之也。主人送賓，還入門，揖，大夫乃出，送拜之。

［七］上个，謂最上幅也。八尺曰尋。上幅用布四丈。

［八］方者也，用布五丈。今官布幅廣二尺二寸，旁削一寸。《考工記》曰："梓人爲侯，廣與崇方。"謂中也。

［九］言侯中，所取數也。量侯道以狸步而云弓者，侯之所取數宜於躬器也。正二寸，骹中之博也。今文改"弓"爲"肱"也。

［一〇］躬，身也，謂中之上下幅也。用布各二丈。

［一一］謂上个也。居兩旁謂之个，左右出謂之舌。

［一二］半者，半其出於射者也，用布三丈。所以半上舌者，侯人之形類也，上个象臂，下个象足。中人張臂八尺，張足六尺，五八四十，五六三十，以此爲衰也。凡鄉侯用布十六丈，數起侯道五十弓以計。道七十弓之侯，用布二十五丈二尺。道九十弓之侯，用布三十六丈。

［一三］箭，篠也。籌，筭也。筭八十者，略以十耦爲正，貴全數。其時衆寡從賓。

［一四］握，本所持處也。素，謂刊之也。刊本一膚〔一〕。

［一五］刊其可持處〔二〕。

（以上記旅酬送賓及鄉侯、箭籌、笴杖之制）

〔一〕刊本一膚　"一"下，底本衍"作"字，據嚴州本、張敦仁本、阮刻本刪。

〔二〕刊其可持處　"可"，張敦仁本、阮刻本同，嚴州本作"所"。

（五·記·九）

　　君射，則爲下射。上射退于物一笴，既發，則荅君而俟。^[一]君樂作而后就物。君袒朱襦以射，^[二]小臣以巾執矢以授。^[三]若飲君如燕，則夾爵。^[四]君國中射，則皮樹中，以翿旌獲，白羽與朱羽糅。^[五]於郊，則閭中，以旌獲。^[六]於竟，則虎中，龍襜。^[七]大夫，兕中，各以其物獲。^[八]士，鹿中，翿旌以獲。^[九]唯君有射于國中，其餘否。^[一〇]君在，大夫射，則肉袒。^[一一]

　　[一] 荅，對也。此以下雜記也。今文“君射則爲下”。

　　[二] 君尊。

　　[三] 君尊，不揥矢，不挾矢，授之稍屬。

　　[四] 謂君在不勝之黨也。賓飲君如燕，賓媵觚于公之禮則夾爵。夾爵者，君既卒爵，復自酌。

　　[五] 國中，城中也。謂燕射也。皮樹，獸名，以翿旌獲，尚文德也。今文皮樹繁豎，“糅”爲“綹”。古文無“以”。

　　[六] 於郊，謂大射也，大射於大學。《王制》曰：“小學在公宮之左，大學在郊。”閭，獸名，如驢一角。或曰如驢，歧蹄^{〔一〕}。《周書》曰：北唐以閭。折羽爲旌。

　　[七] 於竟，謂與鄰國君射也。畫龍於襜，尚文章也。通帛爲襜。

　　[八] 兕，獸名，似牛一角。

　　[九] 謂小國之州長也。用翿爲旌以獲，無物也。古文無“以獲”。

　　[一〇] 臣不習武事於君側也。古文“有”作“又”，今文無“其餘否”。

〔一〕 歧蹄 “歧”，底本、嚴州本作“岐”，據張敦仁本、阮刻本改。

〔一一〕不袒繡襦[一]，厭於君也。今文無"射"。

（以上記君射之儀）

〔一〕　不袒繡襦　"繡"，嚴州本同，張敦仁本、阮刻本作"薰"。

儀禮卷第六

儀禮卷第六

鄭　氏　注

燕禮第六

（六·一）

　　燕禮。小臣戒與者，^{［一］}膳宰具官饌于寢東。^{［二］}樂人縣。^{［三］}設洗篚于阼階東南，當東霤，罍水在東，篚在洗西，南肆。設膳篚在其北，西面。^{［四］}司宮尊于東楹之西，兩方壺，左玄酒，南上。公尊瓦大兩，有豐，冪用綌若錫，在尊南，南上。尊士旅食于門西，兩圜壺。^{［五］}司宮筵賓于戶西，東上，無加席也。^{［六］}射人告具。^{［七］}

［一］小臣相君燕飲之法。與者，謂留群臣也。君以燕禮勞使臣，若臣有功，故與群臣樂之。小臣則警戒告語焉，飲酒以合會為歡也。

［二］膳宰，天子曰膳夫，掌君飲食膳羞者也。具官，饌具其官之所饌，謂酒也、牲也、脯醢也。寢，露寢。

［三］縣鍾磬也。國君無故不徹縣。言縣者，為燕新之。

［四］設此不言其官，賤也。當東霤者，人君為殿屋也，亦南北以堂深。肆，陳也。膳篚者，君象觚所饌也，亦南陳。言西面，尊之，異其文。

［五］司宮，天子曰小宰，聽酒人之成要者也。尊方壺，為卿、大

153

夫、士也，臣道直方，於東楹之西，予君專此酒也。《玉藻》曰：“唯君面尊。”玄酒在南，順君之面也。瓦大，有虞氏之尊也。《禮器》曰：“君尊瓦甒。”豐形似豆，卑而大。羃用綌若錫[一]，冬夏異也。在尊南，在方壺之南也。尊士旅食者用圜壺，變於卿、大夫也。旅，衆也。士衆食，謂未得正祿，所謂庶人在官者也。今文“錫”爲“緆”。

〔六〕筵，席也。席用蒲筵，緇布純。無加席，燕私禮，臣屈也。諸侯之官無司几筵也。

〔七〕告事具于君。射人主此禮，以其或射也。

（以上告戒設具）

（六·二）

小臣設公席于阼階上，西鄉，設加席。公升，即位于席，西鄉。[一]小臣納卿、大夫，卿、大夫皆入門右，北面東上。士立于西方，東面北上。祝史立于門東，北面東上。小臣師一人在東堂下，南面。士旅食者立于門西，東上。[二]公降立于阼階之東南，南鄉，爾卿，卿西面北上。爾大夫，大夫皆少進。[三]

〔一〕《周禮》諸侯阼席，莞筵紛純，加繅席，畫純。後設公席者，凡禮，卑者先即事，尊者後也。

〔二〕納者，以公命引而入也。自士以下從而入，即位耳。師，長也。小臣之長一人，猶天子大僕，正君之服位者也。凡入門而右由闑東，左則由闑西。

〔一〕羃用綌若錫　“羃”，嚴州本同，張敦仁本、阮刻本作“幂”。

［三］爾，近也，移也。揖而移之，近之也。大夫猶北面，少前。

（以上君臣各就其次）

（六·三）

射人請賓。^[一]公曰：“命某爲賓。”^[二]射人命賓。賓少進，禮辭。^[三]反命，^[四]又命之。賓再拜稽首，許諾。^[五]射人反命。^[六]賓出，立于門外，東面。^[七]公揖，卿、大夫乃升，就席。^[八]

［一］命當由君出也。

［二］某，大夫也。

［三］命賓者，東面南顧。禮辭，辭不敏也。

［四］射人以賓之辭告於君。

［五］又，復。

［六］告賓許。

［七］當更以賓禮入。

［八］揖之，入之也。

（以上命賓）

（六·四）

小臣自阼階下，北面，請執冪者與羞膳者。^[一]乃命執冪者，執冪者升自西階，立於尊南，北面東上。^[二]膳宰請羞于諸公卿者。^[三]

［一］執冪者，執瓦大之冪也。方圜壺無冪。羞膳，羞於公，謂庶羞。

［二］以公命於西階前命之也。東上，玄酒之冪爲上也。羞膳者從而東，由堂東升自北階房中，西面，南上，不言之者，不升堂，略之也。

［三］小臣不請而使膳宰，於卑者彌略也。禮以異爲敬。

（以上請命執役者）

（六·五）

　　射人納賓。［一］賓入，及庭，公降一等揖之。［二］公升就席。［三］

［一］射人爲擯者也。今文曰“擯者”。

［二］及，至也。至庭，謂既入而左北面時。

［三］以其將與主人爲禮，不參之也。

（以上納賓）

（六·六）

　　賓升自西階，主人亦升自西階。賓右北面，至再拜，賓荅再拜。［一］主人降洗，洗南，西北面。［二］賓降，階西，東面。主人辭降，賓對。［三］主人北面盥，坐取觚洗。賓少進，辭洗。主人坐奠觚于篚，興，對。賓反位。［四］主人卒洗，賓揖，乃升。［五］主人升，賓拜洗，主人賓右奠觚荅拜，降盥。［六］賓降，主人辭，賓對。卒盥，賓揖升。主人升，坐取觚。［七］執冪者舉冪，主人酌膳，執冪

156

者反幂。^[八]主人筵前獻賓。賓西階上拜，筵前受爵，反位。主人賓右拜送爵。^[九]膳宰薦脯醢。賓升筵。膳宰設折俎。^[一〇]賓坐，左執爵，右祭脯醢，奠爵于薦右，興，取肺，坐絕祭，嚌之，興，加于俎，坐挩手，執爵，遂祭酒，興，席末坐啐酒，降席，坐奠爵，拜，告旨，執爵興。主人荅拜。^[一一]賓西階上，北面坐卒爵，興，坐奠爵，遂拜。主人荅拜。^[一二]

[一] 主人，宰夫也。宰夫，大宰之屬，掌賓客之獻飲食者也。其位在洗北，西面。君於其臣雖爲賓，不親獻，以其尊，莫敢伉禮也。至再拜者，拜賓來至也。天子膳夫爲獻主。

[二] 賓將從降，鄉之。

[三] 對，荅。

[四] 賓少進者，又辭宜違其位也。獻不以爵，辟正主也。古文"觚"皆爲"觶"。

[五] 賓每先升，尊也。

[六] 主人復盥，爲拜手坋塵也。

[七] 取觚，將就瓦大酌膳。

[八] 君物曰膳。膳之言善也。酌君尊者，尊賓也。

[九] 賓既拜，前受觚，退復位。

[一〇] 折俎，牲體骨也。《鄉飲酒記》曰："賓俎：脊、脅、肩、肺。"

[一一] 降席，席西也。旨，美也。

[一二] 遂拜，拜既爵也。

（以上主人獻賓）

（六·七）

　　賓以虛爵降。^[一]主人降。賓洗南坐奠觚，少進，辭降。主人東面對。^[二]賓坐取觚，奠于篚下，盥洗。^[三]主人辭洗。^[四]賓坐奠觚于篚，興對，卒洗，及階，揖，升。主人升，拜洗如賓禮。賓降盥，主人降，賓辭降，卒盥，揖，升。酌膳，執冪如初，以酢主人于西階上。主人北面拜受爵，賓主人之左拜送爵。^[五]主人坐祭，不啐酒，^[六]不拜酒，不告旨。^[七]遂卒爵，興，坐奠爵，拜，執爵興。賓荅拜。主人不崇酒，以虛爵降，奠于篚。^[八]

　　[一] 將酢主人。

　　[二] 上既言爵矣，復言觚者，嫌易之也。《大射禮》曰：“主人西階西，東面，少進對。”今文從此以下，“觚”皆爲“爵”。

　　[三] 篚下，篚南。

　　[四] 謙也。今文無“洗”。

　　[五] 賓既南面授爵，乃之左。

　　[六] 辟正主也。未薦者，臣也。

　　[七] 主人之義。

　　[八] 崇，充也。不以酒惡謝賓^[一]，甘美君物也。

　　（以上賓酢主人）

（六·八）

　　賓降，立于西階西。^[一]射人升賓，賓升，立于序內，

〔一〕 不以酒惡謝賓　“惡”，底本、嚴州本誤奪，據張敦仁本、阮刻本補。

東面。^[二] 主人盥，洗象觚，升實之，東北面獻于公。^[三]公拜受爵。主人降自西階，阼階下北面拜送爵。士薦脯醢，膳宰設折俎，升自西階。^[四] 公祭如賓禮，膳宰贊授肺。不拜酒，立卒爵，坐奠爵，拜，執爵興。^[五] 主人答拜，升，受爵以降，奠于膳篚。

[一] 既受獻矣，不敢安盛。

[二] 東西牆謂之序。《大射禮》曰："擯者以命升賓。"

[三] 象觚，觚有象骨飾也。取象觚者，東面。

[四] 薦，進也。《大射禮》曰："宰胥薦脯醢，由左房。"

[五] 凡異者，君尊，變於賓也。

（以上主人獻公）

（六·九）

更爵，洗，升酌膳酒以降，酢于阼階下，北面坐奠爵，再拜稽首。公答再拜。^[一] 主人坐祭，遂卒爵，再拜稽首。公答再拜。主人奠爵于篚。

[一] 更爵者，不敢襲至尊也。古文"更"爲"受"。

（以上主人自酢於公）

（六·十）

主人盥洗，升，媵觚于賓，酌散，西階上坐奠爵，拜賓。賓降筵，北面答拜。^[一] 主人坐祭，遂飲，賓辭。卒爵，拜，賓答拜。^[二] 主人降洗，賓降，主人辭降，賓辭洗。卒洗，揖，升，不拜洗。^[三]主人酌膳，賓西階上拜。^[四]受爵于筵前，反位。主人拜送爵。賓升席，坐祭酒，遂奠于薦東。^[五]主人降復位。賓降筵西，東南面立。^[六]

［一］媵，送也。讀或爲揚，揚，舉也。酌散者，酌方壺酒也。於膳爲散。今文“媵”皆作“騰”。

［二］辭者，辭其代君行酒，不立飲也。此降於正主酬也。

［三］不拜洗，酬而禮殺。

［四］拜者，拜其酌己。

［五］遂者，因坐而奠，不北面也。奠之者，酬不舉也。

［六］賓不立于序內，位彌尊也。位彌尊者，其禮彌卑。記所謂一張一弛者，是之類與？

（以上主人酬賓）

（六·十一）

　　小臣自阼階下請媵爵者，公命長。^[一]小臣作下大夫二人媵爵。^[二]媵爵者阼階下，皆北面，再拜稽首。公荅再拜。^[三]媵爵者立于洗南，西面，北上，序進，盥，洗角觶，升自西階。序進，酌散，交于楹北。降，阼階下皆奠觶，再拜稽首，執觶興。公荅再拜。^[四]媵爵者皆坐祭，遂卒觶，興，坐奠觶，再拜稽首，執觶興。公荅再拜。媵爵者執觶，待于洗南。^[五]小臣請致者。^[六]若君命皆致，則序進奠觶于篚，阼階下皆再拜稽首。公荅再拜。媵爵者洗象觶，升實之。序進，坐奠于薦南，北上，降，阼階下皆

再拜稽首，送觶。公荅再拜。^[七]

[一] 命長，使選卿、大夫之中長幼可使者。

[二] 作，使也。卿爲上大夫，不使之者，爲其尊。

[三] 再拜稽首，拜君命也。

[四] 序，次第也，猶代也。楹北，西楹之北也。交而相待於西階
　　上，既酌，右還而反，往來以右爲上。

[五] 待君命也。

[六] 請使一人與？二人與？優君也。

[七] 序進，往來由尊北，交于東楹之北，奠于薦南，不敢必君舉
　　也。《大射禮》曰："媵爵者皆退反位。"

（以上二人媵爵於公）

（六·十二）

　　公坐，取大夫所媵觶，興以酬賓。賓降，西階下再拜
稽首。公命小臣辭。賓升成拜。^[一]公坐奠觶，荅再拜，執
觶興，立卒觶。賓下拜，小臣辭。賓升，再拜稽首。^[二]
公坐奠觶，荅再拜，執觶興。賓進受虛爵，降奠于篚，易
觶洗。^[三]公有命，則不易不洗，反升酌膳觶，下拜。小臣
辭。賓升，再拜稽首。^[四]公荅再拜。^[五]賓以旅酬於西階
上。^[六]射人作大夫長升受旅。^[七]賓大夫之右坐奠觶，拜，
執觶興。大夫荅拜。^[八]賓坐祭，立飲，卒觶不拜。^[九]若
膳觶也，則降更觶洗，升實散，大夫拜受，賓拜送。^[一〇]
大夫辯受酬，如受賓酬之禮，不祭。卒受者以虛觶降，奠
于篚。^[一一]

［一］興以酬賓，就其階而酬之也。升成拜，復再拜稽首也。先時
　　君辭之，於禮若未成然。

［二］不言成拜者，爲拜故下，實未拜也。下不輒拜，禮殺也。此
　　賓拜于君之左，不言之者，不敢敵偶於君。

［三］君尊，不酌故也。凡爵，不相襲者也。於尊者言更，自敵以
　　下言易。更作新。易，有故之辭。進受虛爵，尊君也。不言
　　公酬賓於西階上及公反位者，亦尊君，空其文也。

［四］下拜，下亦未拜。凡下未拜有二，或禮殺，或君親辭。君親
　　辭則聞命即升，升乃拜，是亦不言成拜。

［五］拜於阼階上也。於是賓請旅侍臣。

［六］旅，序也。以次序勸卿、大夫飲酒。

［七］言作大夫，則卿存矣。長者，尊先而卑後。

［八］賓在右者，相飲之位。

［九］酬而禮殺。

［一〇］言更觶，卿尊也。

［一一］卒，猶後也。《大射禮》曰：“奠于篚，復位。”今文“辯”
　　皆作“徧”。

（以上公舉媵爵酬賓遂旅酬）

（六·十三）

　　主人洗，升，實散，獻卿于西階上。[一]司宮兼卷重
席，設于賓左，東上。[二]卿升，拜受觚，主人拜送觚。
卿辭重席，司宮徹之。[三]乃薦脯醢。卿升席坐，左執
爵，右祭脯醢，遂祭酒，不啐酒，降席，西階上北面坐，
卒爵，興，坐奠爵，拜，執爵興。主人荅拜，受爵。卿

降，復位。^[四]辯獻卿，主人以虛爵降，奠于篚。^[五]射人乃升卿，卿皆升就席。若有諸公，則先卿獻之，如獻卿之禮。^[六]席于阼階西，北面東上，無加席。^[七]

[一] 酬而後獻卿，別尊卑也。飲酒成於酬也。

[二] 言兼卷，則每卿異席也。重席，重蒲筵，緇布純也。卿坐東上，統於君也。席自房來。

[三] 徹，猶去也。重席雖非加，猶爲其重累，去之辟君也。

[四] 不酢，辟君也。卿無俎者，燕主於羞。

[五] 今文無“奠于篚”。

[六] 諸公者，謂大國之孤也。孤一人，言諸者，容牧有三監。

[七] 席孤北面，爲其大尊屈之也。亦因阼階西位近君，近君則屈，親寵苟敬私昵之坐。

（以上主人獻卿或獻孤）

（六·十四）

　　小臣又請媵爵者，二大夫媵爵如初。^[一]請致者。若命長致，則媵爵者奠觶于篚，一人待于洗南。長致，致者阼階下再拜稽首，公荅再拜。^[二]洗象觶，升實之，坐奠于薦南，降，與立于洗南者二人皆再拜稽首送觶。公荅再拜。^[三]

[一] 又復。

[二] 命長致者，公或時未能舉，自優暇也。古文云：“阼階下北面再拜。”

163

［三］奠于薦南者，於公所用酬賓觶之處。二人俱拜，以其共勸君。

（以上再請二大夫媵爵）

(六·十五)

公又行一爵。若賓若長，唯公所酬。^[一]以旅于西階上，如初。大夫卒受者以虛觶降奠于篚。

［一］一爵，先媵者之下觶也。若賓若長，則賓禮殺矣。長，公卿之尊者也。賓則以酬長，長則以酬賓。

（以上公又行爵爲卿舉旅）

(六·十六)

主人洗，升，獻大夫于西階上。大夫升，拜受觚。主人拜送觚。大夫坐祭，立卒爵，不拜既爵。主人受爵。大夫降，復位。^[一]胥薦主人于洗北，西面，脯醢，無脅。^[二]辯獻大夫，遂薦之，繼賓以西，東上。^[三]卒，射人乃升大夫。大夫皆升就席。

［一］既，盡也。不拜之者，禮又殺。
［二］胥，膳宰之吏也。主人，大夫之下，先大夫薦之，尊之也。不於上者，上無其位也。脅，俎實。
［三］徧獻之乃薦，略賤也。亦獻而后布席也。

（以上主人獻大夫及胥薦主人）

164

（六·十七）

　　席工于西階上，少東。樂正先升，北面立于其西。[一]
小臣納工，工四人，二瑟。小臣左何瑟，面鼓，執越，內
弦，右手相入，升自西階，北面東上坐。小臣坐授瑟，乃
降。[二]工歌《鹿鳴》《四牡》《皇皇者華》。[三]

[一] 工，瞽、矇歌諷誦詩者也。凡執技藝者稱工。《少牢饋食禮》
　　曰：“皇尸命工祝。”《樂記》師乙曰：“乙，賤工也。”樂正，
　　于天子樂師也。凡樂，掌其序事，樂成則告備。

[二] 工四人者，燕禮輕，從大夫制也。面鼓者，燕尚樂，可鼓者
　　在前也。越瑟，下孔也。內弦，弦爲主也。相，扶工也。後
　　二人徒相，天子大僕二人也。小臣四人，祭僕六人，御僕
　　十二人，皆同官。

[三] 三者，皆《小雅》篇也。《鹿鳴》，君與臣下及四方之賓宴，
　　講道修政之樂歌也。此采其己有旨酒，以召嘉賓，嘉賓既
　　來，示我以善道，又樂嘉賓有孔昭之明德，可則傚也。《四
　　牡》，君勞使臣之來樂歌也。此采其勤苦王事，念將父母，
　　懷歸傷悲，忠孝之至，以勞賓也。《皇皇者華》，君遣使臣之
　　樂歌也。此采其更是勞苦[一]，自以爲不及，欲諮謀於賢知，
　　而以自光明也。

（以上升歌）

（六·十八）

　　卒歌，主人洗，升獻工。工不興，左瑟，一人拜受

〔一〕 此采其更是勞苦　“是”下，底本疑衍“自”字，據嚴州本、張敦仁本、阮刻本刪。

爵。主人西階上拜送爵。^[一]薦脯醢。^[二]使人相祭。^[三]卒爵，不拜。^[四]主人受爵，^[五]衆工不拜，受爵，坐祭，遂卒爵。辯有脯醢，不祭。主人受爵，降奠于篚。^[六]

[一]工歌乃獻之，賤者先就事也。左瑟，便其右。一人，工之長者也。工拜於席。

[二]輒薦之，變於大夫也。

[三]使扶工者相其祭薦、祭酒。

[四]賤不備禮。

[五]將復獻衆工也。

[六]遂，猶因也。古文曰："卒爵不拜。"

（以上獻工）

（六·十九）

公又舉奠觶，唯公所賜。以旅于西階上，如初。^[一]

[一]言賜者，君又彌尊，賓長彌卑。

（以上公三舉旅以成獻大夫之禮）

（六·二十）

卒。^[一]笙入，立于縣中，奏《南陔》《白華》《華黍》。^[二]

[一]旅畢也。

[二]以笙播此三篇之詩。縣中，縣中央也。《鄉飲酒禮》曰：磬南，北面奏《南陔》《白華》《華黍》，皆《小雅》篇也。今

亡，其義未聞。昔周之興也，周公制禮作樂，采時世之詩以爲樂歌，所以通情相風切也，其有此篇明矣。後世衰微，幽、厲尤甚，禮樂之書稍稍廢棄，孔子曰："吾自衞反魯，然後樂正，《雅》《頌》各得其所。"謂當時在者而復重雜亂者也，惡能存其亡者乎？且正考父校商之名《頌》十二篇于周大師，歸以祀其先王。至孔子二百年之間，五篇而已，此其信也。

（以上奏笙）

（六·二十一）

主人洗，升，獻笙于西階上。一人拜，盡階，不升堂，受爵，降，主人拜送爵。階前坐祭，立卒爵，不拜既爵，升授主人。[一]衆笙不拜，受爵，降，坐祭，立卒爵。辯有脯醢，不祭。

［一］一人，笙之長者也。《鄉射禮》曰："笙一人拜于下。"

（以上獻笙）

（六·二十二）

乃間歌《魚麗》，笙《由庚》；歌《南有嘉魚》，笙《崇丘》；歌《南山有臺》，笙《由儀》。[一]遂歌鄉樂，《周南·關雎》《葛覃》《卷耳》，《召南·鵲巢》《采蘩》《采蘋》。[二]大師告于樂正曰："正歌備。"[三]樂正由楹內，東楹之東，告于公，乃降復位。[四]

［一］間，代也，謂一歌則一吹也。六者皆《小雅》篇也。《魚麗》，
　　言大平年豐物多也。此采其物多酒旨，所以優賓也。《南有
　　嘉魚》，言大平君子，有酒樂與賢者共之也。此采其能以禮
　　下賢者，賢者纍蔓而歸之，與之宴樂也。《南山有臺》，言大
　　平之治，以賢者爲本也。此采其愛友賢者爲邦家之基，民之
　　父母，既欲其身之壽考，又欲其名德之長也。《由庚》《崇丘》
　　《由儀》，今亡，其義未聞。

［二］《周南》《召南》，《國風》篇也，王后、國君夫人房中之樂歌也。
　　《關雎》言后妃之德，《葛覃》言后妃之職，《卷耳》言后妃
　　之志。《鵲巢》言國君夫人之德，《采蘩》言國君夫人不失職也，
　　《采蘋》言卿、大夫之妻能修其法度也。昔大王、王季居于
　　岐山之陽，躬行《召南》之教，以興王業。及文王而行《周
　　南》之教以受命。《大雅》云：“刑于寡妻，至于兄弟，以御
　　于家邦。”謂此也。其始一國爾。文王作邑于豐，以故地爲
　　卿士之采地，乃分爲二國。周，周公所食也；召，召公所食
　　也。於時文王三分天下有其二，德化被于南土，是以其詩有
　　仁賢之風者，屬之《召南》焉；有聖人之風者，屬之《周
　　南》焉。夫婦之道者，生民之本，王政之端。此六篇者，其
　　教之原也。故國君與其臣下及四方之賓燕，用之合樂也。鄉
　　樂者，《風》也。《小雅》爲諸侯之樂，《大雅》《頌》爲天子
　　之樂。《鄉飲酒》升歌《小雅》，禮盛者可以進取。燕合鄉樂
　　者，禮輕者可以逮下也。《春秋傳》曰：《肆夏》《繁遏》《渠》，
　　天子所以享元侯也。《文王》《大明》《緜》，兩君相見之樂也。
　　然則諸侯之相與燕〔一〕，升歌《大雅》，合《小雅》也。天子

〔一〕　然則諸侯之相與燕　“之”，底本誤奪，據張敦仁本、阮刻本補。

與次國、小國之君燕，亦如之；與大國之君燕，升歌《頌》，合《大雅》，其笙間之篇未聞。

［三］大師，上工也，掌合陰陽之聲，教六詩以六律爲之音者也。子貢問師乙曰：“吾聞聲歌，各有宜也。如賜者宜何歌也？”是明其掌而知之也。正歌者，升歌及笙各三終，間歌三終，合樂三終，爲一備。備亦成也。

［四］言由楹內者，以其立於堂廉也。復位，位在東縣之北。

（以上歌笙間作，遂合鄉樂而告樂備）

（六·二十三）

射人自阼階下請立司正，公許。射人遂爲司正。[一]司正洗角觶，南面坐奠于中庭，升，東楹之東受命，西階上北面命卿、大夫：“君曰以我安卿、大夫。”皆對曰：“諾。敢不安！”[二]司正降自西階，南面，坐取觶，升酌散，降，南面坐奠觶，右還，北面少立，坐取觶，興，坐不祭，卒觶，奠之，興，再拜稽首。[三]左還，南面坐取觶，洗，南面反奠于其所。[四]升自西階，東楹之東，請徹俎，降，公許。告于賓，賓北面取俎以出。膳宰徹公俎，降自阼階以東。[五]卿、大夫皆降，東面，北上。[六]賓反入，及卿、大夫皆説屨，升就席。公以賓及卿、大夫皆坐，乃安。[七]羞庶羞。[八]大夫祭薦。[九]司正升受命，皆命：“君曰無不醉。”賓及卿、大夫皆興，對曰：“諾。敢不醉！”皆反坐。[一〇]

［一］君許其請，因命用爲司正。君三舉爵，樂備作矣。將留賓飲

酒，更立司正以監之，察儀法也。射人俱相禮，其事同。

[二] 洗奠角觶于中庭，明其事以自表，威儀多也。君意慇懃，欲留賓飲酒，命卿、大夫以我故安，或亦其實不主意於賓。

[三] 右還，將適觶南，先西面也。必從觶西，爲君之在東也。少立者，自嚴正，慎其位。

[四] 反奠虛觶，不空位也。

[五] 膳宰降自阼階，以賓親徹，若君親徹然。

[六] 以將坐，降待賓反也。

[七] 凡燕坐必說屨，屨賤，不在堂也。禮者尚敬，敬多則不親，燕安坐，相親之心。

[八] 謂臐肝膋，狗胾醢也。骨體所以致敬也，庶羞所以盡愛也。敬之愛之，厚賢之道。

[九] 燕乃祭薦，不敢於盛成禮也。

[一〇] 皆命者，命賓，命卿、大夫也。起對必降席。司正退立西序端。

（以上立司正命安賓）

（六·二十四）

主人洗，升，獻士于西階上。士長升，拜受觶，主人拜送觶。[一] 士坐祭，立飲，不拜既爵。其他不拜，坐祭，立飲。[二] 乃薦司正與射人一人、司士一人、執冪二人，立于觶南，東上。[三] 辯獻士，士既獻者立于東方，西面，北上。乃薦士。[四] 祝史，小臣師，亦就其位而薦之。[五] 主人就旅食之尊而獻之。旅食不拜，受爵，坐祭，立飲。[六]

［一］獻士用觶，士賤也。今文“觶”作“觚”。

［二］他，謂衆士也。亦升受爵，不拜。

［三］天子射人、司士，皆下大夫二人，諸侯則上士，其人數亦如
　　　之。司正爲上。

［四］每已獻而即位于東方，蓋尊之，畢獻，薦于其位。

［五］次士獻之，已，不變位，位自在東方。

［六］北面酌，南鄉獻之於尊南。不洗者，以其賤，略之也。亦畢
　　　獻乃薦之。主人執虛爵奠于篚，復位。

（以上主人遍獻士及旅食）

（六·二十五）

　　若射，則大射正爲司射，如鄉射之禮。^{［一］}

［一］大射正，射人之長者也。如鄉射之禮者，燕爲樂卿、大夫，
　　　宜從其禮也。如者，如其“告弓矢既具”至“退中與筭”也。
　　　納射器而張侯，其告請先于君，乃以命賓及卿、大夫，其爲
　　　司正者，亦爲司馬，君與賓爲耦。《鄉射記》曰自“君射”
　　　至“龍貙”，亦其異者也。薦旅食乃射者，是燕射主於飲酒。

（以上因燕而射以樂賓）

（六·二十六）

　　賓降洗，升媵觚于公，酌散，下拜。公降一等，小臣
辭。賓升，再拜稽首。公荅再拜。^{［一］}賓坐祭，卒爵，再
拜稽首。公荅再拜。賓降，洗象觶，升酌膳，坐奠于薦
南，降拜。小臣辭。賓升成拜，公荅再拜。賓反位。^{［二］}

公坐取賓所媵觶，興，唯公所賜。^[三] 受者如初受酬之禮，降，更爵洗，升酌膳，下拜。小臣辭。升成拜，公荅拜。乃就席，坐行之。^[四] 有執爵者。^[五] 唯受于公者拜。^[六] 司正命執爵者爵辯，卒受者興，以酬士。^[七] 大夫卒受者以爵興，西階上酬士。士升，大夫奠爵拜。士荅拜。^[八] 大夫立卒爵，不拜，實之。士拜受，大夫拜送。士旅于西階上，辯。^[九] 士旅酬，^[一〇] 卒。

[一] 此當言媵觶，酬之禮皆用觶。言觚者，字之誤也。古者觶字或作角旁氏，由此誤爾。

[二] 反位，反席也。今文曰：“洗象觚。”

[三] 至此又言興者，明公崇禮不倦也。今文“觶”又爲“觚”。

[四] 坐行之，若今坐相勸酒。

[五] 士有盥升主酌授之者。

[六] 公所賜者也，其餘則否。

[七] 欲令惠均。

[八] 興酬士者，士立堂下，無坐位。

[九] 祝史小臣，旅食皆及焉。

[一〇] 旅，序也。士以次序自酌相酬，無執爵者。

（以上賓媵觶於公，公爲士舉酒酬）

（六·二十七）

主人洗，升自西階，獻庶子于阼階上，如獻士之禮。辯，降洗，遂獻左右正與內小臣，皆於阼階上，如獻庶子之禮。^[一]

［一］庶子，掌正六牲之體及舞位，使國子修德學道，世子之官也。而與膳宰、樂正聯事，樂正亦學國子以舞。左右正謂樂正、僕人正也。小樂正立于西縣之北。僕人正、僕人師、僕人士立于其北，北上。大樂正立于東縣之北。若射，則僕人正、僕人士陪于工後。內小臣、奄人掌君陰事、陰令，后夫人之官也。皆獻于阼階上，別於外內臣也。獻正下及內小臣，則磬人、鍾人、鎛人、鼓人、僕人之屬盡獻可知也。凡獻皆薦也。

（以上主人獻庶子以下於阼階）

（六·二十八）

　　無筭爵。^{［一］}士也，有執膳爵者，有執散爵者。執膳爵者酌以進公，公不拜，受。執散爵者，酌以之公命所賜。所賜者興，受爵，降席下，奠爵，再拜稽首。公答拜。^{［二］}受賜爵者以爵就席坐，公卒爵，然後飲。^{［三］}執膳爵者受公爵，酌，反奠之，^{［四］}受賜爵者興，授執散爵，執散爵者乃酌行之。^{［五］}唯受爵於公者拜。卒受爵者興，以酬士于西階上。士升，大夫不拜，乃飲，實爵。^{［六］}士不拜，受爵。大夫就席。士旅酌，亦如之。公有命徹幂，則卿、大夫皆降西階下，北面東上，再拜稽首。公命小臣辭。公答再拜，大夫皆辟。^{［七］}遂升，反坐。士終旅於上，如初。^{［八］}無筭樂。^{［九］}

［一］筭，數也。爵行無次無數，唯意所勸，醉而止。

［二］席下，席西也。古文曰："公答再拜。"

［三］不敢先虛爵，明此勸惠，從尊者來也。

［四］宴歡在於飲酒，成其意。

［五］予其所勸者。

［六］乃，猶而也。

［七］命徹冪者，公意殷勤，必盡酒也。小臣辭，不升成拜，明雖醉，正臣禮也。不言賓，賓彌臣也。君荅拜於上，示不虛受也。

［八］卿、大夫降而爵止，於其反席卒之。

［九］升歌閒，合無數也，取歡而已，其樂章亦然。

（以上燕末無筭爵、無筭樂）

（六・二十九）

　　宵，則庶子執燭於阼階上，司宮執燭於西階上，甸人執大燭於庭，閽人爲大燭於門外[一]。[一]賓醉，北面坐取其薦脯以降。[二]奏《陔》。[三]賓所執脯，以賜鍾人於門內霤，遂出。[四]卿、大夫皆出，[五]公不送。[六]

［一］宵，夜也。燭，燋也。甸人，掌共薪蒸者。庭大燭，爲位廣也。閽人，門人也。爲，作也，作大燭以俟賓客出。

［二］取脯，重得君賜。

［三］《陔》，《陔夏》，樂章也。賓出奏《陔夏》，以爲行節也。凡《夏》，以鍾鼓奏之。

［四］必賜鍾人，鍾人掌以鍾鼓奏《九夏》。今奏《陔》，以節己用，賜脯以報之，明雖醉，不忘禮。古文“賜”作“錫”。

〔一〕　閽人爲大燭於門外　“大”，張敦仁本、阮刻本同，嚴州本無。

〔五〕隨賓出也。

〔六〕賓禮記，是臣也。

（以上燕畢賓出）

（六·三十）

　　公與客燕，^{〔一〕}曰：“寡君有不腆之酒，以請吾子之與寡君須臾焉。使某也以請。”^{〔二〕}對曰：“寡君，君之私也。君無所辱賜于使臣，臣敢辭。”^{〔三〕}“寡君固曰‘不腆’，使某固以請。”“寡君，君之私也。君無所辱賜于使臣，臣敢固辭。”^{〔四〕}“寡君固曰‘不腆’，使某固以請。”“某固辭，不得命，敢不從？”^{〔五〕}致命曰：“寡君使某，有不腆之酒，以請吾子之與寡君須臾焉。”^{〔六〕}“君既寡君多矣，又辱賜于使臣，臣敢拜賜命。”^{〔七〕}

〔一〕謂四方之使者。

〔二〕君使人戒客辭也。禮，使人各以其爵。寡，鮮也，猶言少德，謙也。腆，膳也。上介出請，入告。古文“腆”皆作“珍”。今文皆曰“不腆酒”，無“之”。

〔三〕上介出荅主國使者辭也。私，謂獨有恩厚也。君無所爲辱賜於使臣，謙不敢當也。敢者怖懼，用勢決之辭。

〔四〕重傳命。固如故。

〔五〕許之也。於是出見主國使者，辭以見許爲得命。今文無“使某”。

〔六〕親相見，致君命辭也。

〔七〕既，賜也，猶愛也。敢拜賜命，從使者拜君之賜命，猶謙不

175

必辭也。

（以上公與客燕）

記。

（六·記·一）

　　燕，朝服於寢。^[一]其牲，狗也。^[二]亨于門外東方。^[三]若與四方之賓燕，則公迎之于大門内，揖讓升。^[四]賓爲苟敬，席于阼階之西，北面，有脊，不嚌肺，不啐酒，其介爲賓。^[五]無膳尊，無膳爵。^[六]

　[一] 朝服者，諸侯與其群臣日視朝之服也。謂冠玄端，緇帶，素韠，白屨也。燕於路寢，相親昵也。今辟雍十月行此燕禮，玄冠而衣皮弁服，與禮異也。

　[二] 狗取擇人也。明非其人，不與爲禮也。

　[三] 亨於門外，臣所掌也。

　[四] 四方之賓，謂來聘者也。自戒至於拜至，皆如公食，亦告饌具而後公即席。小臣請執冪、請羞者，乃迎賓也。

　[五] 苟，且也，假也。主國君鄉時，親進醴于賓，今燕又宜獻焉。人臣不敢褻煩尊者，至此升堂而辭讓，欲以臣禮燕爲恭敬也。於是席之如獻諸公之位。言苟敬者，賓實主國所宜敬也。脊，折俎也。不嚌啐，似若尊者然也。介門西，北面，西上，公降迎上介以爲賓，揖，讓，升，如初禮，主人獻賓、獻公，既獻苟敬，乃媵觚，群臣即位，如燕也。

　[六] 降尊以就卑也。

（以上記燕服用牲及燕四方賓客之儀）

（六·記·二）

　　與卿燕，則大夫爲賓；與大夫燕，亦大夫爲賓。[一] 羞膳者與執冪者，皆士也。[二] 羞卿者，小膳宰也。[三] 若以樂納賓，則賓及庭，奏《肆夏》。賓拜酒，主人答拜而樂闋。公拜受爵而奏《肆夏》，公卒爵，主人升，受爵以下而樂闋。[四] 升歌《鹿鳴》，下管《新宮》，笙入三成。[五] 遂合鄉樂，[六] 若舞則《勺》。[七]

[一] 不以所與燕者爲賓者，燕爲序歡心，賓主敬也。公父文伯飲南宮敬叔酒，以路堵父爲客，此之謂也。君恒以大夫爲賓者，大夫卑，雖尊之，猶遠于君。今文無“則”，下無“燕”。

[二] 尊君也。膳宰卑於士。

[三] 膳宰之佐也。

[四] 《肆夏》，樂章也，今亡。以鍾鎛播之，鼓磬應之，所謂金奏也。記曰：“入門而縣興”，“示易以敬也”。卿、大夫有王事之勞，則奏此樂焉。

[五] 《新宮》，《小雅》逸篇也。管之入三成，謂三終也。

[六] 鄉樂，《周南》《召南》六篇。言遂者，不間也。

[七] 《勺》，《頌》篇，告成《大武》之樂歌也。其詩曰：“於鑠王師，遵養時晦。”又曰：“實維爾公允師。”既合鄉樂，萬舞而奏之，所以美王侯，勸有功也。

（以上記燕卿、大夫之樂）

(六·記·三)

　　唯公與賓有俎。[一]獻公曰："臣敢奏爵以聽命。"[二]凡公所辭，皆栗階。[三]凡栗階，不過二等。[四]凡公所酬，既拜，請旅侍臣。[五]凡薦與羞者，小膳宰也。[六]有內羞。[七]

　　[一]主於燕，其餘可以無俎。

　　[二]授公釋此辭，不敢必受之。

　　[三]栗，戚也。謂越等急趨君命也。

　　[四]其始升猶聚足連步。越二等，左右足各一發而升堂。

　　[五]既拜，謂自酌升拜時也。擯者阼階下告于公，還西階下告公許。旅，行也，請行酒于群臣。必請者，不專惠也。

　　[六]謂於卿、大夫以下也。上特言羞卿者、小膳宰者，欲絕於賓。羞賓者亦士。

　　[七]謂羞豆之實，酏食糝食；羞籩之實，糗餌粉餈。

　　（以上記獻公、辭賓、酬賓）

(六·記·四)

　　君與射，則爲下射，袒朱襦，樂作而后就物。[一]小臣以巾授矢，稍屬。[二]不以樂志。[三]既發，則小臣受弓以授弓人。[四]上射退于物一笴，既發則苔君而俟。[五]若飲君燕，則夾爵。[六]君在，大夫射則肉袒。[七]若與四方之賓燕，媵爵曰："臣受賜矣。臣請贊執爵者。"[八]相者對曰："吾子無自辱焉。"[九]有房中之樂。[一〇]

　　[一]君尊。

［二］君尊，不揳矢。

［三］辟不敏也。

［四］候復發也。不使大射正，燕射輕。

［五］荅，對。

［六］謂君在不縢之黨，賓飲之如燕縢觚，則又夾爵。

［七］不繡襦，厭於君。

［八］受賜，謂公、卿者酬之〔一〕，至燕，主人事賓之禮殺，賓降洗，
　　升縢觶于公，荅恩惠也。

［九］辭之也。對，荅也。亦告公，以公命荅之也。

［一〇］弦歌《周南》《召南》之詩，而不用鍾磬之節也。謂之房
　　中者，后夫人之所諷誦，以事其君子。

（以上記君與射儀及四方賓客往來之辭）

〔一〕　謂公卿者酬之　“卿”，底本、嚴州本、張敦仁本作“鄉”，據阮刻本改。

儀禮卷第七

儀禮卷第七

鄭　氏　注

大射儀第七

（七·一）

　　大射之儀。君有命戒射。^[一]宰戒百官有事於射者。^[二]射人戒諸公、卿、大夫射。司士戒士射與贊者。^[三]

　　[一]　將有祭祀之事，當射，宰告於君，君乃命之。言君有命，政
　　　　　教宜由尊者。

　　[二]　宰，於天子冢宰，治官卿也。作大事，則掌以君命，戒於
　　　　　百官。

　　[三]　射人掌以射法治射儀，司士掌國中之士治，凡其戒命，皆司
　　　　　馬之屬也。殊戒公、卿、大夫與士，辨貴賤也。贊，佐也，
　　　　　謂士佐執事不射者。

　　（以上戒百官）

（七·二）

　　前射三日，宰夫戒宰及司馬。射人宿視滌。^[一]司馬命量人量侯道與所設乏以貍步，大侯九十，參七十，干五十，設乏各去其侯西十、北十。^[二]遂命量人、巾車張三侯。大

侯之崇，見鵠於參，參見鵠於干，干不及地武。不繫左下
綱。設乏西十、北十，凡乏用革。^{〔三〕}

〔一〕宰夫，冢宰之屬，掌百官之徵令者。司馬，於天子政官之
卿，凡大射則合其六耦。滌，謂溉器，埽除射宮。

〔二〕量人，司馬之屬，掌量道巷塗數者。侯，謂所射布也。尊者
射之以威，不寧侯，卑者射之以求爲侯。量侯道，謂去堂
遠近也。容謂之乏，所以爲獲者之禦矢。貍之伺物，每舉足
者，止視遠近，爲發必中也^{〔一〕}，是以量侯道取象焉。《鄉射
記》曰："侯道五十弓。"《考工記》曰："弓之下制六尺。"則
此貍步六尺明矣。大侯，熊侯，謂之大者，與天子熊侯同。
參，讀爲糝，糝，雜也，雜侯者，豹鵠而麋飾，下天子大夫
也。干，讀爲豻，豻侯者，豻鵠豻飾也。大夫將祭於己，射
麋侯。士無臣，祭不射。

〔三〕巾車，於天子宗伯之屬，掌裝衣車者，亦使張侯。侯，巾
類。崇，高也，高必見鵠。鵠所射之主。《射義》曰："爲人
君者以爲君鵠，爲人臣者以爲臣鵠，爲人父者以爲父鵠，爲
人子者以爲子鵠。"言射中此乃能任己位也。鵠之言較，較，
直也，射者所以直己志。或曰，鵠，鳥名，射之難中，中之
爲俊，是以所射於侯，取名也。《淮南子》曰："鴶鵠知來。"
然則所云正者正也，亦鳥名。齊魯之間，名題肩爲正。正、
鵠皆鳥之捷黠者。《考工記》曰："梓人爲侯，廣與崇方，參
分其廣而鵠居一焉。"則大侯之鵠方六尺，糝侯之鵠方四尺
六寸大半寸，豻侯之鵠方三尺三寸少半寸。及，至也。武，

〔一〕止視遠近爲發必中也 "止"，底本作"正"，據嚴州本、張敦仁本、阮刻本改。

迹也。中人之足長尺二寸，以躬侯計之，糝侯去地一丈五寸
少半寸，大侯去地二丈二尺五寸少半寸。凡侯，北面，西方
謂之左。前射三日張侯設乏，欲使有事者豫志焉。

（以上前射三日戒宰視滌，量道張侯）

（七·三）

　　樂人宿縣于阼階東，笙磬西面，其南笙鍾，其南鑮，
皆南陳。^[一]建鼓在阼階西，南鼓。應鼙在其東，南鼓。^[二]
西階之西，頌磬東面，其南鍾，其南鑮，皆南陳。一建鼓
在其南，東鼓。朔鼙在其北。^[三]一建鼓在西階之東，南
面。^[四]簜在建鼓之閒。^[五]鼗倚于頌磬西紘。^[六]

［一］笙，猶生也。東爲陽，中萬物以生。《春秋傳》曰：“大蔟所
　　以金奏，贊陽出滯，沽洗所以脩絜百物，考神納賓。”是以
　　東方鍾磬謂之笙，皆編而縣之。《周禮》曰：“凡縣，鍾磬半
　　爲堵，全爲肆。”有鍾有磬爲全。鑮如鍾而大，奏樂以鼓鑮
　　爲節。

［二］建，猶樹也。以木貫而載之，樹之趺也。南鼓，謂所伐面
　　也。應鼙，應朔鼙也。先擊朔鼙，應之。鼙，小鼓也。在
　　東，便其先擊小，後擊大也。鼓不在東，縣南，爲君也。

［三］言成功曰頌。西爲陰。中萬物之所成。《春秋傳》曰：“夷則
　　所以詠歌九則，平民無貳。無射所以宣布哲人之令德，示民
　　軌義。”是以西方鍾磬謂之頌。朔，始也。奏樂先擊西鼙，
　　樂爲賓所由來也。鍾不言頌，鼙不言東鼓，義同省文也。古
　　文“頌”爲“庸”。

[四] 言面者，國君於其群臣備三面爾。無鍾磬，有鼓而已。其爲
諸侯則軒縣。

[五] 簜，竹也，謂笙簫之屬，倚於堂。

[六] 鼗如鼓而小，有柄。賓至，搖之以奏樂也。紘，編磬繩也。
設鼗於磬西，倚于紘也。《王制》曰："天子賜諸侯樂，則以
柷將之。賜伯、子、男樂，則以鼗將之。"

（以上射前一日設樂縣）

(七·四)

厥明，司宮尊于東楹之西，兩方壺，膳尊兩甒在南，
有豐。幂用錫若絺，綴諸箭，蓋幂加勺，又反之。皆玄
尊，酒在北。[一]尊士旅食于西鑮之南，北面，兩圜壺。[二]
又尊于大侯之乏東北，兩壺獻酒。[三]設洗于阼階東南，罍
水在東，篚在洗西，南陳。設膳篚在其北，西面。[四]又
設洗于獲者之尊西北，水在洗北，篚在南，東陳。[五]小臣
設公席于阼階上，西鄉。司宮設賓席于户西，南面，有加
席。卿席賓東，東上。小卿賓西，東上。大夫繼而東上。
若有東面者，則北上。席工于西階之東，東上。諸公阼階
西，北面東上。[六]官饌。[七]羹定。[八]

[一] 膳尊，君尊也。後陳之，尊之也。豐以承尊也。説者以爲若
井鹿盧，其爲字從豆，曲聲，近似豆大而卑矣。幂，覆尊巾
也。錫，細布也。絺，細葛也。箭，篠也。爲幂蓋卷辟，綴
於篠，橫之也。又反之，爲覆勺也。皆玄尊二者，皆有玄酒
之尊，重本也。酒在北，尊統於君，南爲上也。唯君面尊，

言專惠也。今文"錫"或作"緆"，"絺"或作"綌"，古文
"箭"作"晉"。

［二］旅，衆也。士衆，食未得正祿，謂庶人在官者。圜壺，變於
方也。賤，無玄酒。

［三］爲隸僕人、巾車、樸侯犴侯之獲者。獻，讀爲沙，沙酒濁，
特沛之，必摩沙者也。兩壺皆沙酒。《郊特牲》曰："汁獻涗
于醆酒。"服不之尊，侯時而陳於南，統於侯，皆東面。

［四］或言南陳，或言西面，異其文也。

［五］亦統於侯也。無爵，因服不也。有篚，爲奠虛爵也。服不之
洗，亦侯時而陳於其南。

［六］唯賓及公席布之也，其餘樹之於位後耳。小卿，命於其君者
也。席於賓西，射禮辨貴賤也。諸公，大國有孤卿一人，與
君論道，亦不典職如公矣。

［七］百官各饌其所當共之物。

［八］亨肉孰也。《射義》曰："諸侯之射也，必先行燕禮。"燕禮
牲用狗。

（以上射日陳燕具席位）

（七·五）

　　射人告具于公。公升，即位于席，西鄉。小臣師納諸
公、卿、大夫。諸公、卿、大夫皆入門右，北面東上。士
西方，東面北上。大史在干侯之東北，北面東上。士旅
食者在士南，北面東上。小臣師從者在東堂下，南面西
上。[一]公降，立于阼階之東南，南鄉。小臣師詔揖諸公、
卿、大夫。諸公、卿、大夫西面北上，揖大夫，大夫皆少

進。^[二]大射正擯。^[三]擯者請賓。公曰：“命某爲賓。”^[四]擯者命賓，賓少進，禮辭。^[五]反命，^[六]又命之。賓再拜稽首，受命。^[七]擯者反命。賓出，立于門外，北面。公揖卿、大夫，升就席。小臣自阼階下，北面。請執冪者與羞膳者。^[八]乃命執冪者。執冪者升自西階。立于尊南，北面東上。^[九]膳宰請羞于諸公卿者。^[一〇]

［一］大史在干侯東北，士旅食者在士南，爲有侯，入庭深也。小臣師，正之佐也。正相君，出入君之大命。

［二］詔，告也。變爾言揖，亦以其入庭深也。上言大夫，誤衍耳。

［三］大射正，射人之長。

［四］某，大夫名。

［五］命賓者，東面南顧。辭，辭以不敏。

［六］以賓之辭告於君。

［七］又，復。

［八］請士可使執君兩甒之冪，及羞脯醢、庶羞於君者。方、圜壺獻無冪。

［九］命者於西階前，以公命命之。東上，執玄尊之冪爲上。羞膳者從而東，由堂東升自北階，立于房中，西面，南上。不言命者，不升堂，略之。

［一〇］膳宰請者，異於君也。

（以上命賓、納賓）

（七·六）

擯者納賓，賓及庭，公降一等揖賓，賓辟。^[一]公升，即席。^[二]奏《肆夏》。^[三]賓升自西階，主人從之。賓右北面，至再拜，賓荅再拜。^[四]主人降洗，洗南，西北面。^[五]賓降階西，東面。主人辭降，賓對。^[六]主人北面盥，坐取觚洗。賓少進，辭洗。主人坐奠觚于篚，興對。賓反位。^[七]主人卒洗，賓揖，升。^[八]主人升，賓拜洗。主人賓右奠觚荅拜，降盥。賓降，主人辭降，賓對。卒盥，賓揖，升。主人升，坐取觚。^[九]執冪者舉冪，主人酌膳。執冪者蓋冪，酌者加勺，又反之。^[一〇]筵前獻賓。賓西階上拜，受爵于筵前，反位。主人賓右拜送爵。^[一一]宰胥薦脯醢。^[一二]賓升筵。庶子設折俎。^[一三]賓坐，左執觚，右祭脯醢，奠爵于薦右，興，取肺，坐絕祭，嚌之，興，加于俎，坐挩手，執爵，遂祭酒，興，席末坐，啐酒，降席，坐奠爵，拜，告旨，執爵興。主人荅拜。^[一四]樂闋。^[一五]賓西階上北面坐，卒爵，興，坐奠爵，拜，執爵興。主人荅拜。

[一]及，至也。辟，逡遁不敢當盛。

[二]以賓將與主人爲禮，不參之。

[三]《肆夏》，樂章名，今亡。呂叔玉云：《肆夏》，《時邁》也。《時邁》者，大平巡守，祭山川之樂歌。其詩曰：“明昭有周，式序在位。”又曰：“我求懿德，肆于時夏。”奏此以延賓，其著宣王德，勸賢與?《周禮》曰：“賓出入，奏《肆夏》。”

[四]主人，宰夫也，又掌賓客之獻飲食。君於臣，雖爲賓，不親獻，以其莫敢亢禮。

[五]賓將從降，鄉之，不於洗北，辟正主。

[六]對，荅。

〔七〕賓少進者，所辭異，宜違其位也。獻不用爵，辟正主。

〔八〕賓每先升，尊也。

〔九〕取觚，將就瓦甒酌膳。

〔一〇〕反之覆勺。

〔一一〕賓既拜，於筵前受爵，退，復位。

〔一二〕宰胥，宰官之吏也。不使膳宰薦，不主於飲酒，變於燕。

〔一三〕庶子，司馬之屬，掌正六牲之體者也。《鄉射記》曰：“賓俎：脊、脅、肩、肺。”不使膳宰設俎，爲射變於燕。

〔一四〕降席，席西也。旨，美也。

〔一五〕闋，止也。樂止者，尊賓之禮，盛於上也。

（以上主人獻賓）

(七·七)

　　賓以虛爵降。〔一〕主人降。賓洗南西北面坐奠觚，少進，辭降。主人西階西東面，少進，對。賓坐取觚，奠于篚下，盥洗。〔二〕主人辭洗。賓坐奠觚于篚，興對，卒洗，及階，揖升。主人升，拜洗如賓禮。賓降盥，主人降。賓辭降，卒盥，揖升。酌膳，執冪如初，以酢主人于西階上。主人北面拜受爵，賓主人之左拜送爵。〔三〕主人坐祭，不啐酒，〔四〕不拜酒，〔五〕遂卒爵，興，坐奠爵，拜，執爵興。賓荅拜。主人不崇酒，以虛爵降奠于篚。〔六〕賓降，立于西階西，東面。〔七〕擯者以命升賓。賓升，立于西序東面。〔八〕

〔一〕既卒爵，將酢也。

〔二〕篚下，篚南。

190

〔三〕賓南面授爵，乃於左拜。凡授爵，鄉所受者。

〔四〕辟正主也。未薦者，臣也。

〔五〕主人之義。《燕禮》曰：“不拜酒，不告旨。”

〔六〕不崇酒，辟正主也。崇，充也，謂謝酒惡相充實。

〔七〕既受獻矣，不敢安盛。

〔八〕命，公命也。東西牆謂之序。

（以上賓酢主人）

（七·八）

　　主人盥，洗象觚，升酌膳，東北面獻于公。[一]公拜受爵，乃奏《肆夏》。[二]主人降自西階，阼階下北面拜送爵。宰胥薦脯醢，由左房。庶子設折俎，升自西階。[三]公祭，如賓禮，庶子贊授肺，不拜酒，立卒爵，坐奠爵，拜，執爵興。[四]主人荅拜。樂闋。升受爵，降奠于篚。

〔一〕象觚，觚有象骨飾者也。取象觚東面，不言實之，變於燕。

〔二〕言乃者，其節異於賓。

〔三〕自，由也。左房，東房也。人君左右房。《鄉射記》曰：“主人俎，脊、脅、臂、肺也。”

〔四〕凡異者，君尊，變於賓。

（以上主人獻公）

（七·九）

　　更爵洗，升，酌散以降，酢于阼階下，北面，坐奠爵，再拜稽首。公荅拜。[一]主人坐祭，遂卒爵，興，坐奠爵，再拜稽首。公荅拜。主人奠爵于篚。

［一］更，易也。易爵不敢襲至尊。古文"更"爲"受"。

（以上主人受公酢）

（七·十）

主人盥洗，升媵觚于賓，酌散，西階上坐奠爵，拜。賓西階上北面荅拜。^[一]主人坐祭，遂飲。賓辭。卒爵，興，坐奠爵，拜，執爵興。賓荅拜。^[二]主人降洗，賓降。主人辭降，賓辭洗。卒洗，賓揖，升，不拜洗。^[三]主人酌膳。賓西階上拜，受爵于筵前，反位。主人拜送爵。賓升席，坐祭酒，遂奠于薦東。^[四]主人降，復位。賓降筵西，東南面立。^[五]

［一］媵，送也。散，方壺之酒也。古文"媵"皆作"騰"。
［二］辭者，辭其代君行酒，不立飲也。比於正主酬也。
［三］不拜洗，酬而禮殺也。
［四］遂者，因坐而奠之，不北面也。奠之者，酬不舉也。
［五］賓不立於序內，位彌尊。

（以上主人酬賓）

（七·十一）

小臣自阼階下請媵爵者，公命長。^[一]小臣作下大夫二人媵爵。^[二]媵爵者阼階下，皆北面再拜稽首。公荅拜。^[三]媵爵者立于洗南，西面北上，序進盥，洗角觶，升自西階，序進，酳散，交于楹北，降，適阼階下，皆奠觶，再拜稽首，執觶興。公荅拜。^[四]媵爵者皆坐祭，遂卒觶，興，坐奠觶，再拜稽首，執觶興。公荅再拜。媵爵者執觶待于洗南。^[五]小臣請致者。^[六]若命皆致，則序進，奠觶于篚，阼階下皆北面再拜稽首。公荅拜。媵爵者洗象觶，升實之，序進，坐奠于薦南，北上，降，適阼階下，皆再拜稽首送觶。公荅拜。^[七]媵爵者皆退，反位。^[八]

[一] 命之使選於長幼之中也。卿則尊，士則卑。

[二] 作，使。

[三] 再拜稽首，拜君命。

[四] 序，次第也，猶代也。先者既酳，右還而反，與後酳者交於西楹北，相左，俟於西階上，乃降，往來以右爲上。古文曰：“降造阼階下。”

[五] 待，待君命。

[六] 請君使一人與？二人與？不必君命。

[七] 既酳而代進，往來由尊北，交於東楹北，亦相左，奠於薦南，不敢必君舉。

[八] 反門右北面位。

（以上二人媵觶將爲賓舉旅酬）

（七·十二）

公坐取大夫所媵觶，興以酬賓。賓降，西階下再拜稽首。小臣正辭，賓升成拜。^[一]公坐奠觶，荅拜，執觶興，公卒觶。賓下拜，小臣正辭，賓升，再拜稽首。^[二]公坐奠觶，荅拜，執觶興。賓進，受虛觶，降奠于篚，易觶，興，洗。[三]公有命，則不易不洗，反升酌膳，下拜。小臣正辭，賓升，再拜稽首。公荅拜。[四]賓告于擯者，請旅諸臣。擯者告于公，公許。[五]賓以旅大夫于西階上。擯者作大夫，長升受旅。[六]賓大夫之右坐奠觶，拜，執觶興。大夫荅拜。[七]賓坐祭，立卒觶，不拜。[八]若膳觶也，則降，更觶，洗，升實散。大夫拜受。賓拜送，遂就席。[九]大夫辯受酬，如受賓酬之禮，不祭酒。卒受者以虛觶降，奠于篚，復位。[一〇]

[一]公起酬賓於西階，降尊以就卑也。正，長也。小臣長辭，變於燕。升成拜，復再拜稽首，先時君辭之，於禮若未成然。

[二]不言成拜者，爲拜故下，實未拜也。下不輒拜，禮殺也。下亦降也，發端言降拜，因上事，言下拜。

[三]賓進以臣道，就君受虛爵，君不親酌。凡爵不相襲者，於尊者言更，自敵以下言易。更，作新；易，有故之辭也。不言公酬賓於西階上及公反位者，尊君，空其文也。

[四]不易，君義也。不洗，臣禮也。

[五]旅，序也。賓欲以次序勸諸臣酒。

[六]作，使也。使之以長幼之次，先孤卿，後大夫。

[七]賓在右，相飲之位。

[八]酬而禮殺。

[九]言更觶，尊卿。尊卿則賓禮殺。

[一〇]卒，猶已也。今文“辯”作“徧”。

（以上公取媵觶酬賓遂旅酬）

194

（七·十三）

主人洗觚，升實散，獻卿于西階上。[一]司宮兼卷重席，設于賓左，東上。[二]卿升，拜受觚。主人拜送觚。卿辭重席，司宮徹之。[三]乃薦脯醢。卿升席，庶子設折俎。[四]卿坐，左執爵，右祭脯醢，奠爵于薦右，興，取肺，坐絕祭，不嚌肺，興，加于俎，坐挩手，取爵，遂祭酒，執爵興，降席，西階上北面坐卒爵，興，坐奠爵，拜，執爵興。[五]主人荅拜，受爵。卿降，復位。[六]辯獻卿。主人以虛爵降，奠于篚。擯者升卿，卿皆升，就席。若有諸公，則先卿獻之，如獻卿之禮，席于阼階西，北面東上，無加席。[七]

[一]酬賓而後獻卿，飲酒禮成於酬。

[二]言兼卷，則每卿異席。重席，蒲筵緇布純。席卿言東上，統於君。席自房來。

[三]徹，猶去也。重席雖非加，猶爲其重累，辭之辟君。

[四]卿折俎未聞，蓋用脊、脅、臑、折、肺。卿有俎者，射禮尊。

[五]陳酒肴，君之惠也。不嚌啐[一]，亦自貶於君也[二]。

[六]復西面位，不酢，辟君。

[七]公，孤也。席之北面爲大尊，屈之也。亦因阼階上近君，近君則親寵苟敬，私昵之坐。

（以上主人獻卿）

〔一〕不嚌啐　"啐"，底本作"肺"，據嚴州本、張敦仁本、阮刻本改。

〔二〕亦自貶於君也　嚴州本、張敦仁本、阮刻本此句並作"事在射臣之意"。

(七·十四)

　　小臣又請媵爵者，二大夫媵爵如初。請致者。若命長
致，則媵爵者奠觶于篚，^[一]一人待于洗南，^[二]長致者阼
階下再拜稽首，公荅拜。^[三]洗象觶，升實之，坐奠于薦
南，降，與立于洗南者二人皆再拜稽首送觶。公荅拜。^[四]
公又行一爵，若賓若長，唯公所賜。^[五]以旅于西階上，如
初。^[六]大夫卒受者以虛觶降，奠于篚。

[一] 命長致者，使長者一人致也。公或時未能舉，自優暇。

[二] 不致者。

[三] 再拜稽首，拜君命。

[四] 奠於薦南，先媵者上觶之處也。二人皆拜如初，共勸君
　　飲之。

[五] 一爵，先媵者之下觶也。若賓若長，禮殺也。長，孤卿之尊
　　者也。於是言賜，射禮明尊卑。

[六] 賜賓則以酬長，賜長則以酬賓。大夫長升受旅以辯。

　　（以上公又行一觶爲卿舉旅）

(七·十五)

　　主人洗觚，升，獻大夫于西階上。大夫升，拜受觚。
主人拜送觚。大夫坐祭，立卒爵，不拜既爵。主人受爵。
大夫降，復位。^[一]胥薦主人于洗北，西面。脯醢，無
脅。^[二]辯獻大夫，遂薦之，繼賓以西，東上。若有東面
者，則北上。卒，擯者升大夫，大夫皆升，就席。^[三]

［一］既，盡也。大夫卒爵不拜，賤不備禮。

［二］胥，宰官之吏，主人下大夫也。先大夫薦之，尊之也。不薦
　　于上，辟正主。胥，俎實。

［三］辯獻乃薦，略賤也。亦獻後布席也。

（以上主人獻大夫）

(七·十六)

乃席工于西階上，少東。小臣納工，工六人，四
瑟。［一］僕人正徒相大師，僕人師相少師，僕人士相上
工。［二］相者皆左何瑟，後首，內弦，挎越，右手相。［三］
後者徒相入。［四］小樂正從之。［五］升自西階，北面東上。［六］
坐授瑟，乃降。［七］小樂正立于西階東。［八］乃歌《鹿鳴》
三終。［九］主人洗，升實爵，獻工。工不興，左瑟。［一○］
一人拜受爵。［一一］主人西階上拜送爵。薦脯醢。［一二］使人
相祭。［一三］卒爵，不拜。主人受虛爵。衆工不拜，受爵，
坐祭，遂卒爵。辯有脯醢，不祭。［一四］主人受爵，降奠于
篚，復位。大師及少師、上工皆降，立于鼓北，群工陪于
後。［一五］乃管《新宮》三終。［一六］卒管。大師及少師、上
工皆東坫之東南，西面北上坐。［一七］

［一］工謂瞽、矇，善歌諷誦詩者也。六人，大師、少師各一人，
　　上工四人。四瑟者，禮大樂衆也。

［二］徒，空手也。僕人正，僕人之長，師其佐也，士其吏也。天
　　子視瞭相工，諸侯兼官，是以僕人掌之。大師、少師，工之
　　長也。凡國之瞽、矇正焉。杜蒯曰：“矇也，大師也。”於是

197

分別工及相者，射禮明貴賤。

［三］謂相上工者，後首，主於射，略於此樂。内弦挎越，以右手
　　　相工，由便也。越，瑟下孔，所以發越其聲者也。古文“後
　　　首”爲“後手”。

［四］謂相大師、少師者也。上列官之尊卑，此言先後之位，亦所
　　　以明貴賤。凡相者以工出入。

［五］從大師也。後升者，變於燕也。小樂正，於天子樂師也。

［六］工六人。

［七］相者也。降立于西縣之北。

［八］不統於工。明工雖衆，位猶在此。

［九］《鹿鳴》，《小雅》篇也，人君與臣下及四方之賓燕講道脩政
　　　之樂歌也。言己有旨酒，以召嘉賓，與之飲者，樂嘉賓之
　　　來，示我以善道，又樂嘉賓有孔昭之明德，可則傚也。歌
　　　《鹿鳴》三終，而不歌《四牡》《皇皇者華》，主於講道，略
　　　於勞苦與諮事。

［一〇］工歌而獻之，以事報之也。洗爵獻工，辟正主也。獻不用
　　　　觚，工賤，異之也。工不興，不能備禮。左瑟，便其右。
　　　　大師無瑟，於是言左瑟者，節也。

［一一］謂大師也。言一人者，工賤，同之也。工拜於席。

［一二］觶薦之，變於大夫。

［一三］使人相者，相其祭、薦、祭酒。

［一四］相者，相其祭酒而已。

［一五］鼓北，西縣之北也。言鼓北者，與鼓齊面，餘長在後也。
　　　　群工陪于後，三人爲列也。於是時，小樂正亦降立於其
　　　　南，北面。工立，僕人立于其側，坐則在後。《考工記》曰：
　　　　“鼓人爲皋陶，長六尺有六寸。”

［一六］管，謂吹簜以播《新宮》之樂，其篇亡，其義未聞。笙從
　　　工而入，既管不獻，略下樂也。立于東縣之中。

［一七］不言縣北，統於堂也。於是時大樂正還北面立于其南。

（以上作樂娛賓，射前燕禮備）

（七·十七）

　擯者自阼階下請立司正。[一]公許。擯者遂爲司正。[二]
司正適洗，洗角觶，南面坐奠于中庭。[三]升，東楹之東
受命于公，西階上北面命賓、諸公、卿、大夫：“公曰以我
安賓。”諸公、卿、大夫皆對曰：“諾。敢不安！”[四]司正
降自西階，南面坐取觶，升酌散，降，南面坐奠觶，[五]
興，右還，北面少立，坐取觶，興，坐不祭，卒觶，奠
之，興，再拜稽首，左還，南面坐取觶，洗，南面反奠于
其所，北面立。[六]

［一］三爵既備，上下樂作，君將留群臣而射，宜更立司正以監
　　　之，察儀法也。

［二］君許其請，因命用之。不易之者，俱相禮，其事同也。

［三］奠觶者，著其位以顯其事，威儀多也。

［四］以我安者，君意殷勤，欲留之，以我故安也。

［五］奠於中庭故處。

［六］皆所以自昭明於衆也。將於觶南，北面，則右還；於觶北，
　　　南面，則左還。如是，得從觶西往來也。必從觶西往來者，
　　　爲君在阼，不背之也。

（以上將射立司正，安賓察儀）

（七·十八）

　　司射適次，袒、決、遂，執弓，挾乘矢於弓外，見鏃於弣，右巨指鉤弦。[一] 自阼階前曰：“爲政請射。”[二] 遂告曰：“大夫與大夫，士御於大夫。”[三] 遂適西階前，東面右顧，命有司納射器。[四] 射器皆入。君之弓矢適東堂，賓之弓矢與中、籌、豐皆止于西堂下，衆弓矢不挾。總衆弓矢、楅皆適次而俟。[五] 工人士與梓人升自北階，兩楹之間疏數容弓，若丹若墨，度尺而午，射正蒞之。[六] 卒畫，自北階下。司宮埽所畫物，自北階下。[七] 大史俟于所設中之西，東面以聽政。[八] 司射西面誓之曰：“公射大侯，大夫射參，士射干。射者非其侯[一]，中之不獲。卑者與尊者爲耦，不異侯。”大史許諾。[九] 遂比三耦。[一〇] 三耦俟于次北，西面北上。[一一] 司射命上射曰：“某御於子。”命下射曰：“子與某子射。”卒，遂命三耦取弓矢于次。[一二]

　　[一] 司射，射人也。次若今時更衣處，張幃席爲之。耦次在洗東南。袒，左免衣也。決，猶闓也，以象骨爲之，著右巨指，所以鉤弦而闓之。遂，射韝也，以朱韋爲之，著左臂，所以遂弦也。方持弦矢曰挾。乘矢，四矢。弣，弓把也。見鏃焉，順其射也。右巨指，右手大擘，以鉤弦，弦在旁，挾由便也。古文“挾”皆作“接”。

　　[二] 爲政，謂司馬也。司馬，政官，主射禮。

〔一〕 射者非其侯　底本“其”字後有墨釘，嚴州本、張敦仁本、阮刻本作“非其侯”，據補。

［三］因告選三耦於君。御，猶侍也。大夫與大夫爲耦，不足則士侍於大夫，與爲耦也。今文"於"爲"于"。

［四］納，内也。

［五］中闒，中等器也。籌，筭也。豐，可奠射爵者。衆弓矢，三耦及卿、大夫以下弓矢也。司射矢亦止西堂下。衆弓矢不挾，則納公與賓弓矢者挾之。楅，承矢器。今文"俟"作"待"。

［六］工人士、梓人，皆司空之屬，能正方圜者。一從一横曰午，謂畫物也。射正，司射之長。

［七］埽物，重射事也。工人士、梓人、司宫，位在北堂下。

［八］中未設也，大史俟焉，將有事也。《鄉射禮》曰："設中，南當楅，西當西序，東面。"

［九］誓，猶告也。古文"異"作"辭"。

［一〇］比，選次之也。不言面者，大夫在門右，北面；士西方，東面。

［一一］未知其耦。今文"俟"爲"立"。

［一二］取弓矢不拾者，次中隱蔽處。

（以上請射、納器、誓射、比耦）

（七·十九）

　　司射入于次，搢三挾一个，出于次，西面揖，當階北面揖，及階揖，升堂揖，當物北面揖，及物揖，由下物少退，誘射。[一]射三侯，將乘矢，始射干，又射參，大侯再發。[二]卒射，北面揖。[三]及階揖，降如升射之儀。遂適堂西，改取一个挾之。[四]遂取扑搢之，以立于所設中之

西南，東面。^[五]

> [一] 揸，扱也。挾一个，挾於弦也。个，猶枚也。由下物而少
> 退，謙也。誘，猶教也。"夫子循循然善誘人。"
> [二] 將，行也。行四矢，象有事於四方。《詩》云："四矢反兮，
> 以御亂兮。"
> [三] 揸於當物之處，不南面者，爲不背卿。
> [四] 改，更也。不射而挾矢，示有事也。
> [五] 扑，所以撻犯教者也。於是言立，著其位也。《鄉射記》曰：
> "司射之弓矢與扑，倚于西階之西。"

（以上司射誘射）

(七·二十)

　　司馬師命負侯者執旌以負侯。^[一]負侯者皆適侯，執旌
負侯而俟。司射適次，作上耦射。^[二]司射反位。上耦出
次，西面揸進。上射在左，並行。當階北面揸，及階揸。
上射先升三等，下射從之中等。^[三]上射升堂，少左。下射
升，上射揸，並行。^[四]皆當其物，北面揸，及物揸，皆
左足履物，還視侯中，合足而俟。^[五]司馬政適次，袒、
決、遂，執弓，右挾之，出，升自西階，適下物，立于物
間，左執弣，右執簫，南揚弓，命去侯。^[六]負侯皆許諾以
宮，趨直西，及乏南，又諾以商，至乏，聲止。^[七]授獲
者退，立于西方。獲者興，共而俟。^[八]司馬正出于下射之
南，還其後，降自西階，遂適次，釋弓，説決、拾，襲，
反位。^[九]司射進，與司馬正交于階前，相左，由堂下西階

之東，北面視上射，命曰：“毋射獲，毋獵獲。”上射揖。司射退，反位。^[一〇]乃射。上射既發，挾矢，而后下射射，拾發以將乘矢。^[一一]獲者坐而獲，^[一二]舉旌以宮，偃旌以商，^[一三]獲而未釋獲。^[一四]卒射，右挾之，北面揖，揖如升射。^[一五]上射降三等，下射少右，從之，中等，並行，上射於左。與升射者相左交于階前，相揖。適次，釋弓，説決、拾，襲，反位。^[一六]三耦卒射，亦如之。司射去扑，倚于階西，適阼階下，北面告于公曰：“三耦卒射。”反，搢扑，反位。

[一] 司馬，師正之佐也。欲令射者見侯與旌，深志於侯中也。負侯，獲者也。天子服不氏，下士一人，徒四人，掌以旌居乏待獲。析羽爲旌。

[二] 作，使也。

[三] 上射在左，便射位也。中，猶間也。

[四] 並，併也。併東行。

[五] 視侯中，各視其侯之中。大夫耦則視參中，參中，十四尺。士耦則視干中，干中十尺。

[六] 司馬正，政官之屬。簫，弓末。揚弓者，執下末。揚，猶舉也。適下物，由上射後東過也。命去侯者，將射當獲也。《鄉射禮》曰：“西南面立于物間。”

[七] 宮爲君，商爲臣，其聲和相生也。《鄉射禮》曰：“獲者執旌許諾。”古文“聲”爲“磬”。

[八] 大侯，服不氏負侯，徒一人居乏，相代而獲。參侯、干侯，徒負侯居乏，不相代。《鄉射禮》曰：“獲者執旌許諾，聲不絕，以至于乏，坐，東面偃旌，興而俟。”古文“獲”皆作

"護"，非也。

［九］拾，遞也。《鄉射禮》曰："司馬反位，立于司射之南。"

［一〇］射獲，矢中之也。從旁爲獲。

［一一］拾，更也。將，行也。

［一二］坐言獲也。

［一三］再言獲也。

［一四］但言獲，未釋筭。古文"釋"爲"舍"。

［一五］右挾之，右手挾弦。

［一六］上射於左，由下射階上少右，乃降待之。言襲者，凡射
　　　皆袒。

（以上三耦射）

（七·二十一）

　　司馬正袒、決、遂，執弓，右挾之，出，與司射交于
階前，相左。[一]升自西階，自右物之後立于物間，西南
面，揖弓，命取矢。[二]負侯許諾，如初去侯，皆執旌以負
其侯而俟。[三]司馬正降自西階，北面命設楅。[四]小臣師
設楅。司馬正東面，以弓爲畢。[五]既設楅，司馬正適次，
釋弓，説決、拾，襲，反位。小臣坐委矢于楅，北括，司
馬師坐乘之，[六]卒。若矢不備，則司馬正又袒執弓，升，
命取矢如初，曰："取矢不索。"乃復求矢，加于楅。卒，
司馬正進坐，左右撫之，興，反位。[七]

　　［一］出，出於次也。袒時亦適次。

　　［二］揖，推之。

204

［三］俟小臣取矢，以旌指教之。

［四］此出于下射之南，還其後而降之。

［五］畢，所以教助執事者。《鄉射記》曰："乃設楅于中庭，南當洗，東肆。"

［六］乘，四四數之。

［七］左右撫，分上下射。此坐皆北面。

（以上三耦射後取矢，射禮第一番竟）

（七·二十二）

司射適西階西，倚扑，升自西階，東面，請射于公。^[一]公許。遂適西階上，命賓御于公，諸公、卿則以耦告于上，大夫則降，即位而后告。^[二]司射自西階上，北面告于大夫曰："請降。"司射先降，揞扑，反位。大夫從之降，適次，立于三耦之南，西面北上。^[三]司射東面于大夫之西，比耦。大夫與大夫，命上射曰："某御於子。"命下射曰："子與某子射。"卒，遂比衆耦。^[四]衆耦立于大夫之南，西面北上。若有士與大夫爲耦，則以大夫之耦爲上。^[五]命大夫之耦曰："子與某子射。"告於大夫曰："某御於子。"^[六]命衆耦如命三耦之辭。諸公、卿皆未降。^[七]

［一］倚扑者，將即君前，不敢佩刑器也。升堂者，欲諸公、卿、大夫辯聞也。

［二］告諸公、卿於堂上，尊之也。

［三］適次，由次前而北，西面立。

〔四〕衆耦，士也。

〔五〕爲上，居群士之上。

〔六〕士雖爲上射，其辭猶尊大夫。

〔七〕言未降者，見其志在射。

（以上將命射耦）

（七·二十三）

遂命三耦各與其耦拾取矢，皆袒、決、遂，執弓，右挾之。〔一〕一耦出，西面揖，當楅北面揖，及楅揖。〔二〕上射東面，下射西面。上射揖進，坐橫弓，卻手自弓下取一個，兼諸弣，興，順羽，且左還，毋周，反面揖。〔三〕下射進，坐橫弓，覆手自弓上取一個，兼諸弣，興，順羽，且左還，毋周，反面揖。〔四〕既拾取矢，梱之。〔五〕兼挾乘矢，皆内還，南面揖。〔六〕適楅南，皆左還，北面揖，搢三挾一個，〔七〕揖，以耦左還，上射於左。〔八〕退者與進者相左，相揖。退，釋弓矢于次，說決、拾，襲，反位。二耦拾取矢，亦如之。後者遂取誘射之矢，兼乘矢而取之，以授有司于次中。皆襲，反位。〔九〕

〔一〕此命入次之事也。司射既命而反位，不言之者，上射出，當作取矢，事未訖。

〔二〕三耦同入次，其出也，一一上射出，西面立，司射作之，乃揖行也。當楅，楅正南之東西。

〔三〕橫弓者，南踦弓也。卻手自弓下取矢者，以左手在弓表，右手從裏取之，便也。兼，并也，并矢於弣，當順羽，既又當

206

執弦。順羽者，手放而下，備不整理也。左還，反其位。毋
周，右還而反東面也。君在阼，還周則下射將背之。古文
“且”爲“阻”。

［四］横弓，亦南踏弓也。人東西鄉，以南北爲横。覆手自弓上取
矢，以左手在弓裏，右手從表取之便也。

［五］梱，齊等之也。古文“梱”作“魁”。

［六］内還者上射左，下射右，不皆右還，亦以君在阼，嫌下射，
故左還而背之也。上以陽爲内，下以陰爲内，因其宜可也。

［七］福南，鄉當福之位也。

［八］以，猶與也，言以者，耦之事成於此，意相人耦也。上射轉
居左，便其反位也。上射少北，乃東面。

［九］有司納射器，因留主授受之。

（以上三耦拾取矢於福）

（七·二十四）

司射作射如初。一耦揖升如初。司馬命去侯，負侯許
諾如初。司馬降，釋弓，反位。司射猶挾一个，去扑，與
司馬交于階前，適阼階下，北面，請釋獲于公。[一]公許。
反，搢扑，遂命釋獲者設中，以弓爲畢，北面。[二]大史釋
獲。小臣師執中，先首，坐設之，東面，退。大史實八筭
于中，横委其餘于中西，興，共而俟。[三]司射西面命曰：
“中離維綱，揚觸，梱復，公則釋獲，衆則不與。[四]唯公
所中，中三侯皆獲。”[五]釋獲者命小史，小史命獲者。[六]
司射遂進，由堂下北面視上射，命曰：“不貫不釋。”上射
揖。司射退，反位。[七]釋獲者坐取中之八筭，改實八筭，

興，執而俟，^[八]乃射。若中，則釋獲者每一个釋一筭，上射於右，下射於左。若有餘筭，則反委之。^[九]又取中之八筭，改實八筭于中，興，執而俟。三耦卒射。

[一]猶，守故之辭，於此言之者，司射既誘射，恒執弓挾矢以掌射事，備尚未知，當教之也。今三耦卒射，眾足以知之矣。猶挾之者，君子不必也。

[二]北面立于所設中之南，當視之也。《鄉射禮》曰："設中，南當楅，西當西序。"

[三]先，猶前也。命大史而小臣師設之，國君官多也。小臣師退，反東堂下位。《鄉射禮》曰："橫委其餘于中西，南末。"

[四]離，猶過也，獵也。侯有上下綱，其邪制躬舌之角者爲維。或曰維當爲絹，絹，綱耳。揚觸者，謂矢中他物，揚而觸侯也。梱復，謂矢至侯不著而還復。復，反也。公則釋獲，優君也。眾當中鵠而著。古文"梱"作"魁"。

[五]值中一侯，則釋獲。

[六]傳告服，不使知此司射所命。

[七]貫，猶中也。射不中鵠，不釋筭。古文"貫"作"關"。

[八]執所取筭。

[九]委餘筭，禮貴異。

（以上三耦再射、釋獲）

（七·二十五）

賓降，取弓矢于堂西。^[一]諸公、卿則適次，繼三耦以南。^[二]公將射，則司馬師命負侯，皆執其旌以負其侯

而俟。^{［三］}司馬師反位。隸僕人埽侯道。^{［四］}司射去扑，適
阼階下，告射于公。公許。適西階東，告于賓。^{［五］}遂搢
扑，反位。小射正一人，取公之決、拾于東坫上。一小射
正授弓、拂弓，皆以俟于東堂。^{［六］}公將射，則賓降，適堂
西，袒、決、遂，執弓，搢三挾一个，升自西階，先待于
物北，北一笴，東面立。^{［七］}司馬升，命去侯如初。還右，
乃降，釋弓，反位。^{［八］}公就物，小射正奉決拾以笴，大
射正執弓，皆以從於物。^{［九］}小射正坐奠笴于物南，遂拂以
巾，取決，興，贊設決，朱極三。^{［一○］}小臣正贊袒，公袒
朱襦，卒袒。小臣正退俟于東堂，小射正又坐取拾，興，
贊設拾，以笴退，奠于坫上，復位。^{［一一］}大射正執弓，以
袂順左右隈，上再下壹，左執弣，右執簫，以授公。公親
揉之。^{［一二］}小臣師以巾内拂矢，而授矢于公，稍屬。^{［一三］}
大射正立于公後，以矢行告于公。^{［一四］}下曰留，上曰揚，
左右曰方。^{［一五］}公既發。大射正受弓而俟，拾發以將乘
矢。^{［一六］}公卒射，小臣師以巾退，反位。大射正受弓。^{［一七］}
小射正以笴受決、拾，退奠于坫上，復位。大射正退，反
司正之位。小臣正贊襲。公還而后賓降，釋弓于堂西，反
位于階西，東面。^{［一八］}公即席，司正以命升賓，賓升復筵。
而后卿、大夫繼射。

［一］不敢與君並俟告。取之以升，俟君事畢。

［二］言繼三耦，明在大夫北。

［三］君尊，若始焉。

［四］新之。

［五］告當射也。今文曰"阼階下無適"。

［六］授弓，當授大射正。拂弓，去塵。

［七］不敢與君併。笴，矢幹。東面立，鄉君也。

［八］還右，還君之右也，猶出下射之南，還其後也。今文曰
　　　“右還”。

［九］笥，萑葦器。大射正舍司正，親其職。

［一〇］極，猶放也，所以韜指，利放弦也，以朱韋爲之。三者，
　　　食指、將指、無名指。無極，放弦契於此指，多則痛。小
　　　指短，不用。

［一一］既袒乃設拾。拾當以韝襦上。

［一二］順，放之也。隈，弓淵也。揲，宛之觀其安危也。今文
　　　“順”爲“循”，古文“揲”爲“紐”。

［一三］内拂，恐塵及君也。稍屬，不播矢。

［一四］若不中，使君當知而改其度。

［一五］留，不至也。揚，過去也。方，出旁也。

［一六］公下射也。而先發，不留尊也。

［一七］受弓以授有司於東堂。

［一八］階西東面，賓降位。

（以上君與賓耦射）

（七·二十六）

　　諸公、卿取弓矢于次中，袒、決、遂，執弓，搢三挾
一个，出，西面揖，揖如三耦，升射，卒射，降如三耦，
適次，釋弓，說決、拾，襲，反位。衆皆繼射，釋獲皆
如初。[一] 卒射，釋獲者遂以所執餘獲適阼階下，北面告
于公曰：“左右卒射。”[二] 反位，坐委餘獲于中西，興，

共而俟。

[一] 諸公、卿言取弓矢，衆言釋獲，互言也。

[二] 司射不告者，釋獲者於是有事，宜終之也。餘獲，餘算也。無餘算則無所執。古文曰"餘算"。

（以上公、卿、大夫及衆耦皆射）

(七·二十七)

司馬袒，執弓，升，命取矢如初。負侯許諾，以旌負侯如初。司馬降，釋弓如初。小臣委矢于楅如初。[一] 賓、諸公、卿、大夫之矢皆異束之以茅，卒，正坐，左右撫之，進束，反位。[二] 賓之矢，則以授矢人于西堂下。[三] 司馬釋弓，反位，而后卿、大夫升就席。[四]

[一] 司馬，司馬正，於是司馬師亦坐乘矢。

[二] 異束，大夫矢尊，殊之也。正，司馬正也。進，前也。又言束整，結之示親也。

[三] 是言矢人，則納射器之有司，各以其器名官職。不言君矢，小臣以授矢人于東堂下可知。

[四] 此言其升，前小臣委矢於楅。

（以上射訖取矢）

(七·二十八)

司射適階西，釋弓，去扑，襲，進由中東，立于中南，北面視筭。[一] 釋獲者東面于中西坐，先數右獲。[二]

211

二筭爲純，^[三]一純以取，實于左手。十純則縮而委之，^[四]每委異之。^[五]有餘純則橫諸下。^[六]一筭爲奇，奇則又縮諸純下。^[七]興，自前適左，^[八]東面坐。^[九]坐，兼斂筭，實于左手，一純以委，十則異之。^[一〇]其餘如右獲。^[一一]司射復位，釋獲者遂進，取賢獲執之，由阼階下，北面告于公。^[一二]若右勝，則曰：“右賢於左。”若左勝，則曰：“左賢於右。”以純數告。若有奇者，亦曰奇。^[一三]若左右鈞，則左右各執一筭以告曰：“左右鈞。”還復位，坐，兼斂筭，實八筭于中，委其餘于中西，興，共而俟。

[一] 釋弓去扑，射事已也。

[二] 固東面矣，復言之者，少南就右獲。

[三] 純，猶全也。耦，陰陽也。

[四] 縮，從也。於數者東西爲從。古文“縮”皆作“蹙”。

[五] 易，校數。

[六] 又異之也。自近爲下。

[七] 又從之。

[八] 從中前北也。更端，故起。

[九] 少北於故。

[一〇] 變於右也。

[一一] 謂所縮、所橫者。

[一二] 賢獲，勝黨之筭也。執之者齊而取其餘。

[一三] 告曰某賢於某若干純、若干奇。

（以上數左右獲筭多少）

212

（七·二十九）

司射命設豐。^[一]司宫士奉豐，由西階升，北面坐設于西楹西，降復位。勝者之弟子洗觶，升酌散，南面坐奠于豐上，降，反位。^[二]司射遂袒，執弓，挾一个，措扑，東面于三耦之西，命三耦及衆射者。勝者皆袒、決、遂，執張弓。^[三]不勝者皆襲，説決、拾，卻左手，右加弛弓于其上，遂以執弣。^[四]司射先反位。^[五]三耦及衆射者皆升，飲射爵于西階上。^[六]小射正作升飲射爵者，如作射。一耦出，揖如升射。及階，勝者先升，升堂，少右。^[七]不勝者進，北面坐取豐上之觶，興，少退，立卒觶，進坐奠于豐下，興，揖。^[八]不勝者先降，^[九]與升飲者相左，交于階前，相揖，適次，釋弓，襲，反位。僕人師繼酌射爵，取觶實之，反奠于豐上，退，俟于序端。^[一○]升飲者如初。三耦卒飲。若賓、諸公、卿、大夫不勝，則不降，不執弓，耦不升。^[一一]僕人師洗，升實觶，以授。賓、諸公、卿、大夫受觶于席，以降，適西階上，北面，立飲，卒觶，授執爵者，反就席。^[一二]若飲公，則侍射者降，洗角觶，升酌散，降拜。^[一三]公降一等，小臣正辭，賓升，再拜稽首。公荅再拜。賓坐祭，卒爵，再拜稽首，公荅再拜。賓降，洗象觶，升酌膳以致，下拜，小臣正辭，升，再拜稽首。公荅再拜。公卒觶，賓進受觶，降，洗散觶，升實散，下拜，小臣正辭，升，再拜稽首。公荅再拜。^[一四]賓坐，不祭，卒觶，降奠于篚，階西東面立。^[一五]擯者以命升賓，賓升就席。^[一六]若諸公、卿、大夫之耦不勝，則亦執弛弓，特升飲。^[一七]衆皆繼飲射爵，如三耦。射爵辯，乃徹豐與觶。^[一八]

［一］當飲不勝者射爵。

［二］弟子，其少者也。不授者，射爵，猶罰爵，略之。

［三］執張弓，言能用之也。右手挾弦。

［四］固襲說決、拾矣，復言之者，起勝者也。不勝者執弛弓，言
　　　不能用之也。兩手執弣，無所挾也。

［五］居前，俟所命入次而來飲。

［六］不勝之黨，無不飲。

［七］先升，尊賢也。少右，辟飲者，亦因相飲之禮然。

［八］立卒觶，不祭，不拜，受罰，不備禮也。右手執觶，左手執弓。

［九］後升先降，略之，不由次也。降而少右，復並行。

［一〇］僕人師酌者，君使之代弟子也。自此以下辯為之酌。

［一一］此耦謂士也。諸公、卿或闕，士為之耦者，不升。其諸
　　　　公、卿、大夫相為耦者不降席，重恥尊也。

［一二］雖尊，亦西階上立飲，不可以己尊枉正罰也。授爵而不奠
　　　　豐，尊大夫也。

［一三］侍射，賓也。飲君則不敢以為罰，從致爵之禮也。

［一四］賓復酌自飲者，夾爵也。但如致爵，則無以異於燕也。夾
　　　　爵，亦所以恥公也，所謂若飲君，燕則夾爵。

［一五］不祭，象射爵。

［一六］擯者，司正也。今文“席”為“筵”。

［一七］此耦亦謂士也。特，猶獨也。以尊與卑為耦，而又不勝，
　　　　使之獨飲，若無倫匹，孤賤也。

［一八］徹，除也。

（以上飲不勝者）

214

（七·三十）

　　司宮尊侯于服不之東北，兩獻酒，東面南上，皆加勺，設洗于尊西北，篚在南，東肆，實一散于篚。[一]司馬正洗散，遂實爵，獻服不。[二]服不侯西北三步，北面拜受爵。[三]司馬正西面拜送爵，反位。[四]宰夫有司薦，庶子設折俎。[五]卒錯，獲者適右个，薦俎從之。[六]獲者左執爵，右祭薦俎，二手祭酒。[七]適左个，祭如右个，中亦如之。[八]卒祭，左个之西北三步，東面。[九]設薦俎，立卒爵。[一〇]司馬師受虛爵，洗獻隸僕人與巾車、獲者，皆如大侯之禮。[一一]卒，司馬師受虛爵，奠于篚。[一二]獲者皆執其薦，庶子執俎從之，設于乏少南。[一三]服不復負侯而俟。

[一]為大侯獲者設尊也。言尊侯者，獲者之功由侯也。不於初設之者，不敢必君射也。君不射則不獻大侯之獲者。散，爵名，容五升。

[二]言服不者，著其官，尊大侯也。服不，司馬之屬，掌養猛獸而教擾之者。洗酌皆西面。

[三]近其所為獻。

[四]不俟卒爵，略賤也。此終言之獻服不之徒，乃反位。

[五]宰夫有司，宰夫之吏也。《鄉射記》曰："獲者之俎，折、脊、脅、肺。"

[六]不言服不，言獲者，國君大侯，服不負侯，其徒居乏待獲，變其文，容二人也。司馬正皆獻之。薦俎已錯，乃適右个，明此獻己，己歸功於侯也。適右个由侯內。《鄉射記》曰："東方謂之右个。"

215

［七］祭俎不奠爵，不備禮也。二手祭酒者，獲者南面於俎北，當
爲侯祭於豆間，爵反注，爲一手不能正也。此薦俎之設，如
於北面人焉。天子祝侯曰："唯若寧侯，無或若女不寧侯，
不屬於王所，故抗而射女。強飲強食，貽女曾孫諸侯百福。"
諸侯以下，祝辭未聞。

［八］先祭个，後中者，以外即之至中，若神在中。《鄉射禮》曰：
獻獲者"俎與薦皆三祭"。

［九］此鄉受獻之位也。不北面者，嫌爲侯卒爵。

［一〇］不言不拜既爵，司馬正已反位，不拜可知也。《鄉射禮》曰：
"獲者薦右東面立飲。"

［一一］隸僕人埽侯道，巾車張大侯及參侯、干侯之獲者，其受獻
之禮，如服不也。隸僕人巾車，於服不之位受之，功成於
大侯也。不言量人者，此自後以及先可知。

［一二］獲者之篚。

［一三］少南，爲復射妨旌也。隸僕人、巾車、量人自服不而南。

（以上獻獲者）

（七·三十一）

　　司射適階西，去扑，適堂西，釋弓，說決、拾，襲，
適洗，洗觶，升實之，降，獻釋獲者于其位，少南。[一]
薦脯醢，折俎，皆有祭。[二]釋獲者薦右東面拜受爵。司射
北面拜送爵。釋獲者就其薦坐，左執爵，右祭脯醢，興，
取肺，坐祭，遂祭酒。[三]興，司射之西，北面立卒爵，
不拜既爵。司射受虛爵，奠于篚。釋獲者少西辟薦，反
位。[四]司射適堂西，袒、決、遂，取弓，挾一个，適階

西，搢扑以反位。^[五]

> [一]獻釋獲者與獲者異，文武不同也。去扑者，扑不升堂也。少
>   南，辟中。
>
> [二]俎與服不同，唯祭一爲異。
>
> [三]祭俎不奠爵，亦賤不備禮。
>
> [四]辟薦少西之者，爲復射妨司射視筭，亦辟俎也。
>
> [五]爲將復射。

（以上獻釋獲者第二番射事竟）

（七·三十二）

司射倚扑于階西，適阼階下，北面請射于公如初。^[一]
反搢扑，適次。命三耦皆袒、決、遂，執弓，序出取
矢。^[二]司射先反位。^[三]三耦拾取矢如初，小射正作取矢
如初。^[四]三耦既拾取矢，諸公、卿、大夫皆降，如初位，
與耦入於次，皆袒、決、遂，執弓，皆進當楅，進坐，說
矢束。上射東面，下射西面，拾取矢，如三耦。^[五]若士與
大夫爲耦，士東面，大夫西面。大夫進坐，說矢束，退反
位。^[六]耦揖進坐，兼取乘矢，興，順羽，且左還，毋周，
反面揖。^[七]大夫進坐，亦兼取乘矢，如其耦。北面搢三挾
一个，揖進。大夫與其耦皆適次，釋弓，說決、拾，襲，
反位。諸公、卿升就席。^[八]衆射者繼拾取矢，皆如三耦，
遂入于次，釋弓矢，說決、拾，襲，反位。

> [一]不升堂，賓、諸公、卿、大夫既射矣，聞之可知。

〔二〕鄩言拾，是言序，互言耳。

〔三〕言先，先三耦也。司射既命三耦以入次之事，即反位。三耦入次，袒、決、遂，執弓挾矢乃出，反次外西面位。鄩不言司射先反位，三耦未有次位，無所先也。

〔四〕小射正，司射之佐。作取矢，禮殺，代之。

〔五〕皆進當楅，進三耦揖之位也。凡繼射，命耦而已，不作射，不作取矢，從初。

〔六〕說矢束，自同於三耦，謙也。

〔七〕兼取乘矢，不敢與大夫拾。

〔八〕大夫反位，諸公、卿乃升就席，大夫與己上下位。

（以上將以樂射射者拾取矢）

（七·三十三）

司射猶挾一个以作射如初。一耦揖升如初。司馬升，命去侯，負侯許諾。司馬降，釋弓，反位。司射與司馬交于階前，倚扑于階西，適阼階下，北面請以樂于公。公許。〔一〕司射反，搢扑，東面命樂正曰：“命用樂。”〔二〕樂正曰：“諾。”司射遂適堂下，北面視上射，命曰：“不鼓不釋。”〔三〕上射揖。司射退，反位。樂正命大師曰：“奏《貍首》，間若一。”〔四〕大師不興，許諾。樂正反位，奏《貍首》以射。三耦卒射。賓待于物如初。公樂作而后就物，稍屬，不以樂志，其他如初儀。〔五〕卒射如初。賓就席，諸公、卿、大夫、眾射者皆繼射，釋獲如初。卒射，降，反位。釋獲者執餘獲進告，左右卒射如初。

［一］請奏樂以爲節也。始射。獲而未釋獲，復釋獲，復用樂行之。君子之於事也，始取苟能，中課有功，終用成法，教化之漸也。射用應樂爲難，孔子曰："射者何以聽，循聲而發，發而不失正鵠者，其唯賢者乎？"

［二］言君有命，用樂射也。樂正在工南，北面。

［三］不與鼓節相應，不釋算也。鼓亦樂之節。《學記》曰："鼓無當於五聲，五聲不得不和。"凡射之鼓節，《投壺》其存者也。周禮，射節，天子九，諸侯七，卿、大夫以下五。

［四］樂正西面受命，左還，東面命大師以大射之樂章，使奏之也。《貍首》，逸詩《曾孫》也。貍之言不來也。其詩有"射詩侯首不朝者"之言，因以名篇，後世失之，謂之《曾孫》。《曾孫》者，其章頭也。《射義》所載詩曰"曾孫侯氏"是也。以爲諸侯射節者，采其既有弧矢之威，又言"小大莫處，御於君所，以燕以射，則燕則譽"，有樂以時會君事之志也。間若一者，調其聲之疏數重節。

［五］不以樂志，君之射儀遲速從心，其發不必應樂，辟不敏也。志，意所儗度也。《春秋傳》曰："吾志其目。"

（以上以樂節射）

（七·三十四）

司馬升，命取矢，負侯許諾。司馬降，釋弓，反位。小臣委矢。司馬師乘之，皆如初。司射釋弓，視算，如初。釋獲者以賢獲與鈞告，如初。復位。

（以上樂射後取矢數獲）

（七·三十五）

　　司射命設豐、實觶，如初。遂命勝者執張弓，不勝者執弛弓，升，飲，如初。卒，退豐與觶，如初。

　　（以上樂射後飲不勝者）

（七·三十六）

　　司射猶袒、決、遂，左執弓，右執一個，兼諸弦，面鏃，適次，命拾取矢如初。[一] 司射反位。三耦及諸公、卿、大夫、眾射者皆袒、決、遂，以拾取矢，如初。矢不挾，兼諸弦，面鏃，退適次，皆授有司弓矢，襲，反位。[二] 卿、大夫升就席。

　　　[一] 側持弦矢曰執。面，猶尚也。兼矢於弦，尚鏃，將止，變於射也。
　　　[二] 不挾，亦謂執之如司射。

　　（以上樂射後拾取矢）

（七·三十七）

　　司射適次，釋弓，說決、拾，去扑，襲，反位。司馬正命退楅、解綱。小臣師退楅，巾車、量人解左下綱。司馬師命獲者以旌與薦俎退。[一] 司射命釋獲者退中與筭而俟。[二]

　　　[一] 解，猶釋也。今文“司馬師”無“司馬”。
　　　[二] 諸所退射器皆俟，備君復射，釋獲者亦退其薦俎。

（以上三番射竟，退諸射器，將坐燕以終禮）

（七·三十八）

　　公又舉奠觶，唯公所賜。若賓若長，以旅于西階上，如初。大夫卒受者，以虛觶降奠于篚，反位。

（以上爲大夫舉旅酬）

（七·三十九）

　　司馬正升自西階，東楹之東，北面告于公，請徹俎。公許。[一]遂適西階上，北面告于賓。賓北面取俎以出。諸公、卿取俎如賓禮，遂出，授從者于門外。[二]大夫降復位。[三]庶子正徹公俎，降自阼階以東。[四]賓、諸公、卿皆入門東面北上。[五]司正升賓。賓、諸公、卿、大夫皆說屨，升就席。公以賓及卿、大夫皆坐，乃安。[六]羞庶羞。[七]大夫祭薦。[八]司正升受命，皆命：“公曰衆無不醉。”賓及諸公、卿、大夫皆興，對曰：“諾。敢不醉！”皆反位坐。[九]

［一］射事既畢，禮殺人倦，宜徹俎燕坐。

［二］自其從者。

［三］門東北面位。

［四］降自阼階，若親徹也。以東去藏。

［五］諸公、卿不入門而右，以將燕，亦因從賓。

［六］羣命以我安，臣於君尚猶跼踏，至此乃敢安。

［七］羞，進也。庶，衆也。所進衆羞，謂膾肝臂、狗蔵醢也。或

有炮鼈〔一〕、膾、鯉、雉、兔、鶉、鴽。

［八］燕乃祭薦，不敢於盛成禮。

［九］皆命者，命賓，命諸公，命卿、大夫，皆鄉其位也。興對必降席，敬也。司正退立西序端。

（以上徹俎安坐）

（七·四十）

　　主人洗，酌，獻士于西階上。士長升，拜受觶，主人拜送。〔一〕士坐祭，立飲，不拜既爵。其他不拜，坐祭，立飲。〔二〕乃薦司正與射人于觶南，北面東上，司正爲上。〔三〕辯獻士。士既獻者立于東方，西面北上，乃薦士。〔四〕祝史、小臣師亦就其位而薦之。〔五〕主人就士旅食之尊而獻之。旅食不拜受爵，坐祭，立飲。〔六〕主人執虛爵，奠于篚，復位。

［一］獻士用觶，士賤也。今文“觶”作“觚”。

［二］其他，謂眾士也。升不拜受爵。

［三］司正，射人士也。以齒受獻，既乃薦之也。司正，大射正也。射人小，射正略其佐。

［四］士既獻易位者，以卿、大夫在堂，臣位尊東也。畢獻薦之，略賤。

［五］亦者，亦士也。辯獻乃薦也。祝史門東，北面，東上。

［六］主人既酌，西面，士旅食北面受之，不洗者，於賤略之。

（以上主人獻士及旅食）

（七·四十一）

　　賓降洗，升媵觶于公，酌散，下拜。公降一等，小臣正辭，賓升再拜稽首，公荅再拜。[一] 賓坐祭，卒爵，再拜稽首。公荅再拜。賓降，洗象觚，升酌膳，坐奠于薦南，降拜。小臣正辭，賓升成拜，公荅拜。賓反位。[二] 公坐，取賓所媵觚，興，唯公所賜。受者如初受酬之禮，降，更爵，洗，升酌膳，下，再拜稽首。小臣正辭，升成拜。公荅拜。乃就席，坐行之。[三] 有執爵者。[四] 唯受于公者拜。[五] 司正命執爵者爵辯。卒，受者興以酬士。[六] 大夫卒受者以爵興，西階上酬士。士升，大夫奠爵拜，士荅拜。[七] 大夫立卒爵，不拜，實之。士拜受，大夫拜送。士旅于西階上，辯。[八] 士旅酌。[九]

　　[一] 賓受公賜多矣，禮將終，宜勸公，序厚意也。今文“觶”爲“觚”。公荅拜，無再拜。

　　[二] 反位，反席也。此觚當爲觶。

　　[三] 坐行之，若今坐相勸酒。

　　[四] 士有監升，主酌授之。

　　[五] 公所賜者拜，其餘則否。

　　[六] 欲令惠均。

　　[七] 興酬士者，士立堂下，與上坐者異也。

　　[八] 祝史、小臣師，旅食皆及焉。

　　[九] 旅，序也。士以次自酌相酬，無執爵者。

（以上賓舉爵爲士旅酬）

（七·四十二）

　　若命曰：“復射！”則不獻庶子。^[一]司射命射，唯欲。^[二]卿、大夫皆降，再拜稽首。公荅拜。^[三]壹發，中三侯皆獲。^[四]

　　[一]獻庶子則正禮畢，後無事。

　　[二]司射命賓及諸公、卿、大夫射，欲者則射，不欲者則止。可
　　　　否之事，從人心也。

　　[三]拜君樂與臣下執事無已。不言賓，賓從群臣禮在上。

　　[四]其功一也，而和者益多，尚歡樂也。矢揚觸，或有參中者。

（以上坐燕時或復射）

（七·四十三）

　　主人洗，升自西階，獻庶子于阼階上，如獻士之禮。辯獻。降洗，遂獻左右正與内小臣，皆於阼阼上，如獻庶子之禮。^[一]

　　[一]庶子既掌正六牲之體，又正舞位，授舞器，與膳宰、樂正聯
　　　　事，又掌國子戒令，教治世子之官也。左右正，謂樂正、僕
　　　　人正也，位在中庭之左右。小樂正在頌磬之北，右也。工在
　　　　西，即北面。工遷於東，則東面。大樂正在笙磬之北，左
　　　　也。工在西，則西面。工遷於東，則北面。僕人正相大師，

工升堂，與其師士降立於小樂正之北，北上。工遷於東，則陪其工後。國君無故不釋縣。二正，君之近官也。内小臣，奄人，掌君陰事陰令，后夫人之官也。獻三官於阼階，別内外臣也。同獻更洗，以時事不聯也。獻正下及内小臣，則磬人、鍾人、鎛人、鼓人、僕人師、僕人士，盡獻可知也。庶子、内小臣，位在小臣師之東，少退，西上。

（以上主人獻庶子等獻禮終）

（七·四十四）

　　無筭爵。[一] 士也，有執膳爵者，有執散爵者。執膳爵者酌以進公，公不拜，受。執散爵者酌以之公，命所賜。所賜者興，受爵，降席下，奠爵，再拜稽首。公荅再拜。[二] 受賜爵者以爵就席坐，公卒爵，然後飲。[三] 執膳爵者受公爵，酌，反奠之。[四] 受賜者興，授執散爵者。執散爵者乃酌行之。[五] 唯受于公者拜。卒爵者興，以酬士于西階上。士升。大夫不拜乃飲，實爵。[六] 士不拜，受爵。大夫就席。士旅酬，亦如之。公有命徹幕，則賓及諸公、卿、大夫皆降，西階下北面東上，再拜稽首。[七] 公命小臣正辭，公荅拜。大夫皆辟。升，反位。[八] 士終旅於上，如初。[九] 無筭樂。[一〇]

[一] 筭，數也。爵行無次數，唯意所勸，醉而止。

[二] 席下，席西。

[三] 酬之禮，爵代舉。今爵並行，嫌不代也。並行猶代者，明勸惠從尊者來。

［四］燕之歡在飲酒，成其意也。

［五］與其所勸者。

［六］乃，猶而也。

［七］命徹幂者，公意殷勤，欲盡酒。

［八］升不成拜，於將醉正臣禮。

［九］卿、大夫降而爵止，於其反席卒之。

［一〇］升歌間合無次數，唯意所樂。

（以上燕末盡歡）

(七·四十五)

　　宵，則庶子執燭於阼階上，司宮執燭於西階上，甸人執大燭於庭，閽人爲燭於門外。［一］賓醉，北面坐取其薦脯以降，［二］奏《陔》。［三］賓所執脯，以賜鍾人于門內霤，遂出。［四］卿、大夫皆出。［五］公不送。［六］公入，《驁》。［七］

［一］宵，夜也。燭，燋也。甸人，掌共薪蒸者。庭大燭，爲其位廣也。爲，作也，作燭俟賓出。

［二］取脯，重得君之賜。

［三］《陔夏》，樂章也，其歌頌類也。以鍾鼓奏之，其篇今亡。

［四］必賜鍾人，鍾人以鍾鼓奏《陔夏》，賜之脯，明雖醉，志禮不忘樂。

［五］從賓出。

［六］臣也，與之安燕交歡，嫌亢禮也。

［七］《驁夏》，亦樂章也。以鍾鼓奏之。其詩今亡。此公出而言入

者，射宮在郊，以將還爲入。燕不《騖》者，於路寢，無出入也。

（以上賓、卿、大夫歸）

儀禮卷第八

儀禮卷第八

鄭　氏　注

聘禮第八

（八·一）

　　聘禮。君與卿圖事。^[一]遂命使者。^[二]使者再拜稽首，辭。^[三]君不許，乃退。^[四]既圖事，戒上介，亦如之。^[五]宰命司馬戒眾介。眾介皆逆命，不辭。^[六]

[一] 圖，謀也。謀聘，故及可使者。謀事者必因朝，其位，君南面，卿西面，大夫北面，士東面。

[二] 遂，猶因也。既謀其人，因命之也。聘使卿。

[三] 辭以不敏。

[四] 退，反位也。受命者必進。

[五] 既，已也。戒，猶命也。已謀事，乃命上介，難於使者，易於介。

[六] 宰，上卿，貳君事者也。諸侯謂司徒爲宰。眾介者，士也。士屬司馬。《周禮》司馬之屬，司士掌作士，適四方，使爲介。逆，猶受也。

（以上命使者）

（八·二）

宰書幣，^[一]命宰夫官具。^[二]及期，夕幣。^[三]使者朝服，帥衆介夕。^[四]管人布幕于寢門外。^[五]官陳幣，皮北首西上，加其奉於左皮上；馬則北面，奠幣于其前。^[六]使者北面，衆介立于其左，東上。^[七]卿、大夫在幕東，西面北上。^[八]宰入，告具于君。君朝服出門左，南鄉。^[九]史讀書展幣。^[一〇]宰執書，告備具于君，授使者。使者受書，授上介。^[一一]公揖入。^[一二]官載其幣，舍于朝。^[一三]上介視載者，^[一四]所受書以行。^[一五]

[一] 書聘所用幣多少也。宰又掌制國之用。

[二] 宰夫，宰之屬也。命之使衆官具幣及所宜齋。

[三] 及，猶至也。夕幣，先行之日夕陳幣而視之，重聘也。

[四] 視其事也。古文“帥”皆作“率”。

[五] 管，猶館也。館人，謂掌次舍帷幕者也。布幕以承幣。寢門，外朝也。古文“管”作“官”，今文“布”作“敷”。

[六] 奉，所奉以致命，謂束帛及玄纁也。馬言則者，此享主用皮，或時用馬，馬入則在幕南，皮、馬皆乘。古文“奉”爲“卷”，今文無“則”。

[七] 既受行，同位也。位在幕南。

[八] 大夫西面，辟使者。

[九] 入告，入路門而告。

[一〇] 展，猶校錄也。史幕東西面讀書。賈人坐撫其幣，每者曰在。必西面者，欲君與使者俱見之也。

[一一] 史展幣畢，以書還授宰。宰既告備以授使者，其受授皆北面。

［一二］揖禮群臣。

［一三］待旦行也。

［一四］監其安處之畢，乃出。

［一五］爲當復展。

（以上授幣）

（八·三）

厥明，賓朝服釋幣于禰。[一]有司筵几于室中。祝先入，主人從入。主人在右，再拜，祝告，又再拜。[二]釋幣，制玄纁束，奠于几下，出。[三]主人立于户東，祝立于牖西。[四]又入，取幣降，卷幣實于笲，埋于西階東。[五]又釋幣于行。[六]遂受命。[七]上介釋幣亦如之。[八]

［一］告爲君使也。賓，使者謂之賓，尊之也。天子、諸侯將出，告群廟；大夫告禰而已。凡釋幣，設洗盥如祭。

［二］更云主人者，廟中之稱也。祝告，告以主人將行也。

［三］祝釋之也。凡物十曰束。玄纁之率，玄居三，纁居二。《朝貢禮》云：純四只，制丈八尺。

［四］少頃之間，示有俟於神。

［五］又入者，祝也。埋幣必盛以器，若藏之然。

［六］告將行也。行者之先，其古人之名未聞。天子、諸侯有常祀在冬，大夫三祀，曰門、曰行、曰厲。喪禮有“毀宗躐行，出于大門”，則行神之位在廟門外西方。不言埋幣，可知也。今時民春秋祭祀有行神，古之遺禮乎？

［七］賓須介來，乃受命也。言遂者，明自是出，不復入。

233

〔八〕如其於禰與行。

（以上將行，釋幣告禰與行）

（八·四）

　　上介及衆介俟于使者之門外。^{〔一〕}使者載旃，帥以受命于朝。^{〔二〕}君朝服，南鄉。卿、大夫西面北上。君使卿進使者。^{〔三〕}使者入，及衆介隨入，北面東上。君揖使者進之，上介立于其左，接聞命。^{〔四〕}賈人西面坐，啟櫝，取圭，垂繅，不起而授宰。^{〔五〕}宰執圭，屈繅，自公左授使者。^{〔六〕}使者受圭，同面，垂繅以受命。^{〔七〕}既述命，同面授上介。^{〔八〕}上介受圭，屈繅，出授賈人，衆介不從。^{〔九〕}受享束帛加璧，受夫人之聘璋，享玄纁束帛加琮，皆如初，^{〔一〇〕}遂行，舍于郊。^{〔一一〕}斂旃。^{〔一二〕}

〔一〕俟，待也。待於門外，東面北上。

〔二〕旃，旌旗屬也。載之者，所以表識其事也。《周禮》曰：“通帛爲旃。”又曰：“孤卿建旃。”至於朝門，使者北面東上。古文“旃”皆爲“膳”。

〔三〕進之者，使者謙，不敢必君之終使己。

〔四〕進之者，有命宜相近也。接，猶續也。

〔五〕賈人，在官知物賈者。繅，所以藉圭也。其或拜，則奠于其上。今文“繅”作“璪”。

〔六〕屈繅者，斂之。禮以相變爲敬也。自公左，贊幣之義。

〔七〕同面者，宰就使者北面並授之。既授之，而君出命矣。凡授受者，授由其右，受由其左。

［八］述命者，循君之言，重失誤。

［九］賈人，將行者，在門外北面。

［一〇］享，獻也。既聘又獻，所以厚恩惠也。帛，今之璧色繒也。夫人亦有聘享者，以其與己同體，爲國小君也。其聘用璋，取其半圭也。君享用璧，夫人用琮，天地配合之象也。圭璋特達，瑞也；璧琮有加，往德也。《周禮》曰："瑑、圭、璋、璧、琮，以覜聘。"

［一一］於此脱舍衣服，乃即道也。《曲禮》曰："凡爲君使，已受命，君言不宿於家。"

［一二］此行道耳，未有事也。斂，藏也。

（以上受命遂行）

（八·五）

若過邦，至于竟，使次介假道。束帛將命于朝曰："請帥。"奠幣。[一] 下大夫取以入告，出許，遂受幣。[二] 餼之以其禮，上賓大牢，積唯芻禾，介皆有餼。[三] 士帥，没其竟。[四] 誓于其竟，賓南面，上介西面，衆介北面東上。史讀書，司馬執策，立于其後。[五]

［一］至竟而假道，諸侯以國爲家，不敢直徑也。將，猶奉也。帥，猶道也，請道己道路所當由。

［二］言遂者，明受其幣，非爲許故也。容其辭讓，不得命也。

［三］凡賜人以牲，生曰餼，餼，猶稟也，給也。以其禮者，尊卑有常差也。常差者，上賓、上介牲用大牢，群介用少牢。米皆百筥，牲陳于門内之西，北面。米設于中庭。上賓上介致

之以束帛，群介則牽羊焉。上賓有禾十車，芻二十車，禾以
秣馬。

[四] 沒，盡。

[五] 此使次介假道，止而誓也。賓南面，專威信也。史於衆介之
　　前，北面讀書，以勑告士衆，爲其犯禮暴掠也。禮，君行師
　　從，卿行旅從。司馬主軍法者，執策示罰。

（以上過邦假道）

（八·六）

　未入竟，壹肄。[一] 爲壝壇，畫階，帷其北，無宮。[二]
朝服無主，無執也。[三] 介皆與，北面西上。[四] 習享，
士執庭實。[五] 習夫人之聘享，亦如之。習公事，不習
私事。[六]

[一] 謂於所聘之國竟也。肄，習也，習聘之威儀，重失誤。

[二] 壝，土象壇也。帷其北，宜有所鄉依也。無宮，不壝土，畫
　　外垣也。

[三] 不立主人，主人尊也。不執玉，不敢褻也。徒習其威儀
　　而已。

[四] 入門左之位也。古文“與”作“豫”。

[五] 士，士介也。庭實必執之者，皮則有攝、張之節。

[六] 公事，致命者也。

（以上豫習威儀）

（八·七）

　　及竟，張旜，誓。[一] 乃謁關人。[二] 關人問從者幾人。[三] 以介對。[四] 君使士請事，遂以入竟。[五]

　　[一] 及，至也。張旜，明事在此國也。張旜，謂使人維之。

　　[二] 謁，告也。古者竟上爲關，以譏異服，識異言。

　　[三] 欲知聘問，且爲有司當共委積之具。

　　[四] 以所與受命者對，謙也。聘禮，上公之使者七介，侯、伯之使者五介，子、男之使者三介，以其代君交於列國，是以貴之。《周禮》曰：“凡諸侯之卿，其禮各下其君二等。”

　　[五] 請，猶問也，問所爲來之故也。遂以入，因道之。

　　（以上至境）

（八·八）

　　入竟，斂旜，乃展。[一] 布幕，賓朝服立于幕東，西面，介皆北面東上。賈人北面坐，拭圭，[二] 遂執展之。[三] 上介北面視之，退復位。[四] 退圭。[五] 陳皮，北首西上，又拭璧，展之，會諸其幣，加于左皮上。上介視之，退。[六] 馬則幕南，北面，奠幣于其前。[七] 展夫人之聘享，亦如之。賈人告于上介，上介告于賓。[八] 有司展群幣以告。[九] 及郊，又展，如初。[一〇] 及館，展幣於賈人之館，如初。[一一]

　　[一] 復校錄幣，重其事。斂旜，變於始入。

　　[二] 拭，清也。側幕而坐，乃開櫝。

237

［三］持之而立，告在。

［四］言退復位，則視圭進違位。

［五］圭璋尊，不陳之。

［六］會，合也。諸，於也。古文曰："陳幣北首。"

［七］前，當前幕上。

［八］展夫人聘享，上介不視，貶於君也。賈人既拭璋琮，南面告
　　　於上介，上介於是乃東面以告賓，亦所謂"放而文"之類。

［九］群幣，私覿及大夫者。有司，載幣者，自展自告。

［一〇］郊，遠郊也。周制，天子畿内千里，遠郊百里。以此差
　　　　之，遠郊，上公五十里，侯、伯三十里，子、男十里也。
　　　　近郊各半之。

［一一］館，舍也。遠郊之内有候館，可以小休止沐浴。展幣不于
　　　　賓館者，爲主國之人有勞問己者就焉，便疾也。

（以上入境展幣）

(八·九)

　　賓至于近郊，張旜。君使下大夫請行，反。君使卿朝
服，用束帛勞。[一]上介出請，入告。賓禮辭，迎于舍門
之外，再拜。[二]勞者不荅拜。[三]賓揖，先入，受于舍門
内。[四]勞者奉幣入，東面致命。[五]賓北面聽命，還，少
退，再拜稽首，受幣。勞者出。[六]授老幣，[七]出迎勞
者。[八]勞者禮辭。賓揖，先入，勞者從之，乘皮設。[九]
賓用束錦儐勞者。[一〇]勞者再拜稽首，受。[一一]賓再拜稽
首，送幣。[一二]勞者揖皮出，乃退。賓送再拜。[一三]夫人
使下大夫勞以二竹簠方，玄被纁裏，有蓋。[一四]其實棗蒸

栗擇，兼執之以進。^[一五]賓受棗，大夫二手授栗。^[一六]賓
之受，如初禮。^[一七]儐之如初。下大夫勞者遂以賓入。^[一八]

[一] 請行，問所之也。雖知之，謙不必也。士請事，大夫請行，
　　卿勞，彌尊賓也。其服皆朝服。

[二] 出請，出門西面請所以來事也。入告，入北面告賓也。每所
　　及至，皆有舍。其有來者，皆出請入告。于此言之者，賓彌
　　尊，事彌錄。

[三] 凡爲人使，不當其禮。

[四] 不受于堂，此主於侯、伯之臣也。公之臣受勞於堂。

[五] 東面，鄉賓。

[六] 北面聽命，若君南面然。少退，象降拜。

[七] 老，賓之臣。

[八] 欲儐之。

[九] 設於門內也。物四曰乘。皮，麛鹿皮也。

[一〇] 言儐者，賓在公館，如家之義，亦以來者爲賓。

[一一] 稽首，尊國賓也。

[一二] 受送拜，皆北面，象階上。

[一三] 揖皮出，東面揖執皮者而出。

[一四] 竹簋方者，器名也。以竹爲之，狀如簋而方，如今寒具筥。
　　　筥者圜，此方耳。

[一五] 兼，猶兩也。右手執棗，左手執栗。

[一六] 受授不游手，慎之也。

[一七] 如卿勞之儀。

[一八] 出以束錦授從者，因東面釋辭，請道之以入，然則賓送
　　　不拜。

（以上郊勞）

（八·十）

　　至于朝，主人曰：“不腆先君之祧，既拚以俟矣。”[一]
賓曰：“俟間。”[二]大夫帥至于館，卿致館。[三]賓迎，再
拜。卿致命，賓再拜稽首。卿退，賓送再拜。[四]宰夫朝服
設飧。[五]飪一牢，在西，鼎九，羞鼎三；腥一牢，在東，
鼎七。[六]堂上之饌八，西夾六。[七]門外米、禾皆二十
車。[八]薪芻倍禾。[九]上介飪一牢，在西，鼎七，羞鼎三。
堂上之饌六。門外米、禾皆十車，薪芻倍禾。[一〇]衆介皆
少牢。[一一]

　[一]　賓至外門，下大夫入告，出釋此辭。主人者，公也。不言公
　　　　而言主人，主人接賓之辭，明至欲受之，不敢稽賓也。腆，
　　　　猶善也。遷主所在曰祧。《周禮》，天子七廟，文、武爲祧，
　　　　諸侯五廟。則祧，始祖也，是亦廟也。言祧者，祧尊而廟
　　　　親，待賓客者，上尊者。

　[二]　賓之意不欲奄卒主人也。且以道路悠遠，欲沐浴齊戒，俟
　　　　間，未敢聞命。

　[三]　致，至也。賓至此館，主人以上卿禮致之，所以安之也。

　[四]　卿不俟設飧之畢，以不用束帛致故也。不用束帛致之者，明
　　　　爲新至，非大禮也。

　[五]　食不備禮曰飧。《詩》云“不素飧兮”，《春秋傳》曰“方食
　　　　魚飧”，皆謂是。

　[六]　中庭之饌也。飪，孰也。孰在西，腥在東，象春秋也。鼎西
　　　　九、東七，凡其鼎實與其陳，如陳饔餼。羞鼎則陪鼎也，以

其實言之則曰羞，以其陳言之則曰陪。

[七] 八、六者，豆數也。凡饌以豆爲本。堂上八豆、八籩、六
　　 鉶、兩簠、八壺。西夾，六豆、六籩、四鉶、兩簠、六壺。
　　 其實與其陳，亦如饗饋。

[八] 禾，稾實并刈者也。諸侯之禮，車米視生牢，禾視死牢，牢
　　 十車。大夫之禮，皆視死牢而已，雖有生牢，不取數焉。米
　　 陳門東，禾陳門西。

[九] 各四十車，凡此之陳，亦如饗饋。

[一〇] 西鼎七，無鮮魚、鮮腊。

[一一] 亦飪在西，鼎五，羊、豕、腸胃、魚、腊。新至尚孰，堂
　　　 上之饌，四豆、四籩、兩鉶、四壺，無簠。

（以上致館設飧）

（八·十一）

　　厥明，訝賓于館。[一] 賓皮弁聘，至于朝，賓入于
次，[二] 乃陳幣。[三] 卿爲上擯，大夫爲承擯，士爲紹擯。
擯者出請事。[四] 公皮弁，迎賓于大門内，大夫納賓。[五]
賓入門左，[六] 公再拜。[七] 賓辟，不荅拜。[八] 公揖入，每
門、每曲揖。[九] 及廟門，公揖入，立于中庭。[一〇] 賓立接
西塾。[一一] 几筵既設，擯者出請命。[一二] 賈人東面坐啟櫝，
取圭，垂繅，不起而授上介。[一三] 上介不襲，執圭，屈
繅，授賓。[一四] 賓襲，執圭。[一五] 擯者入告，出辭玉。[一六]
納賓，賓入門左。[一七] 介皆入門左，北面西上。[一八] 三
揖，[一九] 至于階，三讓。[二〇] 公升二等，[二一] 賓升，西楹
西，東面。[二二] 擯者退中庭。[二三] 賓致命。[二四] 公左還，

北鄉。^[二五]擯者進，^[二六]公當楣，再拜。^[二七]賓三退，負序。^[二八]公側襲，受玉于中堂與東楹之間。^[二九]擯者退，負東塾而立。^[三〇]賓降，介逆出。^[三一]賓出。^[三二]公側授宰玉，^[三三]裼，降立。^[三四]擯者出請。^[三五]賓裼，奉束帛加璧享。擯者入告，出許。^[三六]庭實，皮則攝之，毛在內，內攝之，入設也。^[三七]賓入門左，揖讓如初，升致命，張皮。^[三八]公再拜受幣。士受皮者自後右客。^[三九]賓出，當之，坐攝之。^[四〇]公側授宰幣，皮如入，右首而東。^[四一]聘于夫人，用璋，享用琮，如初禮。^[四二]若有言則以束帛，如享禮。^[四三]擯者出請事，賓告事畢。^[四四]

[一]　此訝下大夫也。以君命迎賓謂之訝。訝，迎也。亦皮弁。

[二]　服皮弁者，朝聘主相尊敬也。諸侯視朔皮弁服。入于次者，俟辨也。次在大門外之西，以帷爲之。

[三]　有司入于主國廟門外，以布幕陳幣如展幣焉。圭璋，賈人執櫝而俟。

[四]　擯，謂主國之君所使出接賓者也。紹，繼也，其位相承繼而出也。主君，公也則擯者五人，侯、伯也則擯者四人，子、男也則擯者三人。《聘義》曰：“介紹而傳命，君子於其所尊不敢質，敬之至也。”既知其所爲來之事，復請之者，賓來當與主君爲禮，爲其謙不敢斥尊者，啓發以進之。於是時，賓出次，直闑西，北面。上擯在闑東闑外，西面。其相去也，公之使者七十步，侯、伯之使者五十步，子、男之使者三十步。此旅擯耳，不傳命。上介在賓西北，東面。承擯在上擯東南，西面。各自次序而下。末介、末擯，旁相去三丈六尺。上擯之請事，進，南面，揖賓俱前，賓至末介，上擯

至末擯，亦相去三丈六尺。止揖而請事，還入告于公。天子、諸侯朝覲，乃命介紹傳命耳。其儀各鄉本受命，反面傳而下，及末則鄉受之，反面傳而上。又受命傳而下，亦如之。此三丈六尺者，門容二徹參个，旁加各一步也。今文無"擯"。

[五] 公不出大門，降于待其君也。大夫，上擯也。謂之大夫者，上序可知。從大夫揔，無所別也。於是賓、主人皆裼。

[六] 内賓位也。衆介隨入，北面，西上，少退。擯者亦入門而右，北面，東上。上擯進相君。

[七] 南面拜迎。

[八] 辟位逡遁，不敢當其禮。

[九] 每門輒揖者，以相人偶爲敬也。凡君與賓入門，賓必後君，介及擯者隨之，並而鴈行。既入則或左或右，相去如初。《玉藻》曰："君入門，介拂闑，大夫中根與闑之間，士介拂根。賓入不中門，不履閾。"此賓謂聘卿、大夫也。門中，門之正也。不敢與君並由之，敬也。介與擯者鴈行，卑不踰尊者之迹，亦敬也。賓之介，猶主人之擯。

[一〇] 公揖先入，省内事也。既則立於中庭以俟賓，不復出。如此得君行一，臣行二，於禮可矣。公迎賓于大門内，卿、大夫以下入廟門即位而俟之。

[一一] 接，猶近也。門側之堂謂之塾。立近塾者，己與主君交禮，將有出命，俟之於此。介在幣南，北面，西上，上擯亦隨公入門東，東上，少進於士。

[一二] 有几筵者，以其廟受，宜依神也。賓至廟門，司宮乃于前設之。神尊，不豫事也。席西上，上擯待而出請受賓所以來之命，重停賓也。至此言命，事彌至，言彌信也。《周

禮》："諸侯祭祀，席蒲筵繢純，右彤几。"

[一三] 賈人鄉入陳幣，東面俟，於此言之，就有事也。授圭不
起，賤不與爲禮也。不言裼襲者，賤不裼也。繅，有組
繫也。

[一四] 上介北面受圭，進西面授賓。不襲者，以盛禮不在於己
也。屈繅，并持之也。《曲禮》曰："執玉其有藉者則裼，
無藉者則襲。"

[一五] 執圭盛禮，而又盡飾，爲其相蔽敬也。《玉藻》曰"服之
襲也，充美也。是故尸襲，執玉龜襲"也。

[一六] 擯者，上擯也。入告公以賓執圭，將致其聘命。圭，贄之
重者，辭之，亦所以致尊讓也。

[一七] 公事自闑西。

[一八] 隨賓入也。介無事，止於此。今文無"門"。

[一九] 君與賓也。入門將曲揖，既曲北面又揖，當碑揖。

[二〇] 讓升。

[二一] 先賓升二等，亦欲君行一，臣行二。

[二二] 與主君相鄉。

[二三] 鄉公所立處。退者以公宜親受賓命，不用擯相也。

[二四] 致其君之命也。

[二五] 當拜。

[二六] 進阼階西，釋辭於賓，相公拜也。

[二七] 拜既也。既，惠賜也。楣謂之梁。

[二八] 三退，三逡遁也。不言辟者，以執圭將進授之。

[二九] 側，猶獨也，言獨見其尊賓也。佗日公有事，必有贊爲
之者。凡襲于隱者，公序坫之間可知也。中堂，南北
之中也。入堂深，尊賓事也。東楹之間，亦以君行一，

臣行二。

［三〇］反其等位，無事。

［三一］逆出，由便。

［三二］聘事畢。

［三三］使藏之，授於序端。

［三四］裼者，免上衣見裼衣。凡當盛禮者，以充美爲敬；非盛禮者，以見美爲敬。禮尚相變也。《玉藻》曰："裘之裼也，見美也。"又曰："麛裘青犴襃，絞衣以裼之。"《論語》曰："素衣，麛裘。"皮弁時或素衣〔一〕，其裘同可知也。裘者爲溫，表之，爲其褻也。寒暑之服，冬則裘，夏則葛。凡禮裼者左，降立，俟享也。亦於中庭。古文"裼"皆作"賜"。

［三五］不必賓事之有無。

［三六］許受之。

［三七］皮，虎豹之皮。攝之者，右手并執前足，左手并執後足。毛在内，不欲文之豫見也。内攝之者，兩手相鄉也。入設亦參分庭一在南，言則者，或以馬也。凡君於臣，臣於君，麋鹿皮可也。

［三八］張者，釋外足見文也。

［三九］自，由也。從東方來，由客後西，居其左受皮也。執皮者既授，亦自前西而出。

［四〇］象受于賓。

［四一］如入，左在前。皮右首者，變于生也。

［四二］如公立于中庭以下。

〔一〕 皮弁時或素衣　"或"下，底本闕一字，據嚴州本、張敦仁本、阮刻本補"素"字。

［四三］有言，有所告請，若有所問也。記曰：有故，則束帛加書
　　　以將命。《春秋》臧孫辰告糴于齊，公子遂如楚乞師，晉
　　　侯使韓穿來言汶陽之田皆是也。無庭實也。

［四四］公事畢。

（以上聘享）

(八·十二)

　　賓奉束錦以請覿。^[一]擯者入告，出辭。^[二]請禮賓，
賓禮辭，聽命。擯者入告。^[三]宰夫徹几改筵。^[四]公出，
迎賓以入，揖讓如初。^[五]公升，側受几于序端。^[六]宰夫
內拂几三，奉兩端以進。^[七]公東南鄉，外拂几三，卒，振
袂，中攝之，進，西鄉。^[八]擯者告。^[九]賓進，訝受几于
筵前，東面俟。^[一〇]公壹拜送。^[一一]賓以几辟，^[一二]北面
設几，不降，階上荅再拜稽首。^[一三]宰夫實觶以醴，加柶
于觶，面枋。^[一四]公側受醴。^[一五]賓不降，壹拜，進筵前
受醴，復位。公拜送醴。^[一六]宰夫薦籩豆脯醢，賓升筵，擯
者退負東塾。^[一七]賓祭脯醢，以柶祭醴三，庭實設。^[一八]
降筵，北面以柶兼諸觶，尚擪，坐啐醴。^[一九]公用束帛^[二〇]
建柶，北面奠于薦東。^[二一]擯者進，相幣。^[二二]賓降辭
幣。^[二三]公降一等辭，^[二四]栗階，升聽命。^[二五]降拜，^[二六]
公辭。^[二七]升，再拜稽首，受幣，當東楹，北面。^[二八]退，
東面俟。^[二九]公壹拜，賓降也。公再拜。^[三〇]賓執左馬以
出。^[三一]上介受賓幣，從者訝受馬。^[三二]

［一］覿，見也。鄉將公事，是欲交其歡敬也。不用羔，因使而

見，非特來。

［二］客有大禮，未有以待之。

［三］告賓許也。

［四］宰夫，又主酒食者也。將禮賓，徹神几，改神席，更布也。賓席東上。《公食大夫禮》曰："蒲筵常，緇布純，加萑席尋，玄帛純。"此筵上、下大夫也。《周禮》曰：筵國賓于牖前，莞筵紛純，加繅席畫純。左彤几者，則是筵孤也。孤彤几，卿、大夫其漆几與？

［五］公出迎者，己之禮更端也。

［六］漆几也。今文無"升"。

［七］内拂几，不欲塵坋尊者。以進，自東箱來授君。

［八］進就賓也。

［九］告賓以公授几。

［一〇］未設也。今文"訝"爲"梧"。

［一一］公尊也。古文"壹"作"一"。

［一二］辟位逡遁。

［一三］不降，以主人禮未成也。几，賓左几。

［一四］酌以授君也。君不自酌，尊也。宰夫亦洗，升實觶，以醴自東箱來。不面擸，不訝授也。

［一五］將以飲賓。

［一六］賓壹拜者，禮質，以少爲貴。

［一七］事未畢，擯者不退中庭，以有宰夫也。

［一八］庭實，乘馬。

［一九］降筵，就階上。

［二〇］致幣也。言用，尊于下也。亦受之于序端。

［二一］糟醴不啐。

247

［二二］進以辭。

［二三］不敢當公禮也。

［二四］辭賓降也。

［二五］栗階，趨君命尚疾，不連步。

［二六］拜受。

［二七］不降一等，殺也。

［二八］亦訝受而北面者，禮主於己。己，臣也。

［二九］俟君拜也。不北面者，謙若不敢當階然。

［三〇］不俟公再拜者，不敢當公之盛也。公再拜者，事畢成
　　　　禮也。

［三一］受尊者禮，宜親之也。效馬者，并左右靮授之。餘三馬，
　　　　主人牽者從出也。

［三二］從者，士介。

（以上主君禮賓）

（八・十三）

　賓覿，奉束錦，緫乘馬，二人贊。入門右，北面奠
幣，再拜稽首。^{［一］}擯者辭。^{［二］}賓出。^{［三］}擯者坐取幣，
出，有司二人牽馬以從，出門，西面于東塾南。^{［四］}擯者請
受。^{［五］}賓禮辭，聽命。^{［六］}牽馬，右之。入設。^{［七］}賓奉
幣入門左，介皆入門左，西上。^{［八］}公揖讓如初，升。公北
面再拜。^{［九］}賓三退，反還，負序。^{［一〇］}振幣進授，當東
楹，北面。^{［一一］}士受馬者，自前還牽者後，適其右受。^{［一二］}
牽馬者自前西，乃出。^{［一三］}賓降階東拜送，君辭。^{［一四］}拜
也，君降一等辭。^{［一五］}擯者曰：“寡君從子，雖將拜，起

248

也。"[一六]栗階升。公西鄉。賓階上再拜稽首。[一七]公少退。[一八]賓降出。公側授宰幣。馬出。[一九]公降立。擯者出請。上介奉束錦，士介四人皆奉玉錦束，請覿。[二〇]擯者入告，出許。上介奉幣，儷皮，二人贊，[二一]皆入門右，東上，奠幣，皆再拜稽首。[二二]擯者辭，[二三]介逆出。[二四]擯者執上幣，士執眾幣，有司二人舉皮，從其幣，出請受。[二五]委皮，南面。[二六]執幣者西面北上。擯者請受。[二七]介禮辭，聽命，皆進，訝受其幣。[二八]上介奉幣，皮先，入門左，奠皮。[二九]公再拜。[三〇]介振幣，自皮西進，北面授幣，退復位，再拜稽首送幣。[三一]介出。宰自公左受幣。[三二]有司二人坐舉皮以東。擯者又納士介。[三三]士介入門右，奠幣，再拜稽首。[三四]擯者辭，介逆出。擯者執上幣以出，禮請受，賓固辭。[三五]公荅再拜。擯者出，立于門中以相拜，[三六]士介皆辟。[三七]士三人東上坐，取幣立。[三八]擯者進。[三九]宰夫受幣于中庭，以東。[四〇]執幣者序從之。[四一]

[一]不請不辭，鄉時已請也。覿用束錦，辟享幣也。總者，總八
　　豑牽之。贊者，居馬間扣馬也。入門而右，私事自闑右。奠
　　幣再拜，以臣禮見也。贊者，賈人之屬，介特覿也。

[二]辭其臣。

[三]事畢。

[四]將還之也。贊者有司受馬乃出。凡取幣于庭，北面。

[五]請以客禮受之。

[六]賓受其幣，贊者受馬。

[七]庭實先設，客禮也。右之，欲人居馬左，任右手，便也。於

　　　　是牽馬者四人，事得申也。《曲禮》曰："效馬效羊者右牽之。"

［八］以客禮入，可從介。

［九］公再拜者，以其初以臣禮見，新之也。

［一〇］反還者，不敢與授圭同。

［一一］不言君受，略之也。

［一二］自，由也。適牽者之右而受之也。此亦並授者，不自前　　　左，由便也，便其已授而去也。受馬自前，變於受皮。

［一三］自，由也。

［一四］拜送幣于階東，以君在堂鄉之。

［一五］君乃辭之而賓由拜，敬也。

［一六］此禮固多有辭矣，未有著之者，是其志而煥乎？未敢　　　明説。

［一七］成拜。

［一八］爲敬。

［一九］廟中宜清。

［二〇］玉錦，錦之文織縟者也。禮有以少文爲貴者，後言束，辭　　　之便也。

［二一］儷，猶兩也。上介用皮，變於賓也。皮，麋鹿皮。

［二二］皆者，皆眾介也。贊者奠皮出。

［二三］亦辭其臣。

［二四］亦事畢也。

［二五］此請受，請于上介也。擯者先即西面位請之。釋辭之時，　　　眾執幣者隨立門中而俟。

［二六］擯者既釋辭，執眾幣者進即位，有司乃得委之。南面，便　　　其復入也。委皮當門。

［二七］請于上介也。上言其次，此言其位，互約文也。

［二八］此言皆詝受者，嫌擯者一一授之。

［二九］皮先者，介隨執皮者而入也。入門左，介至揖位而立。執
　　　　皮者奠皮，以有不敢授之義。古文重"入"。

［三〇］拜中庭也。不受于堂，介賤也。

［三一］進者北行，參分庭一而東行，當君，乃復北行也。

［三二］不側授，介禮輕。

［三三］納者，出道入也。

［三四］終不敢以客禮見。

［三五］禮請受者，一請受而聽之也。賓爲之辭，士介賤，不敢以
　　　　言通於主君也。固，衍字，當如面大夫也。

［三六］擯者以賓辭入告，還立門中闑外，西面。公乃遙荅拜也。
　　　　相者贊告之。

［三七］辟於其東面位逡遁也。

［三八］俟擯者執上幣來也。

［三九］就公所也。

［四〇］使宰夫受于士，士介幣輕也，受之于公左。賓幣，公側
　　　　授宰，上介幣，宰受于公左，士介幣，宰夫受于士，敬
　　　　之差。

［四一］序從者，以宰夫當一一受之。

（以上私覿）

(八・十四)

　　擯者出請，賓告事畢。^[一]擯者入告，公出送賓。^[二]
及大門內，公問君。^[三]賓對，公再拜。^[四]公問大夫，賓
對。公勞賓，賓再拜稽首，公荅拜。^[五]公勞介，介皆再拜

稽首，公荅拜。賓出，公再拜送，賓不顧。^[六]

[一] 賓既告事畢，衆介逆，道賓而出也。

[二] 公出，衆擯亦逆道。紹擯及賓並行，間亦六步。

[三] 鄉以公禮將事，無由問也。賓至始入門之位，北面將揖而
　　出。衆介亦在其右，少退西上，於此可以問君居處何如，序
　　殷勤也。時承擯、紹擯亦於門東，北面東上。上擯往來傳君
　　命，南面。蘧伯玉使人於孔子，孔子問曰：“夫子何爲？”此
　　公問君之類也。

[四] 拜其無恙。公拜，賓亦辟。

[五] 勞以道路之勤。

[六] 公既拜，客趨辟，君命上擯送賓出，反告賓不顧，於此君可
　　以反路寢矣。《論語》説孔子之行曰：“君召使擯，色勃如也，
　　足躩如也。賓退，必復命曰，賓不顧矣。”

（以上賓禮畢出，公送賓）

（八·十五）

　　賓請有事於大夫。^[一]公禮辭，許。^[二]賓即館。^[三]卿、
大夫勞賓，賓不見。^[四]大夫奠鴈再拜，上介受。^[五]勞上
介，亦如之。

[一] 請問，問卿也。不言問聘，聘亦問也，嫌近君也。上擯送賓
　　出，賓東面而請之，擯者反命，因告之。

[二] 禮辭，一辭。

[三] 小休息也。即，就也。

［四］以己公事未行，上介以賓辭辭之。

［五］不言卿，卿與大夫同執鴈，下見于國君。《周禮》凡諸侯之
　　卿見朝君，皆執羔。

（以上賓請有事，卿先往勞之）

（八・十六）

君使卿韋弁，歸饔餼五牢。[一]上介請事，賓朝服，禮
辭。[二]有司入陳。[三]饔。[四]飪一牢，鼎九，設于西階
前，陪鼎當內廉，東面，北上，上當碑，南陳，牛、羊、
豕、魚、腊、腸胃同鼎，膚、鮮魚、鮮腊，設扃鼏。腸、
臐、膮，蓋陪牛、羊、豕。[五]腥二牢，鼎二七，無鮮魚、
鮮腊，設于阼階前，西面，南陳如飪鼎，二列。[六]堂上八
豆，設于戶西，西陳，皆二以並，東上韭菹，其南醓醢，
屈。[七]八簋繼之，黍其南稷，錯。[八]六鉶繼之，牛以西
羊、豕，豕南牛，以東羊、豕。[九]兩簠繼之，粱在北。[一〇]
八壺設于西序，北上，二以並，南陳。[一一]西夾六豆，設
于西墉下，北上。韭菹，其東醓醢，屈。六簋繼之，黍其
東稷，錯。四鉶繼之，牛以南羊，羊東豕，豕以北牛。兩
簠繼之，粱在西，皆二以並，南陳。六壺西上，二以並，
東陳。[一二]饌于東方亦如之，[一三]西北上。[一四]壺東上，
西陳。[一五]醯醢百甕，夾碑，十以爲列，醢在東。[一六]餼
二牢，陳于門西，北面東上。牛以西羊、豕，豕西牛、羊、
豕。[一七]米百筥，筥半斛，設于中庭，十以爲列，北上。
黍、粱、稻皆二行，稷四行。[一八]門外，米三十車，車秉
有五籔，設于門東，爲三列，東陳。[一九]禾三十車，車三

253

秅，設于門西，西陳。[二〇] 薪芻倍禾。[二一] 賓皮弁迎大夫
于外門外，再拜。大夫不荅拜。[二二] 揖入。及廟門，賓揖
入。[二三] 大夫奉束帛，[二四] 入三揖，皆行。[二五] 至于階，讓，
大夫先升一等。[二六] 賓從，升堂，北面聽命。[二七] 大夫東
面致命。賓降，階西再拜稽首，拜饔亦如之。[二八] 大夫辭，
升成拜。[二九] 受幣堂中西，北面。[三〇] 大夫降，出。賓降，
授老幣，出迎大夫。[三一] 大夫禮辭，許。入，揖讓如初。
賓升一等，大夫從，升堂。[三二] 庭實設，馬乘。[三三] 賓降
堂，受老束錦，大夫止。[三四] 賓奉幣，西面，大夫東面，
賓致幣。[三五] 大夫對，北面當楣，再拜稽首。[三六] 受幣于
楹間，南面，退，東面俟。[三七] 賓再拜稽首送幣。大夫
降，執左馬以出。[三八] 賓送于外門外，再拜。明日，賓拜
于朝，拜饔與饎，皆再拜稽首。[三九] 上介饔餼三牢，飪一
牢，在西，鼎七，羞鼎三；[四〇] 腥一牢，在東，鼎七，堂
上之饌六。[四一] 西夾亦如之。筥及甕如上賓。[四二] 餼一牢，
門外米、禾視死牢，牢十車，薪芻倍禾。凡其實與陳，如
上賓。[四三] 下大夫韋弁，用束帛致之。上介韋弁以受，如
賓禮。[四四] 儐之兩馬束錦。士介四人，皆饎大牢，米百筥，
設于門外。[四五] 宰夫朝服，牽牛以致之。[四六] 士介朝服，
北面再拜稽首受。[四七] 無擯。[四八]

　

[一] 變皮弁，服韋弁，敬也。韋弁，韎韋之弁兵服也。而服之
　　者，皮韋同類，取相近耳。其服蓋韎布以爲衣而素裳。牲，
　　殺曰饔，生曰餼。今文“歸”或爲“饋”。

[二] 朝服，示不受也。受之當以尊服。

[三] 入賓所館之廟，陳其積。

［四］謂飪與腥。

［五］陪鼎，三牲，臐、膮、膷、腌陪之，庶羞加也。當內廉，辟堂塗也。腸胃次腊，以其出牛、羊也。膚，豕肉也，唯燀者有膚。此饌先陳其位，後言其次，重大禮，詳其事也。宮必有碑，所以識日景，引陰陽也。凡碑，引物者〔一〕，宗廟則麗牲焉，以取毛血。其材，宮廟以石，窆用木。

［六］有腊者，所以優賓也。

［七］戶，室戶也。東上，變于親食賓也。醓醢，汁也。屈，猶錯也。今文“並”皆爲“併”。

［八］黍在北。

［九］銒，羹器也。

［一〇］簠不次簋者，粱、稻加也。凡饌屈錯要相變。

［一一］壺，酒尊也。酒蓋稻酒、粱酒。不錯者，酒不以雜錯爲味。

［一二］東陳，在北墉下，統於豆。

［一三］東方，東夾室。

［一四］亦韭菹，其東醓醢也。

［一五］亦在北墉下，統於豆。

［一六］夾碑，在鼎之中央也。醢在東。醢、穀，陽也。醓、肉，陰也。

［一七］鑊，生也。牛、羊右手牽之，豕束之，寢右，亦居其左。

［一八］庭實固當庭中，言當中庭者，南北之中也。東西爲列，列當醓醢南，亦相變也。此言中庭，則設碑近如堂深也。

［一九］大夫之禮，米、禾皆視死牢。秉、籔，數名也。秉有五

籔〔一〕，二十四斛也。籔讀若“不數”之“數”。今文“籔”或爲“逾”。

[二〇] 秅，數名也。三秅，千二百秉。

[二一] 倍禾者，以其用多也。薪從米，芻從禾，四者之車皆陳，北輈。凡此所以厚重禮也。《聘義》曰：“古之用財不能均如此，然而用財如此其厚者，言盡之於禮也。盡之於禮，則内君臣不相陵，而外不相侵，故天子制之，而諸侯務焉爾。”

[二二] 大夫，使者卿也。

[二三] 賓與使者揖而入。使者止執幣，賓俟之于門内，謙也。古者天子適諸侯，必舍於大祖廟。諸侯行，舍于諸公廟。大夫行，舍于大夫廟。

[二四] 執其所以將命。

[二五] 皆，猶並也。使者尊，不後主人。

[二六] 讓不言三，不成三也。凡升者，主人讓于客三。敵者則客三辭，主人乃許升，亦道賓之義也。使者尊，主人三讓則許升矣。今使者三讓，則是主人四讓也。公雖尊，亦三讓乃許升，不可以不下主人也。古文曰“三讓”。

[二七] 北面于階上也。

[二八] 大夫以束帛同致饔餼也。賓殊拜之，敬也，重君之禮也。

[二九] 尊賓。

[三〇] 趨主君命也。堂中西，中央之西。

[三一] 老，家臣也。賓出迎，欲擯之。

[三二] 賓先升，敵也。皆北面。

〔一〕 秉有五籔 “五”，底本作“伍”，據嚴州本、張敦仁本、阮刻本改。

［三三］乘四馬也。

［三四］止不降，使之餘尊。

［三五］不言致命，非君命也。

［三六］稽首，尊君客也。致對有辭也。

［三七］賓北面，授尊君之使。

［三八］出廟門，從者亦訝受之。

［三九］拜謝主君之恩惠於大門外。《周禮》曰：凡賓客之治令，
　　　訝聽之。此拜亦皮弁服。

［四〇］飪鼎七，無鮮魚、鮮腊也。賓介皆異館。

［四一］六者，賓西夾之數。

［四二］凡所不貶者，尊介也。言如上賓者，明此賓客介也。

［四三］凡，凡飪以下。

［四四］介不皮弁者，以其受大禮似賓，不敢純如賓也。

［四五］牢米不入門，略之也。米設當門，可十爲列，北上。牢在
　　　其南，西上。

［四六］執紖牽之，東面致命，朝服無束帛，亦略之。士介西面
　　　拜迎。

［四七］受，於牢東拜，自牢後適宰夫右受，由前東面授從者。

［四八］既受，拜送之矣。明日衆介亦各如其受之服，從賓拜
　　　於朝。

　（以上饗餼於賓介）

（八·十七）

　賓朝服問卿。^[一]卿受于祖廟，^[二]下大夫擯。^[三]擯者
出請事，大夫朝服迎于外門外，再拜。賓不荅拜，揖。大

257

夫先入，每門、每曲揖。及廟門，大夫揖入。^[四]擯者請命。^[五]庭實設，四皮。^[六]賓奉束帛入，三揖，皆行，至于階，讓。^[七]賓升一等，大夫從，升堂，北面聽命。^[八]賓東面致命。^[九]大夫降，階西再拜稽首。賓辭，升成拜，受幣堂中西，北面。^[一〇]賓降，出。大夫降，授老幣，無擯。^[一一]擯者出請事。賓面，如覿幣。^[一二]賓奉幣，庭實從。^[一三]入門右，大夫辭。^[一四]賓遂左。^[一五]庭實設，揖讓如初。^[一六]大夫升一等，賓從之。^[一七]大夫西面，賓稱面。^[一八]大夫對，北面當楣再拜，受幣于楣間，南面，退，西面立。^[一九]賓當楣再拜送幣，降，出。大夫降，授老幣。

〔一〕不皮弁，別於主君。卿，每國三人。

〔二〕重賓禮也。祖，王父也。

〔三〕無士擯者，既接於君所，急見之。

〔四〕入者，省内事也。既而俟于宁也。

〔五〕亦從入而出請，不几筵，辟君也。

〔六〕麋鹿皮也。

〔七〕皆，猶並也。古文曰“三讓”。

〔八〕賓先升，使者尊。

〔九〕致其君命。

〔一〇〕於堂中央之西受幣，趨聘君之命。

〔一一〕不擯，賓辟君也。

〔一二〕面亦見也。其謂之面，威儀質也。

〔一三〕庭實，四馬。

〔一四〕大夫於賓入，自階下辭迎之。

〔一五〕見，私事也。雖敵，賓猶謙，入門右，爲若降等然。《曲

禮》曰："客若降等，則就主人之階，主人興辭於客，然
後客復就西階。"

[一六] 大夫至庭中，旋並行。

[一七] 大夫先升，道賓。

[一八] 稱，舉也。舉相見之辭以相接。

[一九] 受幣楹間，敵也。賓亦振幣進，北面授。

（以上賓問卿、面卿）

(八·十八)

　　擯者出請事，上介特面，幣如覿。介奉幣。[一] 皮，二
人贊。[二] 入門右，奠幣，再拜。[三] 大夫辭。[四] 擯者反
幣。[五] 庭實設，介奉幣入，大夫揖讓如初。[六] 介升，大
夫再拜受。[七] 介降拜，大夫降辭。介升，再拜送幣。[八]
擯者出請。眾介面，如覿幣，入門右，奠幣，皆再拜。大
夫辭，介逆出。擯者執上幣出，禮請受，賓辭。[九] 大夫
答再拜。擯者執上幣，立于門中以相拜，士介皆辟。老受
擯者幣于中庭，士三人坐取群幣以從之。擯者出請事。賓
出，大夫送于外門外，再拜。賓不顧。[一〇] 擯者退，大夫
拜辱。[一一]

[一] 特面者，異於主君，士介不從而入也。君尊，眾介始覿，不
　　自別也。上賓則眾介皆從之。

[二] 亦儷皮也。

[三] 降等也。

[四] 於辭上介則出。

259

〔五〕出還于上介也。

〔六〕大夫亦先升一等。今文曰"入設"。

〔七〕亦於楹間南面而受。

〔八〕介既送幣，降出也。大夫亦授老幣。

〔九〕賓亦爲士介辭。

〔一〇〕不顧，言去。

〔一一〕拜送也。

（以上介面卿）

（八·十九）

下大夫嘗使至者，幣及之。〔一〕上介朝服，三介，問下大夫，下大夫如卿受幣之禮。〔二〕其面，如賓面于卿之禮。

〔一〕嘗使至己國，則以幣問之也。君子不忘舊。

〔二〕上介、三介，下大夫使之禮也。

（以上問下大夫）

（八·二十）

大夫若不見，〔一〕君使大夫各以其爵爲之受，如主人受幣禮，不拜。〔二〕

〔一〕有故也。

〔二〕各以其爵，主人卿也，則使卿；大夫也，則使大夫。不拜，代受之耳。不當主人，禮也。

（以上大夫代受幣）

（八·二十一）

　　夕，夫人使下大夫韋弁歸禮。^[一]堂上籩豆六，設于戶東，西上，二以並，東陳。^[二]壺設于東序，北上，二以並，南陳。醴、黍、清皆兩壺。^[三]大夫以束帛致之。^[四]賓如受饗之禮，儐之乘馬束錦。上介四豆、四籩、四壺，受之如賓禮。^[五]儐之兩馬、束錦。明日，賓拜禮於朝。^[六]

　　［一］夕，問卿之夕也。使下大夫，下君也。君使之。云夫人者，以致辭當稱寡小君。

　　［二］籩豆六者，下君禮也。臣設于戶東，又辟饌位也。其設，脯，其南醢，屈，六籩、六豆。

　　［三］醴，白酒也。凡酒，稻爲上，黍次之，粱次之，皆有清白，以黍間清白者，互相備，明三酒六壺也。先言醴，白酒尊，先設之。

　　［四］致夫人命也。此禮無牢，下朝君也。

　　［五］四壺，無稻酒也。不致牢，下於君也。

　　［六］於是乃言賓拜，明介從拜也。今文“禮”爲“醴”。

　　（以上夫人歸禮賓介）

（八·二十二）

　　大夫餼賓大牢，米八筐。^[一]賓迎，再拜。老牽牛以致之，賓再拜稽首受。老退，賓再拜送。^[二]上介亦如之。衆介皆少牢，米六筐，皆士牽羊以致之。^[三]

　　［一］其陳於門外，黍、粱各二筐，稷四筐，二以並，南陳，無

261

稻。牲陳於後，東上，不饌於堂庭，辟君也。

［二］老，室老，大夫之貴臣。

［三］米六筐者，又無粱也。士亦大夫之貴臣。

（以上大夫餼賓介）

（八·二十三）

公於賓，壹食再饗。［一］燕與羞，俶獻，無常數。［二］
賓、介皆明日拜于朝。上介壹食壹饗。［三］若不親食，使大
夫各以其爵，朝服致之，以侑幣如致饔，無儐。［四］致饗以
酬幣，亦如之。［五］大夫於賓，壹饗壹食。上介，若食若
饗。若不親饗，則公作大夫致之以酬幣，致食以侑幣。［六］

［一］饗，謂亨大牢以飲賓也。《公食大夫禮》曰：“設洗如饗。”
　　　則饗與食互相先後也。古文“壹”皆爲“一”，今文“饗”
　　　皆爲“鄉”。

［二］羞，謂禽羞鴈鶩之屬，成孰煎和也。俶，始也。始獻，四時
　　　新物。《聘義》所謂時賜無常數，由恩意也。古文“俶”作
　　　“淑”。

［三］饗食賓，介爲介，從饗獻矣，復特饗之，客之也。

［四］君不親食，謂有疾及他故也。必致之，不廢其禮也。致之必
　　　使同班，敵者易以相親敬也。致禮於卿，使卿；致禮於大
　　　夫，使大夫，非必命數也。無儐，以己本宜往。古文“侑”
　　　皆作“宥”。

［五］酬幣，饗禮酬賓勸酒之幣也，所用未聞也。禮幣束帛、乘
　　　馬，亦不是過也。《禮器》曰“琥璜爵”，蓋天子酬諸侯。

〔六〕作，使也。大夫有故，君必使其同爵者爲之致之。列國之賓
　　來，榮辱之事，君臣同之。

（以上主國君臣饗食賓介之禮）

（八·二十四）

　　君使卿皮弁，還玉于館。〔一〕賓皮弁，襲，迎于外門
外，不拜，帥大夫以入。〔二〕大夫升自西階，鉤楹。〔三〕賓
自碑内聽命，升自西階，自左，南面受圭，退負右房而
立。〔四〕大夫降中庭。賓降自碑内，東面，授上介于阼階
東。〔五〕上介出請，賓迎。大夫還璋，如初入。〔六〕賓裼，
迎。大夫賄用束紡，〔七〕禮玉、束帛、乘皮，〔八〕皆如還玉禮。
大夫出，賓送，不拜。

〔一〕玉，圭也。君子於玉比德焉。以之聘，重禮也。還之者，德
　　不可取於人，相切屬之義也。皮弁者，始以此服受之，不敢
　　不終也。

〔二〕迎之不拜，示將去，不純爲主也。帥，道也。今文曰：“迎
　　于門外。”古文“帥”爲“率”。

〔三〕鉤楹，由楹内，將南面致命。致命不東面，以賓在下也。必
　　言鉤楹者，賓在下，嫌楹外也。

〔四〕聽命於下，敬也。自左南面，右大夫且並受也。必並受者，若鄉
　　君前耳。退，爲大夫降逡遁。今文或曰：“由自西階，無南面。”

〔五〕大夫降出，言中庭者，爲賓降節也。授於阼階東者，欲親見
　　賈人藏之也。賓還阼階下西面立。

〔六〕出請，請事於外，以入告也。賓雖將去，出入猶東，唯升堂

263

由西階。凡介之位，未有改也。

［七］賄，予人財之言也。紡，紡絲爲之，今之縛也，所以遺聘
　　君，可以爲衣服，相厚之至。

［八］禮，禮聘君也，所以報享也。亦言玉璧可知也。今文“禮”
　　皆作“醴”。

（以上還玉及賄禮）

（八·二十五）

　　公館賓，^{［一］}賓辟。^{［二］}上介聽命。^{［三］}聘享、夫人之聘享、
問大夫、送賓，公皆再拜。^{［四］}公退，賓從，請命于朝。^{［五］}
公辭，賓退。^{［六］}

［一］爲賓將去，親存送之，厚殷勤，且謝聘君之意也。公朝服。

［二］不敢受主國君見己於此館也，此亦不見。言辟者，君在廟
　　門，敬也。凡君有事於諸侯臣之家，車造廟門乃下。

［三］聽命於廟門中，西面，如相拜然也。擯者每贊君辭，則曰敢
　　不承命，告于寡君之老。

［四］拜此四事，公東面拜，擯者北面。

［五］賓從者，賓爲拜主君之館己也。言請命者，以己不見，不敢
　　斥尊者之意。

［六］辭其拜也。退還館，裝駕爲旦將發也。《周禮》曰：“賓從，
　　拜辱于朝，明日，客拜禮賜，遂行之。”

（以上公館賓、賓請命）

（八·二十六）

賓三拜乘禽於朝，訝聽之，[一]遂行，舍于郊。[二]公使卿贈，如覲幣。[三]受于舍門外，如受勞禮，無儐。[四]使下大夫贈，上介亦如之。使士贈，眾介如其覲幣。大夫親贈，如其面幣，無儐。贈上介亦如之。使人贈眾介，如其面幣。士送至于竟。

　　[一] 發去乃拜乘禽，明己受賜。大小無不識。

　　[二] 始發且宿近郊，自展輈。

　　[三] 贈，送也，所以好送之也。言如覲幣見，爲反報也。今文“公”爲“君”。

　　[四] 不入，無儐，明去而宜有已也。如受勞禮，以贈勞同節。

（以上賓行，主國君贈送）

（八·二十七）

使者歸，及郊，請反命。[一]朝服，載旜，[二]襈乃入。[三]乃入。陳幣于朝，西上。上賓之公幣、私幣皆陳。上介公幣陳，他介皆否。[四]束帛各加其庭實，皮左。[五]公南鄉。[六]卿進使者，使者執圭，垂繅，北面。上介執璋，屈繅，立于其左。[七]反命曰：“以君命聘于某君，某君受幣于某宮，某君再拜。以享某君，某君再拜。”[八]宰自公左受玉。[九]受上介璋，致命亦如之。[一〇]執賄幣以告曰：“某君使某子賄。”授宰。[一一]禮玉亦如之。[一二]執禮幣，以盡言賜禮。[一三]公曰：“然，而不善乎！”[一四]授上介幣，再拜稽首。公荅再拜。[一五]私幣不告。[一六]君勞之。再拜稽首，君荅再拜。^[一七]若有獻，則曰：“某君之賜也。^[一八]君其以賜乎？”^[一九]上介徒以公賜告，如上賓之禮。^[二〇]君勞之。再拜稽首。君荅拜。勞士介亦如之。^[二一]君使宰賜使者幣，使者再拜稽首。^[二二]賜介，介皆再拜稽首，^[二三]乃退。^[二四]介皆送至於使者之門，^[二五]乃退揖，^[二六]使者拜其辱。^[二七]

[一] 郊，近郊也，告郊人，使請反命於君也。必請之者，以己久在外，言有罪惡，不可以入。春秋時，<u>鄭伯</u>惡其大夫<u>高克</u>，使之將兵，逐而不納，此蓋請而不得入。

[二] 行時稅舍于此郊，今還至此，正其故行服，以俟君命，敬也。古文“臚”作“膳”。

[三] 禳，祭名也，爲行道累歷不祥，禳之以除灾凶。

[四] 皆否者，公幣、私幣皆不陳。此幣，使者及介所得於彼國君、卿、大夫之贈賜也。其或陳或不陳，詳尊而略卑也。其陳之及卿、大夫處者，待之如夕幣。其禮於君者不陳。上賓、使者公幣，君之賜也。私幣，卿、大夫之幣也。他介，士介也。言他，容衆從者。

[五] 不加於其皮上，榮其多也。

[六] 亦宰告于君，君乃朝服出門左，南鄉。

[七] 此主於反命，士介亦隨入，並立東上。

[八] 君亦揖使者進之，乃進反命也。某君，某，國名也。某宮，若言<u>桓</u>宮、<u>僖</u>宮也。某君再拜，謂再拜受也。必言此者，明彼君敬君，己不辱命。

[九] 亦於使者之東，同面並受也。不右使者，由便也。

[一〇] 變反言致者，若云非君命也。致命曰以君命聘於某君夫

266

人，某君再拜以享于某君夫人，某君再拜。不言受幣于某宮，可知略之。

[一一] 某子，若言高子、國子。凡使者所當以告君者，上介取以授之，賄幣在外也。

[一二] 亦執束帛加璧也。告曰某君使某子禮。宰受之，士隨自後左，士介受乘皮如初。上介出取玉束帛，士介從取皮也。

[一三] 禮幣，主國君初禮賓之幣也。以盡言賜禮，謂自此至於贈。

[一四] 善其能使於四方。而，猶女也。

[一五] 授上介幣，當拜公言也。不授宰者，當復陳之。

[一六] 亦略卑也。

[一七] 勞之以道路勤苦。

[一八] 言此物某君之所賜予爲惠者也。其所獻雖珍異，不言某爲彼君服御物，謙也。其大夫出，反必獻，忠孝也。

[一九] 不必其當君也。獻不拜者，爲君之荅己也。

[二〇] 徒，謂空手不執其幣。

[二一] 士介四人，旅荅壹拜，又賤也。

[二二] 以所陳幣賜之也。禮，臣子人賜之而必獻之君父，不敢自私服也。君父因以予之，則拜受之如更受賜也。既，拜宰以上幣授之。

[二三] 士介之幣，皆載以造朝，不陳之耳。與上介同受賜命俱拜，既拜，宰亦以上幣授上介。

[二四] 君揖入，皆出去。

[二五] 將行俟于門，反又送于門，與尊長出入之禮也。

[二六] 揖，別也。

[二七] 隨謝之也。再拜上介，三拜士介。

267

（以上使者反命）

（八·二十八）

釋幣于門。[一] 乃至于禰，筵几于室，薦脯醢，[二] 觶酒陳。[三] 席于阼，[四] 薦脯醢，[五] 三獻。[六] 一人舉爵，[七] 獻從者，[八] 行酬，乃出。[九] 上介至，亦如之。

[一] 門，大門也。主于闑，布席于闑西，闑外，東面，設洗于門外東方，其餘如初于禰時。出于行，入于門，不兩告，告所先見也。

[二] 告反也。薦，進也。

[三] 主人酌，進奠一獻也。言陳者，將復有次也。先薦後酌，祭禮也。行釋幣，反釋奠，略出謹入也。

[四] 爲酢主人也。酢主人者，祝取爵酌，不酢於室，異於祭。

[五] 成酢禮也。

[六] 室老亞獻，士三獻也。每獻奠輒取爵酌，主人自酢也。

[七] 三獻禮成，更起酒也。主人奠之未舉也。

[八] 從者，家臣從行者也。主人獻之，勞之也。皆升飲酒於西階上，不使人獻之，辟國君也。

[九] 主人舉奠酬從者，下辯室老，亦與焉也。

（以上使還禮門奠禰）

（八·二十九）

聘遭喪，入竟則遂也。[一] 不郊勞。[二] 不筵几。[三] 不禮賓。[四] 主人畢歸禮。[五] 賓唯饔餼之受。[六] 不賄，不禮玉，不贈。^[七]遭夫人、世子之喪，君不受，使大夫受于廟，其他如遭君喪。^[八]遭喪，將命于大夫，主人長衣練冠以受。^[九]

[一] 遭喪，主國君薨也。入竟則遂，國君以國爲體，士既請事，已入竟矣。關人未告則反。

[二] 子未君也。

[三] 致命不於廟，就尸柩於殯宮，又不神之。

[四] 喪，降事也。

[五] 賓所飲食，不可廢也。禮謂饔餼饗食。

[六] 受正不受加也。

[七] 喪殺，禮爲之不備。

[八] 夫人、世子死，君爲喪主，使大夫受聘禮，不以凶接吉也。其他謂禮所降。

[九] 遭喪，謂主國君薨，夫人、世子死也。此三者皆大夫攝主人。長衣，素純布衣也。去衰易冠，不以純凶接純吉也。吉時在裏爲中衣，中衣、長衣繼皆掩尺，表之曰深衣，純袂寸半耳。君喪，不言使大夫受，子未君，無使臣義也。

（以上遭所聘國君喪及夫人、世子喪）

（八·三十）

聘，君若薨于後，入竟則遂。^[一]赴者未至，則哭于巷，衰于館，^[二]受禮，^[三]不受饗食。^[四]赴者至，則衰而出，^[五]唯稍受之。^[六]歸，執圭復命于殯，升自西階，不升堂。^[七]子即位，不哭。^[八]辯復命，如聘。^[九]子臣皆哭。^[一○]與介入，北鄉哭。^[一一]出，袒括髮。^[一二]入門右，即位踊。^[一三]

[一] 既接於主國君也。

[二] 未至，謂赴告主國君者也。哭于巷者，哭于巷門，未可爲位也。衰于館，未可以凶服出見人。其聘享之事，自若吉也。今文“赴”作“訃”。

[三] 受饔餼也。

[四] 亦不受加。

[五] 禮，爲鄰國闕，於是可以凶服將事也。

[六] 稍稟食也。

[七] 復命于殯者，臣子之於君父，存亡同。

[八] 將有告請之事，宜清淨也。不言世子者，君薨也。諸臣待之，亦皆如朝，夕哭位。

[九] 自陳幣至于上介以公賜告，無勞。

[一○] 使者既復命，子與群臣皆哭。

[一一] 北鄉哭，新至，別於朝夕。

[一二] 悲哀變於外臣也。

[一三] 從臣位，自哭至踊，如奔喪禮。

（以上出聘後，本國君薨）

(八·三十一)

　　若有私喪，則哭于館，衰而居，不饗食。^[一]歸，使衆介先，衰而從之。^[二]

［一］私喪，謂其父母也〔一〕。哭于館，衰而居，不敢以私喪自聞于主國，凶服于君之吉使。《春秋傳》曰："大夫以君命出，聞喪，徐行而不反。"

［二］己有齊斬之服，不忍顯然趨於往來，其在道路，使介居前歸，又請反命，己猶徐行隨之，君納之乃朝服。既反命，出公門釋服，哭而歸。其佗如奔喪之禮。吉時道路深衣。

（以上聘賓有私喪）

(八·三十二)

賓入竟而死，遂也。主人爲之具而殯。〔一〕介攝其命。〔二〕君弔，介爲主人。〔三〕主人歸禮幣，必以用。〔四〕介受賓禮，無辭也。〔五〕不饗食。歸，介復命，柩止于門外。〔六〕介卒復命，出，奉柩送之。君弔，卒殯。〔七〕若大夫介卒，亦如之。〔八〕士介死，爲之棺斂之，〔九〕君不弔焉。〔一〇〕若賓死，未將命，則既斂于棺，造于朝，介將命。〔一一〕若介死，歸復命，唯上介造于朝。若介死，雖士介，賓既復命，往，卒殯乃歸。〔一二〕

［一］具，謂始死至殯所當用。

［二］爲致聘享之禮也。初時上介接聞命。

［三］雖有臣子親姻，猶不爲主人。以介與賓並命於君，尊也。

［四］當中奠贈諸喪具之用，不必如賓禮。

［五］介受主國賓己之禮，無所辭也。以其當陳之以反命也。有賓

〔一〕　謂其父母也　"也"，底本誤奪，據嚴州本、張敦仁本、阮刻本補。

喪，嫌其辭之。

［六］門外，大門外也。必以柩造朝，達其忠心。

［七］卒殯，成節乃去。

［八］不言上介者，小聘，上介士也。

［九］不具佗衣物也，自以時服也。

［一〇］主國君使人弔，不親往。

［一一］未將命，謂俟間之後也。以柩造朝，以巳至朝，志在達
　　　　君命。

［一二］往，謂送柩。

（以上出聘賓介死）

（八·三十三）

小聘曰問。不享，有獻，不及夫人。主人不筵几，不
禮，面不升，不郊勞。^{［一］}其禮如爲介，三介。^{［二］}

［一］記貶於聘，所以爲小也。獻，私獻也。面，猶覿也。

［二］如爲介，如爲大聘上介。

（以上小聘）

記。

（八·記·一）

久無事則聘焉。^{［一］}若有故，則卒聘。束帛加書將命，
百名以上書於策，不及百名書於方。^{［二］}主人使人與客讀諸
門外。^{［三］}客將歸，使大夫以其束帛反命于館。^{［四］}明日，

君館之。[五]

[一] 事，謂盟會之屬。

[二] 故，謂灾患及時事相告請也。將，猶致也。名，書文也，今
　　　謂之字。策，簡也。方，板也。

[三] 受其意，既聘享賓，出而讀之。讀之不於內者，人稠處嚴，
　　　不得審悉。主人，主國君也[一]。人，內史也。書必璽之。

[四] 爲書報也。

[五] 既報館之，書問尚疾也。

（以上記有故卒聘致書之事）

（八·記·二）

　　既受行，出，遂見宰，問幾月之資。[一] 使者既受行
日，朝同位。[二] 出祖釋軷，祭酒脯，乃飲酒于其側。[三]

[一] 資，行用也。古者君臣謀密草創，未知所之遠近，問行用當
　　　知多少而已。古文“資”作“齎”。

[二] 謂前夕幣之間。同位者，使者北面，介立于左，少退，別其
　　　處，臣也。

[三] 祖，始也。既受聘享之禮，行出國門，止陳車騎，釋酒脯
　　　之奠於軷，爲行始也。《詩傳》曰：“軷，道祭也。”謂祭道
　　　路之神。《春秋傳》曰：“軷涉山川。”然則軷山，行之名也。
　　　道路以險阻爲難，是以委土爲山，或伏牲其上，使者爲軷，

────────────

〔一〕 主國君也　“主”，底本、嚴州本誤奪，據張敦仁本、阮刻本補。

祭酒脯祈告也。卿、大夫處者，於是餞之，飲酒於其側，禮畢，乘車轢之而遂行，舍於近郊矣。其牲犬羊可也。古文"轢"作"袚"。

（以上記使者受命將行之禮）

(八·記·三)

　　所以朝天子，圭與繅皆九寸，剡上寸半，厚半寸，博三寸，繅三采六等，朱白蒼。[一]問諸侯，朱綠繅，八寸。[二]皆玄纁繫，長尺，絢組。[三]問大夫之幣，俟于郊，爲肆，又齎皮馬。[四]

[一]圭，所執以爲瑞節也，剡上，象天圜地方也。雜采曰繅，以韋衣木板，飾以三色，再就，所以薦玉，重慎也。九寸，上公之圭也[一]。古文"繅"或作"藻"，今文作"璪"。

[二]二采再就，降於天子也。於天子曰朝，於諸侯曰問，記之於聘文互相備。

[三]采成文曰絢。繫無事則以繫玉，因以爲飾，皆用五采組，上以玄，下以絳爲地。今文"絢"作"約"。

[四]肆，猶陳列也。齎，猶付也。使者既受命，宰夫載問大夫之禮，待於郊，陳之爲行列，至則以付之也。使者初行，舍于近郊。幣云肆，馬云齎，因其宜，亦互文也。不於朝付之者，辟君禮也。必陳列之者，不夕也。古文"肆"爲"肆"。

（以上記朝聘玉幣）

〔一〕上公之圭也 "上"，底本作"三"，據嚴州本、張敦仁本、阮刻本改。

（八·記·四）

　　辭無常，孫而説。[一]辭多則史，少則不達。[二]辭苟足以達，義之至也。[三]辭曰：“非禮也。”敢對曰：“非禮也。敢辭？”[四]

　　［一］孫，順也。大夫使受命不受辭，辭必順且説。

　　［二］史，謂策祝。

　　［三］至，極也。今文“至”爲“砥”。

　　［四］辭，不受也。對，荅問也。二者皆卒曰敢，言不敢。

　　（以上記修辭之節，因及辭對二言）

（八·記·五）

　　卿館於大夫，大夫館於士，士館於工商。[一]管人爲客，三日具沐，五日具浴。[二]

　　［一］館者必於廟，不館於敵者之廟，爲大尊也[一]。自官師以上有廟、有寢，工商則寢而已。

　　［二］管人，掌客館者也。客，謂使者，下及士介也。

　　（以上記賓館并管人所供）

（八·記·六）

　　飱不致。[一]賓不拜。[二]沐浴而食之。[三]

〔一〕 爲大尊也　底本“爲”後闕一字，嚴州本、張敦仁本、阮刻本後有“大”字，據補。

　〔一〕不以束帛致命，草次饌飱具輕。

　〔二〕以不致命。

　〔三〕自絜清，尊主國君賜也。記此重者，沐浴可知。

（以上記設飱）

(八·記·七)

　　卿，大夫訝。大夫，士訝。士皆有訝。^[一]賓即館，訝將公命，^[二]又見之以其摯。^[三]賓既將公事，復見之以其摯。^[四]

　〔一〕卿，使者。大夫，上介也。士，眾介也。訝，主國君所使迎
　　　待賓者，如今使者護客。

　〔二〕使己迎待之命。

　〔三〕又，復也。復以私禮見者訝將舍於賓館之外，宜相親也。大
　　　夫訝者執鴈，士訝者執雉。

　〔四〕既，已也。公事，聘享問大夫。復，報也。使者及上介執
　　　鴈，群介執雉，各以見其訝。

（以上記賓訝往復之禮）

(八·記·八)

　　凡四器者，唯其所寶，以聘可也。^[一]

　〔一〕言國獨以此為寶也。四器，謂圭、璋、璧、琮。

（以上記聘玉）

276

（八·記·九）

　　宗人授次，次以帷，少退于君之次。^[一]

　　[一] 主國之門外，諸侯及卿、大夫之所使者，次位皆有常處。

　　（以上記授賓次）

（八·記·十）

　　上介執圭，如重，授賓。^[一]賓入門，皇。升堂，讓。將授，志趨。^[二]授如爭承，下如送，君還而后退。^[三]下階，發氣，怡焉，再三舉足，又趨。^[四]及門，正焉。^[五]執圭，入門，鞠躬焉，如恐失之。^[六]及享，發氣焉，盈容。^[七]衆介北面，蹌焉。^[八]私覿，愉愉焉。^[九]出如舒鴈。^[一〇]皇且行，人門主敬，升堂主慎。^[一一]

　　[一] 慎之也。《曲禮》曰：“凡執主器，執輕如不克。”

　　[二] 皇，自莊盛也。讓，謂舉手平衡也。志，猶念也。念趨，謂審行步也。孔子之執圭，鞠躬如也，如不勝。上如揖，下如授，勃如戰色，足蹜蹜如有循。古文“皇”皆作“王”。

　　[三] 重失隊也。而后，猶然後也。

　　[四] 發氣，舍息也。再三舉足，自安定乃復趨也。至此云舉足^[一]，則志趨卷遜而行也。孔子之升堂，鞠躬如也，屏氣似不息者，出降一等，逞顏色，怡怡如也。没階趨進，翼如也。

────────

〔一〕 至此云舉足　“至”，底本誤奪，據嚴州本、張敦仁本、阮刻本補。

〔五〕容色復故，此皆心變見於威儀。

〔六〕記異説也。

〔七〕發舍氣也。孔子之於享，禮有容色。

〔八〕容貌舒揚。

〔九〕容貌和敬。

〔一〇〕威儀自然而有行列。舒鴈，鵝也。

〔一一〕復記執玉異説。

（以上三記賓介聘享之容）

（八・記・十一）

　　凡庭實，隨入，左先，皮馬相間，可也。〔一〕賓之幣，唯馬出，其餘皆東。〔二〕多貨則傷于德。〔三〕幣美則没禮。〔四〕賄，在聘于賄。〔五〕

〔一〕隨入，不並行也。間，猶代也。上物有宜，君子不以所無爲禮，畜獸同類可以相代。古文“間”作“干”。

〔二〕馬出，當從廄也。餘物皆東，藏之内府。

〔三〕貨，天地所化生，謂玉也。君子於玉比德焉，朝聘之禮以爲瑞節，重禮也。多之則是主於貨，傷敗其爲德〔一〕。

〔四〕幣，人所造成，以自覆幣，謂束帛也。愛之斯欲衣食之，君子之情也，是以享用幣，所以副忠信。美之，則是主於幣而禮之本意不見也。

〔五〕賄，財也。于讀曰爲。言主國禮賓，當視賓之聘禮而爲之財

〔一〕傷敗其爲德　“敗”，底本誤奪，據嚴州本、張敦仁本、阮刻本補。

也。賓客者，主人所欲豐也，若苟豐之，是又傷財也。《周禮》曰：“凡諸侯之交，各稱其邦而爲之幣，以其幣爲之禮。”古文“賄”皆作“悔”。

（以上記庭實貨幣之宜）

（八·記·十二）

　　凡執玉，無藉者襲。[一]

　　[一] 藉，謂繅也。繅所以縕藉玉。

（以上記裼襲之節）

（八·記·十三）

　　禮不拜至。[一] 醴尊于東箱，瓦大一，有豐。[二] 薦脯五臟，祭半臟，橫之。[三] 祭醴，再扱，始扱一祭，卒再祭。[四] 主人之庭實，則主人遂以出，賓之士訝受之。[五]

　　[一] 以賓不於是始至。今文“禮”爲“醴”。
　　[二] 瓦大，瓦尊。豐，承尊器，如豆而卑。
　　[三] 臟，脯如版然者，或謂之脡，皆取直貌焉。
　　[四] 卒，謂後扱。
　　[五] 此謂餘三馬也。左馬賓執以出矣。士，士介從者。

（以上記公禮賓儀物）

（八·記·十四）

　　既覜，賓若私獻，奉獻，將命。[一] 擯者入告，出禮辭。[二] 賓東面坐奠獻，再拜稽首。[三] 擯者東面坐取獻，舉以入告，出，禮請受。[四] 賓固辭，公荅再拜。[五] 擯者立于闑外以相拜，賓辟。[六] 擯者授宰夫于中庭。[七] 若兄弟之國，則問夫人。[八]

[一] 時有珍異之物，或賓奉之，所以自序尊敬也，猶以君命致之。

[二] 辭其獻也。

[三] 送獻不入者，奉物禮輕。

[四] 東面坐取獻者，以宜並受也。其取之，由賓南而自後右客也。

[五] 拜受於賓也。固亦衍字。

[六] 相，贊也。古文“闑”爲“臲”。

[七] 東藏之，既乃介覜。

[八] 兄弟，謂同姓若昏姻甥舅有親者。問，猶遺也，謂獻也。不言獻者，變於君也。非兄弟，獻不及夫人。

（以上記覜後賓私獻）

（八·記·十五）

　　若君不見，[一] 使大夫受。[二] 自下聽命，自西階升受，負右房而立。賓降亦降。[三] 不禮。[四]

[一] 君有疾若他故，不見使者。

[二] 受聘享也。大夫，上卿也。

［三］此儀如還圭然，而賓大夫易處耳。今文無“而”。

［四］辟正主也。古文“禮”作“醴”〔一〕。

（以上記君不親受之禮）

（八·記·十六）

幣之所及，皆勞，不釋服。[一]

［一］以與賓接於君所，賓又請有事于己，不可以不速也。所不及者，下大夫未嘗使者也。不勞者，以先是賓請有事於己同類，既聞彼爲禮所及，則己往有嫌也。所以知及不及者，賓請有事，固曰某子某子。

（以上記勞賓）

（八·記·十七）

賜饗，唯羹飥，筮一尸，若昭若穆。[一]僕爲祝，祝曰：“孝孫某，孝子某，薦嘉禮于皇祖某甫，皇考某子。”[二]如饋食之禮。[三]假器於大夫。[四]肦肉及廋、車。[五]

［一］羹飥，謂飥一牢也。肉謂之羹，唯是祭其先，大禮之盛者也。筮尸若昭若穆，容父在，父在則祭祖，父卒則祭禰。腥饋不祭，則士介不祭也。士之初行，不釋幣于禰，不祭可也。古文“羹”爲“羔”，“飥”作“脄”。

［二］僕爲祝者，大夫之臣攝官也。

〔一〕 古文禮作醴　此五字底本誤奪，據嚴州本、張敦仁本、阮刻本補。

［三］如少牢饋食之禮。不言少牢，今以大牢也。今文無"之"。

［四］不敢以君之器爲祭器。

［五］盼，猶賦也。廋，廋人也。車，巾車也。二人掌視車馬之官
　　　也。賦及之，明辯也。古文"盼"作"紛"。

（以上記賓受饗而祭）

（八·記·十八）

　　聘日致饗。［一］明日，問大夫。［二］夕，夫人歸禮。［三］
既致饗，旬而稍，宰夫始歸乘禽，日如其饗飧之數。［四］士
中日則二雙。［五］凡獻，執一雙，委其餘於面。［六］禽羞，
俶獻比。［七］

［一］急歸大禮。

［二］不以殘日問人，崇敬也。古文曰："問夫人也。"

［三］與君異日，下之也。今文"歸"作"饋"。

［四］稍，稟食也。乘禽［一］，乘行之禽也，謂鴈鶩之屬。其歸之以
　　　雙爲數。其，賓與上介也。古文"既"爲"餼"。

［五］中，猶間也。不一日一雙，大寡，不敬也。

［六］執一雙，以將命也。面，前也。其受之也，上介受以入告
　　　之，士舉其餘從之，賓不辭，拜受于庭。上介執之，以相
　　　拜于門中，乃入，授人。上介受，亦如之。士介拜受于
　　　門外。

［七］比，放也。其致之，禮如乘禽也。禽羞，謂成孰有齊和者。

〔一〕乘禽 "乘禽"，底本作"乘謂"，據嚴州本、張敦仁本、阮刻本改。

傲獻，四時珍美新物也。傲，始也，言其始可獻也。《聘義》
謂之時賜。

（以上記賓主行禮節次及禽獸之等殺）

（八·記·十九）

歸大禮之日，既受饔餼，請觀。[一] 訝帥之，自下
門入。[二]

[一] 聘於是國，欲見其宗廟之好，百官之富，若尤尊大之焉。
[二] 帥，猶道也。從下門外入，游觀非正也。

（以上記賓游觀）

（八·記·二十）

各以其爵，朝服。[一]

[一] 此句似非其次，宜在“凡致禮”下，絕爛在此。

（以上記致禮者之爵服）

（八·記·二十一）

士無饔，無饔者無擯。[一]

[一] 謂歸餼也。

（以上記賓介之殺禮）

（八·記·二十二）

　　大夫不敢辭，君初爲之辭矣。[一]

　　[一] 此句亦非其次，宜在“明日問大夫”之下。

　　（以上記賓問大夫，大夫不辭）

（八·記·二十三）

　　凡致禮，皆用其饗之加籩豆。[一] 無饗者無饗禮。[二]

　　[一] 凡致禮，謂君不親饗賓及上介，以酬幣致其禮也。其，其賓
　　　　 與上介也。加籩豆，謂其實也，亦實于甕筐。饗禮今亡。
　　[二] 士介無饗禮。

　　（以上記致饗與無饗）

（八·記·二十四）

　　凡餼，大夫黍、粱、稷，筐五斛。[一]

　　[一] 謂大夫餼賓、上介也。器寡而大略。

　　（以上記大夫餼賓、上介之實與器）

（八·記·二十五）

　　既將公事，賓請歸。[一] 凡賓拜于朝，訝聽之。[二]

　　[一] 謂己問大夫事畢，請歸，不敢自專，謙也。主國留之，饗食

燕獻無日數，盡殷勤也。

［二］拜，拜賜也。唯稍不拜。

（以上記賓請歸拜賜）

（八·記·二十六）

燕則上介爲賓，賓爲苟敬。^{［一］}宰夫獻。^{［二］}

［一］饗食，君親爲主，尊賓也。燕，私樂之禮，崇恩殺，敬也。
　　賓不欲主君復舉禮事禮己，于是辭爲賓，君聽之。從諸公之
　　席，命爲苟敬。苟敬者，主人所以小敬也。更降迎其介以爲
　　賓。介，大夫也。雖爲賓，猶卑於君，君則不與亢禮也。主
　　人所以致敬者，自敵以上。

［二］爲主人代公獻。

（以上記燕聘賓之禮）

（八·記·二十七）

無行，則重賄反幣。^{［一］}

［一］無行，謂獨來復無所之也。必重其賄與反幣者，使者歸，以
　　得禮多爲榮，所以盈聘君之意也。反幣，謂禮玉、束帛、乘
　　皮，所以報聘君之享禮也。昔秦康公使西乞術聘于魯，辭孫
　　而說。襄仲曰：不有君子，其能國乎？厚賄之。此謂重賄反
　　幣者也。今文曰"賄反幣"。

（以上記特聘宜加禮）

（八·記·二十八）

曰：“子以君命在寡君，寡君拜君命之辱。”[一]“君以社稷故，在寡小君，拜。”[二]“君覜寡君，延及二三老，拜。”[三]又拜送。[四]

[一]此贊君拜聘享辭也。在，存也。

[二]此贊拜夫人聘享辭也。言君以社稷故者，夫人與君體敵，不敢當其惠也。其卒亦曰寡君拜命之辱。

[三]此贊拜問大夫之辭。覜，賜也。大夫曰老。

[四]拜送賓也。其辭蓋云：子將有行，寡君敢拜送。“百拜聘享”至此，亦非其次，宜承上“君館”之下。

（以上記公館賓拜四事之辭）

（八·記·二十九）

賓於館堂楹間，釋四皮束帛。賓不致，主人不拜。[一]

[一]賓將遂去是館，留禮以禮主人，所以謝之也。不致不拜，不以將別崇新敬也。

（以上記賓謝館主人）

（八·記·三十）

大夫來使，無罪，饗之。[一]過，則饔之。[二]其介爲介。[三]有大客後至，則先客不饗食，致之。[四]

［一］樂與嘉賓爲禮。

［二］餼之，腥致其牢禮也。其致之辭，不云君之有故耳。《聘義》曰：“使者聘而誤，主君不親饗食，所以愧厲之也。”不言罪者，罪將執之。

［三］饗賓有介者，賓尊，行敵禮也。

［四］卑不與尊者齊禮。

（以上記饗不饗知宜）

（八·記·三十一）

唯大聘有几筵。[一]

［一］謂受聘享時也。小聘輕，雖受于廟，不爲神位。

（以上記受聘問之異）

（八·記·三十二）

十斗曰斛，十六斗曰籔，十籔曰秉。[一]二百四十斗。[二]四秉曰筥。[三]十筥曰稯。十稯曰秅。四百秉爲一秅。[四]

［一］秉，十六斛。今江淮之間，量名有爲籔者。今文“籔”爲“逾”。

［二］謂一車之米，秉有五籔。

［三］此秉謂刈禾盈手之秉也。筥，穧名也，若今萊易之間，刈稻聚把，有名爲筥者。《詩》云：“彼有遺秉。”又云：“此有不斂穧。”

287

［四］一車之禾三秅，爲千二百秉。三百筥，三十稯也。古文
　　"稯"作"緵"。

（以上記明致饔米禾之數）

儀禮卷第九

儀禮卷第九

鄭　氏　注

公食大夫禮第九

（九・一）

公食大夫之禮。使大夫戒，各以其爵。^{〔一〕}上介出請，入告。^{〔二〕}三辭。^{〔三〕}賓出，拜辱。^{〔四〕}大夫不答拜，將命。^{〔五〕}賓再拜稽首。^{〔六〕}大夫還，^{〔七〕}賓不拜送，遂從之。^{〔八〕}賓朝服即位于大門外，如聘。^{〔九〕}

〔一〕戒，猶告也。告之必使同班，敵者易以相親敬。

〔二〕問所以來事^{〔一〕}。

〔三〕爲既先受賜，不敢當。

〔四〕拜使者屈辱來迎己。

〔五〕不答拜，爲人使也。將，猶致也。

〔六〕受命。

〔七〕復於君。

〔八〕不拜送者，爲從之不終事。

〔九〕於是朝服，則初時玄端。如聘，亦入于次俟。

（以上戒賓賓從）

〔一〕問所以來事　"以"下，底本疑衍"爲"字，據嚴州本、張敦仁本、阮刻本刪。

（九·二）

　　即位。具。^[一]羹定。^[二]甸人陳鼎七，當門，南面西上，設扃鼏，鼏若束若編。^[三]設洗如饗。^[四]小臣具槃匜，在東堂下。^[五]宰夫設筵，加席、几。^[六]無尊。^[七]飲酒，漿飲，俟于東房。^[八]凡宰夫之具，饌于東房。^[九]

　　［一］主人也。擯者俟君於大門外，卿、大夫、士序，及宰夫具其饌物，皆於廟門之外。

　　［二］肉謂之羹。定，猶孰也。著之者，不以爲節。

　　［三］七鼎，一大牢也。甸人，冢宰之屬，兼亨人者。南面西上，以其爲實，統於外也。扃，鼎扛，所以舉之者也。凡鼎鼏，蓋以茅爲之，長則束本，短則編其中央。今文“扃”作“鉉”，古文“鼏”皆作“密”。

　　［四］必如饗者，先饗後食，如其近者也。饗禮亡，燕禮則設洗於阼階東南。古文“饗”或作“鄉”。

　　［五］爲公盥也。公尊，不就洗。小臣，於小賓客饗食，掌正君服位。

　　［六］設筵於戶西，南面而左几。公不賓至授几者，親設涪醬，可以略此。

　　［七］主於食，不獻酬。

　　［八］飲酒，清酒也。漿飲，截漿也。其俟奠於豐上也。飲酒先言飲，明非獻酬之酒也。漿飲先言漿，別於六飲也。

　　［九］凡，非一也。飲食之具，宰夫所掌也。酒漿不在凡中者，雖無尊，猶嫌在堂。

　　（以上陳具）

（九·三）

　　公如賓服，迎賓于大門内。^[一]大夫納賓。^[二]賓入門左，公再拜，賓辟，再拜稽首。^[三]公揖入，賓從，^[四]及廟門，公揖入。^[五]賓入，三揖，^[六]至于階，三讓。^[七]公升二等，賓升。^[八]大夫立于東夾南，西面北上。^[九]士立于門東，北面西上。^[一〇]小臣東堂下，南面西上。宰東夾北，西面南上。^[一一]内官之士在宰東北，西面南上。^[一二]介門西，北面西上。^[一三]公當楣北鄉，至再拜，賓降也，公再拜。^[一四]賓西階東，北面荅拜。^[一五]擯者辭，^[一六]拜也。公降一等，辭曰：“寡君從子，雖將拜，興也。”^[一七]賓栗階升，不拜。^[一八]命之，成拜，階上北面再拜稽首。^[一九]

[一] 不出大門，降於國君。

[二] 大夫，謂上擯也。納賓以公命。

[三] 左，西方賓位也。辟，逡遁不敢當君拜也。

[四] 揖入，道之。

[五] 廟，禰廟也。

[六] 每曲揖，及當碑揖，相人偶。

[七] 讓先升。

[八] 遠下人君。

[九] 東夾南，東西節也。取節於夾，明東於堂。

[一〇] 統於門者，非其正位，辟賓在此。

[一一] 宰，宰夫之屬也。古文無“南上”。

[一二] 夫人之官，内宰之屬也。自卿、大夫至此，不先即位，從君而入者，明助君饗食，賓自無事。

［一三］西上，自統於賓也。然則承擯以下，立於士西，少進東上。

［一四］楣謂之梁。至再拜者，興禮俟賓，嘉其來也。公再拜，賓降矣。

［一五］西階東，少就主君，敬也。

［一六］辭拜於下。

［一七］賓降再拜，公降，擯者釋辭矣。賓猶降，終其再拜稽首。興，起也。

［一八］自以己拜也。栗，蹙栗也〔一〕。不拾級連步，趨主國君之命。不拾級而下曰走。

［一九］賓降拜，主君辭之，賓雖終拜，於主君之意猶爲不成。

（以上賓入拜至）

（九·四）

　　士舉鼎，去鼏於外〔二〕，次入。陳鼎于碑〔三〕，南面西上。右人抽扃，坐奠于鼎西，南順，出自鼎西，左人待載。〔一〕雍人以俎入，陳于鼎南，旅人南面加匕于鼎，退。〔二〕大夫長盥，洗東南，西面北上，序進盥。退者與進者交于前。卒盥，序進，南面匕。〔三〕載者西面。〔四〕魚、腊飪。〔五〕載體進奏。〔六〕魚七，縮俎，寢右。〔七〕腸胃七，同俎。〔八〕倫膚七。〔九〕腸胃、膚皆橫諸俎，垂之。〔一〇〕大夫既匕，匕奠于鼎，逆退，復位。〔一一〕

───────

〔一〕　蹙栗也　“蹙”，底本作“實”，據嚴州本、張敦仁本、阮刻本改。

〔二〕　去鼏於外　“鼏”，嚴州本、張敦仁本、阮刻本作“幂”。

〔三〕　陳鼎于碑　“碑”下，底本疑衍“南”字，據嚴州本、張敦仁本、阮刻本刪。

〔一〕入由東，出由西，明爲賓也。今文“奠”爲“委”，古文“待”爲“持”。

〔二〕旅人，雍人之屬，旅食者也。雍人言入，旅人言退，文互相備也。出入之由，亦如舉鼎者。匕俎每器一人，諸侯官多也。

〔三〕長，以長幼也。序，猶更也。前，洗南。

〔四〕載者，左人也。亦序自鼎東，西面於其前，大夫匕則載之。

〔五〕飪，孰也。食禮宜孰，饗有腥者。

〔六〕體，謂牲與腊也。奏，謂皮膚之理也。進其理，本在前。下大夫體七个。

〔七〕右，首也。寢右，進鬐也。乾魚近腴，多骨鯁。

〔八〕以其同類也。不異其牛羊，腴賤也。此俎實凡二十八。

〔九〕倫，理也，謂精理滑脆者〔一〕。今文“倫”或作“論”。

〔一〇〕順其在牲之性也。腸胃垂及俎拒。

〔一一〕事畢，宜由便也。士匕載者，又待設俎。

（以上鼎入載俎）

(九·五)

　　公降盥。〔一〕賓降，公辭。〔二〕卒盥，公壹揖，壹讓，公升，賓升。〔三〕宰夫自東房授醯醬，〔四〕公設之。〔五〕賓辭，北面坐遷而東遷所。〔六〕公立于序內，西鄉。〔七〕賓立于階西，疑立。〔八〕宰夫自東房薦豆六，設于醬東，西上。韭菹以東醓醢、昌本，昌本南麋臡，以西菁菹、鹿臡。〔九〕士設

〔一〕　謂精理滑脆者　“脆”，<u>嚴州</u>本、<u>張敦仁</u>本、<u>阮</u>刻本作“脃”。

俎于豆南，西上，牛、羊、豕、魚在牛南，腊、腸、胃亞
之。[一〇] 膚以爲特。[一一] 旅人取匕，甸人舉鼎，順出，奠
于其所。[一二] 宰夫設黍、稷六簋于俎西，二以並，東北上。
黍當牛俎，其西稷，錯以終，南陳。[一三] 大羹湆，不和，
實于鐙。宰右執鐙，左執蓋，由門入，升自阼階，盡階，
不升堂，授公，以蓋降，出，入反位。[一四] 公設之于醬西，
賓辭，坐遷之。[一五] 宰夫設鉶四于豆西，東上，牛以西羊，
羊南豕，豕以東牛。[一六] 飲酒，實于觶，加于豐。[一七] 宰
夫右執觶，左執豐，進設于豆東。[一八] 宰夫東面，坐啟簋
會，各卻于其西。[一九] 贊者負東房，南面，告具于公。[二〇]

[一] 將設醬。

[二] 辭其從己。

[三] 揖讓皆壹，殺於初。古文“壹”皆作“一”。

[四] 授，授公也。醢醬，以醢和醬。

[五] 以其爲饌本。

[六] 東遷，所奠之東側，其故處。

[七] 不立阼階上，示親饌。

[八] 不立階上，以主君離阼也。疑，正立也，自定之貌。今文曰
“西階”。

[九] 醢醢，醢有醢。昌本，昌蒲本，菹也。醢有骨，謂之臡。
菁，蔓菁菹也。今文“臡”皆作“麋”。

[一〇] 亞，次也。不言縡錯，俎尊也。

[一一] 直豕與腸胃東也。特膚者，出下牲，賤。

[一二] 以其空也。其，所謂當門。

[一三] 並，併也。今文曰“併”。古文“簋”皆作“軌”。

［一四］大羹湆，煑肉汁也。大古之羹不和，無鹽菜。瓦豆謂之
　　　　鐙。宰謂大宰，宰夫之長也。有蓋者，饌自外入，爲風
　　　　塵。今文"湆"爲"汁"。又曰："入門自阼階，無升。"

［一五］亦東遷所。

［一六］鉶，菜和羹之器。

［一七］豐，所以承觶者也，如豆而卑。

［一八］食有酒者，優賓也。設于豆東，不舉也。《燕禮記》曰："凡
　　　　奠者於左。"

［一九］會，簋蓋也。亦一一合卻之，各當其簋之西。

［二〇］負東房，負房戶而立也。南面者，欲得鄉公與賓也。

（以上賓設正饌）

(九・六)

　　公再拜，揖食，[一]賓降拜。[二]公辭，賓升，再拜稽
首。[三]賓升席，坐取韭菹，以辯擩于醢，上豆之間祭。[四]
贊者東面坐取黍，實于左手，辯，又取稷，辯，反于右
手，興以授賓。賓祭之。[五]三牲之肺不離，贊者辯取之，
壹以授賓。[六]賓興受，坐祭。[七]挩手，扱上鉶以柶，辯
擩之，上鉶之間祭。[八]祭飲酒於上豆之間，魚、腊、醬、
湆不祭。[九]

［一］再拜，拜賓饌具。

［二］荅公拜。

［三］不言成拜，降未拜。

［四］擩，猶染也。今文無"于"。

［五］取授以右手，便也。賓亦興受，坐祭之於豆祭也。獨云贊興，優賓也。《少儀》曰："受立，授立，不坐。"

［六］肺不離者，刌之也。不言刌，刌則祭肺也。此舉肺不離而刌之，便賓祭也。祭離肺者，絕肺祭也。壹，猶稍也。古文"壹"作"一"。

［七］於是云賓興受坐祭，重牲也。賓亦每肺興受，祭於豆祭。

［八］扱以柶，扱其鉶菜也。挩，拭也，拭以巾。

［九］不祭者，非食物之盛者。

（以上賓祭正饌）

(九·七)

宰夫授公飯粱，公設之于湆西。賓北面辭，坐遷之。[一]公與賓皆復初位。[二]宰夫膳稻于粱西。[三]士羞、庶羞皆有大、蓋，執豆如宰。[四]先者反之，由門入，升自西階。[五]先者一人升，設于稻南簜西，間容人。[六]旁四列，西北上。[七]腳以東，臐、膮、牛炙。[八]炙南醢，以西牛胾、醢、牛鮨，[九]鮨南羊炙，以東羊胾、醢、豕炙。炙南醢，以西豕胾、芥醬、魚膾。[一〇]眾人騰羞者盡階，不升堂，授以蓋，降出。[一一]贊者負東房，告備于公。[一二]

［一］既告具矣，而又設此，殷勤之加也。遷之，遷而西之，以其東上也。

［二］位，序內階西。

［三］膳，猶進也。進稻、粱者以簜。

［四］羞，進也。庶，眾也。進眾珍味可進者也。大，以肥美者特

298

爲齎，所以祭也。魚或謂之臐，臐，大也。唯醓醬無大。如宰，如其進大羹湆，右執豆，左執蓋。

[五] 庶羞多，羞人不足，則相授於階上，復出取也。

[六] 簋西，黍、稷西也。必言稻南者，明庶羞加，不與正豆併也。間容人者，賓當從間往來也。

[七] 不統於正饌者，雖加，自是一禮，是所謂羹胾中別。

[八] 腒、臐、膮，今時臛也。牛曰腒，羊曰臐，豕曰膮，皆香美之名也。古文“腒”作“香”，“臐”作“薰”。

[九] 先設醢，綏之以次也。肉則謂鮨爲膾[一]，然則膾用鮨。今文“鮨”作“鰭”。

[一〇] 芥醬，芥實醬也。《內則》曰：“膾，春用蔥，秋用芥。”

[一一] 騰當作媵，媵，送也。授，授先者一人。

[一二] 復告庶羞具者[二]，以其異饌。

（以上爲賓設加饌）

（九·八）

　　贊升賓。[一]賓坐席末，取粱，即稻，祭于醬湆間。[二]贊者北面坐，奠取庶羞之大，興，一以授賓。賓受，兼壹祭之。[三]賓降拜，[四]公辭。賓升，再拜稽首，公荅再拜。

　　[一] 以公命命賓升席。

〔一〕 肉則謂鮨爲膾　“肉”，底本作“內”，據嚴州本、張敦仁本、阮刻本改。

〔二〕 復告庶羞具者　“復”，底本作“隨”，據嚴州本、張敦仁本、阮刻本改。

［二］即，就也。祭稻、粱，不於豆祭^{〔一〕}，祭加宜於加^{〔二〕}。

［三］壹壹受之，而兼一祭之，庶羞輕也。自祭之於腳臑之間，以
異饌也。

［四］拜庶羞。

（以上賓祭加饌）

（九·九）

　　賓北面自間坐，左擁簠粱^{〔三〕}，右執湆以降。^[一]公辭。
賓西面坐，奠于階西，東面對，西面坐取之，栗階升，北
面反奠于其所，降辭公。^[二]公許，賓升，公揖，退于
箱。^[三]擯者退，負東塾而立。^[四]賓坐，遂卷加席，公不
辭。^[五]賓三飯以湆醬。^[六]宰夫執觶漿飲與其豐以進。^[七]
賓挩手，興，受。^[八]宰夫設其豐于稻西。^[九]庭實設。^[一〇]
賓坐祭，遂飲，奠於豐上。^[一一]

［一］自間坐，由兩饌之間也。擁，抱也。必取粱者，公所設也。
以之降者，堂尊處，欲食於階下然也。

［二］奠而後對，成其意也。降辭公，敬也。必辭公者，爲其尊而
親臨己食。侍食，贊者之事。

［三］箱，東夾之前，俟事之處。

［四］無事。

［五］贊者以告公，公聽之，重來優賓。

［六］每飯歠湆，以肴擩醬，食正饌也。三飯而止，君子食不求飽。不言其肴，優賓。

［七］此進漱也。非爲卒食，爲將有事，緣賓意欲自絜清。

［八］受觶。

［九］酒在東，漿在西，是所謂左酒右漿。

［一〇］乘皮。

［一一］飲，漱。

（以上賓食饌三飯）

（九·十）

公受宰夫束帛以侑，西鄉立。^[一]賓降筵，北面。^[二]擯者進相幣。^[三]賓降辭幣，升，聽命。^[四]降拜。^[五]公辭，賓升，再拜稽首，受幣，當東楹，北面。^[六]退西楹西，東面立。^[七]公壹拜，賓降也，公再拜。^[八]介逆出，^[九]賓北面揖，執庭實以出。^[一〇]公降立。^[一一]上介受賓，幣從者訝受皮。^[一二]

［一］束帛，十端帛也。侑，猶勸也。主國君以爲食賓，殷勤之意未至，復發幣以勸之，欲用深安賓也。西鄉立，序內位也。受束帛于序端。

［二］以君將有命也，北面於階上^{〔一〕}。

［三］爲君釋幣，辭於賓。

［四］降辭幣，主國君又命之。升聽命，釋許辭。

［五］當拜受幣。

［六］主國君南面授之。當東楹者，欲得君行一，臣行二也。

［七］俟主國君送幣也。退不負序，以將降。

［八］賓不敢俟成拜。

［九］以賓事畢。

［一〇］揖執者，示親受。

［一一］俟賓反。

［一二］從者，府史之屬。訝，迎也。今文曰"梧受"。

（以上公以束帛侑賓）

（九·十一）

賓入門左，沒霤，北面再拜稽首。[一] 公辭，[二] 揖讓如初，[三] 升。賓再拜稽首，公荅再拜。[四] 賓降，辭公如初。[五] 賓升，公揖，退于箱。賓卒食會飯，三飲。[六] 不以醬湆。[七]

［一］便退則食禮未卒，不退則嫌，更入行拜，若欲從此退。

［二］止其拜，使之卒食。

［三］如初入也。

［四］賓拜，拜主國君之厚意，賓揖，介入復位。

［五］將復食。

［六］卒，已也。已食會飯，三漱漿也。會飯，謂黍、稷也。此食黍、稷，則初時食稻、粱。

［七］不復用正饌也。初時食加飯用正饌，此食正飯用庶羞，互相

後也。後言湆者，湆或時後用〔一〕。

（以上賓卒食）

(九·十二)

捝手，興，北面坐取粱與醬以降，西面坐奠于階西。〔一〕東面再拜稽首。〔二〕公降，再拜。〔三〕介迎出，賓出。公送于大門內，再拜。賓不顧。〔四〕

〔一〕示親徹也。不以出者，非所當得，又以己得侑幣。

〔二〕卒食拜也。不北面者，異於辭。

〔三〕荅之也。不辭之使升堂，明禮有終。

〔四〕初來揖讓而退不顧，退禮略也，示難進易退之義。擯者以賓不顧告公，公乃還也。

（以上禮終賓出）

(九·十三)

有司卷三牲之俎，歸于賓館。〔一〕魚、腊不與。〔二〕

〔一〕卷，猶收也，無遺之辭也。三牲之俎，正饌尤尊，盡以歸賓，尊之至也。歸俎者實于篚，它時有所釋故。

〔二〕以三牲之俎無所釋故也。禮之有餘爲施惠，不言腸、胃、膚者，在魚、腊下，不與可知也。古文“與”作“豫”。

（以上歸俎實於賓）

〔一〕　後言湆者湆或時後用　“者湆”，底本誤奪，據嚴州本、張敦仁本、阮刻本補。

（九·十四）

　　明日，賓朝服拜賜于朝，拜食與侑幣，皆再拜稽首。^[一]
訝聽之。^[二]

　　［一］朝，謂大門外。

　　［二］受其言，入告出報也。此下大夫有士訝。

　　（以上賓拜賜）

（九·十五）

　　上大夫八豆、八籩、六鉶、九俎，魚、腊皆二俎。^[一]
魚、腸胃、倫膚，若九若十有一，下大夫則若七若九。^[二]
庶羞，西東毋過四列。^[三]上大夫，庶羞二十，加於下大
夫，以雉、兔、鶉、鴽。^[四]

　　［一］記公食上大夫，異於下大夫之數。豆加葵、菹、蝸、醢，
　　　　四四爲列，俎加鮮魚、鮮腊，三三爲列，無特。

　　［二］此以命數爲差也。九謂再命者也，十一謂三命者也，七謂一
　　　　命者也。九或上或下者，再命謂小國之卿，次國之大夫也。
　　　　卿則曰上，大夫則曰下。大國之孤視子、男。

　　［三］謂上、下大夫也。古文“毋”爲“無”。

　　［四］鴽，無母。

　　（以上食上大夫禮之加於下大夫者）

（九·十六）

　　若不親食，^[一]使大夫各以其爵，朝服以侑幣致之。^[二]

豆實實于甕，陳于楹外，二以並，北陳。簋實實于筐^{〔一〕}，陳于楹內兩楹間，二以並，南陳。^{〔三〕}庶羞陳于碑內。^{〔四〕}庭實陳于碑外。^{〔五〕}牛、羊、豕陳于門內西方，東上。^{〔六〕}賓朝服以受，如受饗禮。^{〔七〕}無擯。^{〔八〕}明日，賓朝服以拜賜于朝，訝聽命。^{〔九〕}

〔一〕謂主國君有疾病若他故。

〔二〕執幣以將命。

〔三〕陳甕筐於楹間者，象授受於堂中也。南北相當，以食饌同列耳。甕北陳者，變於食。甕數如豆，醯芥醬從焉。筐米四。今文“並”作“併”。

〔四〕生魚也。魚、腊從焉。上大夫加鮮魚、鮮腊、雉、兔、鶉、鴽，不陳於堂，辟正饌。

〔五〕執乘皮者也。不參分庭一在南者，以言歸，且近內^{〔二〕}。

〔六〕爲其踐汙館庭，使近外。

〔七〕朝服食，禮輕也。

〔八〕以己本宜往。

〔九〕賜亦謂食侑幣。

（以上君不親食，使人往致）

（九·十七）

大夫相食，親戒，速。^{〔一〕}迎賓于門外，拜至，皆如饗拜。^{〔二〕}降盥，受醬、湆、侑幣、束錦也，皆自阼階降堂受，

〔一〕簋實實于筐　“筐”，底本作“筐”，據嚴州本、張敦仁本、阮刻本改。

〔二〕且近內　“且”，底本作“宜”，據嚴州本、張敦仁本、阮刻本改。

授者升一等。^[三]賓止也。^[四]賓執粱與湆，之西序端。^[五]主人辭，賓反之。卷加席，主人辭，賓反之。辭幣，降一等，主人從。^[六]受侑幣，再拜稽首。主人送幣亦然。^[七]辭於主人，降一等，主人從。^[八]卒食，徹于西序端。^[九]東面再拜，降出。^[一〇]其他皆如公食大夫之禮。

[一] 記異於君者也。速，召也。先就告之，歸具既具，復自召之。

[二] 饗，大夫相饗之禮也，今亡。古文“饗”或作“鄉”。

[三] 皆者，謂受醬、受湆、受幣也。侑用束錦，大夫文也。降堂，謂止階上。今文無“束”。

[四] 主人三降，賓不從。

[五] 不敢食於尊處。

[六] 從辭賓降。

[七] 敵也。

[八] 辭謂辭其臨己食。

[九] 亦親徹。

[一〇] 拜亦拜卒食。

（以上大夫相食之禮）

（九·十八）

　　若不親食，則公作大夫，朝服以侑幣致之。^[一]賓受于堂，無儐^[一]。^[二]

[一] 作，使也。大夫有故，君必使其同爵者爲之致禮。列國之賓

―――――
〔一〕 無儐　“儐”，嚴州本、張敦仁本、阮刻本作“擯”。

來，榮辱之事，君臣同。

［二］與受君禮同。

（以上大夫不親食，君使人代致）

記。

(九·記·一)

不宿戒。^{［一］}戒，不速。^{［二］}不授几。^{［三］}無阼席。^{［四］}

［一］食禮輕也。此所以不宿戒者，謂前期三日之戒，申戒爲宿，
　　謂前期一日。

［二］食賓之朝，夙興戒之，賓則從戒者而來，不復召。

［三］異於醴也。

［四］公不坐。

（以上記食禮異於常禮）

(九·記·二)

亨于門外，東方。^{［一］}

［一］必於門外者，大夫之事也。東方者主陽。

（以上記亨）

(九·記·三)

司宮具几，與蒲筵常緇布純，加萑席尋玄帛純，皆卷

307

自末。^{〔一〕}宰夫筵，出自東房。^{〔二〕}

> ［一］司宮，大宰之屬，掌宮廟者也。丈六尺曰常，半常曰尋。
> 純，緣也。萑，細葦也。末，經所終，有以識之。必長筵
> 者，以有左右饌也。今文“萑”皆爲“莞”。
>
> ［二］筵本在房，宰夫數之也。天子、諸侯左右房。

（以上記筵席）

(九·記·四)

賓之乘車在大門外西方，北面立。^{〔一〕}

> ［一］賓車不入門，廣敬也。凡賓即朝，中道而往，將至，下行而
> 後車還，立于西方。賓及位而止，北面。卿、大夫之位，當
> 車前。凡朝位，賓主之間，各以命數爲遠近之節也。

（以上記乘車）

(九·記·五)

鉶芼，牛藿^{〔一〕}、羊苦、豕薇，皆有滑。^{〔一〕}

> ［一］藿，豆葉也。苦，苦荼也。滑，堇荁之屬。今文“苦”爲
> “苄”^{〔二〕}。

（以上記鉶芼）

〔一〕　牛藿　“藿”，底本作“藿”，據嚴州本、張敦仁本、阮刻本改。
〔二〕　今文苦爲苄　“苄”，底本、嚴州本作“苄”，據張敦仁本、阮刻本改。

（九·記·六）

　　贊者盥，從俎升。[一]

　　[一] 俎，其所有事。

　　（以上記贊者升節）

（九·記·七）

　　簠有蓋幂。[一]

　　[一] 稻、粱將食乃設，去會於房，蓋以幂。幂，巾也。今文或作
　　　　“幕”。

　　（以上記簠）

（九·記·八）

　　凡炙無醬。[一]

　　[一] 已有鹹和。

　　（以上記炙）

（九·記·九）

　　上大夫蒲筵，加萑席，其純皆如下大夫純。[一]

　　[一] 謂三命大夫也。孤爲賓，則莞筵紛純，加繅席畫純也。

　　（以上記上大夫筵席與下大夫同）

（九·記·十）

卿擯由下。^[一]上贊，下大夫也。^[二]

[一] 不升堂也。

[二] 上，謂堂上。擯、贊者事相近，以佐上下爲名。

（以上記擯、贊）

（九·記·十一）

上大夫庶羞。酒飲漿飲，庶羞可也。^[一]拜食與侑幣，皆再拜稽首。^[二]

[一] 於食庶羞，宰夫又設酒漿，以之食庶羞可也。以優賓。

[二] 嫌上大夫不稽首。

（以上記庶羞及侑幣）

儀禮卷第十

儀禮卷第十

鄭　氏　注

覲禮第十

（十·一）

　　覲禮。至于郊，王使人皮弁用璧勞。侯氏亦皮弁迎于帷門之外，再拜。^[一]使者不荅拜，遂執玉，三揖。至于階，使者不讓，先升。侯氏升聽命，降，再拜稽首，遂升受玉。^[二]使者左還而立，侯氏還璧，使者受。侯氏降，再拜稽首，使者乃出。^[三]侯氏乃止使者，使者乃入。侯氏與之讓升。侯氏先升，授几。侯氏拜送几，使者設几，荅拜。^[四]侯氏用束帛、乘馬償使者，使者再拜受。侯氏再拜，送幣。^[五]使者降，以左驂出。侯氏送于門外，再拜。侯氏遂從之。^[六]

　　［一］郊謂近郊，去王城五十里。《小行人職》曰："凡諸侯入，王則迎勞于畿^{〔一〕}。"則郊勞者，大行人也。皮弁者，天子之朝朝服也。璧無束帛者，天子之玉尊也。不言諸侯言侯氏者，明國殊舍異，禮不凡之也。郊舍狹寨，爲帷宮以受勞。《掌舍職》曰："爲帷宮，設旌門。"

_____

〔一〕 王則迎勞于畿　"迎"，嚴州本、張敦仁本、阮刻本作"逆"。

［二］不荅拜者，爲人使不當其禮也。不讓先升，奉王命尊也。升
　　者，升壇。使者東面致命，侯氏東階上西面聽之。

［三］左還，還南面，示將去也。立者，見侯氏將有事於己，俟之
　　也。還玉，重禮。

［四］侯氏先升，賓禮統焉。几者，安賓所以崇優厚也。上介出止
　　使者，則已布席也。

［五］儐，使者所以致尊敬也。拜者各於其階。

［六］騑馬曰驂。左驂，設在西者。其餘三馬[一]，侯氏之士遂以出
　　授使者之從者于外。從之者遂隨使者以至朝。

（以上王使人郊勞）

（十·二）

　　天子賜舍。[一]曰：“伯父，女順命于王所。賜伯父
舍。”[二]侯氏再拜稽首，[三]儐之束帛、乘馬。[四]

［一］以其新至，道路勞苦，未受其禮，且使即安也。賜舍，猶
　　致館也。所使者，司空與小行人爲承擯。今文“賜”皆作
　　“錫”[二]。

［二］此使者致館辭。

［三］受館。

［四］王使人以命致館，無禮猶擯之者[三]，尊王使也。侯氏受館於
　　外，既則儐使者於內。

〔一〕　其餘三馬　“三”，底本作“二”，據嚴州本、張敦仁本、阮刻本改。

〔二〕　今文賜皆作錫　“皆”，底本誤奪，據嚴州本、張敦仁本、阮刻本補。

〔三〕　無禮猶擯之者　“擯”，嚴州本、張敦仁本、阮刻本作“儐”。

（以上王賜侯氏舍）

（十·三）

天子使大夫戒曰：“某日，伯父帥乃初事。”[一]侯氏再拜稽首。[二]

[一] 大夫者，卿爲訝者也。《掌訝職》曰：“凡訝者，賓客至而往，詔相其事。”戒，猶告也。其爲告，使順循其事也。初，猶故也。古文“帥”作“率”〔一〕。

[二] 受覲日也。

（以上王戒覲期）

（十·四）

諸侯前朝，皆受舍于朝。同姓西面，北上。異姓東面，北上。[一]

[一] 言諸侯者，明來朝者衆矣。顧其入覲，不得並耳。受舍於朝，受次於文王廟門之外。《聘禮記》曰：“宗人授次，次以帷〔二〕，少退于君之次。”則是次也。言舍者，尊舍也，天子使掌次爲之。諸侯上介先朝受焉，此覲也，言朝者，覲遇之禮雖簡，其來之心猶若朝也。分別同姓異姓，受之將有先後也。《春秋傳》曰：“寡人若朝于薛，不敢與諸任齒。”則周禮先同姓。

〔一〕 古文帥作率　“古”，底本作“今”，據嚴州本、張敦仁本、阮刻本改。
〔二〕 次以帷　“帷”，底本作“惟”，據嚴州本、張敦仁本、阮刻本改。

（以上受次於廟門外）

（十·五）

侯氏裨冕〔一〕，釋幣于禰。〔一〕乘墨車，載龍旂，弧韣，乃朝以瑞玉，有繅。〔二〕天子設斧依於户牖之間，左右几，〔三〕天子衮冕，負斧依。〔四〕嗇夫承命，告于天子。〔五〕天子曰：“非他，伯父實來，予一人嘉之。伯父其入，予一人將受之。”〔六〕侯氏入門右，坐奠圭，再拜稽首。〔七〕擯者謁。〔八〕侯氏坐取圭，升致命。王受之玉。侯氏降，階東北面再拜稽首。擯者延之曰：“升。”升成拜，乃出。〔九〕

［一］將覲，質明時也。裨冕者，衣裨衣而冠冕也。裨之爲言埤也。天子六服，大裘爲上，其餘爲裨，以事尊卑服之，而諸侯亦服焉。上公衮，無升龍。侯、伯鷩，子、男毳，孤絺，卿、大夫玄，此差，司服所掌也。禰謂行主遷主矣，而云禰，親之也。釋幣者，告將覲也。其釋幣，如聘大夫將受命釋幣于禰之禮。既則祝藏其幣，歸乃埋之於祧西階之東。今文“冕”皆作“絻”〔二〕。

［二］墨車，大夫制也。乘之者，入天子之國，車服不可盡同也。交龍爲旂，諸侯之所建。弧所以張縿之弓也。弓衣曰韣。瑞玉，謂公桓圭、侯信圭、伯躬圭、子穀璧、男蒲璧。繅，所以藉玉以韋衣木，廣袤各如其玉之大小，以朱白蒼爲六色。

〔一〕侯氏裨冕 “裨”，底本作“禆”，據嚴州本、張敦仁本、阮刻本改，下文鄭注並同。
〔二〕今文冕皆作絻 此六字底本誤脣，據嚴州本、張敦仁本、阮刻本補。

今文“玉”爲“圭”〔一〕，“繅”或爲“璪”。

[三] 依如今綈素屏風也。有屏斧文，所以示威也。斧謂之黼。几，玉几也。左右者，優至尊也。其席莞席紛純，加繅席畫純，加次席黼純。

[四] 袞衣者，禪之上也。繢之，繡之爲九章。其龍，天子有升龍，有降龍。衣此衣而冠冕，南鄉而立，以俟諸侯見。

[五] 嗇夫，蓋司空之屬也。爲末擯，承命於侯氏。下介傳而上，上擯以告于天子〔二〕。天子見公，擯者五人。見侯、伯，擯者四人。見子、男，擯者三人。皆宗伯爲上擯。《春秋傳》曰：“嗇夫馳。”

[六] 言非他者，親之辭。嘉之者，美之辭也。上擯又傳此而下至嗇夫，侯氏之下介受之，傳而上，上介以告其君，君乃許入。今文“實”作“寔”，“嘉”作“賀”。

[七] 入門而右〔三〕，執臣道，不敢由賓客位也。卑者見尊，奠摯而不授。

[八] 謁，猶告也。上擯告以天子前辭，欲親受之，如賓客也。其辭所易者，曰伯父其升。

[九] 擯者請之。侯氏坐取圭，則遂左，降拜稽首送玉也。從後詔禮曰延，延，進也。

（以上侯氏執瑞玉行覲禮）

〔一〕今文玉爲圭　“圭”，底本作“璧”，據嚴州本、張敦仁本、阮刻本改。
〔二〕上擯以告于天子　“于”，底本誤奪，據嚴州本、張敦仁本、阮刻本補。
〔三〕入門而右　“而”，底本誤奪，據嚴州本、張敦仁本、阮刻本補。

（十·六）

四享，皆束帛加璧，庭實唯國所有。[一]奉束帛，匹馬卓上，九馬隨之，中庭西上，奠幣，再拜稽首。[二]擯者曰："予一人將受之。"[三]侯氏升致命。王撫玉。侯氏降自西階，東面授宰幣，西階前再拜稽首，以馬出，授人，九馬隨之。[四]事畢。[五]

[一]四當爲三。古書作三四或皆積畫，此篇又多四字，字相似，由此誤也。《大行人職》曰諸侯"廟中將幣，皆一享"，其禮差又無取於四也。初享或用馬，或用虎豹之皮。其次享三牲魚、腊，籩豆之實，龜也，今也，丹漆絲纊竹箭也。其餘無常貨，此地物非一國所能有，唯所有分爲三享，皆以璧帛致之。

[二]卓，讀如"卓王孫"之"卓"，卓，猶的也。以素的一馬以爲上，書其國名，後當識其何産也。馬必十匹者，不敢斥王之乘，用成數，敬也。

[三]亦言王欲親受之。

[四]王不受玉，撫之而已，輕財也。以馬出，隨侯氏出，授王人於外也。王不使人受馬者，主于享，王之尊益君，侯氏之卑益臣。

[五]三享訖。

（以上覲已即行三事）

（十·七）

乃右肉袒于廟門之東。乃入門右，北面立，告聽事。[一]擯者謁諸天子。天子辭於侯氏曰："伯父無事，歸寧乃邦〔一〕。"〔二〕侯氏再拜稽首，出，自屏南適門西，遂入門左，北面立，王勞之。再拜稽首。擯者延之曰："升。"升成拜，降出。〔三〕

〔一〕右肉袒者，刑宜施於右也。凡以禮事者左袒，入更從右者，臣益純也。告聽事者，告王以國所用爲罪之事也。《易》曰："折其右肱，无咎〔二〕。"

〔二〕謁，告。寧，安也。乃，猶女也。

〔三〕王辭之，不即左者，當出隱於屏而襲之也。天子外屏，勞之，勞其道勞也。

（以上侯氏請罪，天子辭乃勞之）

（十·八）

天子賜侯氏以車服，迎于外門外，再拜。〔一〕路先設，西上，路下四，亞之。重賜無數，在車南。〔二〕諸公奉篋服，加命書于其上，升自西階，東面，大史是右。〔三〕侯氏升，西面立，大史述命。〔四〕侯氏降兩階之間，北面再拜稽首，〔五〕升成拜。〔六〕大史加書于服上，侯氏受。〔七〕使者出，侯氏送，再拜，儐使者，諸公賜服者束帛、四馬，儐大史亦如之。〔八〕

〔一〕賜車者，同姓以全路，異姓以象路。服則袞也、鷩也、毳也。古文曰："迎于門外也。"

〔一〕歸寧乃邦　"邦"，底本作"拜"，據嚴州本、張敦仁本、阮刻本改。
〔二〕无咎　"无"，張敦仁本、阮刻本同，嚴州本作"無"。

319

［二］路謂車也。凡君所乘車曰路。路下四，謂乘馬也。亞之次，車而東也。《詩》云：“君子來朝，何錫予之？雖無予之，路車乘馬。又何予之〔一〕？玄袞及黼。”重，猶善也。所加賜善物，多少由恩也。《春秋傳》曰：“重錦三十兩。”

［三］言諸公者，王同時分命之，而使賜侯氏也。右，讀如“周公右王”之“右”。是右者，始隨入，於升東面，乃居其右。古文“是”爲“氏”也。

［四］讀王命書也。

［五］受命。

［六］大史辭之降也。《春秋傳》曰：“且有後命，以伯舅耋老，毋下拜。”此辭之類。

［七］受篚服。

［八］既云拜送，乃言儐使者，以勞有成禮，略而遂言。

（以上王賜侯氏車服）

（十·九）

同姓大國則曰伯父，其異姓則曰伯舅。同姓小邦則曰叔父，其異姓小邦則曰叔舅。〔一〕

［一］據此禮，云伯父，同姓大邦而言。

（以上王辭名稱謂之殊）

〔一〕 又何予之 “予”，底本作“與”，據嚴州本、張敦仁本、阮刻本改。

（十·十）

饗禮，乃歸。[一]

[一] 禮，謂食燕也。王或不親以其禮幣致之，略言饗禮，互文
也。《掌客職》曰：“上公三饗，三食三燕。侯、伯再饗再食
再燕。子、男一饗一食一燕。”

（以上略言王待侯氏之禮，以上廟受覲禮竟）

（十·十一）

諸侯覲於天子，爲宮方三百步，四門，壇十有二尋，
深四尺，加方明于其上。[一]方明者，木也。方四尺，設
六色：東方青，南方赤，西方白，北方黑，上玄，下黃。
設六玉，上圭，下璧，南方璋，西方琥，北方璜，東方
圭。[二]上介皆奉其君之旂置于宮，尚左。公、侯、伯、子、
男，皆就其旂而立。[三]四傳擯。[四]天子乘龍，載大旂，
象日月，升龍、降龍，出拜日於東門之外，反祀方明。[五]
禮日於南門外，禮月與四瀆於北門外，禮山川丘陵於西
門外。[六]

[一] 四時朝覲，受之於廟，此謂時會、殷同也。宮謂壝土爲
埒[一]，以象墻壁也。爲宮者於國外，春會同則於東方，夏會
同則於南方，秋會同則於西方，冬會同則於北方。八尺曰
尋，十有二尋則方九十六尺也。深謂高也，從上曰深。《司

―――――――

〔一〕宮謂壝土爲埒　“宮”，張敦仁本、阮刻本同，嚴州本作“官”。

儀職》曰："爲壇三成。"成，猶重也。三重者，自下差之爲三等，而上有堂焉。堂上方二丈四尺，上等、中等、下等，每面十二尺。方明者，上下四方神明之象也。上下四方之神者，所謂神明也。會同而盟，明神監之，則謂之天之司盟，有象者，猶宗廟之有主乎？王巡守至于方嶽之下，諸侯會之，亦爲此宮以見之。《司儀職》曰"將會諸侯，則命爲壇〔一〕，三成，宮旁一門，詔王儀，南鄉見諸侯"也。

[二] 六色象其神，六玉以禮之。上宜以蒼璧，下宜以黃琮，而不以者，則上下之神，非天地之至貴者也。設玉者，刻其木而著之。

[三] 置於宮者，建之豫爲其君見王之位也。諸公中階之前，北面東上。諸侯東階之東，西面北上。諸伯西階之西，東面北上。諸子門東，北面東上。諸男門西，北面東上。尚左者〔二〕，建旟，公東上，侯先伯，伯先子，子先男，而位皆上東方也。諸侯入壝門，或左或右，各就其旟而立，王降階，南鄉見之三揖。土揖庶姓，時揖異姓，天揖同姓。見揖，位乃定。古文"尚"作"上"。

[四] 王既揖五者，升壇設擯，升諸侯以會同之禮。其奠瑞玉及享幣，公拜於上等，侯、伯於中等，子、男於下等。擯者每延之，升堂致命，王受玉撫玉，降拜於下等。及請事勞，皆如覲禮，是以記之觀云。四傳擯者，每一位畢，擯者以告，乃更陳列而升。其次公也、侯也、伯也，各一位，子、男俠門而俱東上，亦一位也。至庭乃設擯，則諸侯初入門，王官之伯帥之耳。古文"傳"作"傅"。

〔一〕 則命爲壇　"命"，底本作"會"，據嚴州本、張敦仁本、阮刻本改。

〔二〕 尚左者　"者"，底本誤奪，據張敦仁本、阮刻本補。

［五］此謂會同以春者也。馬八尺以上爲龍。大旆，大常也。王建大常，緣首畫日月，其下及旒交畫升龍、降龍。《朝事儀》曰：天子冕而執鎮圭，尺有二寸，繅籍尺有二寸[一]，搢大圭，乘大路，建大常十有二旒，樊纓十有二就，貳車十有二乘，帥諸侯而朝日於東郊，所以教尊尊也。退而朝諸侯。由此二者言之，已祀方明，乃以會同之禮見諸侯也。凡會同者，不協而盟。《司盟職》曰：“凡邦國有疑會同，則掌其盟約之載書及其禮儀，北面詔明神，既盟則藏之。”言北面詔明神，則明神有象也。象者其方明乎？及盟時又加於壇上，乃以載辭告焉。詛祝掌其祝號。

［六］此謂會同以夏、冬、秋者也。變拜言禮者，容祀也。禮月於北郊者，月，太陰之精，以爲地神也。盟神必云日月山川焉者，尚著明也。《詩》曰：“謂子不信，有如皦日。”《春秋傳》曰：“縱子忘之，山川神祇其忘諸乎？”此皆用明神爲信也。

（以上會同之禮）

（十·十二）

祭天，燔柴。祭山、丘陵，升。祭川，沈。祭地，瘞。[一]

［一］升、沈必就祭者也。就祭則是謂王巡守及諸侯之盟祭也。其盟愒其著明者。燔柴、升、沈、瘞，祭禮終矣、備矣。《郊特牲》曰：“郊之祭也，迎長日之至也，大報天而主日也。”《宗伯職》曰：“以實柴祀日月星辰。”則燔柴祭天，謂祭日也。柴爲祭日，則祭地瘞者，祭月也。日月而云天地，靈之

〔一〕　繅籍尺有二寸　“籍”，底本作“藉”，據嚴州本、張敦仁本、阮刻本改。

也。《王制》曰：王巡守，至于岱宗，柴。是王巡守之盟，其神主日也。《春秋傳》曰："晉文公爲踐土之盟。"而《傳》云山川之神，是諸侯之盟，其神主山川也。月者，太陰之精。上爲天使，臣道莫貴焉。是王官之伯，會諸侯而盟，其神主月與？古文"瘞"作"薶"。

（以上巡狩之禮）

記。

（十·記·一）

几俟于東箱〔一〕。〔一〕偏駕不入王門。〔二〕奠圭于繅上。〔三〕

〔一〕王即席乃設之也。東箱，東來之前，相翔待事之處。

〔二〕在旁與己同曰偏〔二〕。同姓金路，異姓象路，四衞革輅，蕃國木輅。駕之與王同謂之偏。駕不入王門，乘墨車以朝是也。偏駕之車，舍之於館與？

〔三〕謂釋於地也。古文"繅"作"璪"〔三〕。

（以上記附覲義）

<hr>

〔一〕記几俟于東箱　"記"，底本作"設"，是據鄭注"王即席乃設之也"而誤，據嚴州本、張敦仁本、阮刻本改。

〔二〕在旁與己同曰偏　"在"，底本作"左"，據嚴州本、張敦仁本、阮刻本改。

〔三〕古文繅作璪　此五字底本誤奪，據嚴州本、張敦仁本、阮刻本補。

儀禮卷第十一

子　夏　傳　鄭　氏　注

喪服經傳第十一

（十一·一）

喪服。斬衰裳，苴絰、杖、絞帶，冠繩纓，菅屨者。[一]

《傳》曰：斬者何？不緝也。

苴絰者，麻之有蕡者也。苴絰大搹，左本在下，去五分一以爲帶。齊衰之絰，斬衰之帶也，去五分一以爲帶。大功之絰，齊衰之帶也，去五分一以爲帶。小功之絰，大功之帶也，去五分一以爲帶。緦麻之絰，小功之帶也，去五分一以爲帶。

苴杖，竹也。削杖，桐也。杖各分其心，皆下本。杖者何？爵也。無爵而杖者何？擔主也。非主而杖者何？輔病也。童子何以不杖？不能病也。婦人何以不杖？亦不能病也。

絞帶者，繩帶也。

冠繩纓，條屬，右縫，冠六升，外畢，鍛而勿灰。

衰三升。菅屨者，菅菲也，外納。

居倚廬，寢苫枕塊，哭晝夜無時。歠粥，朝一溢米，夕一溢米。寢不說絰帶。

既虞，翦屏柱楣，寢有席，食疏食，水飲，朝一哭、夕一哭而已。

既練，舍外寢，始食菜果，飯素食，哭無時。^[二]

[一] 者者，明爲下出也。凡服，上曰衰，下曰裳，麻在首、在要
皆曰絰。絰之言實也，明孝子有忠實之心，故爲制此服焉。
首絰象緇布冠之缺項，要絰象大帶，又有絞帶，象革帶，齊
衰以下用布。

[二] 盈手曰搹。搹，扼也。中人之扼圍九寸，以五分一爲殺者，
象五服之數也。爵，謂天子、諸侯、卿、大夫、士也。無
爵，謂庶人也。擔，猶假也。無爵者假之以杖，尊其爲主
也。非主，謂衆子也。屬，猶著也。通屈一條繩爲武，垂下
爲纓，著之冠也。布八十縷爲升，升字當爲登。登，成也。
今之《禮》皆以登爲升，俗誤已行久矣。《雜記》曰："喪冠
條屬，以別吉凶。三年之練冠，亦條屬，右縫，小功以下左
縫。"外畢者，冠前後屈而出，縫於武也。二十兩曰溢，爲
米一升二十四分升之一。楣謂之梁，柱楣所謂梁闇。疏，猶
麤也。舍外寢，於中門之外，屋下壘墼爲之。不塗墍，所謂
堊室也。素，猶故也，謂復平生時食也。斬衰不書受月者，
天子、諸侯、卿、大夫、士，虞卒哭異數。

父。
　　《傳》曰：爲父何以斬衰也？父至尊也。

諸侯爲天子。
　　《傳》曰：天子至尊也。

君。

《傳》曰：君至尊也。[一]

[一] 天子、諸侯及卿、大夫有地者，皆曰君。

父爲長子。[一]

《傳》曰：何以三年也？正體於上，又乃將所傳重也。庶子不得爲長子三年，不繼祖也。[二]

[一] 不言適子，通上下也。亦言立適以長。

[二] 此言爲父後者，然後爲長子三年，重其當先祖之正體，又以其將代己爲宗廟主也。庶子者，爲父後者之弟也，言庶者，遠別之也。《小記》曰："不繼祖與禰。"此但言祖不言禰，容祖、禰共廟。

爲人後者。

《傳》曰：何以三年也？受重者，必以尊服服之。何如而可爲之後？同宗則可爲之後。何如而可以爲人後？支子可也。爲所後者之祖父母、妻、妻之父母、昆弟、昆弟之子，若子。[一]

[一] 若子者，爲所爲後之親，如親子。

妻爲夫。

《傳》曰：夫至尊也。

妾爲君。

　　《傳》曰：君至尊也。^[一]

　　［一］妾謂夫爲君者，不得體之，加尊之也，雖士亦然。

女子子在室爲父，^[一]布總，箭笄，髽，衰，三年。^[二]

　　《傳》曰：總六升，長六寸，箭笄長尺，吉笄尺二寸。^[三]

　　［一］女子子者，子女也，別於男子也。言在室者，謂已許嫁。

　　［二］此妻、妾、女子子喪服之異於男子者。總，束髮。謂之總
　　　　　者，既束其本，又總其末。箭笄，篠竹也。髽，露紒也，猶
　　　　　男子之括髮。斬衰括髮以麻，則髽亦用麻。以麻者自項而
　　　　　前，交於額上，卻繞紒，如著慘頭焉。《小記》曰：“男子冠
　　　　　而婦人笄，男子免而婦人髽。”凡服，上曰衰，下曰裳。此
　　　　　但言衰不言裳，婦人不殊裳，衰如男子衰，下如深衣，深衣
　　　　　則衰無帶，下又無衽。

　　［三］總六升者，首飾象冠數。長六寸，謂出紒後所垂爲飾也。

子嫁，反在父之室，爲父三年。^[一]

　　［一］謂遭喪後而出者，始服齊衰期，出而虞，則受以三年之喪
　　　　　受，既虞而出，則小祥亦如之，既除喪而出，則已。凡女行
　　　　　於大夫以上曰嫁，行於士、庶人曰適人。

公士、大夫之衆臣，爲其君布帶、繩屨。^[一]

　　《傳》曰：公卿、大夫室老、士，貴臣，其餘皆衆臣也。

君，謂有地者也。衆臣，杖不以即位。近臣，君服斯服矣。
繩屨者，繩菲也。[二]

[一] 士，卿士也。公卿、大夫厭於天子、諸侯，故降其衆臣，布
　　帶繩屨，貴臣得伸，不奪其正。

[二] 室老，家相也。士，邑宰也。近臣，閹寺之屬。君，嗣君也。
　　斯，此也。近臣從君，喪服無所降也。繩菲，今時不借也。

（以上斬衰三年）

（十一·二）

疏衰裳齊、牡麻絰、冠布纓、削杖、布帶、疏屨，三年者。[一]

《傳》曰：齊者何？緝也。牡麻者，枲麻也。牡麻絰，右
本在上，冠者沽功也。疏屨者，藨蒯之菲也。[二]

[一] 疏，猶麤也。

[二] 沽，猶麤也。冠尊加其麤。麤功，大功也。齊衰不書受月
　　者，亦天子、諸侯、卿、大夫、士虞、卒哭異數。

父卒則爲母。[一]

[一] 尊得伸也。

繼母如母。

《傳》曰：繼母何以如母？繼母之配父與因母同，故孝子

331

不敢殊也。[一]

　　[一]因，猶親也。

慈母如母。

　　《傳》曰：慈母者何也？《傳》曰：妾之無子者，妾子之無母者，父命妾曰：“女以爲子。”命子曰：“女以爲母。”若是，則生養之，終其身如母。死則喪之三年如母，貴父之命也。[一]

　　　　[一]此主謂大夫、士之妾，妾子之無母，父命爲母子者。其使養之，不命爲母子，則亦服庶母慈己之服可也。大夫之妾子，父在爲母大功，則士之妾子爲母期矣。父卒則皆得伸也。

母爲長子。

　　《傳》曰：何以三年也？父之所不降，母亦不敢降也。[一]

　　　　[一]不敢降者，不敢以己尊降祖禰之正體。

　　（以上齊衰三年）

（十一·三）

疏衰裳齊、牡麻絰、冠布纓、削杖、布帶、疏屨，期者。

　　《傳》曰：問者曰：何冠也？曰：齊衰、大功，冠其受也。緦麻、小功，冠其衰也。帶緣各視其冠。[一]

　　　　[一]問之者，見斬衰有二，其冠同，今齊衰有四章，不知其冠之

異同爾。緣，如深衣之緣。今文無“冠布纓”。

父在爲母。

　　《傳》曰：何以期也？屈也。至尊在，不敢伸其私尊也。父必三年然後娶，達子之志也。

妻。

　　《傳》曰：爲妻何以期也？妻至親也。[一]

　　［一］適子父在則爲妻不杖，以父爲之主也。《服問》曰：“君所主，
　　　　夫人、妻、大子適婦。”父在，子爲妻以杖即位，謂庶子。

出妻之子爲母。[一]

　　《傳》曰：出妻之子爲母期，則爲外祖父母無服。《傳》曰：絕族無施服，親者屬。出妻之子爲父後者，則爲出母無服。《傳》曰：與尊者爲一體，不敢服其私親也。[二]

　　［一］出，猶去也。
　　［二］在旁而及曰施。親者屬，母子至親，無絕道。

父卒，繼母嫁，從，爲之服，報。

　　《傳》曰：何以期也？貴終也。[一]

　　［一］嘗爲母子，貴終其恩。

　　（以上齊衰杖期）

(十一·四)

不杖、麻屨者。[一]

　　[一] 此亦齊衰，言其異於上。

祖父母。
　　《傳》曰：何以期也？至尊也。

世父母、叔父母。
　　《傳》曰：世父、叔父何以期也？與尊者一體也。然則昆弟之子何以亦期也？旁尊也。不足以加尊焉，故報之也。父子一體也，夫妻一體也，昆弟一體也。故父子，首足也；夫妻，牉合也；昆弟，四體也。故昆弟之義無分，然而有分者，則辟子之私也。子不私其父，則不成爲子。故有東宮，有西宮，有南宮，有北宮，異居而同財，有餘則歸之宗，不足則資之宗。世母、叔母，何以亦期也？以名服也。[一]

　　[一] 宗者，世父爲小宗典宗事者。資，取也。爲姑姊妹在室，亦
　　　　如之。

大夫之適子爲妻。
　　《傳》曰：何以期也？父之所不降，子亦不敢降也。何以不杖也？父在則爲妻不杖。[一]

　　[一] 大夫不以尊降適婦者，重適也。凡不降者，謂如其親服服
　　　　之。降有四品：君、大夫以尊降，公子、大夫之子以厭降，

334

公之昆弟以旁尊降，爲人後者、女子子嫁者以出降。

昆弟。^[一]

[一] 昆，兄也。爲姊妹在室亦如之。

爲衆子。^[一]

[一] 衆子者，長子之弟及妾子，女子子在室亦如之。士謂之衆
　　　子，未能遠別也，大夫則謂之庶子，降之爲大功。天子、國
　　　君不服之。《内則》曰：“冢子未食而見，必執其右手。適子、
　　　庶子已食而見，必循其首。”

昆弟之子。
　　《傳》曰：何以期也？報之也。^[一]

[一]《檀弓》曰：“喪服，兄弟之子猶子也。”蓋引而進之。

大夫之庶子爲適昆弟。^[一]
　　《傳》曰：何以期也？父之所不降，子亦不敢降也。^[二]

[一] 兩言之者，適子或爲兄，或爲弟。
[二] 大夫雖尊，不敢降其適，重之也。適子爲庶昆弟，庶昆弟相
　　　爲，亦如大夫爲之。

適孫。
　　《傳》曰：何以期也？不敢降其適也。有適子者無適孫，

孫婦亦如之。[一]

[一]周之道，適子死則立適孫，是適孫將上爲祖後者也。長子
　　在，則皆爲庶孫耳，孫婦亦如之。適婦在，亦爲庶孫之婦。
　　凡父於將爲後者，非長子，皆期也。

爲人後者爲其父母，報。

　　《傳》曰：何以期也？不貳斬也。何以不貳斬也？持重於
大宗者，降其小宗也。爲人後者孰後？後大宗也。曷爲後大
宗？大宗者，尊之統也。禽獸知母而不知父。野人曰：父母
何算焉？都邑之士，則知尊禰矣。大夫及學士，則知尊祖矣。
諸侯及其大祖，天子及其始祖之所自出，尊者尊統上，卑者尊
統下。大宗者，尊之統也。大宗者，收族者也，不可以絶。故
族人以支子後大宗也。適子不得後大宗。[一]

[一]都邑之士，則知尊禰，近政化也。大祖，始封之君。始祖
　　者，感神靈而生，若稷、契也。自，由也。及始祖之所由
　　出，謂祭天也。上，猶遠也。下，猶近也。收族者，謂別親
　　疏，序昭穆。《大傳》曰：繼之以姓而弗別，綴之以食而弗
　　殊，雖百世昏姻不通者，周道然也。

女子子適人者，爲其父母，昆弟之爲父後者。

　　《傳》曰：爲父何以期也？婦人不貳斬也。婦人不貳斬者何
也？婦人有三從之義，無專用之道，故未嫁從父，既嫁從夫，
夫死從子。故父者，子之天也。夫者，妻之天也。婦人不貳斬
者，猶曰不貳天也。婦人不能貳尊也。爲昆弟之爲父後者何以

亦期也？婦人雖在外，必有歸宗，曰小宗，故服期也。[一]

> [一] 從者，從其教令。歸宗者，父雖卒，猶自歸宗，其爲父服持重者[一]，不自絕於其族類也。曰小宗者，言是乃小宗也。小宗明非一也，小宗有四。丈夫婦人之爲小宗，各如其親之服，辟大宗。

繼父同居者。

《傳》曰：何以期也？《傳》曰：夫死，妻稺，子幼，子無大功之親，與之適人。而所適者，亦無大功之親，所適者以其貨財爲之築宮廟，歲時使之祀焉，妻不敢與焉。若是，則繼父之道也。同居則服齊衰期，異居則服齊衰三月。必嘗同居，然後爲異居，未嘗同居，則不爲異居。[一]

> [一] 妻稺，謂年未滿五十。子幼，謂年十五巳下。子無大功之親，謂同財者也。爲之築宮廟於家門之外，神不歆非族。妻不敢與焉，恩雖至親，族巳絕矣。夫不可二，此以恩服爾。未嘗同居，則不服之。

爲夫之君。

《傳》曰：何以期也？從服也。

姑、姊妹、女子子適人無主者，姑、姊妹報。

《傳》曰：無主者，謂其無祭主者也。何以期也？爲其無祭主故也。[一]

〔一〕 其爲父服持重者　"服"，嚴州本作"特"，張敦仁本、阮刻本作"後"。

[一] 無主後者，人之所哀憐，不忍降之。

爲君之父母、妻、長子、祖父母。

《傳》曰：何以期也？從服也。父母、長子，君服斬。妻，則小君也。父卒，然後爲祖後者服斬。[一]

　　[一] 此爲君矣，而有父若祖之喪者，謂始封之君也。若是繼體，則其父若祖有廢疾不立。父卒者，父爲君之孫，宜嗣位而早卒，今君受國於曾祖。

妾爲女君。

《傳》曰：何以期也？妾之事女君，與婦之事舅姑等。[一]

　　[一] 女君，君適妻也。女君於妾無服，報之則重，降之則嫌。

婦爲舅姑。

《傳》曰：何以期也？從服也。

夫之昆弟之子。[一]

《傳》曰：何以期也？報之也。

　　[一] 男女皆是。

公妾、大夫之妾爲其子。

《傳》曰：何以期也？妾不得體君，爲其子得遂也。[一]

［一］此言二妾不得從於女君尊降其子也。女君與君一體，唯爲長子三年，其餘以尊降之，與妾子同也。

女子子爲祖父母。

《傳》曰：何以期也？不敢降其祖也。［一］

［一］經似在室，傳似已嫁。明雖有出道，猶不降。

大夫之子爲世父母、叔父母、子、昆弟、昆弟之子、姑姊妹女子子無主者爲大夫命婦者，唯子不報。

《傳》曰：大夫者，其男子之爲大夫者也。命婦者，其婦人之爲大夫妻者也。無主者，命婦之無祭主者也。何以言唯子不報也？女子子適人者爲其父母期，故言不報也。言其餘皆報也。何以期也？父之所不降，子亦不敢降也。大夫曷爲不降命婦也？夫尊於朝，妻貴於室矣。［一］

［一］命者，加爵服之名。自士至上公，凡九等。君命其夫，則后夫人亦命其妻矣。此所爲者，凡六命夫、六命婦。無主者，命婦之無祭主，謂姑姊妹女子子也。其有祭主者，如衆人。唯子不報，男女同不報爾。傳以爲主謂女子子，似失之矣。大夫曷爲不降命婦，據大夫於姑姊妹女子子，既以出降，其適士者又以尊降在小功也。夫尊於朝，與己同，妻貴於室，從夫爵也。

大夫爲祖父母、適孫爲士者。

《傳》曰：何以期也？大夫不敢降其祖與適也。［一］

339

［一］不敢降其祖與適，則可降其旁親也。

公妾以及士妾爲其父母。

《傳》曰：何以期也？妾不得體君，得爲其父母遂也。^[一]

［一］然則女君有以尊降其父母者與？《春秋》之義，"雖爲天王后，猶曰吾季姜"。是言子尊不加於父母，此傳似誤矣。禮，妾從女君而服其黨服，是嫌不自服期父母，故以明之。

（以上齊衰不杖期）

(十一·五)

疏衰裳齊、牡麻絰，無受者。^[一]

［一］無受者，服是服而除，不以輕服受之。不著月數者，天子、諸侯葬異月也。《小記》曰："齊衰三月，與大功同者繩屨。"

寄公爲所寓。^[一]

《傳》曰：寄公者何也？失地之君也。何以爲所寓服齊衰三月也？言與民同也。^[二]

［一］寓，亦寄也。爲所寄之國君服。

［二］諸侯五月而葬，而服齊衰三月者，三月而藏其服，至葬又反服之，既葬而除之。

丈夫、婦人爲宗子、宗子之母、妻。^[一]

《傳》曰：何以服齊衰三月也？尊祖也。尊祖故敬宗。敬宗者，尊祖之義也。宗子之母在，則不爲宗子之妻服也。

[一] 婦人，女子子在室及嫁歸宗者也。宗子，繼別之後，百世不遷，所謂大宗也。

爲舊君、君之母、妻。

《傳》曰：爲舊君者，孰謂也？仕焉而已者也。何以服齊衰三月也？言與民同也。君之母、妻，則小君也。[一]

[一] 仕焉而已者，謂老若有廢疾而致仕者也。爲小君服者，恩深於民。

庶人爲國君。[一]

[一] 不言民而言庶人，庶人或有在官者。天子畿內之民，服天子亦如之。

大夫在外，其妻、長子爲舊國君。[一]

《傳》曰：何以服齊衰三月也？妻，言與民同也。長子，言未去也。[二]

[一] 在外，待放已去者。

[二] 妻雖從夫而出，古者大夫不外娶，婦人歸宗，往來猶民也。《春秋傳》曰：“大夫越竟逆女，非禮。”君臣有合離之義，長子去，可以無服。

繼父不同居者。^{〔一〕}

　〔一〕嘗同居，今不同。

曾祖父母。
　《傳》曰：何以齊衰三月也？小功者，兄弟之服也。不敢以兄弟之服服至尊也。^{〔一〕}

　　〔一〕正言小功者，服之數盡於五，則高祖宜緦麻，曾祖宜小功也。據祖期，則曾祖宜大功，高祖宜小功也。高祖、曾祖，皆有小功之差，則曾孫、玄孫，爲之服同也。重其衰麻，尊尊也。減其日月，恩殺也。

大夫爲宗子。
　《傳》曰：何以服齊衰三月也？大夫不敢降其宗也。

舊君。^{〔一〕}
　《傳》曰：大夫爲舊君，何以服齊衰三月也？大夫去，君埽其宗廟^{〔一〕}，故服齊衰三月也，言與民同也。何大夫之謂乎？言其以道去君而猶未絕也。^{〔二〕}

　〔一〕大夫待放未去者。
　〔二〕以道去君，爲三諫不從，待放於郊。未絕者，言爵祿尚有列於朝，出入有詔於國，妻子自若民也。

曾祖父母爲士者，如衆人。

　《傳》曰：何以齊衰三月也？大夫不敢降其祖也。

女子子嫁者、未嫁者爲曾祖父母。

　《傳》曰：嫁者，其嫁於大夫者也。未嫁者，其成人而未嫁者也。何以服齊衰三月？不敢降其祖也。[一]

　　[一] 言嫁於大夫者，明雖尊，猶不降也。成人謂年二十已筓醴者也。此著不降，明有所降。

　（以上齊衰三月）

（十一·六）

大功布衰裳、牡麻絰，無受者。[一]

　　[一] 大功布者，其鍛治之功麤沽之。

子、女子子之長殤、中殤。[一]

　《傳》曰：何以大功也？未成人也。何以無受也？喪成人者其文縟，喪未成人者其文不縟，故殤之絰不樛垂，蓋未成人也。年十九至十六爲長殤，十五至十二爲中殤，十一至八歲爲下殤，不滿八歲以下皆爲無服之殤。無服之殤以日易月。以日易月之殤，殤而無服。故子生三月則父名之，死則哭之，未名則不哭也。[二]

　　[一] 殤者，男女未冠筓而死，可殤者。女子子許嫁，不爲殤也。
　　[二] 縟，猶數也。其文數者，謂變除之節也。不樛垂者，不絞其

帶之垂者。《雜記》曰：“大功已上散帶。”以日易月，謂生一月者哭之一日也。殤而無服者，哭之而已。爲昆弟之子、女子子亦如之。凡言子者，可以兼男女。又云女子子者，殊之以子，關適庶也。

叔父之長殤、中殤，姑姊妹之長殤、中殤，昆弟之長殤、中殤，夫之昆弟之子、女子子之長殤、中殤，適孫之長殤、中殤，大夫之庶子爲適昆弟之長殤、中殤，公爲適子之長殤、中殤，大夫爲適子之長殤、中殤。[一]

　　［一］公，君也。諸侯、大夫不降適殤者，重適也。天子亦如之。

其長殤皆九月，纓絰。其中殤七月，不纓絰。[一]

　　［一］絰有纓者，爲其重也。自大功已上絰有纓，以一條繩爲之。小功已下絰無纓也。

　　（以上大功殤九月、七月）

（十一·七）

大功布衰裳，牡麻絰，纓、布帶。三月，受以小功衰，即葛，九月者。[一]
　　《傳》曰：大功布，九升。小功布，十一升。[二]

　　［一］受，猶承也。
　　［二］此受之下也，以發傳者，明受盡於此也。又受麻絰以葛絰。

《間傳》曰：“大功之葛，與小功之麻同。”凡天子、諸侯、卿、大夫既虞，士卒哭，而受服。正言三月者，天子、諸侯無大功，主於大夫、士也。此雖有君爲姑、姊妹、女子子嫁於國君者，非内喪也。古文依此禮也。

姑、姊妹、女子子適人者。

《傳》曰：何以大功也？出也。[一]

[一] 出必降之者，蓋有受我而厚之者。

從父昆弟。[一]

[一] 世父、叔父之子也，其姊妹在室亦如之。

爲人後者爲其昆弟。

《傳》曰：何以大功也？爲人後者，降其昆弟也。

庶孫。[一]

[一] 男女皆是下殤。《小功章》曰爲姪庶孫，丈夫婦人同。

適婦。[一]

《傳》曰：何以大功也？不降其適也。[二]

[一] 適婦，適子之妻。

[二] 婦言適者，從夫名。

女子子適人者爲衆昆弟。[一]

[一] 父在則同，父没，乃爲父後者服期也。

姪丈夫婦人，報。[一]
　　《傳》曰：姪者何也？謂吾姑者吾謂之姪。

[一] 爲姪男女服同。

夫之祖父母、世父母、叔父母。
　　《傳》曰：何以大功也？從服也。夫之昆弟何以無服也？其夫屬乎父道者，妻皆母道也。其夫屬乎子道者，妻皆婦道也。謂弟之妻婦者，是嫂亦可謂之母乎？故名者，人治之大者也，可無慎乎？[一]

[一] 道，猶行也。言婦人棄姓，無常秩，嫁於父行，則爲母行，嫁於子行，則爲婦行。謂弟之妻爲婦者，卑遠之，故謂之婦。嫂者，尊嚴之稱，是嫂亦可謂之母乎？嫂，猶叟也，叟，老人稱也，是爲序男女之別爾。若己以母婦之服服兄弟之妻，兄弟之妻以舅子之服服己，則是亂昭穆之序也。治，猶理也。父母、兄弟、夫婦之理，人倫之大者，可不慎乎？《大傳》曰：同姓從宗合族屬，異姓主名治際會。名著而男女有別。

大夫爲世父母、叔父母、子、昆弟、昆弟之子爲士者。[一]
　　《傳》曰：何以大功也？尊不同也。尊同，則得服其親服。[二]

　　［一］子謂庶子。

　　［二］尊同，謂亦爲大夫者。親服，期。

公之庶昆弟、大夫之庶子爲母、妻、昆弟。[一]

　　《傳》曰：何以大功也？先君餘尊之所厭，不得過大功
也。大夫之庶子，則從乎大夫而降也。父之所不降，子亦不
敢降也。[二]

　　［一］公之庶昆弟，則父卒也。大夫之庶子，則父在也。其或爲
　　　　母，謂妾子也。

　　［二］言從乎大夫而降，則於父卒如國人也。昆弟，庶昆弟也。舊
　　　　讀昆弟在下，其於厭降之義，宜蒙此傳也，是以上而同之。
　　　　父所不降，謂適也。

皆爲其從父昆弟之爲大夫者。[一]

　　［一］皆者，言其互相爲服，尊同則不相降。其爲士者，降在小
　　　　功，適子爲之，亦如之。

爲夫之昆弟之婦人子適人者。[一]

　　［一］婦人子者，女子子也。不言女子子者，因出，見恩疏。

大夫之妾爲君之庶子。[一]

347

〔一〕下《傳》曰："何以大功也？妾爲君之黨服，得與女君同。"
　　指爲此也。妾爲君之長子亦三年，自爲其子期，異於女君
　　也。士之妾，爲君之衆子亦期。

女子子嫁者、未嫁者爲世父母、叔父母、姑、姊妹。〔一〕
　《傳》曰：嫁者，其嫁於大夫者也。未嫁者，成人而未嫁
者也。何以大功也？妾爲君之黨服，得與女君同。下言爲世
父母、叔父母、姑姊妹者，謂妾自服其私親也。〔二〕

〔一〕舊讀合大夫之妾爲君之庶子、女子子嫁者、未嫁者，言大夫
　　之妾爲此三人之服也。
〔二〕此不辭，即實爲妾遞自服其私親，當言其以明之。"齊衰三
　　月"章曰："女子子嫁者、未嫁者爲曾祖父母。"經與此同，
　　足以明之矣。《傳》所云"何以大功也？妾爲君之黨服，得
　　與女君同"，文爛在下爾。女子子成人者，有出道，降旁親
　　及將出者，明當及時也。

大夫、大夫之妻、大夫之子、公之昆弟爲姑、姊妹、女子子
嫁於大夫者。君爲姑、姊妹、女子子嫁於國君者。
　《傳》曰：何以大功也？尊同也。尊同則得服其親服。諸
侯之子稱公子，公子不得禰先君。公子之子稱公孫，公孫不
得祖諸侯。此自卑別於尊者也。若公子之子孫有封爲國君者，
則世世祖是人也，不祖公子，此自尊別於卑者也。是故始封
之君不臣諸父昆弟，封君之子不臣諸父而臣昆弟。封君之孫盡
臣諸父昆弟。故君之所爲服，子亦不敢不服也。君之所不服，
子亦不敢服也。〔一〕

［一］不得禰、不得祖者，不得立其廟而祭之也。卿、大夫以下，祭其祖禰，則世世祖是人，不得祖公子者，後世爲君者，祖此受封之君，不得祀別子也。公子若在高祖以下，則如其親服，後世遷之，乃毀其廟爾。因國君以尊降其親，故終説此義云。

（以上大功九月）

（十一·八）

繐衰裳，牡麻絰，既葬除之者。

　　《傳》曰：繐衰者何？以小功之繐也。^{［一］}

［一］治其縷如小功，而成布尊四升半。細其縷者，以恩輕也。升數少者，以服至也。凡布細而疏者謂之繐，今南陽有鄧繐。

諸侯之大夫爲天子。

　　《傳》曰：何以繐衰也？諸侯之大夫，以時接見乎天子。^{［一］}

［一］接，猶會也。諸侯之大夫，以時會見於天子而服之，則其士、庶民不服可知。

（以上繐衰既葬除之）

（十一·九）

小功布衰裳、澡麻帶、絰，五月者。^{［一］}

［一］澡者，治去莩垢，不絶其本也。《小記》曰："下殤小功，帶澡麻，不絶其本，屈而反以報之。"

叔父之下殤，適孫之下殤，昆弟之下殤，大夫庶子爲適昆弟之下殤，爲姑、姊妹、女子子之下殤，爲人後者爲其昆弟、從父昆弟之長殤。

《傳》曰：問者曰：中殤何以不見也？大功之殤中從上，小功之殤中從下。[一]

> [一] 問者，據從父昆弟之下殤在緦麻也。大功、小功，皆謂服其成人也。大功之殤中從上，則齊衰之殤亦中從上也。此主謂丈夫之爲殤者服也[一]。凡不見者，以此求之也。

爲夫之叔父之長殤。[一]

> [一] 不見中殤者，中從下也。

昆弟之子、女子子，夫之昆弟之子、女子子之下殤。爲姪、庶孫丈夫婦人之長殤。

大夫、公之昆弟、大夫之子爲其昆弟、庶子、姑、姊妹、女子子之長殤。[一]

> [一] 大夫爲昆弟之長殤小功，謂爲士者若不仕者也，以此知爲大夫無殤服也。公之昆弟不言庶者，此無服，無所見也。大夫之子不言庶者，關適子亦服此殤也。云公之昆弟爲庶子之長殤，則知公之昆弟猶大夫。

〔一〕此主謂丈夫之爲殤者服也 "丈"，底本、<u>嚴州</u>本、<u>張敦仁</u>本作 "大"，據<u>阮</u>刻本改。

大夫之妾爲庶子之長殤。[一]

　　[一] 君之庶子。

　　（以上小功殤五月）

（十一·十）

小功布衰裳、牡麻絰，即葛，五月者。[一]

　　[一] 即，就也。小功輕，三月變麻，因故衰以就葛絰帶，而五
　　　　月也。《間傳》曰：“小功之葛與緦之麻同。”舊説小功以下，
　　　　吉屨無絇也。

從祖祖父母、從祖父母，報。[一]

　　[一] 祖父之昆弟之親。

從祖昆弟。[一]

　　[一] 父之從父昆弟之子。

從父姊妹。[一]

　　[一] 父之昆弟之女。

孫適人者。[一]

　　［一］孫者，子之子，女孫在室，亦大功也。

爲人後者，爲其姊妹適人者。^{［一］}

　　［一］不言姑者，舉其親者，而恩輕者降可知。

爲外祖父母。
　　《傳》曰：何以小功也？以尊加也。

從母，丈夫婦人，報。^{［一］}
　　《傳》曰：何以小功也？以名加也。外親之服皆緦也。^{［二］}

　　［一］從母，母之姊妹。
　　［二］外親異姓，正服不過緦。丈夫婦人，姊妹之子，男女同。

夫之姑、姊妹、娣姒婦，報。^{［一］}
　　《傳》曰：娣姒婦者，弟長也，何以小功也？以爲相與居室中，則生小功之親焉。^{［二］}

　　［一］夫之姑姊妹，不殊在室及嫁者，因恩輕，略從降。
　　［二］娣姒婦者，兄弟之妻相名也。長婦謂稚婦爲娣婦，娣婦謂長
　　　　婦爲姒婦。

大夫、大夫之子、公之昆弟爲從父昆弟、庶孫、姑姊妹女子子適士者。^{［一］}

〔一〕從父昆弟及庶孫，亦謂爲士者。

大夫之妾爲庶子適人者。^{〔一〕}

〔一〕君之庶子，女子子也。庶女子子在室大功，其嫁於大夫亦大功。

庶婦。^{〔一〕}

〔一〕夫將不受重者。

君母之父母、從母。^{〔一〕}

《傳》曰：何以小功也？君母在則不敢不從服，君母不在則不服。^{〔二〕}

〔一〕君母，父之適妻也。從母，君母之姊妹。

〔二〕不敢不服者，恩實輕也。凡庶子爲君母如適子。

君子子爲庶母慈己者。^{〔一〕}

《傳》曰：君子子者，貴人之子也，爲庶母何以小功？以慈己加也。^{〔二〕}

〔一〕君子子者，大夫及公子之適妻子。

〔二〕云君子子者，則父在也。父没，則不服之矣。以慈己加，則君子子亦以士禮爲庶母緦也。《内則》曰：“異爲孺子室於宫中，擇於諸母與可者，必求其寬裕慈惠，溫良恭敬，慎而寡言者，使爲子師。其次爲慈母，其次爲保母，皆居子室。他

353

人無事不往。"又曰:"大夫之子有食母。"庶母慈己者,此之謂也。其可者賤於諸母,謂傅姆之屬也。其不慈己,則緦可矣。不言師、保,慈母居中,服之可知也。國君世子生,卜士之妻、大夫之妾,使食子,三年而出,見於公宮,則劬,非慈母也。士之妻自養其子。

(以上小功五月)

(十一·十一)

緦麻三月者。[一]

《傳》曰:緦者,十五升抽其半,有事其縷,無事其布,曰緦。[二]

[一] 緦麻,布衰裳而麻絰帶也。不言衰絰,略輕服,省文。

[二] 謂之緦者,治其縷,細如絲也。或曰有絲,朝服用布,何衰用絲乎? 抽,猶去也。《雜記》曰:"緦冠繰纓。"

族曾祖父母,族祖父母,族父母,族昆弟。[一]

[一] 族曾祖父者,曾祖昆弟之親也。族祖父者,亦高祖之孫,則高祖有服明矣。

庶孫之婦,庶孫之中殤。[一]

[一] 庶孫者,成人大功,其殤,中從上。此當爲下殤,言中殤者,字之誤爾。又諸言中者,皆連上下也。

從祖姑姊妹適人者，報。從祖父、從祖昆弟之長殤。^[一]

[一] 不見中殤者，中從下。

外孫。^[一]

[一] 女子子之子。

從父昆弟姪之下殤，夫之叔父之中殤、下殤。^[一]

[一] 言中殤者，明中從下。

從母之長殤，報。

庶子爲父後者爲其母。

《傳》曰：何以緦也？《傳》曰：與尊者爲一體，不敢服其私親也。然則何以服緦也？有死於宮中者，則爲之三月不舉祭，因是以服緦也。^[一]

[一] 君卒，庶子爲母大功。大夫卒，庶子爲母三年也。士雖在，
　　庶子爲母皆如衆人。

士爲庶母。

《傳》曰：何以緦也？以名服也。大夫以上爲庶母無服。

貴臣、貴妾。

《傳》曰：何以緦也？以其貴也。[一]

[一] 此謂公士、大夫之君也。殊其臣妾貴賤而爲之服。貴臣，室
　　老士也。貴妾，姪娣也。天子、諸侯降其臣妾，無服。士卑
　　無臣，則士妾又賤，不足殊，有子則爲之緦，無子則已。

乳母。[一]
　　《傳》曰：何以緦也？以名服也。

[一] 謂養子者有他故，賤者代之慈己。

從祖昆弟之子。[一]

[一] 族父母爲之服。

曾孫。[一]

[一] 孫之子。

父之姑。[一]

[一] 歸孫爲祖父之姊妹。

從母昆弟。
　　《傳》曰：何以緦也？以名服也。

356

甥。[一]

　《傳》曰：甥者何也？謂吾舅者吾謂之甥。何以緦也？報之也。

　[一]姊妹之子。

壻。[一]

　《傳》曰：何以緦？報之也。

　[一]女子子之夫也。

妻之父母。

　《傳》曰：何以緦？從服也。[一]

　[一]從於妻而服之。

姑之子。[一]

　《傳》曰：何以緦？報之也。

　[一]外兄弟也。

舅。[一]

　《傳》曰：何以緦？從服也。[二]

　[一]母之昆弟。
　[二]從於母而服之。

舅之子。[一]

　　《傳》曰：何以緦？從服也。

　　[一] 內兄弟也。

夫之姑姊妹之長殤。夫之諸祖父母，報。[一]

　　[一] 諸祖父者，夫之所爲小功，從祖祖父母、外祖父母。或曰曾
　　　　祖父母。曾祖於曾孫之婦無服，而云報乎？曾祖父母正服小
　　　　功，妻從服緦。

君母之昆弟。

　　《傳》曰：何以緦？從服也。[一]

　　[一] 從於君母而舅服之也。君母在則不敢不從服，君母卒則不
　　　　服也。

從父昆弟之子之長殤，昆弟之孫之長殤，爲夫之從父昆弟
之妻。

　　《傳》曰：何以緦也？以爲相與同室，則生緦之親焉。
長殤、中殤降一等，下殤降二等。齊衰之殤中從上，大功
之殤中從下。[一]

　　[一] 同室者，不如居室之親也。齊衰、大功，皆服其成人也。大
　　　　功之殤中從下，則小功之殤亦中從下也。此主謂妻爲夫之親
　　　　服也。凡不見者，以此求之。

（以上總麻）

記。

公子爲其母，練冠、麻，麻衣縓緣；爲其妻，縓冠、葛経帶、麻衣縓緣。皆既葬除之。[一]

《傳》曰：何以不在五服之中也？君之所不服，子亦不敢服也；君之所爲服，子亦不敢不服也。[二]

[一] 公子，君之庶子也。其或爲母，謂妾子也。麻者，緦麻之経帶也。此麻衣者，如小功布，深衣，爲不制衰裳變也。《詩》云：“麻衣如雪。”縓，淺絳也，一染謂之縓。練冠而麻衣縓緣，三年練之受飾也。《檀弓》曰：“練，練衣黃裏、縓緣。”諸侯之妾子厭於父，爲母不得伸，權爲制此服，不奪其恩也。爲妻縓冠，葛経帶，妻輕。

[二] 君之所不服，謂妾與庶婦也。君之所爲服，謂夫人與適婦也。諸侯之妾，貴者視卿，賤者視大夫，皆三月而葬。

大夫、公之昆弟、大夫之子，於兄弟降一等。[一]

[一] 兄弟，猶言族親也。凡不見者，以此求之。

爲人後者，於兄弟降一等，報。於所爲後之兄弟之子，若子。[一]

[一] 言報者，嫌其爲宗子不降。

兄弟皆在他邦，加一等。不及知父母，與兄弟居，加一等。[一]
《傳》曰：何如則可謂之兄弟？《傳》曰：小功以下爲兄弟。[二]

　［一］皆在他邦，謂行仕出遊，若辟仇。不及知父母，父母早卒。

　［二］於此發兄弟傳者，嫌大功已上又加也。大功以上，若皆在他
　　　　國，則親自親矣。若不及知父母，則固同財矣。

朋友皆在他邦，袒免，歸則已。[一]

　［一］謂服無親者，當爲之主。每至袒時則袒，袒則去冠，代之以
　　　　免。舊說云，以爲免象冠，廣一寸。已，猶止也。歸有主，
　　　　則止也。主若幼少，則未止。《小記》曰：“大功者，主人之
　　　　喪，有三年者，則必爲之再祭，朋友虞祔而已。”

朋友麻。[一]

　［一］朋友雖無親，有同道之恩，相爲服緦之経帶。《檀弓》曰：“群
　　　　居則経，出則否。”其服，弔服也。《周禮》曰：凡弔，當事
　　　　則弁経。服弁経者，如爵弁而素，加環経也。其服有三：錫
　　　　衰也，緦衰也，疑衰也。王爲三公六卿錫衰，爲諸侯緦衰，
　　　　爲大夫、士疑衰。諸侯及卿、大夫亦以錫衰爲弔服，當事
　　　　乃弁経，否則皮弁，辟天子也。士以緦衰爲喪服，其弔服
　　　　則疑衰也。舊說以爲士弔服布上素下，或曰素委貌冠加朝
　　　　服。《論語》曰：“緇衣羔裘。”又曰：“羔裘玄冠不以弔。”
　　　　何朝服之有乎？然則二者皆有似也。此實疑衰也，其弁経
　　　　皮弁之時，則如卿、大夫然。又改其裳以素，辟諸侯也。

朋友之相爲服，即士弔服疑衰素裳。庶人不爵弁，則其弔
服素冠委貌。

君之所爲兄弟服，室老降一等。[一]

[一] 公士、大夫之君。

夫之所爲兄弟服，妻降一等。庶子爲後者，爲其外祖父母、
從母、舅無服。不爲後，如邦人。

宗子孤爲殤，大功衰、小功衰皆三月。親則月筭如邦人。[一]
改葬，緦。[二]

[一] 言孤，有不孤者。不孤，則族人不爲殤服服之也。不孤，謂
　　父有廢疾，若年七十而老，子代主宗事者也。孤爲殤，長
　　殤、中殤大功衰，下殤小功衰，皆如殤服而三月，謂與宗子
　　絕屬者也。親，謂在五屬之內。筭，數也。月數如邦人者，
　　與宗子有期之親者，成人服之齊衰期，長殤，大功衰九月，
　　中殤，大功衰七月，下殤，小功衰五月。有大功之親者，成
　　人服之齊衰三月。卒哭，受以大功衰九月。其長殤、中殤，
　　大功衰五月；下殤，小功衰三月。有小功之親者，成人服之
　　齊衰三月。卒哭，受以小功衰五月。其殤與絕屬者同。有緦
　　麻之親者，成人及殤，皆與絕屬者同。

[二] 謂墳墓以他故崩壞，將亡失尸柩也。言改葬者，明棺物毀
　　敗，改設之，如葬時也。其奠如大斂，從廟之廟，從墓之
　　墓，禮宜同也。服緦者，臣爲君也，子爲父也，妻爲夫也。

必服緦者，親見尸柩，不可以無服，緦三月而除之。

童子，唯當室緦。[一]

　　《傳》曰：不當室則無緦服也。

　　[一] 童子，未冠之稱也。當室者，爲父後，承家事者，爲家主，
　　　　與族人爲禮，於有親者，雖恩不至，不可以無服也。

凡妾爲私兄弟，如邦人。[一]

　　[一] 嫌厭降之也。私兄弟，自其族親也。然則女君有以尊降其兄
　　　　弟者，謂士之女爲大夫妻，大夫之女爲諸侯夫人，諸侯之女
　　　　爲天王后也。父卒，昆弟之爲父後者，宗子亦不敢降也。

大夫弔於命婦，錫衰。命婦弔於大夫，亦錫衰。[一]

　　《傳》曰：錫者何也？麻之有錫者也。錫者，十五升抽其
半，無事其縷，有事其布，曰錫。[二]

　　[一] 弔於命婦，命婦死也。弔於大夫，大夫死也。《小記》曰："諸
　　　　侯弔，必皮弁錫衰。"《服問》曰："公爲卿、大夫錫衰以居，
　　　　出亦如之，當事則弁絰。大夫相爲亦然。爲其妻，往則服
　　　　之，出則否。"
　　[二] 謂之錫者，治其布，使之滑易也。不錫者，不治其縷，哀在
　　　　內也。緦者不治其布，哀在外。君及卿、大夫弔士，雖當
　　　　事，弁錫衰而已。士之相弔，則如朋友服矣，疑衰素裳。凡
　　　　婦人相弔，吉笄無首，素緫。

女子子適人者爲其父母，婦爲舅姑，惡笄有首以髽。卒哭，子折笄首以笄，布總。[一]

《傳》曰：笄有首者，惡笄之有首也。惡笄者，櫛笄也。折笄首者，折吉笄之首也。吉笄者，象笄也。何以言子折笄首而不言婦？終之也。[二]

[一] 言以髽，則髽有著笄者明矣。

[二] 櫛笄者，以櫛之木爲笄，或曰榛笄。有首者，若今時刻鏤摘頭矣。卒哭而喪之大事畢，女子子可以歸於夫家而著吉笄。吉笄尊，變其尊者，婦人之義也。折其首者，爲其大飾也。據在夫家，宜言婦。終之者，終子道於父母之恩。

妾爲女君、君之長子，惡笄有首，布總。

凡衰，外削幅。裳，內削幅，幅三袧。[一]若齊，裳內衰外。[二]負，廣出於適寸。[三]適，博四寸，出於衰。[四]衰，長六寸，博四寸。[五]衣帶下尺。[六]衽，二尺有五寸。[七]袂，屬幅。[八]衣，二尺有二寸。[九]袪，尺二寸。[一〇]衰三升，三升有半。其冠六升。以其冠爲受，受冠七升。[一一]齊衰四升，其冠七升。以其冠爲受，受冠八升。[一二]繐衰四升有半，其冠八升。[一三]大功八升，若九升。小功十升，若十一升。[一四]

[一] 削，猶殺也。大古冠布衣布，先知爲上，外殺其幅，以便體也。後知爲下，內殺其幅，稍有飾也。後世聖人易之，以此爲喪服。袧者，謂辟兩側，空中央也。祭服、朝服，辟積無

數。凡裳，前三幅，後四幅也。

［二］齊，緝也。凡五服之衰，一斬四緝。緝裳者，內展之。緝衰者，外展之。

［三］負，在背上者也。適，辟領也。負出於辟領外旁一寸。

［四］博，廣也。辟領廣四寸，則與闊中八寸也。兩之爲尺六寸也。出於衰者，旁出衰外，不著寸數者，可知也。

［五］廣袤當心也。前有衰，後有負板，左右有辟領，孝子哀戚無所不在。

［六］衣帶下尺者，要也。廣尺，足以掩裳上際也。

［七］衽，所以掩裳際也。二尺五寸，與有司紳齊也。上正一尺，燕尾二尺五寸，凡用布三尺五寸。

［八］屬，猶連也。連幅，謂不削。

［九］此謂袂中也。言衣者，明與身參齊。二尺二寸，其袖足以容中人之肱也。衣自領至要二尺二寸，倍之四尺四寸，加辟領八寸，而又倍之，凡衣用布一丈四寸。

［一〇］袪，袖口也。尺二寸，足以容中人之併兩手也。吉時拱尚左手，喪時拱尚右手。

［一一］衰，斬衰也。或曰三升半者，義服也。其冠六升，齊衰之下也。斬衰正服，變而受之此服也。三升，三升半，其受冠皆同，以服至尊，宜少差也。

［一二］言受以大功之上也。此謂爲母服也。齊衰正服五升，其冠八升。義服六升，其冠九升。亦以其冠爲受。凡不著之者，服之首主於父母。

［一三］此謂諸侯之大夫爲天子繐衰也。服在小功之上者，欲著其縷之精麤也。升數在齊衰之中者，不敢以兄弟之服服至尊也。

［一四］此以小功受大功之差也。不言七升者，主於受服，欲其文

相值。言服降而在大功者，衰七升；正服，衰八升，其冠皆十升。義服，九升，其冠十一升。亦皆以其冠爲受也。斬衰受之以下，大功受之以正者，重者輕之，輕者從禮，聖人之意然也。其降而在小功者，衰十升；正服，衰十一升；義服，衰十二升；皆以即葛及緦麻無受也。此大功不言受者，其章既著之。

（以上記喪服衰裳之制、冠制）

儀禮卷第十二

儀禮卷第十二

鄭　氏　注

士喪禮第十二

（十二·一）

　　士喪禮。死于適室，幠用斂衾。^[一]復者一人，以爵弁服，簪裳于衣，左何之，扱領于帶。^[二]升自前東榮，中屋，北面，招以衣，曰："皋某復！"三。降衣于前。^[三]受用篋，升自阼階，以衣尸。^[四]復者降自後西榮。^[五]

[一] 適室，正寢之室也。疾者齊，故于正寢焉。疾時處北墉下，死而遷之當牖下，有牀衽。幠，覆也。斂衾，大斂所并用之衾。衾，被也。小斂之衾當陳。《喪大記》曰："始死，遷尸于牀，幠用斂衾，去死衣。"

[二] 復者，有司招魂復魄也。天子則夏采、祭僕之屬，諸侯則小臣爲之。爵弁服，純衣纁裳也，禮以冠名服。簪，連也。

[三] 北面招，求諸幽之義也。皋，長聲也。某，死者之名也。復，反也。降衣，下之也。《喪大記》曰："凡復，男子稱名，婦人稱字。"

[四] 受者，受之於庭也。復者，其一人招，則受衣亦一人也。人君則司服受之，衣尸者覆之，若得魂反之。

[五] 不由前降，不以虛反也。降因徹西北扉。若云此室凶不可居

然也。自是行死事。

（以上始死復）

(十二·二)

　　楔齒用角柶。^[一] 綴足用燕几。^[二] 奠脯醢、醴酒，升自阼階，奠于尸東。^[三] 帷堂。^[四]

　　[一] 爲將含，恐其口閉急也。
　　[二] 綴，猶拘也。爲將屨，恐其辟戾也。今文"綴"爲"對"。
　　[三] 鬼神無象，設奠以馮依之。
　　[四] 事小記也。

（以上楔齒綴足奠帷堂）

(十二·三)

　　乃赴于君。主人西階東，南面命赴者，拜送。^[一] 有賓，則拜之。^[二]

　　[一] 赴，告也。臣，君之股肱耳目，死當有恩。
　　[二] 賓，僚友群士也。其位猶朝夕哭矣。

（以上使人赴于君）

(十二·四)

　　入，坐于牀東。衆主人在其後，西面。婦人俠牀，東面。^[一] 親者在室。^[二] 衆婦人戶外北面，衆兄弟堂下

北面。^[三]

　　[一] 衆主人，庶昆弟也。婦人，謂妻、妾、子姓也，亦適妻在前。

　　[二] 謂大功以上，父、兄、姑姊妹、子姓在此者。

　　[三] 衆婦人、衆兄弟，小功以下。

（以上尸在室，主人以下哭位）

（十二·五）

　　君使人弔。徹帷。主人迎于寢門外，見賓不哭，先入，門右，北面。^[一]弔者入，升自西階，東面。主人進中庭，弔者致命。^[二]主人哭，拜稽顙，成踊。^[三]賓出，主人拜送于外門外。

　　[一] 使人，士也。禮使人必以其爵。使者至，使人入將命，乃出
　　　　 迎之。寢門，內門也。徹帷，屈之，事畢則下之。

　　[二] 主人不升，賤也。致命曰：“君聞子之喪，使某如何不淑。”

　　[三] 稽顙，頭觸地。成踊，三者三。

（以上君使人弔）

（十二·六）

　　君使人襚。徹帷。主人如初。襚者左執領，右執要，入，升致命。^[一]主人拜如初。襚者入，衣尸，出。主人拜送如初。唯君命，出，升降自西階^[一]。遂拜賓，有

──────────

〔一〕 升降自西階　“自”下，底本疑衍“階”字，據嚴州本、張敦仁本、阮刻本刪。

大夫則特拜之。即位于西階下，東面，不踊。大夫雖不辭，入也。^[二]

> ［一］襚之言遺也。衣被曰襚。致命曰："君使某襚。"
>
> ［二］唯君命出，以明大夫以下，時來弔襚，不出也。始喪之日，哀戚甚，在室，故不出拜賓也。大夫則特拜，別於士旅拜也。即位西階下，未忍在主人位也。不踊，但哭拜而已。不辭而主人升入，明本不爲賓出，不成禮也。

（以上君使人襚）

(十二·七)

親者襚，不將命，以即陳。^[一]庶兄弟襚，使人以將命于室，主人拜于位，委衣于尸東牀上。^[二]朋友襚，親以進，主人拜，委衣如初。退，哭，不踊。^[三]徹衣者執衣如襚，以適房。^[四]

> ［一］大功以上，有同財之義也。不將命，不使人將之致於主人也。即陳，陳在房中。
>
> ［二］庶兄弟，即衆兄弟也。變衆言庶，容同姓耳。將命曰："某使某襚。"拜于位，室中位也。
>
> ［三］親以進，親之恩也。退，下堂反賓位也。主人徒哭不踊，別於君襚也。
>
> ［四］凡於襚者出，有司徹衣。

（以上親者庶兄弟、朋友襚）

372

（十二·八）

　　爲銘，各以其物。亡則以緇，長半幅，經末，長終幅，廣三寸。書銘于末曰："某氏某之柩。"[一]竹杠長三尺，置于宇西階上。[二]

　　[一]銘，明旌也。雜帛爲物。大夫之所建也，以死者爲不可別，故以其旗識識之，愛之斯錄之矣。亡，無也。無旌，不命之士也。半幅一尺，終幅二尺。在棺爲柩。今文"銘"皆爲"名"，"末"爲"旆"也。

　　[二]杠，銘橦也。宇，梠也。

　　（以上爲銘）

（十二·九）

　　甸人掘坎于階間，少西。爲垼于西墻下，東鄉。[一]新盆、槃、瓶、廢敦、重鬲，皆濯，造于西階下。[二]

　　[一]甸人，有司主田野者。垼，塊竈。西墻，中庭之西。今文"卿"爲"面"。

　　[二]新此瓦器五種者，重死事。盆以盛水，槃承澡濯，瓶以汲水也。廢敦，敦無足者，所以盛米也。重鬲，鬲將縣重者也。濯，滌溉也。造，至也，猶饌也。以造言之，喪事遽。

　　（以上沐浴飯含之具陳於西階下）

（十二·十）

　　陳襲事于房中，西領，南上，不績。[一]明衣裳，用

373

布。^[二]鬠笄用桑，長四寸，緇中。^[三]布巾，環幅，不鑿。^[四]掩，練帛廣終幅，長五尺，析其末。^[五]瑱，用白纊。^[六]幎目，用緇，方尺二寸，經裏，著，組繫。^[七]握手，用玄，纁裏，長尺二寸，廣五寸，牢中旁寸，著，組繫。^[八]決，用正王棘，若檡棘，組繫，纊極二。^[九]冒，緇質，長與手齊，經殺，掩足。^[一〇]爵弁服，純衣。^[一一]皮弁服，^[一二]褖衣。^[一三]緇帶。^[一四]韎韐。^[一五]竹笏。^[一六]夏葛屨，冬白屨，皆繶緇絇純，組綦繫于踵。^[一七]庶襚繼陳，不用。^[一八]

［一］襲事謂衣服也。綪，讀爲綷。綷，屈也。襲事少，上陳而下不屈。江沔之間，謂縈收繩索爲綷。古文“綪”皆爲“精”。

［二］所以親身，爲圭絜也。

［三］桑之爲言，喪也。用爲笄，取其名也。長四寸，不冠故也。緇，笄之中央以安髮。

［四］環幅，廣袤等也。不鑿者，士之子親含，及其巾而已。大夫以上，賓爲之含，當口鑿之，嫌有惡。古文“環”作“還”。

［五］掩，裹首也。析其末，爲將結於頤下〔一〕，又還結於項巾〔二〕。

［六］瑱，充耳。纊，新綿。

［七］幎目，覆面者也。幎，讀若《詩》云“葛藟縈”之“縈”。經，赤也。著，充之以絮也。組繫，爲可結也。古文“幎”爲“涓”。

［八］牢，讀爲樓。樓謂削約握之中央以安手也。今文“樓”爲

〔一〕 爲將結於頤下　“於”，底本作“放”，據嚴州本、張敦仁本、阮刻本改。
〔二〕 又還結於項巾　“巾”，底本作“中”，據嚴州本、張敦仁本、阮刻本改。

“緩”，“旁”爲“方”。

［九］決，猶闓也。挾弓以橫執弦。《詩》云：“決拾既次〔一〕。”正，善也。王棘與檡棘，善理堅刃者皆可以爲決。極，猶放弦也。以沓指放弦，令不挈指也。生者以朱韋爲之，而三。死用纊，又二，明不用也。古文“王”爲“玉”。今文“檡”爲“澤”。世俗謂王棘砥鼠。

［一〇］冒，韜尸者，制如直囊，上曰質，下曰殺。質，正也。其用之，先以殺韜足而上，後以質韜首而下，齊手。上玄下纁，象天地也。《喪大記》曰：“君錦冒黼殺，綴旁七。大夫玄冒黼殺，綴旁五。士緇冒赬殺，綴旁三。”凡冒，質長與手齊，殺三尺。

［一一］謂生時爵弁之服也。純衣者，纁裳。古者以冠名服，死者不冠。

［一二］皮弁所衣之服也。其服，白布衣素裳也。

［一三］黑衣裳，赤緣謂之褖。褖之言緣也，所以表袍者也。《喪大記》曰：“衣必有裳，袍必有表，不襌，謂之一稱。”古文“褖”爲“緣”。

［一四］黑繒之帶。

［一五］一命縕韍。

［一六］笏，所以書思對命者。《玉藻》曰：“笏，天子以球玉，諸侯以象，大夫以魚須文竹，士以竹本象可也。”又曰：“笏度二尺有六寸，其中博三寸，其殺六分而去一。”又曰：“天子搢珽，方正於天下也。諸侯荼，前詘後直，讓於天子也。大夫前詘後詘，無所不讓。”今文“笏”作“忽”。

〔一〕 決拾既次　“次”，底本作“佽”，據嚴州本、張敦仁本、阮刻本改。

［一七］冬皮屨變言白者，明夏時用葛，亦白也。此皮弁之屨，《士冠禮》曰："素積白屨，以魁柎之。緇絇、繶、純，純博寸。"綦，屨係也，所以拘止屨也。綦，讀如"馬絆綦"之"綦"。

［一八］庶，衆也。不用，不用襲也。多陳之爲榮，少納之爲貴。

（以上襲事所用衣物陳於房中者）

(十二·十一)

貝三，實于笲。[一] 稻米一豆，實於筐。[二] 沐巾一，浴巾二，皆用綌，於笲。[三] 櫛，於簞。[四] 浴衣，於篋。[五] 皆饌于西序下，南上。[六]

［一］貝，水物。古者以爲貨，江水出焉。笲，竹器名。

［二］豆四升。

［三］巾所以拭污垢。浴巾二者，上體、下體異也。綌，麤葛。

［四］簞，葦笥。

［五］浴衣，已浴所衣之衣，以布爲之，其制如今通裁。

［六］皆者，皆具以下。東西牆謂之序，中以南謂之堂。

（以上沐浴飯含之具陳於序下者）

(十二·十二)

管人汲，不説繘，屈之。[一] 祝淅米于堂，南面，用盆。[二] 管人盡階，不升堂，受潘，煑于垼，用重鬲。[三] 祝盛米于敦，奠于貝北。[四] 士有冰，用夷槃可也。[五] 外御受沐入。[六] 主人皆出，户外北面。[七] 乃沐，櫛，挋用巾。^[八]浴用巾，抵用浴衣。^[九]澡濯棄于坎。^[一〇]蚤揃如他日。^[一一]鬠用組，乃笄，設明衣裳。^[一二]主人入，即位。^[一三]

[一] 管人，有司主館舍者。不說繘，將以就祝濯米。屈，縈也。

[二] 祝，夏祝也。淅，汰也。

[三] 盡階，三等之上。《喪大記》曰："管人受沐，乃煮之。甸人取所徹廟之西北厞薪，用爨之。"

[四] 復於筐處。

[五] 謂夏月而君加賜冰也。夷槃，承尸之槃。《喪大記》曰："君設大槃，造冰焉。大夫設夷槃，造冰焉。士併瓦槃，無冰。設牀禮第，有枕。"

[六] 外御，小臣侍從者。沐，管人所煮潘也。

[七] 象平生沐浴俣裎，子孫不在旁，主人出而禮第。

[八] 抵，晞也，清也。古文"抵"皆作"振"。

[九] 用巾，用拭之也。《喪大記》曰："御者二人浴，浴水用盆，沃水用枓。"

[一〇] 沐浴餘潘水、巾、櫛、浴衣，亦并棄之。古文"澡"作"緣"，荊沔之間語。

[一一] 蚤，讀爲爪，斷爪揃鬚也。人君則小臣爲之。他日，平生時。

[一二] 用組，組束髮也。古文"鬠"皆爲"括"。

[一三] 已設明衣，可以入也。

（以上沐浴）

（十二·十三）

　　商祝襲祭服，褖衣次。^[一]主人出，南面，左袒，扱諸面之右。盥于盆上，洗貝，執以入。宰洗柶，建于米，執以從。^[二]商祝執巾從入，當牖北面，徹枕，設巾，徹楔，受貝，奠于尸西。^[三]主人由足西，牀上坐，東面。^[四]祝又受米，奠于貝北。宰從立于牀西，在右。^[五]主人左扱米，實于右，三，實一貝。左、中亦如之。又實米，唯盈。^[六]主人襲，反位。^[七]

　　［一］商祝，祝習商禮者。商人教之以敬，於接神宜。襲，布衣牀上。祭服，爵弁服、皮弁服，皆從君助祭之服。大蜡有皮弁素服而祭，送終之禮。襲衣於牀，牀次含牀之東，袒如初也。《喪大記》曰：“含一牀，襲一牀，遷尸於堂又一牀。”

　　［二］俱入戶，西鄉也。今文“宰不言執”。

　　［三］當牖北面，值尸南也。設巾覆面，爲飯之遺落米也。如商祝之事位，則尸南首明矣。

　　［四］不敢從首前也。祝受貝米奠之，口實不由足也。

　　［五］米在貝北，便扱者也。宰立牀西，在主人之右，當佐飯事。

　　［六］于右，尸口之右。唯盈，取滿而已。

　　［七］襲，復衣也。位在尸東。

　　（以上飯含）

（十二·十四）

　　商祝掩，瑱，設幎目，乃屨，綦結于跗，連絇。^[一]乃襲，三稱。^[二]明衣不在筭。^[三]設韐、帶，搢笏。^[四]設決，麗于擘，自飯持之。設握，乃連擘。[五]設冒，櫜之。

幠用衾。[六]巾、柶、鬠、蚤埋于坎。[七]

［一］掩者，先結頤下。既瑱，幠目，乃還結項也。跗，足上也。
　　絇，屨飾，如刀衣鼻，在屨頭上，以餘組連之，止足坼也。

［二］遷尸於襲上而衣之。凡衣死者，左衽，不紐，襲不言設牀，
　　又不言遷尸於襲上，以其俱當牖，無大異。

［三］筭，數也。不在數，明衣禪衣不成稱也。

［四］韐帶，韎韐緇帶。不言韎緇者，省文，亦欲見韐自有帶。韐
　　帶用革。揳，插也。插於帶之右旁。古文“韐”爲“合”也。

［五］麗，施也。擘，手後節中也。飯，大擘指本也。決，以韋爲
　　之籍，有彄。彄內端爲紐，外端有橫帶，設之，以紐擐大
　　擘本也。因沓其彄，以橫帶貫紐結於擘之表也。設握者，以
　　綦繫鉤中指，由手表與決帶之餘連結之。此謂右手也。古文
　　“麗”亦爲“連”，“擘”作“掔”。

［六］櫜，韜盛物者，取事名焉。衾者，始死時斂衾。今文“櫜”
　　爲“橐”。

［七］坎至此築之也。將襲辟奠，既則反之。

（以上襲）

（十二·十五）

重木刊鑿之。甸人置重于中庭，參分庭一，在南。[一]

夏祝鬻餘飯，用二鬲，于西牆下。[二]冪用疏布，久之，繫

用靲，縣于重。冪用葦席，北面，左衽。帶用靲，賀之，

結于後。[三]祝取銘，置于重。[四]

［一］木也縣物焉曰重。刊，斲治，鑿之爲縣鬵孔也。士重木長三尺。

［二］夏祝，祝習夏禮者也。夏人教以忠，其於養宜。鬻餘飯，以飯尸餘米爲鬻也。重，主道也。士二鬲，則大夫四，諸侯六，天子八，與簋同差。

［三］久，讀爲灸，謂以蓋塞鬲口也。羃，竹簝也。以席覆重，辟屈而反，兩端交於後。左衽，西端在上。賀，加也。今文“羃”皆作“密”。

［四］祝，習周禮者也。

（以上設重）

（十二·十六）

　　厥明，陳衣于房，南領，西上，綪。絞橫三縮一，廣終幅，析其末。^{［一］}緇衾，赬裏，無紞。^{［二］}祭服次，^{［三］}散衣次，^{［四］}凡十有九稱。^{［五］}陳衣繼之，^{［六］}不必盡用。^{［七］}

［一］綪，屈也。絞，所以收束衣服爲堅急者也，以布爲之。縮，從也。橫者三幅，從者一幅。析其末者，令可結也。《喪大記》曰：“絞一幅爲三。”

［二］紞，被也。斂衣或倒，被無別於前後可也。凡衾制同，皆五幅也。

［三］爵弁服，皮弁服。

［四］褖衣以下^{〔一〕}，袍襺之屬。

〔一〕褖衣以下　“褖”，底本作“褖”，據嚴州本、張敦仁本、阮刻本改。

〔五〕祭服與散衣。

〔六〕庶襚。

〔七〕取稱而已，不務多。

（以上陳小斂衣）

(十二·十七)

　　饌于東堂下，脯、醢、醴、酒。幂奠用功布，實于篚，在饌東。〔一〕設盆盥于饌東，有巾。〔二〕

〔一〕功布，鍛濯灰治之布也。凡在東西堂下者，南齊坫。古文
　　　“奠”爲“尊”。

〔二〕爲奠設盥也。喪事略，故無洗也。

（以上饌、小斂奠及設東方之盥）

(十二·十八)

　　苴絰大鬲，下本在左，要絰小焉。散帶垂，長三尺。牡麻絰，右本在上，亦散帶垂。皆饌于東方。〔一〕婦人之帶，牡麻結本，在房。〔二〕

〔一〕苴絰，斬衰之絰也。苴麻者，其貌苴，以爲絰。服重者尚麤
　　　惡，絰之言實也。鬲，搹也。中人之手，搹圍九寸。絰帶之
　　　差，自此出焉。下本在左，重服統於内而本陽也。要絰小焉，
　　　五分去一。牡麻絰者，齊衰以下之絰也。牡麻絰者其貌易，
　　　服輕者宜差好也。右本在上，輕服本於陰而統於外。散帶之

381

垂者，男子之道，文多變也。饌于東方東坫之南，苴絰爲上。

[二] 婦人亦有苴絰，但言帶者，記其異。此齊衰婦人，斬衰婦人
亦苴絰也。

（以上陳小斂絰帶）

（十二·十九）

　　牀笫、夷衾，饌于西坫南。[一] 西方盥，如東方。[二]

[一] 笫，簀也。夷衾，覆尸之衾。《喪大記》曰：“自小斂以往用
夷衾，夷衾質，殺之，裁，猶冒也。”

[二] 爲舉者設盥也。如東方者，亦用盆布巾，饌於西堂下。

（以上陳牀笫、夷衾及西方之盥）

（十二·二十）

　　陳一鼎于寢門外，當東塾，少南，西面。其實特豚，
四鬄，去蹄，兩胉、脊、肺。設扃鼏，鼏西末。素俎在鼎
西，西順，覆匕，東柄。[一]

[一] 鬄，解也。四解之，殊肩髀而已，喪事略。去蹄，去其甲，
爲不絜清也。胉，脅也。素俎，喪尚質。既饌，將小斂，則
辟襲奠。今文“鬄”爲“剔”，“胉”爲“迫”。古文“鼏”
爲“密”。

（以上陳鼎實）

（十二·二十一）

　　士盥，二人以並，東面立于西階下。^[一]布席于戶內，下莞上簟。^[二]商祝布絞、衾、散衣、祭服。祭服不倒，美者在中。^[三]士舉遷尸，反位。^[四]設牀笫于兩楹之間，衽如初，有枕。^[五]卒斂，徹帷。^[六]主人西面馮尸，踊無筭。主婦東面馮，亦如之。^[七]主人髺髮，袒，眾主人免于房。^[八]婦人髽于室。^[九]士舉，男女奉尸，侇于堂，幠用夷衾。男女如室位，踊無筭。^[一〇]主人出于足，降自西階。眾主人東即位。婦人阼階上西面。主人拜賓，大夫特拜，士旅之，即位，踊，襲、絰于序東，復位。^[一一]

［一］立，俟舉尸也。今文“並”爲“併”。

［二］有司布斂席也。

［三］斂者趨方，或慎倒衣裳，祭服尊，不倒之也。美，善也。善衣後布於斂，則在中也。既後布祭服，而又言善者在中，明每服非一稱也。

［四］遷尸於服上。

［五］衽，寢臥之席也。亦下莞上簟。

［六］尸已飾。

［七］馮，服膺之。

［八］始死，將斬衰者雞斯，將齊衰者素冠。今至小斂變，又將初喪服也。髺髮者，去笄纚而紒。眾主人免者，齊衰將袒，以免代冠。冠，服之尤尊，不以袒也。免之制未聞，舊說以爲如冠狀，廣一寸。《喪服小記》曰：“斬衰髺髮以麻，免而以布。”此用麻布爲之，狀如今之著幓頭矣。自項中而前，交於額上，卻繞紒也。于房于室，釋髺髮宜於隱者。今文

“免”皆作“統”，古文“髻”作“括”。

［九］始死，婦人將斬衰者，去笄而纚，將齊衰者，骨笄而纚。今言髻者，亦去笄纚而紒也。齊衰以上，至笄猶髻。髻之異於髺髮者，既去纚而以髮爲大紒，如今婦人露紒，其象也。《檀弓》曰：“南宮絛之妻之姑之喪，夫子誨之髻。曰：爾毋縱縱爾，爾毋扈扈爾。”其用麻布，亦如著慘頭然。

［一○］侇之言尸也。夷衾，覆尸柩之衾也。堂謂楹間牀第上也。今文“侇”作“夷”。

［一一］拜賓，鄉賓位拜之也。即位踊，東方位。襲絰于序東，東夾前。

（以上小斂遷尸及主人、主婦袒、髻髮、免、髺、襲）

（十二·二十二）

乃奠。[一]舉者盥，右執匕，卻之。左執俎，橫攝之。入阼階前西面錯，錯俎北面。[二]右人左執匕，抽扃予左手，兼執之，取鼏，委于鼎北，加扃，不坐。[三]乃朼載，載兩髀于兩端，兩肩亞，兩胉亞，脊、肺在於中，皆覆，進柢，執而俟。[四]夏祝及執事盥，執醴先，酒、脯、醢、俎從，升自阼階。丈夫踊。甸人徹鼎，巾待于阼階下。[五]奠于尸東，執醴酒，北面西上。[六]豆錯，俎錯于豆東，立于俎北，西上，醴酒錯于豆南。祝受巾，巾之，由足降自西階。婦人踊。奠者由重南東，丈夫踊。[七]賓出，主人拜送于門外。[八]乃代哭，不以官。[九]

［一］祝與執事爲之。

〔二〕舉者盥，出門舉鼎者，右人以右手執匕，左人以左手執俎，因其便也。攝，持也。西面錯，錯鼎於此，宜西面。錯俎北面，俎宜西順之。

〔三〕抽扃取鼏，加扃於鼎上，皆右手。今文“扃”爲“鉉”。古文“予”爲“與”，“鼏”爲“密”。

〔四〕乃朼，以朼次出牲體，右人也。載，受而載於俎，左人也。亞，次也。凡七體，皆覆，爲塵。柢，本也。進本者，未異於生也。骨有本末。古文“朼”爲“匕”，“髀”爲“脾”。今文“胉”爲“迫”，“柢”皆爲“胝”〔一〕。

〔五〕執事者，諸執奠事者。巾，功布也。執者不升，己不設，祝既錯醴，將受之。

〔六〕執醴酒者先升，尊也。立而俟，後錯，要成也。

〔七〕巾之，爲塵也。東，反其位。

〔八〕廟門外也。

〔九〕代，更也。孝子始有親喪，悲哀憔悴，禮防其以死傷生，使之更哭，不絶聲而已。人君以官尊卑，士賤以親疏爲之。三日之後，哭無時。《周禮·挈壺氏》：“凡喪，縣壺以代哭。”

（以上奠祭）

（十二·二十三）

　　有襚者，則將命。擯者出請，入告。主人待于位。[一]擯者出，告須，以賓入。[二]賓入中庭，北面致命。主人拜稽顙，賓升自西階，出于足，西面委衣，如於室禮，降，出。主人出，拜送。朋友親襚，如初儀，西階東，北面哭，踊三，降。主人不踊。^[三]襚者以褶，則必有裳，執衣如初。徹衣者亦如之，升降自西階，以東。^[四]宵，爲燎于中庭。^[五]

[一] 喪禮略於威儀，既小斂，擯者乃用辭。出請之辭曰：“孤某使某請事。”

[二] 須，亦待也。出告之辭曰：“孤某須矣。”

[三] 朋友既委衣，又還哭於西階上，不背主人。

[四] 帛爲褶，無絮，雖複，與禪同。有裳乃成稱，不用表也。以東，藏以待事也。古文“褶”爲“襲”。

[五] 宵，夜也。燎，火燋。

（以上小斂後致襚之儀）

（十二·二十四）

厥明，滅燎。陳衣于房，南領，西上，綪。絞，紟，衾二。君襚，祭服、散衣、庶襚，凡三十稱。紟不在筭，不必盡用。^[一]東方之饌，兩瓦甒，其實醴酒，角觶，木柶。毼豆兩，其實葵菹芋，蠃醢。兩籩無縢，布巾，其實栗，不擇。脯四脡。^[二]奠席在饌北，斂席在其東。^[三]掘肂見衽。^[四]棺入，主人不哭。升棺用軸，蓋在下。^[五]熬黍、稷各二筐，有魚、腊，饌于西坫南。^[六]陳三鼎于門外，北上。豚合升，魚鱄鮒九，腊左胖，髀不升，其他皆如初。^[七]燭俟于饌東。^[八]

386

［一］紟，單被也。衾二者，始死斂衾，今又復制也。小斂衣數，自天子達，大斂則異矣。《喪大記》曰："大斂，布絞，縮者三，橫者三。"

［二］此饌但言東方，則亦在東堂下也。皠，白也。齊人或名全菹爲芋。縢，緣也。《詩》云："竹柲緄縢。"布巾，幦巾也。籩豆具而有巾盛之也。《特牲饋食禮》有籩巾。今文"蠃"爲"蝸"，古文"縢"爲"旬"。

［三］大斂奠而有席，彌神之。

［四］肂，埋棺之坎者也。掘之於西階上。衽，小要也。《喪大記》曰："君殯用輴，欑至于上，畢塗屋。大夫殯以幬，欑置于西序，塗不暨于棺。士殯見衽，塗上帷之。"又曰："君蓋用漆，三衽三束。大夫蓋用漆，二衽二束。士蓋不用漆，二衽二束。"

［五］軸，輁軸也。輁狀如牀，軸其輪，輓而行。

［六］熬所以惑蚍蜉，令不至棺旁也。爲舉者設盆盥於西。

［七］合升，合左右體升於鼎。其他皆如初，謂豚體及匕俎之陳如小斂時[一]，合升四鬵，亦相互耳。

［八］燭，燋也。饌，東方之饌。有燭者，堂雖明，室猶闇。火在地曰燎，執之曰燭。

（以上陳大斂衣奠及殯具）

（十二·二十五）

祝徹，盥于門外，入，升自阼階，丈夫踊。[一]祝徹

〔一〕　謂豚體及匕俎之陳如小斂時　"匕"，底本作"七"，張敦仁本作"上"，嚴州本、阮刻本作"匕"，當作"匕"爲是。

巾，授執事者以待。[二]徹饌，先取醴酒，北面。[三]其餘取先設者，出于足，降自西階。婦人踊。設于序西南，當西榮，如設于堂。[四]醴酒，位如初。執事豆北，南面東上。[五]乃適饌。[六]

[一]祝徹，祝與有司當徹小斂之奠者。小斂設盥于饌東，有巾。大斂設盥于門外，彌有威儀。

[二]授執巾者於尸東，使先待於阼階下，爲大斂奠又將巾之，祝還徹醴也。

[三]北面立，相待俱降。

[四]爲求神於庭。孝子不忍使其親須臾無所馮依也。堂謂尸東也。凡奠設于序西南者，畢事而去之。

[五]如初者，如其醴酒北面西上也。執醴尊，不爲便事變位。

[六]東方之新饌。

（以上徹小斂奠）

(十二·二十六)

帷堂。[一]婦人尸西，東面。主人及親者升自西階，出于足，西面袒。[二]士盥，位如初。[三]布席如初。[四]商祝布絞、紟、衾衣，美者在外，君襚不倒。[五]有大夫則告。[六]士舉遷尸，復位。主人踊無筭。卒斂，徹帷。主人馮如初，主婦亦如之。

[一]徹事畢。

[二]袒，大斂變也。不言髺免髽髪，小斂以來自若矣。

[三]亦既盥並立西階下。

［四］亦下莞上簟，鋪於阼階上，於楹間爲少南。

［五］至此乃用君襚，主人先自盡。

［六］後來者則告以方斂，非斂時則當降拜之。

（以上大斂）

(十二·二十七)

主人奉尸斂于棺，踊如初，乃蓋。^[一]主人降，拜大夫之後至者，北面視肂。^[二]衆主人復位。婦人東復位。^[三]設熬，旁一筐，乃塗，踊無筭。^[四]卒塗，祝取銘置于肂。主人復位，踊，襲。^[五]

［一］棺在肂中，斂尸焉，所謂殯也。《檀弓》曰：“殯於客位。”

［二］北面於西階東。

［三］阼階上下之位。

［四］以木覆棺上而塗之，爲火備。

［五］爲銘設柎，樹之肂東。

（以上殯）

(十二·二十八)

乃奠。燭升自阼階。祝執巾，席從，設于奧，東面。^[一]祝反降，及執事執饌。^[二]士盥，舉鼎入，西面北上，如初。載，魚左首，進鬐，三列，腊進柢。^[三]祝執醴如初，酒豆籩俎從，升自阼階。丈夫踊。甸人徹鼎。^[四]奠由楹內入于室，醴酒北面。^[五]設豆，右菹，菹南栗，栗東脯，豚當豆，魚次，腊特于俎北。醴酒在籩南，巾如

389

初。^[六]既錯者出，立于戶西，西上。祝後，闔戶。先由楹西，降自西階，婦人踊。奠者由重南東，丈夫踊。^[七]

[一] 執燭者先升堂照室，自是不復奠於尸。祝執巾，與執席者從入，爲安神位。室中西南隅謂之奧，執燭南面，巾委於席右。

[二] 東方之饌。

[三] 如初，如小斂舉鼎、執匕俎局鼏、朼載之儀。魚左首設而在南。鬐，脊也。左首進鬐，亦未異於生也。凡未異於生者，不致死也。古文“首”爲“手”，“鬐”爲“耆”。

[四] 如初，祝先升。

[五] 亦如初。

[六] 右菹，菹在醢南也^[一]。此左右異於魚者，載者統於執，設者統於席。醴當栗南，酒當脯南。

[七] 爲神馮依之也。

（以上大斂奠）

(十二·二十九)

賓出，婦人踊。主人拜送于門外。入，及兄弟北面哭殯。兄弟出，主人拜送于門外。^[一]衆主人出門，哭止，皆西面于東方。闔門。主人揖，就次。^[二]

[一] 小功以下，至此可以歸，異門大功亦存焉。

〔一〕 菹在醢南也　“醢”，張敦仁本、阮刻本同，嚴州本作“醴”。

［二〕次，謂斬衰倚廬，齊衰堊室也。大功有帷帳，小功緦麻有牀
　　第可也。

（以上大斂畢送賓、送兄弟及出就次之儀）

（十二·三十）

君若有賜焉，則視斂〔一〕。既布衣，君至。〔一〕主人出迎
于外門外，見馬首，不哭，還，入門右，北面，及衆主
人袒。〔二〕巫止于廟門外，祝代之。小臣二人執戈先，二
人後。〔三〕君釋采，入門，主人辟。〔四〕君升自阼階，西
鄉。祝負墉，南面，主人中庭。〔五〕君哭，主人哭，拜稽
顙，成踊，出。〔六〕君命反行事，主人復位。〔七〕君升主
人，主人西楹東，北面。〔八〕升公、卿、大夫，繼主人，東
上。乃斂。〔九〕卒，公、卿、大夫逆降，復位。主人降，
出。〔一〇〕君反主人，主人中庭。君坐撫，當心。主人拜稽
顙，成踊，出。〔一一〕君反之，復初位。衆主人辟于東壁，
南面。〔一二〕君降，西鄉，命主人馮尸。主人升自西階，由
足，西面馮尸，不當君所，踊。主婦東面馮，亦如之。〔一三〕
奉尸斂于棺，乃蓋。主人降，出。君反之，入門左，視
塗。〔一四〕君升即位，衆主人復位。卒塗，主人出，君命之
反奠，入門右。〔一五〕乃奠，升自西階。〔一六〕君要節而踊，
主人從踊。〔一七〕卒奠，主人出，哭者止。〔一八〕君出門，廟
中哭，主人不哭，辟。君式之。〔一九〕貳車畢乘，主人哭，
拜送。〔二〇〕襲，入即位。衆主人襲。拜大夫之後至者，成

〔一〕 則視斂　"斂"，張敦仁本、阮刻本同，嚴州本作"劒"。

踊。^[二一]賓出，主人拜送。^[二二]

[一] 賜，恩惠也。斂，大斂。君視大斂，皮弁服，襲裘。主人成
　　服之後往，則錫衰。

[二] 不哭，厭於君，不敢伸其私恩。

[三] 巫，掌招弭以除疾病。《周禮》小臣，掌正君之法儀者。《周
　　禮・男巫》："王弔則與祝前。"《檀弓》曰："君臨臣喪，以巫
　　祝桃茢執戈以惡之，所以異於生也。"皆天子之禮。諸侯臨
　　臣之喪，則使祝代巫，執茢居前，下天子也。小臣，君行則
　　在前後，君升則俠阼階北面。凡宮有鬼神曰廟。

[四] 釋采者，祝爲君禮門神也。必禮門神者，明君無故不來也。
　　《禮運》曰："諸侯非問疾弔喪，而入諸臣之家，是謂君臣
　　爲謔。"

[五] 祝南面房中，東鄉君。牆謂之墉。主人中庭，進益北。

[六] 出，不敢必君之卒斂事。

[七] 大斂事。

[八] 命主人使之升。

[九] 公，大國之孤，四命也。《春秋傳》曰："鄭伯有耆酒，爲窟
　　室，而夜飲酒擊鍾焉，朝至未已，朝者曰：公焉在？其人
　　曰：吾公在壑谷。"伯有者，公子子良之孫良霄。

[一〇] 遞降者，後升者先降。位，如朝夕哭弔之位。

[一一] 撫，手案之。凡馮尸興必踊。今文無"成"。

[一二] 以君將降也。南面則當坫之東。

[一三] 君必降者，欲孝子盡其情。

[一四] 殯在西階上，入門左，由便，趨疾不敢久留君。

[一五] 亦復中庭位。

［一六］以君在阼。

［一七］節，謂執奠始升階，及既奠由重南東時也。

［一八］以君將出，不敢謹羃聑尊者也。

［一九］辟，逡遁辟位也。古者立乘，式，謂小俛以禮主人也。《曲禮》曰：“立視五巂，式視馬尾。”

［二〇］貳車，副車也。其數各視其命之等。君出，使異姓之士乘之在後。君弔，蓋乘象路。《曲禮》曰：“乘君之乘車不敢曠左，左必式。”

［二一］後至，布衣而後來者。

［二二］自賓出以下，如君不在之儀。

（以上君臨視大斂之儀）

（十二·三十一）

三日，成服，杖。拜君命及衆賓，不拜棺中之賜。[一]

［一］既殯之明日，全三日，始歠粥矣。禮，尊者加惠，明日必往拜謝之。棺中之賜，不施已也。《曲禮》曰：“生與來日。”

（以上成服）

（十二·三十二）

朝夕哭，不辟子卯。[一]婦人即位于堂，南上，哭。丈夫即位于門外，西面北上。外兄弟在其南，南上。賓繼之，北上。門東，北面西上。門西，北面東上。西方，東面北上。主人即位。辟門。[二]婦人拊心，不哭。[三]主人拜賓，旁三，右還，入門，哭，婦人踊。[四]主人堂下

直東序，西面。兄弟皆即位，如外位。卿、大夫在主人之
南。諸公門東，少進。他國之異爵者門西，少進。敵則先
拜他國之賓。凡異爵者，拜諸其位。<sup />[五]徹者盥于門外。燭
先入，升自阼階。丈夫踊。[六]祝取醴，北面；取酒立于其
東；取豆、籩、俎，南面西上。祝先出，酒、豆、籩、俎
序從，降自西階，婦人踊。[七]設于序西南，直西榮。醴酒
北面西上。豆西面錯，立于豆北，南面。籩、俎既錯，立
于執豆之西，東上。酒錯，復位。醴錯于西，遂先，由主
人之北適饌。[八]乃奠。醴、酒、脯、醢升，丈夫踊。入，
如初設，不巾。[九]錯者出，立于尸西，西上。滅燭，出。
祝闔戶，先降自西階。婦人踊。奠者由重南，東。丈夫
踊。賓出，婦人踊，主人拜送。[一〇]衆主人出，婦人踊。
出門，哭止，皆復位。闔門。主人卒拜送賓，揖衆主人，
乃就次。

[一]既殯之後，朝夕及哀至乃哭，不代哭也。子卯，桀紂亡日，
　　凶事不辟，吉事闕焉。

[二]外兄弟，異姓有服者也。辟，開也。凡廟門有事則開，無事
　　則閉。

[三]方有事，止讙囂。

[四]先西面拜，乃南面拜、東面拜也。

[五]賓皆即此位，乃哭盡哀，止。主人乃右還拜之，如外位矣。
　　兄弟，齊衰大功者，主人哭則哭。小功緦麻，亦即位乃哭。
　　上言賓，此言卿、大夫，明其亦賓爾。少進，前於列。異
　　爵，卿、大夫也。他國卿、大夫亦前於列，尊之。拜諸其
　　位，就其位特拜。

［六］徹者，徹大斂之宿奠。

［七］序，次也。

［八］遂先者，明祝不復位也。適饌，適新饌，將復奠。

［九］入，入於室也。如初設者，豆先，次籩，次酒，次醴也。不
　　　巾，無葅、無栗也。葅、栗具則有俎，有俎乃巾之。

［一〇］哭止乃奠，奠則禮畢矣。今文無"拜"。

　（以上朝夕哭奠）

（十二·三十三）

　朔月奠，用特豚、魚、腊，陳三鼎如初。東方之饌亦
如之。［一］無籩，有黍、稷。用瓦敦，有蓋，當籩位。［二］
主人拜賓，如朝夕哭，卒徹。［三］舉鼎入、升，皆如初奠
之儀。卒朼，釋匕于鼎。俎行，朼者逆出。甸人徹鼎，其
序：醴、酒、葅、醢、黍、稷、俎。［四］其設于室，豆錯，
俎錯，腊特。黍、稷當籩位。敦啟會，卻諸其南。醴酒位
如初。［五］祝與執豆者巾，乃出。［六］主人要節而踊，皆如
朝夕哭之儀。月半不殷奠。［七］有薦新，如朔奠。［八］徹朔
奠，先取醴酒，其餘取先設者。敦啟會，面足。序出如
入。［九］其設于外，如於室。［一〇］

　［一］朔月，月朔日也。自大夫以上，月半又奠。如初者，謂大
　　　斂時。

　［二］黍、稷併於甒北也。於是始有黍、稷。死者之於朔月月半，
　　　猶平常之朝夕。大祥之後，則四時祭焉。

　［三］徹宿奠也。

〔四〕俎行者，俎後執，執俎者行，鼎可以出，其序，升入之次。

〔五〕當籩位，俎南黍，黍東稷〔一〕。會，蓋也。今文無“敦”。

〔六〕共爲之也。

〔七〕殷，盛也。士月半不復如朔盛奠，下尊者。

〔八〕薦五穀若時果物新出者。

〔九〕啟會，徹時不復蓋也。面足執之，令足間鄉前也。敦有足，
　　則敦之形如今酒敦。

〔一〇〕外，序西南。

（以上朝月奠及薦新）

（十二·三十四）

　　筮宅，冢人營之。〔一〕掘四隅，外其壤，掘中，南其
壤。〔二〕既朝哭，主人皆往，兆南北面，免絰。〔三〕命筮
者在主人之右。〔四〕筮者東面，抽上韇，兼執之，南面受
命。〔五〕命曰：“哀子某，爲其父某甫筮宅。度茲幽宅兆基，
無有後艱。”〔六〕筮人許諾，不述命，右還，北面，指中封
而筮。卦者在左。〔七〕卒筮，執卦以示命筮者。命筮者受
視，反之。東面旅占，卒，進告于命筮者與主人：“占之曰
從。”〔八〕主人絰，哭，不踊。若不從，筮擇如初儀。〔九〕歸，
殯前北面哭，不踊。〔一〇〕

　　〔一〕宅，葬居也。冢人，有司掌墓地兆域者。營，猶度也。《詩》
　　　云：“經之營之。”

────────────
〔一〕黍東稷　“黍”，底本作“稷”，據嚴州本、張敦仁本、阮刻本改。

［二］爲葬將北首故也。

［三］兆，域也，所營之處。免経者，求吉不敢純凶。

［四］命尊者宜由右出也。《少儀》曰：“贊幣自左，詔辭自右。”

［五］韇，藏筴之器也。兼與筴執之。今文無“兼”。

［六］某甫，且字也［一］。若言山甫、孔甫矣。宅，居也。度，謀也。
茲，此也。基，始也。言爲其父筮葬居，今謀此以爲幽冥
居，兆域之始，得無後將有艱難乎？艱難，謂有非常若崩壞
也。《孝經》曰：“卜其宅兆，而安厝之。”古文無“兆”，“基”
作“期”。

［七］述，循也。既受命而申言之曰述。不述者，士禮略。凡筮，
因會命筮爲述命。中封，中央壤也。卦者，識爻卦畫地者。
古文“述”皆作“術”。

［八］卒筮，卦者寫卦示主人，乃受而執之。旅，衆也。反與其屬
共占之，謂掌《連山》《歸藏》《周易》者。從，猶吉也。

［九］更擇地而筮之。

［一○］易位而哭，明非常。

（以上筮宅兆）

（十二·三十五）

　　既井椁，主人西面拜工，左還椁，反位，哭，不踊。
婦人哭于堂。［一］獻材于殯門外，西面北上，檾。主人偏視
之，如哭椁。獻素、獻成亦如之。［二］

〔一〕某甫且字也　“且”，底本作“其”，據嚴州本、張敦仁本、阮刻本改。

［一］既，已也。匠人爲椁，刊治其材，以井構於殯門外也。反
　　　位，拜位也。既哭之，則往施之竁中矣。主人還椁，亦以既
　　　朝哭矣。

［二］材，明器之材。視之，亦拜工左還。形法定爲素，飾治畢
　　　爲成。

（以上視椁、視器）

（十二·三十六）

　　卜日，既朝哭，皆復外位。卜人先奠龜于西塾上，南
首，有席。楚焞置于燋，在龜東。^{［一］}族長涖卜，及宗人吉
服立于門西，東面南上。占者三人在其南，北上。卜人及
執燋、席者在塾西。^{［二］}闔東扉，主婦立于其內。^{［三］}席于
闑西閾外。^{［四］}宗人告事具。主人北面，免絰，左擁之。涖
卜即位于門東，西面。^{［五］}卜人抱龜燋，先奠龜，西首，燋
在北。^{［六］}宗人受卜人龜，示高。^{［七］}涖卜受視，反之。宗
人還，少退，受命。^{［八］}命曰：“哀子某，來日某，卜葬其
父某甫，考降，無有近悔。”^{［九］}許諾，不述命，還即席，
西面坐，命龜，興，授卜人龜，負東扉。^{［一〇］}卜人坐，作
龜，興。^{［一一］}宗人受龜，示涖卜。涖卜受視，反之。宗人
退，東面。乃旅占。卒，不釋龜，告于涖卜與主人：“占
曰某日從。”^{［一二］}授卜人龜。告于主婦，主婦哭。^{［一三］}告
于異爵者。使人告于眾賓。^{［一四］}卜人徹龜。宗人告事畢。
主人絰，入，哭，如筮宅。賓出，拜送。若不從，卜宅如
初儀。

［一］楚，荆也。荆焞，所以鑽灼龜者。焞，炬也。所以然火者
　　也。《周禮·菙氏》："掌共燋契，以待卜事。凡卜，以明火
　　爇燋，遂灼其焌契，以授卜師，遂以役之。"

［二］族長，有司掌族人親疏者也。涖，臨也。吉服，服玄端也。
　　占者三人，掌玉兆、瓦兆、原兆者也。在塾西者，南面東上。

［三］扉，門扉也。

［四］爲卜者也。古文"闑"作"槷"，"闑"作"麇"。

［五］涖卜，族長也。更西面，當代主人命卜。

［六］既奠燋，又執龜以待之。

［七］以龜腹甲高起所當灼處，示涖卜也。

［八］受涖卜命。授龜宜近，受命宜卻也。

［九］考，登也。降，下也。言卜此日葬，魂神上下得無近於咎悔
　　者乎？

［一〇］宗人不述命，亦士禮略。凡卜，述命，命龜異，龜重，威
　　　儀多也。負東扉，俟龜之兆也。

［一一］作，猶灼也。《周禮·卜人》："凡卜事，示高，揚火以作龜，
　　　致其墨。"興，起也。

［一二］不釋龜，復執之也。古文"曰"爲"日"。

［一三］不執龜者，下主人也。

［一四］衆賓，僚友不來者也。

（以上卜葬日）

399

儀禮卷第十三

儀禮卷第十三

鄭　氏　注

既夕禮第十三

（十三·一）

既夕哭，^{〔一〕}請啟期，告于賓。^{〔二〕}

[一] 既，已也。謂出門哭止，復外位時。

[二] 將葬，當遷柩于祖，有司於是乃請啟殯之期於主人以告賓，
　　賓宜知其時也。今文“啟”爲“開”。

（以上請啟期）

（十三·二）

夙興，設盥于祖廟門外。^{〔一〕}陳鼎皆如殯，東方之饌亦
如之。^{〔二〕}夷牀饌于階間。^{〔三〕}

[一] 祖，王父也。下士祖禰共廟。

[二] 皆，皆三鼎也。如殯，如大斂既殯之奠。

[三] 夷之言尸也。朝正柩用此牀。

（以上豫於祖廟陳饌）

403

（十三·三）

　　二燭俟于殯門外。^{〔一〕}丈夫髽，散帶垂，即位如初。^{〔二〕}婦人不哭。主人拜賓，入，即位，袒。^{〔三〕}商祝免，袒，執功布入，升自西階，盡階，不升堂。聲三，啟三，命哭。^{〔四〕}燭入。^{〔五〕}祝降，與夏祝交于階下，取銘置于重。^{〔六〕}踊無筭。^{〔七〕}商祝拂柩用功布，幠用夷衾。^{〔八〕}

［一］早闇，以爲明也。燭用烝。

［二］爲將啟變也。此互文以相見耳。髽，婦人之變。《喪服小記》曰：“男子免而婦人髽，男子冠而婦人笄。”如初，朝夕哭門外位。

［三］此不象如初者，以男子入門不哭也。不哭者，將有事，止讙囂。

［四］功布，灰治之布也，執之以接神，爲有所拂扴也^{〔一〕}。聲三，三有聲，存神也。啟三，三言啟，告神也。舊説以爲聲噫，興也。今文“免”作“絻”。

［五］炤徹與啟肂者。

［六］祝降者，祝徹宿奠降也。與夏祝交^{〔二〕}，事相接也。夏祝取銘置于重，爲啟肂遷之。吉事交相左，凶事交相右。今文“銘”皆作“名”。

［七］主人也。

［八］拂，去塵也。幠，覆之，爲其形露。

　　（以上啟殯）

〔一〕　爲有所拂扴也　“扴”，底本作“仿”，據<u>嚴州</u>本、<u>張敦仁</u>本、<u>阮</u>刻本改。

〔二〕　與夏祝交　“夏”，<u>嚴州</u>本、<u>張敦仁</u>本同，<u>阮</u>刻本作“下”。

（十三·四）

遷于祖，用軸。^[一]重先，奠從，燭從，柩從，燭從，主人從。^[二]升自西階。^[三]奠俟于下，東面，北上。^[四]主人從升，婦人升，東面。衆人東即位。^[五]正柩于兩楹間，用夷牀。^[六]主人柩東，西面，置重如初。^[七]席升，設于柩西。奠設如初，巾之，升降自西階。^[八]主人踊無筭，降，拜賓，即位，踊，襲。主婦及親者由足，西面。^[九]

[一] 遷，徙也。徙於祖，朝祖廟也。《檀弓》曰："殷朝而殯於祖，周朝而遂葬。"蓋象平生，將出必辭尊者。軸，輁軸也。軸狀如轉轔，刻兩頭爲軹，輁狀如長牀，穿程。前後著金而關軹焉^{〔一〕}。大夫、諸侯以上有四周謂之輴，天子畫之以龍。

[二] 行之序也。主人從者，丈夫由右，婦人由左，以服之親疏爲先後，各從其昭穆。男賓在前，女賓在後。

[三] 柩也。猶用子道，不由阼也。

[四] 俟，正柩也。

[五] 東方之位。

[六] 兩楹間，象鄉戶牖也。是時柩北首。

[七] 如殯宮時也。

[八] 席設于柩之西，直柩之西，當西階也。從奠設如初，東面也。不統於柩，神不西面也。不設柩東，東非神位也。巾之者，爲禦當風塵。

[九] 設奠時，婦人皆室戶西，南面，奠畢，乃得東面。親者西面，堂上迫，疏者可以居房中。

〔一〕 前後著金而關軹焉　"軹"，底本作"軸"，據嚴州本、張敦仁本、阮刻本改。

405

（以上遷柩朝祖）

（十三·五）

　　薦車直東榮，北輈。[一] 質明，滅燭。[二] 徹者升自阼階，降自西階。[三] 乃奠如初。升降自西階。[四] 主人要節而踊。[五] 薦馬，纓三就，入門，北面，交轡，圉人夾牽之。[六] 御者執策立于馬後。哭成踊，右還，出。[七] 賓出，主人送于門外。

　　[一] 薦，進也。進車者象生時，將行陳駕也，今時謂之魂車。輈，轅也。車當采榮，東陳西上於中庭。

　　[二] 質，止也。

　　[三] 徹者辟新奠，不設序西南，已再設爲褻。

　　[四] 爲遷祖奠也。奠升不由阼階，柩北首，辟其足。

　　[五] 節，升降。

　　[六] 駕車之馬，每車二疋。纓，今馬鞅也。就，成也。諸侯之臣，飾纓以三色而三成。此三色者，蓋絛絲也。其著之如屬然。天子之臣，如其命數，王之革路絛纓。圉人，養馬者。在左右曰夾。既奠乃薦馬者，爲其踐污廟中也。凡入門，參分庭一，在南。

　　[七] 主人於是乃哭踊者，薦車之禮成於薦馬。

　　（以上薦車馬、設遷祖之奠）

（十三·六）

　　有司請祖期。[一] 曰：“日側。”[二] 主人入，祖。乃載，踊無筭。卒束，襲。^[三]降奠，當前束。^[四]商祝飾柩，一池，紐前經後，緇齊三采，無貝。^[五]設披。^[六]屬引。^[七]

[一] 亦因在外位請之，當以告賓，每事畢，輒出。將行而飲酒曰祖。祖，始也。

[二] 側，映也。謂將過中之時。

[三] 祖，爲載變也。乃舉柩卻下而載之。束，束棺於柩車。賓出，遂匠納車于階間，謂此車。

[四] 下遷祖之奠也。當前束，猶當户腢也。亦在柩車西，束有前後也。

[五] 飾柩，爲設牆柳也。巾奠乃牆，謂此也。牆有布帷，柳有布荒。池者，象宮室之承霤，以竹爲之，狀如小車笒，衣以青布。一池縣於柳前。士不揄絞。紐，所以聯帷荒，前赤後黑，因以爲飾。左右面各有前後，齊居柳之中央，若今小車蓋上蕤矣。以三采繒爲之，上朱，中白，下蒼，著以絮。元士以上有貝。

[六] 披絡柳棺上，貫結於戴，人居旁，牽之以備傾虧。《喪大記》曰：“士戴前纁後緇，二披，用纁。”今文“披”皆爲“藩”。

[七] 屬，猶著也。引，所以引柩車。在軸輴曰紼。古者人引柩。《春秋傳》曰：“坐引而哭之三。”

（以上將祖時先載柩，飾柩車）

（十三·七）

陳明器於乘車之西。^[一]折，橫覆之。^[二]抗木，橫三縮二。^[三]加抗席三。^[四]加茵，用疏布，緇翦，有幅，亦縮二橫三。^[五]器，西南上，綪。^[六]茵。^[七]苞二。^[八]筲三，

黍、稷、麥。^[九]甕三，醯、醢、屑，幂用疏布。^[一〇]甒二，醴、酒，幂用功布。^[一一]皆木桁，久之。^[一二]用器，弓矢、耒耜、兩敦、兩杆、槃、匜。匜實于槃中，南流。^[一三]無祭器。^[一四]有燕樂器可也。^[一五]役器，甲、胄、干、笮。^[一六]燕器，杖、笠、翣。^[一七]

[一] 明器，藏器也。《檀弓》曰："其曰明器，神明之也。"言神明者，異於生器。"竹不成用，瓦不成味，木不成斲，琴瑟張而不平，竽笙備而不和，有鍾磬而無筍虡。"陳器於乘車之西，則重北也。

[二] 折，猶庋也。方鑿連木爲之。蓋如牀，而縮者三，橫者五，無簀。窆事畢，加之壙上，以承抗席。橫陳之者，爲苞筲以下緯於其北，便也。覆之，見善面也。

[三] 抗，禦也，所以禦止土者。其橫與縮，各足掩壙。

[四] 席所以禦塵。

[五] 茵所以藉棺者。翦，淺也。幅，緣之。亦者，亦抗木也。及其用之，木三在上，茵二在下，象天三合地二，人藏其中焉。今文"翦"作"淺"。

[六] 器，目言之也。陳明器，以西行南端爲上。綪，屈也。不容則屈而反之。

[七] 茵在杭木上，陳器次而北也。

[八] 所以裹奠羊、豕之肉。

[九] 筲，畚種類也。其容蓋與簋同一觳也。

[一〇] 甕，瓦器。其容亦蓋一觳。屑，薑桂之屑也。《內則》曰："屑桂與薑。"幂，覆也。今文"幂"皆作"密"。

[一一] 甒亦瓦器也。古文"甒"皆作"廡"。

［一二］桁所以庪苞筲甕甒也。久當爲炙，炙謂以蓋案塞其口。每器異桁。

［一三］此皆常用之器也。杅盛湯漿。槃匜，盥器也。流，匜口也。今文"杅"爲"桿"。

［一四］士禮略也。大夫以上兼用鬼器、人器也。

［一五］與賓客燕飲用樂之器也。

［一六］此皆師役之器。甲，鎧。胄，兜鍪。干，楯。笮，矢箙。

［一七］燕居安體之器也。笠，竹簑蓋也。翣，扇。

（以上陳器與葬具）

（十三·八）

　　徹奠，巾、席俟于西方，主人要節而踊。[一]祖[一]。[二]商祝御柩，[三]乃祖。[四]踊，襲，少南，當前束。[五]婦人降，即位于階間。[六]祖，還車不還器。[七]祝取銘，置于茵。[八]二人還重，左還。[九]布席，乃奠如初。主人要節而踊。[一〇]薦馬如初。[一一]賓出，主人送，有司請葬期。[一二]入，復位。[一三]

　　［一］巾席俟於西方，祖奠將用焉。要節者，來象升，丈夫踊；去象降，婦人踊。徹者，由明器北，西面。既徹，由重南東。不設於序西南者，非宿奠也。宿奠必設者，爲神馮依之久也。

　　［二］爲將祖變。

〔一〕祖　"祖"，底本、張敦仁本、阮刻本作"祖"，據嚴州本改。下鄭注"爲將祖變"同。

〔三〕亦執功布，居前爲還柩車爲節。

〔四〕還柩鄉外，爲行始。

〔五〕主人也。柩還則當前束南。

〔六〕爲柩將去有時也。位東上。

〔七〕祖有行漸，車亦宜鄉外也。器之陳，自巳南上。

〔八〕重不藏，故於此移銘，加於茵上。

〔九〕重與車馬還相反，由便也。

〔一〇〕車已祖，可以爲之奠也，是之謂祖奠。

〔一一〕柩動，車還，宜新之也。

〔一二〕亦因在外位時。

〔一三〕主人也。自死至於殯，自啟至於葬，主人及兄弟恒在
　　　　內位。

（以上還柩車設祖奠）

（十三·九）

　　公賵玄纁束，馬兩。〔一〕擯者出請，入告。主人釋杖，
迎于廟門外，不哭，先入門右，北面，及衆主人祖。〔二〕馬
入設。〔三〕賓奉幣，由馬西當前輅，北面致命。〔四〕主人哭，
拜稽顙，成踊。賓奠幣于棧左服，出。〔五〕宰由主人之北，
舉幣以東。〔六〕士受馬以出。〔七〕主人送于外門外，拜，襲，
入，復位，杖。

〔一〕公，國君也。賵，所以助主人送葬也。兩馬，士制也。《春
　　秋傳》曰：宋景曹卒，魯季康子使冉求賵之以馬，曰：其可
　　以稱旌繁乎？

〔二〕尊君命也。衆主人，自若西面。

〔三〕設于庭，在重南。

〔四〕賓，使者。幣，玄纁也。輅，轅縛，所以屬引。由馬西，則亦當前輅之西。於是北面致命，得鄉柩與奠。柩車在階間少前，參分庭之北〔一〕。輅有前後。

〔五〕棧謂柩車也。凡士車制無漆飾。左服，象授人授其右也。服，車箱。今文“棧”作“轈”。

〔六〕柩東，主人位。以東，藏之。

〔七〕此士謂胥徒之長也。有勇力者受馬。《聘禮》曰“皮馬相間可也”。

（以上國君賵禮）

（十三·十）

　　賓賵者將命。〔一〕擯者出請，入告，出告須。〔二〕馬入設。賓奉幣，擯者先入，賓從，致命如初。〔三〕主人拜于位，不踊。〔四〕賓奠幣如初，舉幣、受馬如初。擯者出請。〔五〕若奠，〔六〕入告，出，以賓入。將命如初。士受羊如受馬，又請。〔七〕若賻，〔八〕入告，主人出門左，西面。賓東面，將命。〔九〕主人拜，賓坐委之。宰由主人之北，東面舉之，反位。〔一〇〕若無器，則捪受之。〔一一〕又請，賓告事畢，拜送，入。贈者將命。〔一二〕擯者出請，納賓如初。〔一三〕賓奠幣如初。〔一四〕若就器，則坐奠于陳。〔一五〕凡將禮，必請而后拜送。〔一六〕兄弟，賵、奠可也。〔一七〕所知，則賵而不奠。〔一八〕知死者贈，知生者賻。〔一九〕書賵於方，

〔一〕　參分庭之北　“北”，張敦仁本、阮刻本同，嚴州本作“此”。

若九，若七，若五。^[二〇]書遣於策。^[二一]乃代哭如初。^[二二]
宵，爲燎于門內之右。^[二三]

[一] 賓，卿、大夫、士也。

[二] 不迎，告曰："孤某須。"

[三] 初，公使者。

[四] 柩車東位也。既啟之後，與在室同。

[五] 賓出在外，請之，爲其復有事。

[六] 賓致可以奠也。

[七] 士亦謂胥徒之長。又，復也。

[八] 賻之言補也，助也。貨財曰賻。

[九] 主人出者，賻主施於主人。

[一〇] 坐委之，明主人哀戚，志不在受人物。反位，反主人之
　　　　後位。

[一一] 謂對相授，不委地。

[一二] 贈，送。

[一三] 如其入告，出告須。

[一四] 亦於棧左服。

[一五] 就，猶善也。贈無常，唯玩好所有。陳，明器之陳。

[一六] 雖知事畢猶請，君子不必人意。

[一七] 兄弟，有服親者。可，且賵且奠，許其厚也。賵奠於死生
　　　　兩施。

[一八] 所知，通問相知也。降於兄弟。奠施於死者爲多，故
　　　　不奠。

[一九] 各主於所知。

[二〇] 方，板也。書賵奠賻贈之人名與其物於板。每板若九行，

412

　　　若七行，若五行。

　[二一]策，簡也。遣，猶送也。謂所當藏物茵以下。

　[二二]棺柩有時將去，不忍絕聲也。初謂既小斂時。

　[二三]為哭者為明。

（以上賓賵奠、賻贈及代哭、為燎之事）

（十三·十一）

　　厥明，陳鼎五于門外，如初。[一]其實羊左胖，[二]髀不升，[三]腸五，胃五，[四]離肺。[五]豕亦如之，豚解，無腸胃。[六]魚、腊、鮮獸皆如初。[七]東方之饌，四豆，脾析、蜱醢、葵菹、蠃醢；[八]四籩，棗、糗、栗、脯；[九]醴酒。[一〇]陳器。[一一]滅燎，執燭，俠輅，北面。[一二]賓入者拜之。[一三]徹者入，丈夫踊。設于西北，婦人踊。[一四]徹者東。[一五]鼎入。[一六]乃奠，豆南上，綪。籩蠃醢南，北上，綪。[一七]俎二以成，南上，不綪，特鮮獸。[一八]醴酒在籩西，北上。[一九]奠者出，主人要節而踊。[二〇]

　[一]鼎五，羊、豕、魚、腊、鮮獸各一鼎也。士禮，特牲三鼎，盛葬奠加一等，用少牢也。如初，如大斂奠時。

　[二]反吉祭也。言左胖者，體不殊骨也。

　[三]<u>周</u>貴肩賤髀。古文“髀”作“脾”。

　[四]亦盛之也。

　[五]離，揳。

　[六]如之，如羊左胖，髀不升，離肺也。豚解，解之如解豚，亦前肩、後肫、脊脅而已。無腸胃者，君子不食溷腴。

413

［七］鮮，新殺者。士臘用兔。加鮮獸而無膚者，豕既豚解，
　　　略之。

［八］脾，讀爲“雞脾肶”之“脾”。脾析，百葉也。蟬，蜃也。
　　　今文“蠃”爲“蝸”。

［九］糗，以豆糗粉餌。

［一〇］此東方之饌，與祖奠同，在主人之南，當前輅，北上，
　　　　巾之。

［一一］明器也。夜斂藏之。

［一二］炤徹與葬奠也。

［一三］明自啟至此，主人無出禮。

［一四］猶阼階升時也，亦既盥乃入。入由重東，而主人踊，猶其
　　　　升也。自重北西面而徹，設於柩車西北，亦由序西南。

［一五］由柩車北，東適葬奠之饌。

［一六］舉入陳之也。陳之蓋於重東北，西面北上如初。

［一七］籩蠃醢南，辟醴酒也。

［一八］成，猶併也。不綪者，魚在羊東，腊在豕東。古文“特”
　　　　爲“俎”。

［一九］統於豆也。

［二〇］亦以往來爲節。奠由重北西，既奠，由重南東。

（以上葬日陳大遣奠）

(十三·十二)

　　甸人抗重，出自道，道左倚之。[一] 薦馬，馬出自道，
車各從其馬，駕于門外，西面而俟，南上。[二] 徹者入，踊
如初。徹巾，苞牲，取下體。[三] 不以魚、腊。[四] 行器，[五]

茵、苞、器序從，^[六]車從。^[七]徹者出，踊如初。^[八]

[一] 還重不言，甸人抗重言之者，重既虞將埋之，言其官，使守視之。抗，舉也。出自道，出從門中央也。不由闑東西者，重不反，變於恒出入。道左，主人位。今時有死者，鑿木置食其中，樹於道側，由此。

[二] 南上，便其行也。行者乘車在前，道、槀序從。

[三] 苞者，象既饗而歸賓俎者也。取下體者，脛骨象行，又俎實之終始也。士苞三個，前脛折取臂臑，後脛折取骼，亦得俎釋三個。《雜記》曰："父母而賓客之，所以爲哀。"

[四] 非正牲也。

[五] 目葬行明器在道之次。

[六] 如其陳之先後。

[七] 次器。

[八] 於是廟中當行者唯柩車。

（以上將葬重出，車馬苞器以次先行鄉壙）

(十三·十三)

主人之史請讀賵，執筭從。柩東，當前束，西面。不命毋哭，哭者相止也。唯主人、主婦哭。燭在右，南面。^[一]讀書，釋筭則坐。^[二]卒，命哭，滅燭，書與筭執之以逆出。^[三]公史自西方，東面，命毋哭。主人、主婦皆不哭。讀遣，卒，命哭，滅燭，出。^[四]

[一] 史北面請，既而與執筭西面於主人之前讀書釋筭。燭在右，

南面，炤書便也。古文"筭"皆爲"筴"。

[二] 必釋筭者，榮其多。

[三] 卒，已。

[四] 公史，君之典禮書者。遣者，入壙之物。君使史來讀之，成其得禮之正以終也。燭俠路。

（以上讀賵、讀遣）

（十三·十四）

商祝執功布以御柩，執披。[一] 主人袒，乃行，踊無筭。[二] 出宮，踊，襲。[三] 至于邦門，公使宰夫贈玄纁束。[四] 主人去杖，不哭，由左聽命。賓由右致命。[五] 主人哭，拜稽顙。賓升，實幣于蓋，降。主人拜送，復位，杖，乃行。[六]

[一] 居柩車之前，若道有低仰傾虧，則以布爲抑揚左右之節，使引者執披者知之。士執披八人。今文無"以"。

[二] 袒爲行變也。乃行，謂柩車行也。凡從柩者，先後左右如遷于祖之序。

[三] 哀次。

[四] 邦門，城門也。贈，送也。

[五] 柩車前輅之左右也。當時止柩車。

[六] 升柩車之前，實其幣於棺蓋之柳中，若親受之然。復位，反柩車後。

（以上柩車發行及君使贈之儀）

416

（十三·十五）

　　至于壙，陳器于道東西，北上。^{［一］}茵先入，^{［二］}屬引。^{［三］}主人袒，衆主人西面北上。婦人東面。皆不哭。^{［四］}乃窆。主人哭，踊無筭。^{［五］}襲，贈用制幣，玄纁束。拜稽顙，踊如初。^{［六］}卒，袒，拜賓，主婦亦拜賓。即位，拾踊三，襲。^{［七］}賓出則拜送。^{［八］}藏器於旁，加見。^{［九］}藏苞筲於旁。^{［一○］}加折，卻之。加抗席，覆之。加抗木。^{［一一］}實土三，主人拜鄉人。^{［一二］}即位，踊，襲，如初。^{［一三］}

［一］統於壙。

［二］當藉柩也。元士則葬用軦軸，加茵焉。

［三］於是説載除飾，更屬引於紖耳。古文“屬”爲“燭”。

［四］俠羨道爲位。

［五］窆，下棺也。今文“窆”爲“封”。

［六］丈八尺曰制，二制合之。束，十制五合。

［七］主婦拜賓，拜女賓也。即位，反位。

［八］相問之賓也。凡弔，賓有五去，皆拜之。此舉中焉。

［九］器，用器、役器也。見，棺飾也。更謂之見者，加此則棺柩不復見矣。先言藏器，乃云加見者，器在見内也。内之者，明君子之於事，終不自逸也。《檀弓》曰：<u>有虞氏</u>之瓦棺，<u>夏后氏</u>堲，<u>周</u>、<u>殷</u>人棺椁，<u>周</u>人牆置翣。

［一○］於旁者，在見外也。不言甕甒，饌相次可知。四者兩兩而居。《喪大記》曰：“棺椁之間，君容祝，大夫容壺，士容甒。”

［一一］宜次也。

［一二］謝其勤勞。

［一三］哀親之在斯。

（以上窆柩藏器，葬事畢）

（十三·十六）

乃反哭，入，升自西階，東面。衆主人堂下，東面北上。[一] 婦人入，大夫踊，升自阼階。[二] 主婦入于室，踊，出即位，及丈夫拾踊三。[三] 賓弔者升自西階，曰：“如之何！”主人拜稽顙。[四] 賓降，出，主人送于門外，拜稽顙。遂適殯宮，皆如啟位，拾踊三。[五] 兄弟出，主人拜送。[六] 衆主人出門，哭止。闔門。主人揖衆主人，乃就次。[七]

［一］西階東面，反諸其所作也。反哭者，於其祖廟不於阼階西面。西方，神位。

［二］辟主人也。

［三］入于室，反諸其所養也。出即位，堂上西面也。拾，更也。

［四］賓弔者，衆賓之長也。反而亡焉，失之矣，於是爲甚，故弔之。弔者北面，主人拜於位，不北面拜賓東者，以其亦主人位也。今文無“曰”。

［五］啟位，婦人入升堂，丈夫即中庭之位。

［六］兄弟，小功以下也。異門大功，亦可以歸。

［七］次，倚廬也。

（以上反哭於廟、於殯宮，出就次，於是將舉初虞之奠）

（十三·十七）

　　猶朝夕哭，不奠。^[一]三虞。^[二]卒哭。^[三]明日，以其班祔。^[四]

　　[一] 是日也，以虞易奠。

　　[二] 虞，喪祭名。虞，安也。骨肉歸於土，精氣無所不之，孝子爲其彷徨，三祭以安之。朝葬，日中而虞，不忍一日離。

　　[三] 卒哭，三虞之後祭名。始朝夕之間，哀至則哭，至此祭止也，朝夕哭而已。

　　[四] 班，次也。祔，卒哭之明日祭名。祔，猶屬也。祭昭穆之次而屬之。今文“班”爲“胖”。

　　（以上略言葬後儀節及祭名）

　　記。

（十三·記·一）

　　士處適寢，寢東首于北墉下。^[一]有疾，疾者齊，^[二]養者皆齊。^[三]徹琴瑟。^[四]疾病，外內皆埽。^[五]徹褻衣，加新衣。^[六]御者四人，皆坐持體。^[七]屬纊，以俟絶氣。^[八]男子不絶於婦人之手，婦人不絶於男子之手。^[九]乃行禱于五祀。^[一〇]乃卒。^[一一]主人啼，兄弟哭。^[一二]

　　[一] 將有疾，乃寢於適室。今文“處”爲“居”，“于”爲“於”。

　　[二] 正情性也。適寢者不齊，不居其室。

　　[三] 憂也。

[四] 去樂。

[五] 爲有賓客來問也。疾甚曰病。

[六] 故衣垢汙，爲來人穢惡之。

[七] 爲不能自轉側。御者，今時侍從之人。

[八] 有其氣微難節也〔一〕。纊，新絮。

[九] 備褻。

[一〇] 盡孝子之情。五祀，博言之。士二祀，曰門，曰行。

[一一] 卒，終也。

[一二] 哀有甚有否，於是始去笄纚，服深衣。《檀弓》曰："始死，羔裘玄冠者易之。"

（以上記孝子侍親正終之事）

（十三·記·二）

設牀笫，當牖。衽，下莞上簟，設枕。〔一〕遷尸。〔二〕復者朝服，左執領，右執要，招而左。〔三〕楔，貌如軛，上兩末。〔四〕綴足用燕几，校在南，御者坐持之。〔五〕即牀而奠，當腢，用吉器。若醴若酒，無巾柶。〔六〕

[一] 病卒之間廢牀，至是設之，事相變。衽，臥席。古文"笫"爲"茨"。

[二] 徙於牖下也，於是憮用斂衾。

[三] 衣朝服，服未可以變。

[四] 事便也。今文"軛"作"厄"。

〔一〕 有其氣微難節也 "有"，底本作"爲"，據嚴州本、張敦仁本、阮刻本改。

〔五〕校，脛也。尸南首，几脛在南以拘足，則不得辟戾矣。古文“校”爲“枝”。

〔六〕腢，肩頭也。用吉器，器未變也。或卒無醴，用新酒。

（以上記始死設牀、遷尸、復魂、楔、綴、設奠諸儀法器物）

(十三·記·三)

赴曰：“君之臣某死。”赴母、妻、長子則曰：“君之臣某之某死。”〔一〕

〔一〕赴，走告也。今文“赴”作“訃”。

（以上記赴君、母、妻、長子之辭）

(十三·記·四)

室中唯主人、主婦坐。兄弟有命夫、命婦在焉，亦坐。〔一〕

〔一〕別尊卑也。

（以上記室中哭位異者）

(十三·記·五)

尸在室，有君命，衆主人不出。〔一〕襚者委衣于牀，不坐。〔二〕其襚于室，户西北面致命。〔三〕

〔一〕不二主。

〔二〕牀高由便。

〔三〕始死時也。

（以上記尸在室，衆主人不出，及襚者儀位）

(十三·記·六)

　　夏祝淅米，差盛之。^{〔一〕}御者四人，抗衾而浴，禮^{〔一〕}
笄。^{〔二〕}其母之喪，則内御者浴，鬠無笄。^{〔三〕}設明衣，婦
人則設中帶。^{〔四〕}卒洗貝，反于笲，實貝，柱右齻、左
齻。^{〔五〕}夏祝徹餘飯。^{〔六〕}瑱塞耳。^{〔七〕}掘坎，南順，廣尺，
輪二尺，深三尺，南其壤。^{〔八〕}塈用塊。^{〔九〕}明衣，裳用幕
布，袂屬幅，長下膝。^{〔一○〕}有前後裳，不辟，長及轂。^{〔一一〕}
縓綼緆。^{〔一二〕}緇純。^{〔一三〕}設握，裹親膚，繫鉤中指，結于
掔。^{〔一四〕}甸人築垼坎。^{〔一五〕}隸人涅廁。^{〔一六〕}既襲，宵爲燎
于中庭。^{〔一七〕}

〔一〕差，擇之。

〔二〕抗衾，爲其保裎^{〔一〕}，蔽之也。禮，袒也。袒箕，去席，盥
　　水便。

〔三〕内御，女御也。無笄，猶丈夫之不冠也。

〔四〕中帶，若今之禪裌。

〔五〕象齒堅。

〔六〕徹去鬻。

〔七〕塞，充窒。

〔八〕南順，統於堂。輪，從也。今文“掘”爲“坽”。

〔九〕塊，墣也。古文“塈”爲“役”。

―――――――――

〔一〕　爲其保裎　“裎”，嚴州本、阮刻本作“程”，張敦仁本作“裎”。

［一〇］幕布，帷幕之布，升數未聞也。屬幅，不削幅也。長下膝，又有裳，於蔽下體深也。

［一一］不辟，質也。繋，足跗也。凡他服，短無見膚，長無被土。

［一二］一染謂之縓，今紅也。飾裳，在幅曰綼，在下曰緆。

［一三］七入爲緇。緇，黑也。飾衣曰純，謂領與袂，衣以緇，裳以縓，象天地也。

［一四］擘，掌後節中也。手無決者，以握繋一端繞擘，還從上自貫，反與其一端結之。

［一五］築，實土其中，堅之。穿坎之名，一曰坅。

［一六］隸人，罪人也，今之徒役作者也。涅，塞也。爲人復往褻之，又亦鬼神不用。

［一七］宵，夜。

（以上記沐浴、含襲時職司服物）

(十三·記·七)

厥明，滅燎，陳衣。[一]凡絞紟用布，倫如朝服。[二]設棜于東堂下，南順，齊于坫。饌于其上，兩甒醴、酒，酒在南。篚在東，南順，實角觶四，木柶二，素勺二。豆在甒北，二以並。籩亦如之。[三]凡籩豆，實具設，皆巾之。[四]觶，俟時而酌，柶覆加之，面枋，及錯，建之。[五]小斂，辟奠不出室。[六]無踊節。[七]既馮尸，主人袒，髺髮，絞帶。眾主人布帶。[八]大斂于阼。[九]大夫升自西階，階東，北面東上。[一〇]既馮尸，大夫逆降，復位。[一一]巾

423

奠，執燭者滅燭出，降自阼階，由主人之北東。^[一二]

[一] 記節。

[二] 凡，凡小斂、大斂也。倫，比也。今文無“紟”，古文“倫”爲“輪”。

[三] 柶，今之轝也。各觶四，木柶二，素勺，爲少進醴酒，兼饌之也。勺二，醴酒各一也。豆籩二以併，則是大斂饌也。記於此者，明其他與小斂同陳。古文“角觶”爲“角柶”。

[四] 籩豆偶而爲具，具則於饌巾之。巾之，加飾也。明小斂一豆一籩不巾。

[五] 時，朝夕也。《檀弓》曰：“朝奠日出，夕奠逮日。”

[六] 未忍神遠之也。辟襲奠以辟斂，既斂，則不出於室，設於序西南，畢事而去之。

[七] 其哀未可節也。

[八] 衆主人，齊衰以下。

[九] 未忍便離主人位也。主人奉尸斂于棺，則西階上賓之。

[一○] 視斂。

[一一] 中庭西面位。

[一二] 巾奠而室事已。

　（以上記小斂、大斂二節中衣物奠設時儀法）

(十三·記·八)

　　既殯，主人説髦。^[一] 三日，絞垂。^[二] 冠六升，外縪，纓條屬，厭。^[三] 衰三升。^[四] 屨外納。^[五] 杖下本，竹、桐一也。^[六] 居倚廬，^[七] 寝苫，枕塊，^[八] 不説経帶。^[九] 哭，

晝夜無時。^[一〇]非喪事不言。^[一一]歠粥，朝一溢米，夕一溢米，不食菜果。^[一二]主人乘惡車，^[一三]白狗幦，^[一四]蒲蔽，^[一五]御以蒲菆，^[一六]犬服，^[一七]木錧，^[一八]約綏，約轡，^[一九]木鑣，^[二〇]馬不齊髦。^[二一]主婦之車亦如之，疏布裧。^[二二]貳車，白狗攝服。^[二三]其他皆如乘車。^[二四]

[一] 既殯，置銘于肂，復位時也。今文“說”皆作“稅”。兒生三月，鬋髮爲鬌，男角女羈，否則男左女右。長大猶爲飾存之，謂之髦，所以順父母幼小之心。至此尸柩不見，喪無飾，可以去之。髦之形象未聞。

[二] 成服日。絞，要絰之散垂者。

[三] 繹謂縫著於武也。外之者^[一]，外其餘也。纓條屬者，通屈一條繩爲武，垂下爲纓，屬之冠。厭，伏也。

[四] 衣與裳也。

[五] 納，收餘也。

[六] 順其性也。

[七] 倚木爲廬，在中門外東方，北戶。

[八] 苫，編藁。塊，墣也。

[九] 哀戚不在於安。

[一〇] 哀至則哭，非必朝夕。

[一一] 不忘所以爲親。

[一二] 不在於飽與滋味。粥，糜也。二十兩曰溢，爲米一升二十四分升之一。實在木曰果，在地日蓏。

[一三] 拜君命，拜衆賓及有故行所乘也。《雜記》曰：“端衰，喪

〔一〕 外之者　“之”，底本誤奪，據嚴州本、張敦仁本、阮刻本補。

車，皆無等。"然則此惡車，王喪之木車也。古文"惡"
作"堊"。

[一四] 未成豪，狗。幦，覆笭也。以狗皮爲之，取其腷也。白於
喪飾宜。古文"幦"爲"幂"。

[一五] 蔽，藩。

[一六] 不在於驅馳。蒲蔽，牡蒲莖。古文"蔽"作"驦"。

[一七] 笭間兵服，以犬皮爲之，取堅也，亦白。今文"犬"爲
"大"。

[一八] 取少聲。今文"錧"爲"鐕"。

[一九] 約，繩。綏所以引升車。

[二〇] 亦取少聲。古文"鑣"爲"苞"。

[二一] 齊，翦也。今文"髦"爲"毛"。主人之惡車，如王之木
車，則齊衰以下，其乘素車、縿車、駹車、漆車與？

[二二] 裧者，車裳幃，於蓋弓垂之。

[二三] 貳，副也。攝，猶緣也。狗皮緣服，差飾。

[二四] 如所乘惡車。

（以上記殯後居喪者冠服、飲食、居處、車馬之制）

（十三·記·九）

朔月，童子執帚，卻之，左手奉之。[一] 從徹者而
入。[二] 比奠，舉席，埽室，聚諸窔，布席如初。卒奠，
埽者執帚，垂末內鬣[一]，從執燭者而東。[三] 燕養、饋、羞、
湯沐之饌，如他日。[四] 朔月，若薦新，則不饋于下室。[五]

───────

〔一〕 垂末內鬣 "末"，阮刻本同，嚴州本、張敦仁本作"未"。

［一］童子，隸子弟，若内豎寺人之屬。執用左手，卻之，示未用。

［二］童子不專禮事。

［三］比，猶先也。室東南隅謂之窔。

［四］燕養，平常所用供養也。饋，朝夕食也。羞，四時之珍異。湯沐，所以洗去汙垢。《内則》曰：三日具沐，五日具浴，孝子不忍一日廢其事親之禮。於下室日設之，如生存也。進徹之時如其頃。

［五］以其殷奠有黍、稷也。下室，如今之内堂。正寢聽朝事。

（以上記朔月及常日埽潔奉養之事）

(十三·記·十)

　　筮宅，冢人物土。[一]卜日吉[一]，告從于主婦。主婦哭，婦人皆哭。主婦升堂，哭者皆止。[二]

［一］物，猶相也。相其地可葬者，乃營之。

［二］事畢。

（以上記筮宅卜日首末事）

(十三·記·十一)

　　啟之昕，外内不哭。[一]夷牀、輁軸饌于西階東。[二]

［一］將有事，爲其讙囂。既啟，命哭。古文“啟”爲“開”。

［二］明階間者，位近西也。夷牀饌於祖廟，輁軸饌於殯宮，其二

廟者，於禰亦饌軷軸焉。古文"軷"或作"拱"。

（以上記啟殯朝祖事）

（十三・記・十二）

　　其二廟，則饌于禰廟，如小斂奠，乃啟。[一] 朝于禰廟，重止于門外之西，東面。柩入，升自西階，正柩于兩楹間。奠止于西階之下，東面北上。主人升，柩東，西面。眾主人東即位，婦人從升，東面。奠升，設于柩西，升降自西階，主人要節而踊。[二] 燭先入者，升堂，東楹之南，西面。後入者，西階東，北面，在下。[三] 主人降，即位，徹，乃奠，升降自西階，主人踊如初。[四]

　　[一] 祖尊禰卑也。士事祖禰，上士異廟，下士共廟。

　　[二] 重不入者，主於朝祖而行，若過之矣。門西東面，待之便也。

　　[三] 炤正柩者。先，先柩者。後，後柩者。適祖時，燭亦然，互記於此。

　　[四] 如其降拜賓，至於要節而踊，不薦車，不從此行。

（以上記二廟者啟殯先朝禰之儀）

（十三・記・十三）

　　祝及執事舉奠，巾、席從而降，柩從，序從如初，適祖。[一]

　　[一] 此謂朝禰明日，舉奠適祖之序也。此祝執醴先，酒脯醢俎從

之，巾席爲後。既正柩，席升設，設奠如初。祝受巾，巾之。凡喪，自卒至殯，自啟至葬，主人之禮其變同，則此日數亦同矣。序從主人以下，今文無“從”。

（以上記二廟者自禰適祖之儀）

(十三·記·十四)

薦乘車，鹿淺幦，干、笮、革靾，載旜，載皮弁服，纓、轡、貝勒縣于衡。[一]道車載朝服。[二]稾車載蓑笠。[三]將載，祝及執事舉奠，户西，南面東上。卒束前而降，奠席于柩西。[四]巾奠，乃牆。[五]抗木，刊。[六]茵著用荼，實綏澤焉。[七]葦苞，長三尺，一編。[八]菅筲三，其實皆瀹。[九]祖，還車不易位。[一〇]執披者，旁四人。[一一]凡贈幣，無常。[一二]凡糗，不煎。[一三]

［一］士乘棧車。鹿淺，鹿夏毛也。幦，覆笭。《玉藻》曰：“士齊車，鹿幦豹犆。”干，盾也。笮，矢箙也。靾，韁也。旜，旌旗之屬。通帛爲旜，孤卿之所建，亦攝焉。皮弁服者，視朔之服。貝勒，貝飾勒。有干無兵，有箙無弓矢，明不用。古文“靾”爲“殺”，“旜”爲“膳”。

［二］道車，朝夕及燕出入之車。朝服，日視朝之服也〔一〕。玄衣素裳。

［三］稾，猶散也。散車以田以鄙之車。蓑笠，備雨服。今文“稾”爲“潦”。凡道車、稾車之纓轡及勒，亦縣于衡也。

［四］將於柩西當前束設之。

〔一〕日視朝之服也　“之服”，底本、嚴州本作“服之”，據張敦仁本、阮刻本改。

〔五〕牆，飾柩也。

〔六〕剗削之。古文“刊”爲“竿”。

〔七〕荼，茅秀也。綏，廉薑也。澤，澤蘭也。皆取其香，且御濕。

〔八〕用便易也。

〔九〕米麥皆湛之湯，未知神之所享，不用食道，所以爲敬。

〔一〇〕爲鄉外耳，未行。

〔一一〕前後左右各二人。

〔一二〕賓之贈也。玩好曰贈，在所有。

〔一三〕以膏煎之則褻，非敬。

（以上記祖廟中薦車、載柩、陳器、贈、奠諸事）

（十三·記·十五）

唯君命，止柩於堩，其餘則否。[一]車至道左，北面立，東上。[二]柩至于壙，斂服載之。[三]卒窆而歸，不驅。[四]

〔一〕不敢留神也。堩，道也。《曾子問》曰：“葬既引，至於堩。”

〔二〕道左，墓道東，先至者在東。

〔三〕柩車至壙，祝説載除飾，乃斂乘車、道車、槀車之服載之，不空之以歸。送形而往，迎精而反，亦禮之宜。

〔四〕孝子往如慕，反如疑，爲親之在彼。

（以上記柩在道、至壙、卒窆而歸之事）

（十三·記·十六）

君視斂，若不待奠，加蓋而出。不視斂，則加蓋而至，卒事。[一]

〔一〕爲有他故及辟忌也。

（以上記國君視斂而不終禮者，有不視斂而終其事者之節）

（十三·記·十七）

　　既正柩，賓出，遂匠納車于階間。〔一〕祝饌祖奠于主人之南，當前輅，北上，巾之。〔二〕

　　〔一〕遂匠，遂人、匠人也。遂人主引徒役，匠人主載柩窆，職相左右也。車，載柩車，《周禮》謂之蜃車，《雜記》謂之團，或作輇，或作摶，聲讀皆相附耳，未聞孰正。其車之輂，狀如牀，中央有轅，前後出，設前後輅，輂上有四周，下則前後有軸，以輇爲輪。許叔重説：“有輻曰輪，無輻曰輇。”

　　〔二〕言饌於主人之南，當前輅，則既祖，祝乃饌。

　　（以上記納柩車之節與饌祖奠之處）

（十三·記·十八）

　　弓矢之新，沽功。〔一〕有弭飾焉，〔二〕亦張可也。〔三〕有柲，〔四〕設依、撻焉。〔五〕有韣。〔六〕翭矢一乘，骨鏃，短衞。〔七〕志矢一乘，軒輖中，亦短衞。〔八〕

　　〔一〕設之宜新，沽示不用。今文“沽”作“古”。

　　〔二〕弓無緣者謂之弭，弭以骨角爲飾。

　　〔三〕亦使可張。

　　〔四〕柲，弓檠。弛則縛之於弓裏，備損傷，以竹爲之。《詩》云：“竹柲緄縢。”今文“柲”作“柴”。

［五］依，纏絃也。捷，弣側矢道也。皆以韋爲之。今文“捷”爲
　　　“銛”。

［六］韣，弓衣也，以緇布爲之。

［七］鍭，猶候也，候物而射之矢也。四矢曰乘。骨鏃短衞，亦示
　　　不用也。生時鍭矢金鏃。凡爲矢，五分笴長而羽其一。

［八］志，猶擬也，習射之矢。《書》云：“若射之有志。”鋼，摯也，
　　　無鏃短衞，亦示不用。生時志矢骨鏃。凡爲矢，前重後輕也。

（以上記入壙用器弓矢之制）

儀禮卷第十四

儀禮卷第十四

鄭　氏　注

士虞禮第十四

（十四·一）

士虞禮。特豕饋食。[一]側亨于廟門外之右，東面。[二]魚、腊爨亞之，北上。[三]饎爨在東壁，西面。[四]設洗于西階西南，水在洗西，篚在東。[五]尊于堂中北墉下，當户，兩甒醴、酒，酒在東。無禁，冪用絺布，加勺，南枋。[六]素几、葦席在西序下。[七]苴刌茅，長五寸，束之，實于篚，饌于西坫上。[八]饌兩豆菹、醢于西楹之東，醢在西，一鉶亞之。[九]從獻豆兩亞之，四籩亞之，北上。[一〇]饌黍、稷二敦于階間，西上，藉用葦席。[一一]匜水錯于槃中，南流，在西階之南，簞巾在其東。[一二]陳三鼎于門外之右，北面北上，設扃鼏。[一三]匕俎在西塾之西。[一四]羞燔俎在内西塾上，南順。[一五]

［一］饋，猶歸也。

［二］側亨，亨一胖也。亨於爨用鑊，不於門東，未可以吉也。是日也，以虞易奠，祔而以吉祭易喪祭。鬼神所在則曰廟，尊言之。

［三］爨，竈。

［四］炊黍、稷曰饎。饎北上，上齊於屋宇。於虞有亨饎之爨，彌吉。

［五］反吉也。亦當西榮，南北以堂深。

［六］酒在東，上醴也。絺布，葛屬。

［七］有几，始鬼神也。

［八］苴，猶藉也。

［九］醢在西，南面取之，得左取苴，右取醢，便其設之。

［一〇］豆從主人獻祝，籩從主婦獻尸祝。北上，苴與棗。不東陳，別於正。

［一一］藉，猶薦也。古文“藉”爲“席”。

［一二］流匜，吐水口也。

［一三］門外之右，門西也。今文“扃”爲“鉉”。

［一四］不饌於墊上，統於鼎也。墊有西者，是室南鄉。

［一五］南順，於南面取縮執之便也。肝俎在燔東。

（以上陳虞祭牲酒器具）

（十四·二）

　　主人及兄弟如葬服，賓執事者如弔服，皆即位于門外，如朝夕臨位。婦人及内兄弟服，即位于堂，亦如之。^{［一］}祝免，澡葛絰帶，布席于室中，東面，右几，降，出，及宗人即位于門西，東面南上。^{［二］}宗人告有司具，遂請，拜賓如臨。入門哭，婦人哭。^{［三］}主人即位于堂，衆主人及兄弟、賓即位于西方，如反哭位。^{［四］}祝入門左，北面。^{［五］}宗人西階前，北面。^{［六］}

　　［一］葬服者，《既夕》曰“丈夫髽，散帶垂”也。賓執事者，賓

客來執事也。

［二］祝亦執事。免者，祭祀之禮，祝所親也。澡，治也。治葛以
　　爲首経及帶，接神宜變也。然則士之屬官爲其長，弔服加麻
　　矣。至於既卒哭，主人變服則除。右几，於席近南也。

［三］臨，朝夕哭。

［四］《既夕》曰：“乃反哭，入門，升自西階，東面，衆主人堂下
　　東面，北上。”此則異於朝夕。

［五］不與執事同位，接神尊也。

［六］當詔主人及賓之事。

（以上主人及賓自門外入即位）

（十四・三）

祝盥，升，取苴降，洗之，升，入設于几東席上，東
縮。降，洗觶，升，止哭。[一]主人倚杖入，祝從，在
左，西面。[二]賛薦菹醢，醢在北。[三]佐食及執事盥，出
擧，長在左。[四]鼎入，設于西階前，東面北上，匕俎從
設。左人抽扃鼏，匕，佐食及右人載。[五]卒，朼者逆退，
復位。[六]俎入，設于豆東，魚亞之，腊特。[七]賛設二敦
于俎南，黍，其東稷。[八]設一鉶于豆南。[九]佐食出，立
于戶西。[一〇]賛者徹鼎。[一一]祝酌醴，命佐食啟會。佐食
許諾，啟會，卻于敦南，復位。[一二]祝奠觶于鉶南，復位。
主人再拜稽首。[一三]祝饗，命佐食祭。[一四]佐食許諾，鉤
袒，取黍、稷祭于苴三。取膚祭，祭如初。祝取奠觶祭，
亦如之。不盡，益，反奠之。主人再拜稽首。[一五]祝祝卒，
主人拜如初，哭，出復位。[一六]

［一］縮，從也。古文“縮”爲“蹙”。

［二］主人北旋，倚杖西亭乃入。《喪服小記》曰：“虞，杖不入於室。袝，杖不升於堂。”然則練，杖不入於門，明矣。

［三］主婦不薦，衰斬之服，不執事也。《曾子問》曰：“士祭不足，則取於兄弟大功以下者。”

［四］舉，舉鼎也。長在左，西方位也。凡事宗人詔之。

［五］載，載於俎。佐食載，則亦在右矣。今文“扃”爲“鉉”，古文“鼏”爲“密”。

［六］復賓位也。

［七］亞，次也。今文無“之”。

［八］簋，實尊黍也。

［九］鉶，菜羹也。

［一〇］饌已也。今文無“于戶西”。

［一一］反于門外。

［一二］會，合也，謂敦蓋也。復位，出立于戶西。今文“啟”爲“開”。

［一三］復位，復主人之左。

［一四］饗，告神饗。此祭祭于苴也。饗神辭，記所謂“哀子某，哀顯相，夙興夜處不寧”下至“適爾皇祖某甫尚饗”是也。

［一五］鉤袒，如今攘衣也。苴，所以藉祭也。孝子始將納尸以事其親，爲神疑於其位，設苴以定之耳。或曰：苴，主道也。則《特牲》《少牢》當有主象而無，何乎？

［一六］祝祝者，釋孝子祭辭。

（以上設饌饗神，是爲陰厭）

438

（十四·四）

　　祝迎尸。一人衰絰，奉筐，哭從尸。^[一]尸入門，丈夫踊，婦人踊。^[二]淳尸盥，宗人授巾。^[三]尸及階，祝延尸。^[四]尸升，宗人詔踊如初。^[五]尸入戶，踊如初，哭止。^[六]婦人入于房。^[七]主人及祝拜妥尸，尸拜，遂坐。^[八]

[一]尸，主也。孝子之祭不見親之形象，心無所繫，立尸而主意焉。一人，主人兄弟。《檀弓》曰：“既封，主人贈而祝宿虞尸。”

[二]踊不同文者，有先後也。尸入，主人不降者，喪事主哀不主敬。

[三]淳，沃也。沃尸盥者，賓執事者也。

[四]延，進也。告之以升。

[五]言詔踊如初，則凡踊，宗人詔之。

[六]哭止，尊尸。

[七]辟執事者。

[八]妥，安坐也。

（以上迎尸、妥尸）

（十四·五）

　　從者錯筐于尸左席上，立于其北。^[一]尸取奠，左執之，取菹，擩于醢，祭于豆間。祝命佐食墮祭。^[二]佐食取黍、稷、肺祭授尸，尸祭之。祭奠，祝祝。主人拜如初。尸嘗醴，奠之。^[三]佐食舉肺脊授尸，尸受，振祭，嚌之，左手執之。^[四]祝命佐食邇敦。佐食舉黍錯于席上。^[五]尸祭鉶、嘗鉶。^[六]泰羹湆自門入，設于鉶南，菹四豆，設于左。^[七]尸飯，播餘于篚。^[八]三飯，佐食舉幹，尸受，振祭，嚌之，實于篚。^[九]又三飯，舉胳，祭如初。佐食舉魚、腊，實于篚。^[一〇]又三飯，舉肩，祭如初。^[一一]舉魚、腊俎，俎釋三個。^[一二]尸卒食，佐食受肺脊，實于篚，反黍，如初設。^[一三]

[一] 北，席北也。

[二] 下祭曰墮。墮之猶言墮下也。《周禮》曰："既祭則藏其墮。"謂此也。今文"墮"爲"綏"。《特牲》《少牢》或爲羞，失古正矣。齊魯之間謂祭爲墮。

[三] 如初，亦祝祝卒，乃再拜稽首。

[四] 右手將有事也。尸食之時，亦奠肺脊于豆。

[五] 遍，近也。

[六] 右手也。《少牢》曰："以栖祭羊鉶，遂以祭豕鉶，嘗羊鉶。"

[七] 博異味也。湆，肉汁也。菹，切肉也。

[八] 不反餘也。古者飯用手，吉時播餘于會。古文"播"爲"半"。

[九] 飯門唅肉^[一]，安食氣。

[一〇] 尸不受魚、腊，以喪不備味。

[一一] 後舉肩者，貴要成也。

[一二] 釋，猶遺也。遺之者，君子不盡人之歡，不竭人之忠。個，猶枚也，今俗或名枚曰個，音相近。此腊亦七體，如

〔一〕 飯門唅肉 "門"，底本作"間"，據嚴州本、張敦仁本、阮刻本改。

440

其牲也。

[一三] 九飯而已，士禮也。簠猶吉祭之有肵俎。

（以上饗尸，尸九飯）

（十四·六）

主人洗廢爵，酌酒酳尸。尸拜受爵，主人北面苔拜。尸祭酒，嘗之。[一] 賓長以肝從，實于俎，縮，右鹽。[二] 尸左執爵，右取肝，擩鹽，振祭，嚌之，加于俎。賓降，反俎于西塾，復位。[三] 尸卒爵，祝受，不相爵。主人拜，尸苔拜。[四] 祝酌授尸，尸以醋主人，主人拜受爵，尸苔拜。[五] 主人坐祭，卒爵，拜，尸苔拜，筵祝，南面。[六] 主人獻祝。祝拜，坐受爵。主人苔拜。[七] 薦菹醢，設俎。祝左執爵，祭薦，奠爵，興，取肺，坐祭，嚌之，興，加于俎，祭酒，嘗之。肝從。祝取肝，擩鹽，振祭，嚌之，加于俎，卒爵，拜。主人苔拜。[八] 祝坐受主人。主人酌，獻佐食，佐食北面拜，坐受爵，主人苔拜。佐食祭酒，卒爵，拜，主人苔拜，受爵，出，實于篚，升堂，復位。[九]

[一] 爵無足曰廢爵。酳，安食也。主人北面以酳酢，變吉也。凡異者，皆變吉。古文“酳”作“酌”。

[二] 縮，從也。從實肝炙於俎也。喪祭進柢[一]。右鹽於俎近北，便尸取之也。縮執俎，言右鹽，則肝鹽併也。

────────────

〔一〕　喪祭進柢　“柢”，張敦仁本、阮刻本同，嚴州本作“抵”。

441

［三］取肝，右手也。加于俎，從其牲體也。以喪不志于味。

［四］不相爵，喪祭於禮略。相爵者，《特牲》曰：“送爵，皇尸卒爵。”

［五］醋，報。

［六］祝接神，尊也。筵用萑席。

［七］獻祝，因反西面位。

［八］今文無“撂鹽”。

［九］簞在庭，不復入，事已也。亦因取杖，乃東面立。

（以上主人獻尸并獻祝及佐食）

(十四·七)

　　主婦洗足爵于房中，酌，亞獻尸，如主人儀。[一]自反兩籩棗、栗，設于會南，棗在西。[二]尸祭籩，祭酒，如初。賓以燔從，如初。尸祭燔，卒爵，如初。酌獻祝，籩燔從，獻佐食，皆如初。以虛爵入于房。[三]

［一］爵有足，輕者飾也。《昏禮》曰：“內洗在北堂，直室東隅。”

［二］尚棗，棗美。

［三］初，主人儀。

（以上主婦亞獻）

(十四·八)

　　賓長洗繶爵，三獻，燔從，如初儀。[一]

〔一〕繶，爵口足之間有繡〔一〕，又彌飾。

（以上賓長三獻）

（十四·九）

婦人復位。〔一〕祝出户，西面告利成，主人哭。〔二〕皆哭。〔三〕祝入，尸謖。〔四〕從者奉篚，哭如初。〔五〕祝前尸出户，踊如初。降堂，踊如初。出門，亦如之。〔六〕

〔一〕復堂上西面位。事已，尸將出，當哭踊。

〔二〕西面告，告主人也。利，猶養也。成，畢也。言養禮畢也。不言養禮畢，於尸間嫌。

〔三〕丈夫、婦人於主人哭，斯哭矣。

〔四〕謖，起也。祝入而無事，尸則知起矣。不告尸者，無遣尊者之道也。古文“謖”或爲“休”。

〔五〕初，哭從尸。

〔六〕前，道也。如初者，出如入，降如升，三者之節悲哀同。

（以上祝告利成尸出）

（十四·十）

祝反，入徹，設于西北隅，如其設也。几在南，厞用席。〔一〕祝薦席，徹入于房。祝自執其俎出。〔二〕贊闔牖户。〔三〕

〔一〕改設饌者，不知鬼神之節，改設之。庶幾歆饗，所以爲厭飫

也。几在南變古文，明東面。不南面，漸也。扆，隱也。于
扆隱之處，從其幽闇。

［二］徹薦席者，執事者。祝薦席，則初自房來。

［三］鬼神尚居幽闇，或者遠人乎？贊，佐食者。

（以上改設陽厭）

（十四·十一）

主人降，賓出。^{［一］}主人出門，哭止，皆復位。^{［二］}宗
人告事畢，賓出，主人送，拜稽顙。^{［三］}

［一］宗人詔主人。降，賓則出廟門。

［二］門外未入位。

［三］送拜者，明于大門外也。賓執事者皆去，即徹室中之饌者，
兄弟也。

（以上禮畢送賓）

記。

（十四·記·一）

虞，沐浴，不櫛。^{［一］}陳牲于廟門外，北首西上，寢
右。^{［二］}日中而行事。^{［三］}

［一］沐浴者，將祭自絜清。不櫛，未在於飾也。唯三年之喪不
櫛，期以下櫛可也。今文曰“沐浴”。

［二］言牲，腊在其中。西上，變吉。寢右者，當升左胖也。腊用

444

柩。《檀弓》曰：“既反哭，主人與有司視虞牲。”

［三］朝葬，日中而虞，君子舉事必用辰正也。再虞、三虞皆質明。

（以上記沐浴陳牲及舉事之期）

（十四·記·二）

殺于廟門西，主人不視，豚解。[一]羹飪，升左肩、臂、臑、肫、骼、脊、脅、離肺，膚祭三，取諸左腏上，肺祭一，實于上鼎。[二]升魚，鱄鮒九，實于中鼎。[三]升腊，左胖，髀不升，實于下鼎。[四]皆設扃鼏，陳之。[五]載猶進柢，魚進鬐。[六]祝俎，髀、脰、脊、脅、離肺，陳于階間，敦東。[七]

［一］主人視牲不視殺，凡爲喪事略也。豚解，解前後脛脊脅而已，孰乃體解，升於鼎也。今文無“廟”。

［二］肉謂之羹。飪，孰也。脊、脅，正脊、正脅也。喪祭略，七體耳。離肺，舉肺也。《少牢饋食禮》曰：“舉肺一，長終肺。祭肺三，皆刌。”膞，脰肉也。古文曰“左股上”。此字從肉殳，殳矛之殳聲。

［三］差減之。

［四］腊亦七體牲之類。

［五］嫌既陳乃設扃鼏也。今文“扃”作“鉉”，古文“鼏”作“密”。

［六］猶，猶《士喪》《既夕》，言未可以吉也。柢，本也。鬐，脊也。今文“柢”爲“胝”，古文“鬐”爲“耆”。

［七］不升於鼎，賤也。統於敦，明神惠也。祭以離肺，下尸。

（以上記牲殺體數、鼎俎陳設之法）

（十四·記·三）

淳尸盥，執槃，西面。執匜，東面。執巾在其北，東面。宗人授巾，南面。[一]

[一] 槃以盛棄水，爲淺污人也。執巾不授巾，卑也。

（以上記沃尸面位）

（十四·記·四）

主人在室，則宗人升，戶外北面。[一] 佐食無事，則出戶，負依南面。[二]

[一] 當詔主人室事。
[二] 室中尊，不空立。戶牖之間謂之依。

（以上記宗人佐食面位）

（十四·記·五）

鉶芼，用苦，若薇，有滑。夏用葵，冬用荁[一]，有柶。[一]豆實，葵菹。菹以西蠃醢，簜，棗烝，栗擇。[二]

[一] 苦，苦茶也。荁，堇類也，乾則滑。夏秋用生葵，冬春用乾

〔一〕 冬用荁　“荁”，底本作“苣”，據嚴州本、張敦仁本、阮刻本改，下鄭注同。

菹。古文"苦"爲"枯"，今文或作"芐"〔一〕。

[二]棗烝栗擇，則菹刊也。棗烝栗擇，則豆不揭，籩有籘也。

（以上記鉶芼、豆籩之實）

（十四·記·六）

尸入，祝從尸。〔一〕尸坐，不說屨。〔二〕尸謖，祝前，鄉尸。〔三〕還，出戶，又鄉尸。還，過主人，又鄉尸。還，降階，又鄉尸。〔四〕降階，還，及門，如出戶。〔五〕尸出，祝反，入門左，北面復位，然後宗人詔降。尸服卒者之上服。〔六〕男，男尸。女，女尸，必使異姓，不使賤者。〔七〕

[一]祝在主人前也。嫌如初時，主人倚杖入，祝從之。初時主人之心尚若親存，宜自親之。今既接神，祝當詔侑尸也。

[二]侍神，不敢燕惰也。今文"說"爲"稅"。

[三]前，道也。祝道尸，必先鄉之，爲之節。

[四]過主人則西階上，不言及階，明主人見尸有蹴踖之敬。

[五]及，至也。言還至門，明其間無節也。降階如升時，將出門如出戶時，皆還鄉尸也。每將還，必有辟退之容。凡前尸之禮儀在此。

[六]上服者，如《特牲》士玄端也。不以爵弁服爲上者，祭於君之服，非所以自配鬼神。士之妻則宵衣耳。

[七]異姓，婦也。賤者，謂庶孫之妾也。尸配尊者，必使適也。

（以上記虞尸儀服與侍尸之儀、爲尸之人）

(十四·記·七)

　　無尸，則禮及薦饌皆如初。^[一]既饗，祭于苴。祝祝卒。^[二]不綏祭，無泰羹、湆、胾，從獻。^[三]主人哭，出，復位。^[四]祝闔牖户，降，復位于門西。^[五]男女拾踊三，^[六]如食間。^[七]祝升，止哭，聲三，啟户。^[八]主人入。^[九]祝從，啟牖鄉，如初。^[一〇]主人哭，出，復位。^[一一]卒徹，祝、佐食降，復位。^[一二]宗人詔降如初。^[一三]

[一]　無尸，謂無孫列可使者也，殤亦是也。禮，謂衣服即位升降。

[二]　記異者之節。

[三]　不綏，言獻，記終始也。事尸之禮，始於綏祭，終於從獻。綏當爲墮。

[四]　於祝祝卒。

[五]　門西，北面位也。

[六]　拾，更也。三更踊。

[七]　隱之，如尸一食，九飯之頃也。

[八]　聲者，噫歆也。將啟户，警覺神也。今文"啟"爲"開"。

[九]　親之。

[一〇]　牖先闔後啟，扇在内也。鄉，牖一名也^{〔一〕}。如初者，主人入，祝從在左。

[一一]　堂上位也。

[一二]　祝復門西，北面位，佐食復西方位。不復設西北隅者，重閉牖户，褻也。

〔一〕　牖一名也　"一"，底本、嚴州本誤奪，據張敦仁本、阮刻本補。

〔一三〕初，贊闔牖戶。宗人詔主人降之。

（以上記虞祭無尸之儀）

（十四·記·八）

始虞用柔日。^{〔一〕}曰：“哀子某，哀顯相，夙興夜處不寧。^{〔二〕}敢用絜牲剛鬣、^{〔三〕}香合、^{〔四〕}嘉薦、普淖、^{〔五〕}明齊溲酒，^{〔六〕}哀薦祫事，^{〔七〕}適爾皇祖某甫。^{〔八〕}饗！”^{〔九〕}再虞，皆如初。曰：“哀薦虞事。”^{〔一〇〕}三虞，卒哭，他，用剛日，亦如初。曰：“哀薦成事。”^{〔一一〕}

〔一〕葬之日，日中虞，欲安之。柔日陰，陰取其靜。

〔二〕曰，辭也，祝祝之辭也。喪祭稱哀顯相，助祭者也。顯，明也。相，助也。《詩》云：“於穆清廟，肅雍顯相。”不寧，悲思不安。

〔三〕敢，昧冒之辭。豕曰剛鬣。

〔四〕黍也。大夫、士於黍、稷之號，合言普淖而已。此言香合，蓋記者誤耳。辭次黍，又不得在薦上。

〔五〕嘉薦，菹醢也。普淖，黍、稷也。普，大也。淖，和也。德能大和，乃有黍、稷，故以爲號云。

〔六〕明齊，新水也。言以新水溲釀此酒也。《郊特牲》曰：“明水涗齊，貴新也。”或曰：當爲明視，爲兔腊也。今文曰“明粢”。粢，稷也。皆非其次。今文“溲”爲“酘”。

〔七〕始虞謂之祫事者，主欲其祫先祖也，以與先祖合爲安。今文曰“古事”^{〔一〕}。

〔一〕今文曰古事“古”，底本作“吉”，據嚴州本、張敦仁本、阮刻本改。

［八］爾，女也。女，死者，告之以適皇祖，所以安之也。皇，君也。某甫，皇祖字也。若言尼甫。

［九］勸強之也。

［一○］丁日葬則己日再虞，其祝辭異者，一言耳。

［一一］當祔於祖廟，爲神安於此。後虞改用剛日。剛日，陽也。陽取其動也。士則庚日三虞，壬日卒哭。其祝辭異者，亦一言耳。他謂不及時而葬者。《喪服小記》曰："報葬者報虞者，三月而後卒哭。"然則虞卒哭之間有祭事者，亦用剛日，其祭無名，謂之他者，假設言之。文不在卒哭上者，以其非常也，令正者自相亞也〔一〕。《檀弓》曰："葬日中而虞，弗忍一日離也。是日也，以虞易奠。卒哭日成事。是日也，以吉祭易喪祭，明日祔於祖父。"如是虞爲喪祭，卒哭爲吉祭。今文"他"爲"它"。

（以上記三虞卒哭用日不同及祝辭之異者）

（十四·記·九）

獻畢，未徹，乃餞。〔一〕尊兩甒于廟門外之右，少南。水尊在酒西，勺北枋。〔二〕洗在尊東南，水在洗東，篚在西。〔三〕饌籩豆，脯四脡。〔四〕有乾肉折俎，二尹縮，祭半尹，在西塾。〔五〕尸出，執几從，席從。〔六〕尸出門右，南面。〔七〕席設于尊西北，東面，几在南。賓出，復位。〔八〕主人出，即位于門東，少南，婦人出，即位于主人之北，皆西面，哭不止。〔九〕尸即席坐，唯主人不哭，洗廢爵，酌

〔一〕令正者自相亞也 "令"，底本作"今"，據嚴州本、張敦仁本、阮刻本改。

獻尸，尸拜受。主人拜送，哭，復位。薦脯醢，設俎于
薦東，胳在南。^[一〇]尸左執爵，取脯擩醢，祭之。佐食授
嚌。^[一一]尸受，振祭，嚌，反之。祭酒，卒爵，奠于南
方。^[一二]主人及兄弟踊，婦人亦如之。主婦洗足爵，亞獻
如主人儀，無從，踊如初。賓長洗繶爵，三獻，如亞獻，
踊如初。佐食取俎實于篚。尸謖，從者奉篚，哭從之。祝
前，哭者皆從，及大門内，踊如初。^[一三]尸出門，哭者
止。^[一四]賓出，主人送，拜稽顙。^[一五]主婦亦拜賓。^[一六]
丈夫説絰帶于廟門外。^[一七]入徹，主人不與。^[一八]婦人説
首絰，不説帶。^[一九]無尸則不餞，猶出几席，設如初，拾
踊三。^[二〇]哭止，告事畢，賓出。

　　[一]　卒哭之祭，既三獻也。餞，送行者之酒。《詩》云：“出宿于
　　　　濟，飲餞于禰。”尸且將始祔於皇祖^{〔一〕}，是以餞送之。古文
　　　　“餞”爲“踐”。

　　[二]　少南，將有事於北。有玄酒，即吉也。此在西，尚凶也。言
　　　　水者，喪質無冪，不久陳。古文“甒”爲“廡”也。

　　[三]　在門之左，又少南。

　　[四]　酒宜脯也。古文“脡”爲“挺”。

　　[五]　乾肉，牲體之脯也。如今涼州烏翅矣。折以爲俎，實優尸
　　　　也。尹，正也。雖其折之，必使正。縮，從也。古文“縮”
　　　　爲“麎”。

　　[六]　祝入亦告利成。入前尸，尸乃出。几席，素几葦席也。以几
　　　　席從執事也。

［七］俟設席也。

［八］將入臨之位。《士喪禮》賓繼兄弟“北上，門東，北面西上；
　　　門西，北面東上；西方，東面，北上”。

［九］婦人出者，重餞尸。

［一〇］胸，脯及乾肉之屈也。屈者在南，變於吉。

［一一］授乾肉之祭。

［一二］反之，反於佐食。佐食反之於俎。尸奠爵，禮有終。

［一三］男女從尸，男由左，女由右。及，至也。從尸不出大門
　　　者，由廟門外無事尸之禮也。古文“謖”作“沐”。

［一四］以餞於外。大門，猶廟門。

［一五］送賓，拜於大門外。

［一六］女賓也。不言出，不言送，拜之於闈門之內。闈門如今東
　　　西掖門。

［一七］既卒哭，當變麻受之以葛也。夕日，則服葛者，爲祔期。
　　　今文“說”爲“稅”。

［一八］入徹者，兄弟大功以下。言主人不與，則知丈夫、婦人在
　　　其中。古文“與”爲“豫”。

［一九］不脫帶，齊斬，婦人帶不變也。婦人少變而重帶，帶，下
　　　體之上也。大功、小功者葛帶，時亦不說者，未可以輕文
　　　變於主婦之質。至祔，葛帶以即位。《檀弓》曰：“婦人不
　　　葛帶。”

［二〇］以餞尸者，本爲送神也。丈夫、婦人亦從几席而出。古文
　　　“席”爲“筵”。

（以上記卒哭祭畢餞尸與無尸可餞者送神之禮）

（十四·記·十）

死三日而殯，三月而葬，遂卒哭。^[一]將旦而祔，則薦。^[二]卒辭曰："哀子某，來日某，隮祔爾于爾皇祖某甫，尚饗！"^[三]女子，曰："皇祖妣某氏。"^[四]婦曰："孫婦于皇祖姑某氏。"^[五]其他辭一也。^[六]饗辭曰："哀子某，圭爲而哀薦之。饗！"^[七]

[一] 謂士也。《雜記》曰："大夫三月而葬，五月而卒哭；諸侯五月而葬，七月而卒哭。"此記更從死起，異人之間，其義或殊。

[二] 薦謂卒哭之祭。

[三] 卒辭，卒哭之祝辭。隮，升也。尚，庶幾也。不稱饌，明主爲告祔也。今文"隮"爲"齊"。

[四] 女孫附於祖母。

[五] 不言爾，曰孫婦，婦差疏也。今文無"某氏"。

[六] 來日某，隮祔，尚饗。

[七] 饗辭，勸強尸之辭也。圭，絜也。《詩》曰："吉圭爲饎。"凡吉祭饗尸，曰孝子。

（以上記卒哭薦告祔之辭與饗尸之辭）

（十四·記·十一）

明日，以其班祔。^[一]沐浴、櫛、搔翦。^[二]用專膚爲折俎，取諸脰膉，^[三]其他如饋食。^[四]用嗣尸。^[五]曰："孝子某，孝顯相，夙興夜處，小心畏忌，不惰其身，不寧。^[六]用尹祭、^[七]嘉薦、普淖、普薦、溲酒。^[八]適爾皇

祖某甫，以隮祔爾孫某甫。尚饗！"〔九〕

［一］卒哭之明日也。班，次也。《喪服小記》曰：祔必以其昭穆，
亡則中一以上。凡祔已，復于寢。如既祫，主反其廟，練而後
遷廟。古文"班"或爲"辨"，辨氏姓或然，今文爲"胖"。

［二］彌自飾也。搔當爲爪。今文曰"沐浴"。搔翦或爲蚤揃，揃
或爲鬋。

［三］專，猶厚也。折俎，謂主婦以下俎也。體盡人多，折骨以爲
之。今以胘臄貶於純吉。今文字爲"折俎"，而說以爲"斮
俎"，亦甚誣矣。古文"胘臄"爲"頭嗌"也。

［四］如《特牲饋食》之事。或云以左胖虞，右胖祔，今此如饋食，
則尸俎、斮俎皆有肩臂，豈復用虞臂乎？其不然明矣。

［五］虞祔尚質，未暇筮尸。

［六］稱孝者，吉祭。

［七］尹祭，脯也。大夫、士祭無云脯者。今不言牲號，而云尹
祭，亦記者誤矣。

［八］普薦，鉶羹。不稱牲，記其異者。今文"溲"爲"酸"。

［九］欲其祔合，兩告之。《曾子問》曰："天子崩，國君薨，則祝
取群廟之主而藏諸祖廟，禮也。卒哭成事，而後主各反其
廟。"然則士之皇祖，於卒哭亦反其廟。無主，則反廟之禮
未聞，以其幣告之乎？

（以上記祔祭之禮與告祔之辭）

（十四·記·十二）

朞而小祥，〔一〕曰："薦此常事。"〔二〕又朞而大祥，曰：

“薦此祥事。”[三] 中月而禫。[四] 是月也，吉祭，猶未配。[五]

［一］小祥，祭名。祥，吉也。《檀弓》曰：“歸祥肉。”古文“朞”
　　皆作“基”。

［二］祝辭之異者。言常者，朞而祭，禮也。古文“常”爲“祥”。

［三］又復也。

［四］中，猶間也。禫，祭名也，與大祥間一月。自喪至此，凡
　　二十七月。禫之言澹澹然平安意也。古文“禫”或爲“導”。

［五］是月，是禫月也。當四時之祭月則祭，猶未以某妃配某氏，
　　哀未忘也。《少牢饋食禮》：“祝祝曰：孝孫某，敢用柔毛剛
　　鬣、嘉薦、普淖，用薦歲事于皇祖伯某，以某妃配某氏，
　　尚饗！”

（以上記小祥、大祥、禫祭、吉祭之節與祝辭之異）

儀禮卷第十五

儀禮卷第十五

鄭　氏　注

特牲饋食禮第十五

（十五·一）

特牲饋食之禮。不諏日。^[一]及筮日，主人冠端玄，即位于門外，西面。^[二]子姓、兄弟如主人之服，立于主人之南，西面北上。^[三]有司群執事如兄弟服，東面北上。^[四]席于門中，闑西閾外。^[五]筮人取筮于西塾，執之，東面受命于主人。^[六]宰自主人之左贊命，命曰：“孝孫某，筮來日某，諏此某事，適其皇祖某子，尚饗！”^[七]筮者許諾，還，即席，西面坐。卦者在左，卒筮，寫卦。筮者執以示主人。^[八]主人受視，反之。^[九]筮者還，東面，旅占。卒，告于主人：“占曰吉。”^[一〇]若不吉，則筮遠日，如初儀。^[一一]宗人告事畢。

[一] 祭祀自孰始曰饋食。饋食者，食道也。諏，謀也。士賤職褻，時至事暇，可以祭則筮其日矣。不如《少牢》大夫先與有司於廟門諏丁、己之日。今文“諏”皆爲“詛”。

[二] 冠端玄，玄冠玄端。下言玄者，玄冠有不玄端者。門謂廟門。

[三] 所祭者之子孫。言子姓者，子之所生。小宗祭而兄弟皆來與

459

焉。宗子祭，則族人皆侍。

［四］士之屬吏也。

［五］為筮人設之也。古文“闑”作“槷”，“闒”作“麼”。

［六］筮人，官名也。筮，問也。取其所用問神明者謂蓍也。

［七］宰，群吏之長。自，由也。贊，佐也、達也。贊命由左者，
　　　為神求變也。士祭曰歲事，此言某事，又不言妃者，容大祥
　　　之後，禫月之吉祭。皇，君也。言君祖者，尊之也。某子
　　　者，祖字也。伯子，仲子也。尚，庶幾也。

［八］士之筮者坐，蓍短由便。卦者主畫地識爻，爻備以方寫之。

［九］反，還。

［一○］長占，以其屬之長幼旅占之。

［一一］遠日，旬之外日。

（以上筮日）

（十五·二）

　前期三日之朝，筮尸，如求日之儀。命筮曰：“孝孫
某，諏此某事適其皇祖某子，筮某之某為尸，尚饗！”[一]

　　［一］三日者，容宿賓視濯也。某之某者，字尸父而名尸，連言其
　　　　親，庶幾其憑依之也。大夫、士以孫之倫為尸。

（以上筮尸）

（十五·三）

　乃宿尸。[一] 主人立于尸外門外。子姓兄弟立于主人之
後，北面東上。[二] 尸如主人服，出門左，西面。[三] 主人

辟，皆東面北上。^[四]主人再拜，尸荅拜。^[五]宗人擯辭如初，卒曰："筮子爲某尸，占曰吉，敢宿。"^[六]祝許諾，致命，^[七]尸許諾。主人再拜稽首。^[八]尸入，主人退。^[九]

[一] 宿，讀爲肅，肅，進也。進之者，使知祭日當來。古文"宿"皆作"羞"，凡"宿"，或作"速"，記作"肅"，《周禮》亦作"宿"。

[二] 不東面者，來不爲賓客。子姓立于主人之後，上當其後。

[三] 不敢南面當尊。

[四] 順尸。

[五] 主人先拜，尊尸。

[六] 宗人，擯者。釋主人之辭如初者，如宰贊命筮尸之辭。卒曰者，著其辭所易也。今文無"敢"。

[七] 受宗人辭，許之，傳命於尸。始宗人、祝北面，至於傳命，皆西面受命，東面釋之。

[八] 其許，亦宗人受於祝而告主人。

[九] 相揖而去。尸不拜送，尸尊。

（以上宿尸）

（十五·四）

宿賓。賓如主人服，出門左，西面再拜。主人東面荅再拜。宗人擯曰："某薦歲事，吾子將涖之，敢宿。"^[一]賓曰："某敢不敬從。"主人再拜，賓荅拜。主人退，賓拜送。

[一] 薦，進也。涖，臨也。言吾子將臨之，知賓在有司中，今特

肅之，尊賓耳。

（以上宿賓）

（十五·五）

厥明夕，陳鼎于門外，北面北上，有鼏。^{〔一〕}棜在其南，南順，實獸于其上，東首。^{〔二〕}牲在其西，北首東足。^{〔三〕}設洗于阼階東南，壺、禁在東序，豆、籩、鉶在東房，南上。几、席、兩敦在西堂。^{〔四〕}主人及子姓兄弟即位于門東，如初。^{〔五〕}賓及眾賓即位于門西，東面北上。^{〔六〕}宗人、祝立于賓西北，東面南上。^{〔七〕}主人再拜，賓答再拜。三拜眾賓，眾賓答再拜。^{〔八〕}主人揖入，兄弟從，賓及眾賓從，即位于堂下，如外位。^{〔九〕}宗人升自西階，視壺濯及豆籩，反降，東北面告濯具。^{〔一〇〕}賓出，主人出，皆復外位。^{〔一一〕}宗人視牲，告充。雍正作豕。^{〔一二〕}宗人舉獸尾，告備；舉鼎鼏，告絜。^{〔一三〕}請期，曰：“羹飪。”^{〔一四〕}告事畢，賓出，主人拜送。

〔一〕厥，其也。宿賓之明日夕。門外北面，當門也。古文“鼏”爲“密”。

〔二〕順，猶從也。棜之制，如今大木舉矣。上有四周，下無足。獸，腊也。

〔三〕其西，棜西也。東足者，尚右也。牲不用棜，以其生。

〔四〕東房，房中之東，當夾北。西堂，西夾室之前，近南耳。

〔五〕初筮位也。

〔六〕不象如初者，以宰在，而宗人、祝不在。

［七］事彌至，位彌異。宗人、祝於祭，宜近廟。

［八］衆賓再拜者，士賤，旅之得備禮也。

［九］爲視濯也。

［一〇］濯，溉也。不言敦、鉶者，省文也。東北面告，緣賓意欲
　　　聞也。言濯具，不言絜，以有几席。

［一一］爲視牲也。今文“復”爲“反”。

［一二］充，猶肥也。雍正，官名也。北面以策動作豕，視聲氣。

［一三］備，具。

［一四］肉謂之羹。飪，孰也。謂明日質明時，而曰肉孰，重豫勞
　　　賓。宗人既得期，西北而告賓有司。

（以上視濯、視牲）

（十五·六）

　夙興，主人服如初，立于門外東方，南面，視側
殺。^[一]主婦視饎爨于西堂下。^[二]亨于門外東方，西面北
上。^[三]羹飪，實鼎，陳于門外，如初。^[四]尊于戶東，玄
酒在西。^[五]實豆、籩、鉶，陳于房中，如初。^[六]執事之
俎，陳于階間，二列，北上。^[七]盛兩敦，陳于西堂，藉
用萑，几席陳于西堂，如初。^[八]尸盥匜水，實于槃中，簞
巾，在門內之右。^[九]祝筵几于室中，東面。^[一〇]主婦纚笄，
宵衣，立于房中，南面。^[一一]主人及賓、兄弟、群執事即
位于門外，如初。宗人告有司具。^[一二]主人拜賓如初，揖
入，即位，如初。^[一三]佐食北面立于中庭。^[一四]

　［一］夙，早也。興，起也。主人服如初，則其餘有不玄端者。側

463

殺，殺一牲也。

[二] 炊黍、稷曰饎，宗婦爲之。爨，竈也。西堂下者，堂之西下也，近西壁南，齊于坫。古文"饎"作"糦"，《周禮》作"𩟄"。

[三] 亨，煑也。黃豕、魚、腊以鑊，各一爨。《詩》云："誰能亨魚？溉之釜鬵。"

[四] 初視濯也。

[五] 戶東，室戶東。玄酒在西，尚之，凡尊酌者在左。

[六] 如初者，取而實之，既而反之。

[七] 執事，謂有司及兄弟。二列者，因其位在東西，祝、主人、主婦之俎亦存焉。不升鼎者，異於神。

[八] 盛黍、稷者，宗婦也。萑，細葦。古文"用"爲"于"。

[九] 設盥水及巾，尸尊，不就洗，又不揮。門內之右，象洗在東，統于門東，西上。凡鄉內，以入爲左右；鄉外，以出爲左右。

[一〇] 爲神敷席也。至此使祝接神。

[一一] 主婦，主人之妻。雖姑存，猶使之主祭祀。纚笄，首服。宵，綺屬也。此衣染之以黑，其繒本名曰宵。《詩》有"素衣朱宵"，記有"玄宵衣"，凡婦人助祭者同服也。《內則》曰："舅沒則姑老，冢婦所祭祀賓客，每事必請於姑。"

[一二] 具，猶辦也。

[一三] 初視濯也。

[一四] 佐食，賓佐尸食者，立于宗人之西。

（以上祭日陳設及位次）

（十五·七）

　　主人及祝升。祝先入，主人從，西面于户内。^{〔一〕}主婦盥于房中，薦兩豆，葵菹，蝸醢，醢在北。^{〔二〕}宗人遣佐食及執事盥，出。^{〔三〕}主人降及賓盥，出。主人在右，及佐食舉牲鼎。賓長在右，及執事舉魚、腊鼎，除鼏。^{〔四〕}宗人執畢先入，當阼階，南面。^{〔五〕}鼎西面錯，右人抽扃，委于鼎北。^{〔六〕}贊者錯俎，加匕。^{〔七〕}乃朼。^{〔八〕}佐食升肵俎，鼏之，設于阼階西。^{〔九〕}卒載，加匕于鼎。^{〔一〇〕}主人升，入復位，俎入，設于豆東。魚次，腊特于俎北。^{〔一一〕}主婦設兩敦黍、稷于俎南，西上，及兩鉶芼設于豆南，南陳。^{〔一二〕}祝洗，酌奠，奠于鉶南，遂命佐食啟會。佐食啟會，卻于敦南，出，立于户西，南面。^{〔一三〕}主人再拜稽首。祝在左，^{〔一四〕}卒祝，主人再拜稽首。

〔一〕祝先入，接神，宜在前也。《少牢饋食禮》曰：“祝盥于洗，升自西階，主人盥，升自阼階。祝先入，南面。”

〔二〕主婦盥，盥於内洗。《昏禮》婦洗在北堂，直室東隅。

〔三〕命之盥出，當助主人及賓舉鼎。

〔四〕及，與也。主人在右，統於東。主人與佐食者，賓尊，不載。《少牢饋食禮》：魚用鮒，腊用麋，士腊用兔。

〔五〕畢，狀如叉，蓋爲其似畢星取名焉。主人親舉，宗人則執畢導之。既錯，又以畢臨匕載^{〔一〕}，備失脱也。《雜記》曰：“朼用桑，長三尺。畢用桑，三尺，刊其本與末。”朼、畢同材明矣。今此朼用棘心，則畢亦用棘心。舊説云：畢以御他神

────────────

〔一〕又以畢臨匕載　“又”，嚴州本、張敦仁本作“义”，阮刻本作“叉”，作“又”是。

物，神物惡桑叉，則少牢饋食及虞無叉，何哉？此無叉者，
乃主人不親舉耳。《少牢》大夫祭，不親舉。虞，喪祭祭也，
主人未執事。祔練祥，執事用桑叉，自此純吉，用棘心叉。

[六] 右人，謂主人及二賓。既錯，皆西面俟也。

[七] 贊者執俎及匕從鼎入者，其錯俎東縮，加匕東柄，既則退，
　　而左人北面也。

[八] 右人也，尊者於事，指使可也。左人載之。

[九] 胏謂心舌之俎也。《郊特牲》曰："胏之爲言敬也。"言主人
　　之所以敬尸之俎。古文"胏"皆作"密"。

[一〇] 卒，已也。已載，畢亦加焉。

[一一] 入設俎，載者。腊特，饌要方也。凡饌必方者，明食味人
　　之性所以正。

[一二] 宗婦不贊敦、銄者，以其少，可親之芼菜也。

[一三] 酳奠，奠其爵觶也。《少牢饋食禮》啟會，乃奠之。

[一四] 稽首，服之甚者。祝在左，當爲主人釋辭於神也。祝祝
　　曰：孝孫某敢用剛鬣、嘉薦、普淖，用薦某事於皇祖某
　　子，尚饗！

（以上陰厭）

（十五·八）

　　祝迎尸于門外。^[一] 主人降，立于阼階東。^[二] 尸入門
左，北面盥，宗人授巾。^[三] 尸至于階，祝延尸。尸升，
入，祝先，主人從。^[四] 尸即席坐，主人拜妥尸。^[五] 尸荅
拜，執奠，祝饗，主人拜，如初。^[六] 祝命挼祭。尸左執
觶，右取菹，擩于醢，祭于豆間。^[七] 佐食取黍、稷、肺

祭，授尸。尸祭之，祭酒，啐酒，告旨。主人拜，尸奠觶
荅拜。^[八]祭鉶，嘗之，告旨。主人拜，尸荅拜。^[九]祝命
爾敦。佐食爾黍、稷于席上。^[一〇]設大羹湆于醢北。^[一一]
舉肺、脊以授尸。尸受，振祭，嚌之，左執之，^[一二]乃食，
食舉。^[一三]主人羞肵俎于腊北。^[一四]尸三飯，告飽。祝侑，
主人拜。^[一五]佐食舉幹，尸受，振祭，嚌之。佐食受，加
于肵俎。舉獸幹、魚一亦如之。^[一六]尸實舉于菹豆。^[一七]
佐食羞庶羞四豆，設于左，南上，有醢。^[一八]尸又三飯，
告飽。祝侑之，如初。^[一九]舉骼及獸、魚如初。尸又三飯
告飽，祝侑之，如初。^[二〇]舉肩及獸、魚如初。^[二一]佐食
盛肵俎，俎釋三个。^[二二]舉肺、脊，加于肵俎，反黍、稷
于其所。^[二三]

[一] 尸自外來，代主人接之，就其次而請。不拜，不敢與尊者爲
　　　禮。《周禮·掌次》：“凡祭祀，張尸次。”

[二] 主人不迎尸，成尸尊。尸，所祭者之孫也。祖之尸則主人乃
　　　宗子，禰之尸則主人乃父道。事神之禮，廟中而已，出迎則
　　　爲厭。

[三] 侍盥者執其器就之。執簞者不授巾，賤也。宗人授巾，庭長
　　　尊。《少牢饋食禮》曰：“祝先入門右，尸入門左。”

[四] 延，進，在後詔侑曰延。《禮器》所謂“詔侑武方”者也。《少
　　　牢饋食禮》曰：“尸升自西階，入，祝從主人升自阼階，祝
　　　先入，主人從。”

[五] 妥，安坐也。

[六] 饗，勸強之也。其辭取于《士虞記》，則宜云“孝孫某主爲

孝薦之饗〔一〕"。舊説云：明薦之。

［七］命詔尸也。接祭，祭神食也。《士虞禮》古文曰："祝命佐食
墮祭。"《周禮》曰："既祭則藏其墮。"墮與接讀同耳。今文
改"接"皆爲"綏"，古文此皆爲"接祭"也。換醢者，染
於醢。

［八］肺祭，刌肺也。旨，美也。祭酒，穀味之芬芬者。齊敬共
之，唯恐不美。告之美，達其心，明神享之。

［九］鉶，肉味之有菜和者。《曲禮》曰："客絮羹，主人辭，不
能亨。"

［一〇］爾，近也。近之便尸之食也。

［一一］大羹湆，煑肉汁也。不和，貴其質，設之所以敬尸也。不
祭，不嚌，大羹不爲神，非盛者也。《士虞禮》曰："大羹
湆自門入。"今文"湆"皆爲"汁"。

［一二］肺，氣之主也。脊，正體之貴者。先食啗之，所以導食
通氣。

［一三］舉言食者，明凡解體皆連肉。

［一四］肵俎主於尸，主人親羞，敬也。神俎不親設者，貴得賓
客，以神事其先。

［一五］三飯告飽，禮一成也。侑，勸也，或曰又勸之，使又食。
《少牢饋食禮》侑辭曰"皇尸未實，侑"也。

［一六］幹，長脅也。獸、腊，其體數與牲同。

［一七］爲將食庶羞。舉謂肺、脊。

［一八］庶，眾也。眾羞以豕肉，所以爲異味。四豆者，脘、炙、
胾、醢。南上者，以脘、炙爲上，以有醢，不得緟也。

〔一〕　孝孫某主爲孝薦之饗　"主"，底本作"圭"，據嚴州本、張敦仁本、阮刻本改。

［一九］禮再成也。

［二〇］禮三成。獸、魚如初者，獸骼、魚一也。

［二一］不復飯者三。三者，士之禮大成也。舉，先正脊，後肩，
　　　自上而卻下，縮而前，終始之次也。

［二二］佐食取牲魚、腊之餘，盛於肵俎，將以歸尸。俎釋三个，
　　　爲改饌於西北隅遺之。所釋者牲腊，則正脊一骨，長脅一
　　　骨及臑也。魚則三頭而已。个，猶枚也。今俗言物數有云
　　　若干個者，此讀然。

［二三］尸授佐食，佐食受而加之，反之也。肺、脊初在肵豆〔一〕。

（以上尸入九飯）

（十五·九）

　　主人洗角，升酌，酳尸。〔一〕尸拜受，主人拜送。尸祭
酒，啐酒，賓長以肝從。〔二〕尸左執角，右取肝，擩于鹽，
振祭，嚌之，加于菹豆，卒角。祝受尸角曰：“送爵。皇
尸卒爵。”主人拜，尸荅拜。〔三〕祝酌授尸，尸以醋主人。〔四〕
主人拜受角，尸拜送。主人退，佐食授挼祭。〔五〕主人坐，
左執角，受祭祭之，祭酒，啐酒，進聽嘏。〔六〕佐食搏黍
授祝，祝授尸。尸受以菹豆，執以親嘏主人。〔七〕主人左執
角，再拜稽首受，復位，詩懷之，實于左袂，挂于季指，
卒角，拜。尸荅拜。〔八〕主人出，寫嗇于房，祝以籩受。〔九〕
筵祝，南面。〔一〇〕主人酌獻祝，祝拜受角，主人拜送。設
菹醢、俎。〔一一〕祝左執角，祭豆，興，取肺，坐祭，嚌

〔一〕 肺脊初在肵豆　“俎”，底本作“菹”，據嚴州本、張敦仁本、阮刻本改。

之，興，加于俎，坐祭酒，啐酒，以肝從。祝左執角，右取肝，擩于鹽，振祭，嚌之，加于俎，卒角，拜。主人荅拜，受角，酌獻佐食。佐食北面拜受角，主人拜送。佐食坐祭，卒角，拜。主人荅拜，受角，降，反于篚。升，入復位。

[一] 酳，猶衍也，是獻尸也。謂之酳者，尸既卒食，又欲頤衍養樂之。不用爵者，下大夫也。因父子之道質而用角，角加人事略者。今文“酳”皆爲“酌”。

[二] 肝，肝炙也。今文曰“啐之”，古文無“長”。

[三] 曰送爵者，節主人拜。

[四] 醋，報也。祝酌不洗，尸不親酌，尊尸也。尸親醋，相報之義。古文“醋”作“酢”。

[五] 退者，進受爵反位。妥亦當爲按。尸將嘏主人，佐食授之按祭〔一〕，亦使祭尸食也。其授祭，亦取黍、稷、肺祭。今文或皆改“妥”作“按”。

[六] 聽，猶待也。受福曰嘏，嘏，長也，大也。待尸授之，以長大之福。

[七] 獨用黍者，食之主。其辭則《少牢饋食禮》有焉。

[八] 詩，猶承也。謂奉納之懷中。季，小也。實于左袂，挂袪以小指者，便卒角也。《少牢饋食禮》曰：“興受黍，坐振祭，嚌之。”古文“挂”作“卦”。

[九] 變黍言嗇，因事託戒，欲其重稼嗇。嗇者，農力之成功。

[一〇] 主人自房還時。

〔一〕佐食授之按祭　“授”，底本作“受”，據嚴州本、張敦仁本、阮刻本改。

[一一] 行神惠也。先獻祝，以接神，尊之。菹醢皆主婦設之，佐
　　食設俎。

（以上主人初獻）

（十五·十）

　　主婦洗爵于房，酌，亞獻尸。^[一]尸拜受，主婦北面
拜送。^[二]宗婦執兩籩，戶外坐。主婦受，設于敦南。^[三]
祝贊籩祭。尸受，祭之，祭酒，啐酒。^[四]兄弟長以燔從。
尸受，振祭，嚌之，反之。^[五]羞燔者受，加于肵，出。^[六]
尸卒爵，祝受爵，命送如初。^[七]酢如主人儀。^[八]主婦適
房，南面。佐食授祭。主婦左執爵，右撫祭，祭酒，啐
酒，入，卒爵，如主人儀。^[九]獻祝，籩、燔從，如初儀。
及佐食，如初。卒，以爵入于房。^[一〇]

[一] 亞，次也。次，猶貳。主婦貳獻，不夾拜者，士妻儀簡耳。

[二] 北面拜者，辟內子也。大夫之妻拜於主人北，西面。

[三] 兩籩，棗、栗。棗在西。

[四] 籩祭，棗、栗之祭也。其祭之，亦於豆祭。

[五] 燔，炙肉也。

[六] 出者，俟後事也。

[七] 送者，送卒爵。

[八] 尸酢主婦，如主人儀者，自祝酌至尸拜送，如酢主人也。不
　　易爵，辟內子。

[九] 撫按祭，示親祭，佐食不授而祭於地，亦儀簡也。入室卒
　　爵，於尊者前成禮，明受惠也。

[一〇] 及佐食如初，如其獻佐食，則拜主人之北，西面也。

（以上主婦亞獻）

（十五·十一）

賓三獻，如初。燔從如初。爵止。^[一]席于户内。^[二]主婦洗爵，酌，致爵于主人。主人拜受爵。主婦拜送爵。^[三]宗婦贊豆如初。主婦受，設兩豆、兩籩。^[四]俎入設。^[五]主人左執爵，祭薦，宗人贊祭。奠爵，興，取肺，坐絶祭，嚌之，興，加于俎，坐挩手，祭酒，啐酒，^[六]肝從。左執爵，取肝擩于鹽，坐振祭，嚌之。宗人受，加于俎。燔亦如之。興，席末坐，卒爵，拜。^[七]主婦荅拜，受爵，酌，醋，左執爵，拜，主人荅拜。坐祭，立飲，卒爵，拜，主人荅拜。主婦出，反于房。主人降，洗，酌，致爵于主婦。席于房中，南面。主婦拜受爵，主人西面荅拜。宗婦薦豆俎，從獻皆如主人。主人更爵，酌，醋，卒爵，降，實爵于篚，入，復位。^[八]三獻作止爵。^[九]尸卒爵，酢。酌獻洗及佐食。洗爵，酌致于主人、主婦，燔從，皆如初。更爵，酢于主人，卒，復位。^[一〇]

[一] 初、亞獻也。尸止爵者，三獻禮成，欲神惠之，均於室中，是以奠而待之。

[二] 爲主人鋪之，西面，席自房來。

[三] 主婦拜，拜於北面也。今文曰："主婦洗酌爵。"

[四] 初贊，亞獻也。主婦薦兩豆籩，東面也。

[五] 佐食設之。

［六］絕肺祭之者，以離肺長也。《少儀》曰："牛羊之肺，離而不提心。"豕亦然。挩，拭也。挩手者，爲絕肺染汙也。刌肺不挩手〔一〕。古文"挩"皆作"說"。

［七］於席末坐卒爵，敬也。一酳而備，再從而次之，示均。

［八］主人更爵自酢，男子不承婦人爵也。《祭統》曰："夫婦相授受，不相襲處。酢不易爵，明夫婦之別。"古文"更"爲"受"。

［九］賓也謂三獻者，以事命之。作，起也。舊說云：賓入戶，北面，曰：皇尸請舉爵。

［一〇］洗乃致爵，爲異事新之。燔從皆如初者，如亞獻及主人、主婦致爵也。凡獻佐食皆無從，其薦俎，獻兄弟以齒設之。賓更爵自酢，亦不承婦人爵。今文曰"洗致"，古文"更"爲"受"。

（以上賓三獻）

（十五·十二）

主人降阼階，西面拜賓如初，洗。〔一〕賓辭洗。卒洗，揖讓升，酌，西階上獻賓。賓北面拜受爵。主人在右，荅拜。〔二〕薦脯醢，設折俎。〔三〕賓左執爵，祭豆，奠爵，興，取肺，坐絕祭，嚌之，興，加于俎，坐挩手，祭酒，卒爵，拜。主人荅拜，受爵，酌，酢，奠爵，拜。賓荅拜。〔四〕主人坐祭，卒爵，拜。賓荅拜，揖，執祭以降，西面奠于其位，位如初，薦俎從設。〔五〕衆賓升，拜

〔一〕　刌肺不挩手　"刌"，張敦仁本、阮刻本同，嚴州本作"忖"。

受爵，坐祭，立飲，薦俎設于其位，辨。主人備苔拜焉，降，實爵于篚。[六] 尊兩壺于阼階東，加勺，南枋，西方亦如之。[七] 主人洗觶，酌于西方之尊，西階前北面酬賓，賓在左。[八] 主人奠觶拜，賓苔拜。主人坐祭，卒觶，拜。賓苔拜。主人洗觶，賓辭，主人對。卒洗，酌，西面。賓北面拜。[九] 主人奠觶于薦北。[一〇] 賓坐取觶，還，東面，拜。主人苔拜。賓奠觶于薦南，揖，復位。[一一] 主人洗爵，獻長兄弟于阼階上，如賓儀。[一二] 洗，獻衆兄弟，如衆賓儀。[一三] 洗，獻內兄弟于房中，如獻衆兄弟之儀。[一四] 主人西面苔拜，更爵酢，卒爵，降，實爵于篚，入，復位。[一五]

[一] 拜賓而洗爵，爲將獻之。如初，如視濯時。主人再拜，賓苔拜，三拜衆賓，衆賓苔再拜者。

[二] 就賓拜者，此禮不主於尊也。賓卑則不專階，主人在右，統於其位。今文無“洗”。

[三] 凡節解者，皆曰折俎。不言其體，略云折俎，非貴體也。上賓骼，衆賓儀，公有司設之。

[四] 主人酌自酢者，賓不敢敵主人，主人達其意。

[五] 位如初，復其位，東面。《少牢饋食禮》：“宰夫執薦以從，設于祭東。司士執俎以從，設于薦東。”是則皆公有司爲之與？

[六] 衆賓立飲，賤不備禮。《鄉飲酒記》曰：“立卒爵者不拜既爵。”備，盡，盡人之苔拜。

[七] 爲酬賓及兄弟，行神惠，不酌上尊，卑異之，就其位尊之。

474

兩壺皆酒，優之，先尊東方，示惠由近。《禮運》曰："澄酒在下。"

［八］先酌西方者，尊賓之義。

［九］西面者，鄉賓位，立於西階之前，賓所荅拜之東北。

［一○］奠酬於薦左，非爲其不舉。行神惠，不可同於飲酒。

［一一］還東面，就其位薦西，奠觶薦南，明將舉。

［一二］酬賓乃獻長兄弟者，獻之禮成於酬，先成賓禮，此主人之義。亦有薦脀設于位，私人爲之與？

［一三］獻卑而必爲之洗者，顯神惠。此言如衆賓，儀則如獻衆賓洗明矣。

［一四］内兄弟，内賓宗婦也。如衆兄弟，如其拜受，坐祭，立飲，設薦俎於其位而立。内賓，其位在房中之尊北。不殊其長，略婦人者也。《有司徹》曰："主人洗，獻内賓於房中，南面拜受爵。"

［一五］爵辨乃自酢，以初不殊其長也。内賓之長，亦南面荅拜。

（以上獻賓及衆兄弟）

(十五・十三)

長兄弟洗觚爲加爵，如初儀。不及佐食，洗致如初。無從。^[一]

［一］大夫、士三獻而禮成，多之，爲加也。不及佐食，無從，殺也。致，致於主人、主婦。

（以上長兄弟爲加爵）

（十五·十四）

　　衆賓長爲加爵，如初，爵止。[一]

　　[一]尸爵止者，欲神惠之均於在庭。

　　（以上衆賓長爲加爵）

（十五·十五）

　　嗣舉奠，盥入，北面再拜稽首。[一]尸執奠，進受，復位，祭酒，啐酒。尸舉肝。舉奠左執觶，再拜稽首，進受肝，復位，坐食肝，卒觶，拜。尸備荅拜焉。[二]舉奠洗酌入，尸拜受，舉奠荅拜。尸祭酒，啐酒，奠之。舉奠出，復位。[三]

　　[一]嗣，主人將爲後者。舉，猶飲也。使嗣子飲奠者，將傳重累之者。大夫之嗣子不舉奠，辟諸侯。
　　[二]食肝，受尊者賜，不敢餘也。備，猶盡也。每拜荅之，以尊者與卑者爲禮，略其文耳。古文“備”爲“復”。
　　[三]啐之者，荅其欲酢己也。奠之者，復神之奠觶。嗣齒於子姓，凡非主人，升降自西階。

　　（以上嗣舉奠獻尸）

（十五·十六）

　　兄弟弟子洗酌于東方之尊，阼階前北面舉觶于長兄弟，如主人酬賓儀。[一]宗人告祭脀。[二]乃羞。[三]賓坐取觶，阼階前北面酬長兄弟，長兄弟在右。[四]賓奠觶拜，

長兄弟荅拜。賓立卒觶，酌于其尊，東面立。長兄弟拜受
觶。賓北面荅拜，揖，復位。^[五]長兄弟西階前北面，衆
賓長自左受旅，如初。^[六]長兄弟卒觶，酌于其尊，西面
立。受旅者拜受。長兄弟北面荅拜，揖，復位。衆賓及衆
兄弟交錯以辯，皆如初儀。^[七]爲加爵者作止爵，如長兄弟
之儀。^[八]長兄弟酬賓，如賓酬兄弟之儀，以辯。卒受者
實觶于篚。^[九]賓弟子及兄弟弟子洗，各酌于其尊，中庭北
面西上，舉觶於其長，奠觶拜，長皆荅拜。舉觶者祭，卒
觶，拜，長皆荅拜。舉觶者洗，各酌于其尊，復初位，長
皆拜。舉觶者皆奠觶于薦右。^[一〇]長皆執以興，舉觶者皆
復位，荅拜。長皆奠觶于其所，皆揖其弟子，弟子皆復其
位。^[一一]爵皆無筭。^[一二]

[一] 弟子，後生也。

[二] 脀，俎也。所告者衆賓、衆兄弟、内賓也。獻時設薦俎于其
　　位，至此禮又殺，告之祭，使成禮也。其祭皆離肺，不言祭
　　豆可知。

[三] 羞，庶羞也。下尸，載醓豆而已。此所羞者，自祝、主人至
　　於内賓，無内羞。

[四] 薦南奠觶。

[五] 其尊，長兄弟尊也。此受酬者拜，亦北面。

[六] 旅，行也。受行酬也。初，賓酬長兄弟。

[七] 交錯，猶言東西。

[八] 於旅酬之間，言作止爵，明禮殺，並作。

[九] 長兄弟酬賓，亦坐取其奠觶。此不言交錯以辯，賓之酬不言
　　卒受者實觶于篚，明其相報，禮終於此，其文省。

[一〇] 奠觶,進奠之于薦右,非神惠也。今文曰:"奠于薦右。"

[一一] 復其位者,東西面位。弟子舉觶於其長,所以序長幼,教孝弟。凡堂下拜,亦皆北面。

[一二] 筭,數也。賓取觶酬兄弟之黨,長兄弟取觶酬賓之黨,唯己所欲,亦交錯以辯,無次第之數。因今接會,使之交恩定好,優勸之。

（以上旅酬）

(十五·十七)

利洗散,獻于尸,酢,及祝,如初儀。降,實散于篚。[一]

[一] 利,佐食也。言利,以今進酒也。更言獻者,以利待尸,禮將終,宜一進酒,嫌於加酒,亦當三也。不致爵,禮又殺也。

（以上佐食獻尸）

(十五·十八)

主人出,立于戶外西南。[一] 祝東面告利成。[二] 尸謖,祝前,主人降。[三] 祝反,及主人入,復位。命佐食徹尸俎,俎出于廟門。[四] 徹庶羞,設于西序下。[五]

[一] 事尸禮畢。

[二] 利,猶養也。供養之禮成,不言禮畢,於尸間之嫌。

[三] 謖,起也。前,猶導也。《少牢饋食禮》曰:"祝入,尸謖,主人降,立于阼階東,西面。祝先,尸從,遂出于廟門。"

前尸之義，《士虞禮》備矣。

［四］俎所以載胏俎。《少牢饋食禮》曰："有司受歸之。"

［五］爲將餕，去之。庶羞主爲尸，非神饌也。《尚書傳》曰："宗室有事，族人皆侍終日。大宗已侍於賓奠，然後燕私。燕私者何也？已而與族人飲也。"此徹庶羞置西序下者，爲將以燕飲與？然則自尸祝至於兄弟之庶羞，宗子以與族人燕飲于堂，內賓宗婦之庶羞，主婦以燕飲于房。

（以上尸出、歸尸俎、徹庶羞）

（十五·十九）

筵對席，佐食分簋、鉶。^{［一］}宗人遣舉奠及長兄弟盥，立于西階下，東面北上。祝命嘗食，餕者舉奠許諾，升，入，東面。長兄弟對之，皆坐。佐食授舉，各一膚。^{［二］}主人西面再拜，祝曰："餕，有以也。"兩餕奠舉于俎，許諾，皆荅拜。^{［三］}若是者三。^{［四］}皆取舉，祭食，祭舉，乃食，祭鉶，食舉。^{［五］}卒食，主人降洗爵，宰贊一爵。主人升酳，酳上餕，上餕拜受爵，主人荅拜。酳下餕亦如之。^{［六］}主人拜，祝曰："酳有與也。"如初儀。^{［七］}兩餕執爵拜，^{［八］}祭酒，卒爵，拜。主人荅拜。兩餕皆降，實爵于篚。上餕洗爵，升酳，酢主人，主人拜受爵。^{［九］}上餕即位坐，荅拜。^{［一○］}主人坐祭，卒爵，拜。上餕荅拜，受爵，降，實于篚。主人出，立于戶外，西面。^{［一一］}

［一］爲將餕分之也。分簋者，分敦黍於會，爲有對也。敦，<u>有虞氏</u>

之器也。周制，士用之。變敦言簋，容同姓之士，得從周制耳。《祭統》曰："餕者，祭之末也，不可不知也。是故古之人有言曰：善終者如始，餕其是已。是故古之君子曰：尸亦餕鬼神之餘，惠術也，可以觀政矣。"

[二] 命，告也。士使嗣子及兄弟餕，其惠不過族親也。古文"餕"皆作"餞"。

[三] 以，讀如"何其久也，必有以也"之"以"。祝告餕[一]，釋辭以戒之，言女餕于此，當有所以也。以先祖有德而享于此祭，其坐餕其餘，亦當以之也。《少牢饋食禮》不戒者，非親昵也。舊說曰：主人拜下餕席南。

[四] 丁寧戒之。

[五] 食乃祭鉶，禮殺。

[六]《少牢饋食禮》曰："贊者洗三爵酌，主人受于戶內，以授次餕。"舊說云："主人北面授下餕爵[二]。"

[七] 主人復拜，爲戒也。與，讀如"諸侯以禮相與"之"與"。言女酳此，當有所與也。與者，與兄弟也。既知似先祖之德，亦當與女兄弟，謂教化之。

[八] 荅主人也。

[九] 下餕復兄弟位，不復升也。

[一〇] 既授爵戶內，乃就坐。

[一一] 事餕者禮畢。

（以上嗣子、長兄弟餕）

〔一〕 祝告餕 "告"，底本作"曰"，據嚴州本、張敦仁本、阮刻本改。

〔二〕 主人北面授下餕爵 "下"，底本作"于"，據嚴州本、張敦仁本、阮刻本改。

（十五·二十）

祝命徹阼俎、豆、籩，設于東序下。[一]祝執其俎以出，東面于戶西。[二]宗婦徹祝豆、籩入于房，徹主婦薦、俎。[三]佐食徹尸薦、俎、敦，設于西北隅，几在南，厞用筵，納一尊。佐食闔牖戶，降。[四]祝告利成，降，出。主人降，即位，宗人告事畢。

[一]命，命佐食。阼俎，主人之俎。宗婦不徹豆籩，徹禮略，各有爲而已。設于東序下，亦將燕也。

[二]俟告利成。《少牢》下篇曰：“祝告利成，乃執俎以出。”

[三]宗婦既並徹，徹其卑者。《士虞禮》曰：“祝薦席徹入于房。”

[四]厞，隱也。不知神之所在，或諸遠人乎？尸謖而改饌爲幽閒，庶其饗之，所以爲厭飫。《少牢饋食禮》曰：“南面而饋之設。”此所謂當室之白，陽厭也。則尸未入之前，爲陰厭矣。《曾子問》曰：“殤不備祭，何謂陰厭陽厭也？”

（以上改饌陽厭）

（十五·二十一）

賓出，主人送于門外，再拜。[一]佐食徹阼俎，堂下俎畢出。[二]

[一]拜送賓也。凡去者，不答拜。

[二]記俎出節。兄弟及衆賓自徹而出，唯賓俎有司徹歸之，尊賓者。

（以上禮畢賓出）

記。

481

（十五·記·一）

特牲饋食，其服皆朝服，玄冠，緇帶，緇韠。^[一]唯尸、祝、佐食玄端，玄裳，黃裳，雜裳可也，皆爵韠。^[二]

  [一] 於祭服此也。皆者，謂賓及兄弟，筮日、筮尸、視濯亦玄端。至祭而朝服。朝服者，諸侯之臣與其君日視朝之服，大夫以祭。今賓兄弟緣孝子欲得嘉賓，尊客以事其祖禰，故服之。緇韠者，下大夫之臣。夙興，主人服如初，則固玄端。

  [二] 與主人同服。《周禮》士之齊服，有玄端、素端。然則玄裳，上士也；黃裳，中士；雜裳，下士。

　　（以上記祭時衣冠）

（十五·記·二）

設洗，南北以堂深，東西當東榮。^[一]水在洗東。^[二]篚在洗西，南順，實二爵、二觚、四觶、一角、一散。^[三]壺、棜禁，饌于東序，南順，覆兩壺焉，蓋在南。明日卒奠，冪用綌，即位而徹之，加勺。^[四]籩巾以綌也，纁裏，棗烝栗擇。^[五]鉶芼，用苦，若薇，皆有滑，夏葵、冬荁^[一]。^[六]棘心匕刻。^[七]牲爨在廟門外東南，魚、腊爨在其南，皆西面。饎爨在西壁。^[八]胏俎心舌，皆去本末，午割之，實于牲鼎，載心立，舌縮俎。^[九]賓與長兄弟之薦自東房，其餘在東堂。^[一〇]

〔一〕冬荁　“荁”，底本作“苴”，據嚴州本、張敦仁本、阮刻本改，下鄭注同。

［一］榮，屋翼也。

［二］祖天地之左海。

［三］順，從也。言南從，統於堂也。二爵者，爲賓獻爵，止主婦
當致也。二觚，長兄弟酬衆賓長爲加爵，二人班同，宜接並
也。四觶，一酌奠，其三長兄弟酬賓，卒受者，與賓弟子兄
弟弟子舉觶於其長，禮殺，事相接。《禮器》曰：“貴者獻以
爵，賤者獻以散。尊者舉觶，卑者舉角。”舊説云：爵一升，
觚二升，觶三升，角四升，散五升。

［四］覆壺者，盎瀝水，且爲其不宜塵。鼏用綌，以其堅絜。禁言
梲者，祭尚厭飫，得與大夫同器，不爲神戒也。

［五］籩有巾者，果實之物多皮核，優尊者，可烝裹之也。烝擇互
文。舊説云：纁裏者皆玄被。

［六］苦，苦茶也。菫，菫屬，乾之，冬滑於葵。《詩》云：“周原
膴膴，菫荼如飴。”今文“苦”爲“芐”，芐乃地黃，非也。

［七］刻若今龍頭。

［八］爨，炊也。西壁，堂之西牆下。舊説云：南北直屋梠，稷
在南。

［九］午割，從橫割之，亦勿没。立，縮順其牲，心舌知食味者，
欲尸之饗此祭，是以進之。

［一〇］東堂，東夾之前，近南。

（以上記器具品物陳設之法）

（十五·記·三）

沃尸盥者一人。奉槃者東面，執匜者西面，淳沃執巾

483

者在匜北。[一]宗人東面取巾，振之三，南面授尸，卒，執
巾者受。[二]尸入，主人及賓皆辟位，出亦如之。[三]

> [一]匜北，執匜之北，亦西面。每事各一人，淳沃，稍注之。今
> 文“淳”作“激”。
> [二]宗人代授巾，庭長尊。
> [三]辟位，逡遁。

（以上記事尸之禮）

(十五·記·四)

嗣舉奠，佐食設豆、鹽。[一]佐食當事，則戶外南面；
無事，則中庭北面。[二]凡祝呼，佐食許諾。[三]宗人，獻
與旅齒於眾賓。[四]佐食，於旅齒於兄弟。

> [一]肝宜鹽也。
> [二]當事，將有事而未至。
> [三]呼，猶命也。
> [四]尊庭長。齒，從其長幼之次。

（以上記佐食所事，因及宗人佐食之齒列）

(十五·記·五)

尊兩壺于房中西墉下，南上。[一]內賓立于其北，東面
西上。宗婦北堂，東面北上。[二]主婦及內賓、宗婦亦旅，
西面。[三]宗婦贊薦者，執以坐于戶外，授主婦。

［一］爲婦人旅也，其尊之節亞西方。

［二］二者，所謂內兄弟。內賓，姑姊妹也。宗婦，族人之婦，其
　　　夫屬于所祭爲子孫。或南上，或北上，宗婦宜統於主婦，主
　　　婦南面。北堂，中房而北。

［三］西面者，異於獻也。男子獻於堂上，旅於堂下。婦人獻於南
　　　面，旅於西面。內賓象衆賓，宗婦象兄弟，其節與其儀依
　　　男子也。主婦酬內賓之長，酌奠於薦左。內賓之長坐取奠於
　　　右。宗婦之娣婦，舉觶於其姒婦，亦如之。內賓之長坐取奠
　　　觶，酬宗婦之姒，交錯以辯。宗婦之姒亦取奠觶，酬內賓之
　　　長，交錯以辯。內賓之少者、宗婦之娣婦，各舉奠於其長，
　　　並行交錯，無筭。其拜及飲者，皆西面。主婦之東南。

（以上記設內尊與內兄弟面位、旅酬、贊薦諸儀）

（十五·記·六）

尸卒食，而祭饎爨、雍爨。^{［一］}

［一］雍，孰肉。以尸享，祭竈有功也。舊説云：宗婦祭饎爨，享
　　　者祭雍爨，用黍肉而已，無籩豆俎。《禮器》曰：“燔燎於爨。
　　　夫爨者，老婦之祭，盛於盆，尊於瓶。”

（以上記祭竈之節）

（十五·記·七）

賓從尸，俎出廟門，乃反位。^{［一］}

［一］賓從尸，送尸也。士之助祭，終其事也。俎，尸俎也。賓既

485

送尸，復入反位者，宜與主人爲禮，乃去之。

（以上記賓反位送尸之節）

(十五·記·八)

尸俎：右肩、臂、臑、肫、胳，正脊二骨，橫脊，長脅二骨，短脅。[一] 膚三，[二] 離肺一，[三] 刌肺三。[四] 魚十有五。[五] 腊如牲骨。[六] 祝俎：髀，脡脊二骨，脅二骨，[七] 膚一，離肺一。阼俎：臂，正脊二骨，橫脊，長脅二骨，短脅。[八] 膚一，離肺一。主婦俎：觳折，[九] 其餘如阼俎。[一〇] 佐食俎：觳折，脊、脅，[一一] 膚一，離肺一。賓，骼。長兄弟及宗人，折。其餘如佐食俎。[一二] 衆賓及衆兄弟、內賓、宗婦，若有公有司、私臣，皆觳脊，[一三] 膚一，離肺一。

[一] 尸俎，神俎也。士之正祭禮九體，貶於大夫，有併骨二，亦得十一之名，合《少牢》之體數，此所謂放而不致者。凡俎實之數奇，脊無中，脅無前，貶於尊者。不貶正脊，不奪正也。正脊二骨，長脅二骨者，將舉於尸，尸食未飽，不欲空神俎。

[二] 爲葅用二，厭飫一也。

[三] 離，猶撻也。小而長，午割之，亦不提心，謂之舉肺。

[四] 爲尸、主人、主婦祭。今文“刌”爲“切”。

[五] 魚，水物，以頭枚數，陰中之物，取數於月，十有五日而盈。《少牢饋食禮》亦云：“十有五而俎。”尊卑同此，所謂經而等也。

[六] 不但言體，以有一骨二骨者。

486

[七]凡接於神及尸者，俎不過牲三體，以《特牲》約，加其可併者二，亦得奇名。《少牢饋食禮》羊、豕各三體。

[八]主人尊，欲其體得祝之加數。五體又加其可併者二，亦得奇名。臂，左體臂。

[九]觳，後足。折，分後右足以爲佐食俎，不分左臑折，辟大夫妻。古文“觳”皆作“觳”。

[一〇]餘，謂脊、脅、膚、肺。

[一一]三體，卑者從正。

[一二]骼，左骼也。賓俎全體，尊賓。不用尊體，爲其已甚，卑而全之，其宜可也。長兄弟及宗人折，不言所分，略之。

[一三]又略。此所折骨，直破折餘體可觳者升之俎，一而已。不備三者，賤。祭禮，接神者貴。凡骨有肉曰觳。《祭統》曰：“凡爲俎者，以骨爲主。”貴者取貴骨，賤者取賤骨。貴者不重，賤者不虛，示均也。俎者，所以明惠之必均也。善爲政者如此，故曰見政事之均焉。公有司，亦士之屬，命於君者也。私臣，自己所辟除者。

（以上記諸俎牲體之數）

（十五·記·九）

公有司，門西，北面東上，獻次衆賓。私臣，門東，北面西上，獻次兄弟。升受，降飲。[一]

[一]獻在後者，賤也。祭祀有上事者，貴之，亦皆與旅。

（以上記公有司、私臣面位獻法）

儀禮卷第十六

儀禮卷第十六

鄭　氏　注

少牢饋食禮第十六

(十六·一)

少牢饋食之禮。[一]日用丁、己。[二]筮旬有一日。[三]筮於廟門之外。主人朝服，西面于門東。史朝服，左執筮，右抽上韇，兼與筮執之，東面受命于主人。[四]主人曰："孝孫某，來日丁亥，用薦歲事于皇祖伯某，以某妃配某氏，尚饗！"[五]史曰："諾。"西面于門西，抽下韇，左執筮，右兼執韇以擊筮。[六]遂述命曰："假爾大筮有常。孝孫某，來日丁亥，用薦歲事于皇祖伯某，以某妃配某氏，尚饗！"[七]乃釋韇，立筮。[八]卦者在左坐，卦以木。卒筮，乃書卦于木，示主人，乃退占。[九]吉，則史韇筮，史兼執筮與卦以告于主人："占曰從。"[一〇]乃官戒，宗人命滌，宰命爲酒，乃退。[一一]若不吉，則及遠日，又筮日如初。[一二]

[一] 禮將祭祀，必先擇牲，繫于牢而芻之。羊、豕曰少牢，諸侯
　　之卿、大夫祭宗廟之牲。

[二] 內事用柔日，必丁、己者，取其令名，自丁寧，自變改，皆
　　爲謹敬。必先諏此日，明日乃筮。

491

［三］旬，十日也。以先月下旬之己，筮來月上旬之己。

［四］史，家臣主筮事者。

［五］丁未必亥也。直舉一日以言之耳。禘于大廟禮曰：日用丁
亥，不得丁亥，則己亥、辛亥亦用之，無則苟有亥焉可也。
薦，進也，進歲時之祭事也。皇，君也。伯某，且字也。大
夫或因字爲謚。《春秋傳》曰"魯無駭卒，請謚與族，公命
之以字，爲展氏"是也。某，仲、叔、季，亦曰仲某［一］、叔
某、季某。某妃，某妻也。合食曰配。某氏若言姜氏子氏
也。尚，庶幾。饗，歆也。

［六］將問吉凶焉，故擊之以動其神。《易》曰："蓍之德，圓而神。"

［七］述，循也。重以主人辭告筮也。假，借也。言因蓍之靈以問
之。常，吉凶之占繇。

［八］卿、大夫之蓍長五尺，立筮由便。

［九］卦者，史之屬也。卦以木者，每一爻畫地以識之。交爻備，
書於版［二］。史受以示主人。退占，東面旅占之。

［一〇］從者，求吉得吉之言。

［一一］官戒，戒諸官也。當共祭祀事者，使之具其物，且齊也。
滌，溉濯祭器，埽除宗廟。

［一二］及，至也。遠日，後丁若後己。

（以上筮祭日）

（十六·二）

宿。^{［一］}前宿一日，宿戒尸。^{［二］}明日，朝筮尸，如

〔一〕 亦曰仲某 "某"，張敦仁本、阮刻本同，嚴州本作"其"。

〔二〕 書於版 "版"，底本作"板"，據嚴州本、張敦仁本、阮刻本改。

筮日之禮。命曰：“孝孫某，來日丁亥用薦歲事于皇祖伯某，以某妃配某氏，以某之某爲尸，尚饗！”筮、卦、占如初。^[三]吉，則乃遂宿尸，祝擯。^[四]主人再拜稽首。祝告曰：“孝孫某，來日丁亥用薦歲事于皇祖伯某，以某妃配某氏，敢宿。”^[五]尸拜，許諾。主人又再拜稽首。主人退，尸送，揖，不拜。^[六]若不吉，則遂改筮尸。^[七]

[一] 宿，讀爲肅，肅，進也。大夫尊，儀益多，筮日既戒諸官以齊戒矣。至前祭一日，又戒以進之，使知祭日當來。古文“宿”皆作“羞”。

[二] 皆肅諸官之日。又先肅尸者，重所用爲尸者，又爲將筮。

[三] 某之某者，字尸父而名尸也。字尸父，尊鬼神也。不前期三日筮尸者，大夫下人君，祭之朝乃視濯，與士異。

[四] 筮吉，又遂肅尸，重尸也。既肅尸，乃肅諸官及執事者。祝爲擯者，尸神象。

[五] 告尸以主人爲此事來肅。

[六] 尸不拜者，尸尊。

[七] 即改筮之，不及遠日。

（以上筮尸、宿尸、宿諸官）

（十六·三）

既宿尸，反爲期于廟門之外。^[一]主人門東，南面。宗人朝服，北面，曰：“請祭期。”主人曰：“比於子。”^[二]宗人曰：“旦明行事。”主人曰：“諾。”乃退。^[三]

［一］爲期，肅諸官而皆至，定祭早晏之期，爲期亦夕時也。言既
肅尸反爲期，明大夫尊，肅尸而已。其爲賓及執事者，使人
肅之。

［二］比次早晏，在於子也。主人不西面者，大夫尊於諸官，有君
道也。爲期，亦唯尸不來也。

［三］旦明，旦日質明。

（以上爲祭期）

（十六·四）

明日，主人朝服，即位于廟門之外，東方，南面。
宰、宗人西面北上。牲北首東上。司馬刲羊，司士擊豕，
宗人告備，乃退。^{［一］}雍人概鼎、匕、俎于雍爨，雍爨在門
東南，北上。^{［二］}廩人概甑、甗、匕與敦于廩爨，廩爨在雍
爨之北。^{［三］}司宮概豆、籩、勺、爵、觚、觶、凡、洗、篚
于東堂下^{［一］}，勺、爵、觚、觶實于篚。卒概，饌豆、
籩與篚于房中，放于西方。設洗于阼階東南，當東榮。^{［四］}

［一］刲、擊，皆謂殺之。此實既省告備乃殺之，文互者省也。《尚
書傳》曰：“羊屬火，豕屬水。”

［二］雍人，掌割亨之事者。爨，竈也。在門東南，統於主人。北
上。羊、豕、魚、腊皆有竈，竈西有鑊。凡概者，皆陳之而
後告絜。

［三］廩人，掌米入之藏者。甗如甑，一孔。匕，所以匕黍、稷者

───────

〔一〕凡洗篚于東堂下　“凡”，嚴州本、張敦仁本同，阮刻本作“几”。

494

也。古文“甑”爲“烝”。

［四］放，猶依也。大夫攝官，司宮兼掌祭器也。

（以上祭日視殺、視濯）

（十六·五）

羹定，雍人陳鼎五，三鼎在羊鑊之西，二鼎在豕鑊之西。[一]司馬升羊右胖，髀不升，肩、臂、臑、膞、骼，正脊一，脡脊一、横脊一、短脅一、正脅一、代脅一，皆二骨以並；腸三、胃三，舉肺一、祭肺三，實于一鼎。[二]司士升豕右胖，髀不升，肩、臂、臑、膞、骼，正脊一、脡脊一、横脊一、短脅一、正脅一、代脅一，皆二骨以並；舉肺一、祭肺三，實于一鼎。[三]雍人倫膚九，實于一鼎。[四]司士又升魚、腊，魚十有五而鼎，腊一純而鼎，腊用麋。[五]卒脀，皆設扃鼏，乃舉，陳鼎于廟門之外，東方，北面北上。[六]司宮尊兩甒于房户之間，同棜，皆有冪，甒有玄酒。[七]司宮設罍水于洗東，有枓。設篚于洗西，南肆。[八]改饌豆、籩于房中，南面，如饋之設，實豆、籩之實。[九]小祝設槃、匜與簞、巾于西階東。[一〇]

［一］魚、腊從羊，膚從豕，統於牲。

［二］升，猶上也。上右胖，周所貴也。髀不升，近竅，賤也。肩、臂、臑，肱骨也。膞、骼，股骨。脊從前爲正，脅旁中爲正。脊先前，脅先後，屈而反，猶器之綼也。並，併也。脊脅骨多，六體各取二骨併之，以多爲貴。舉肺一，尸食所先舉也。祭肺三，爲尸、主人、主婦。古文“胖”皆作

〔三〕豕無腸胃，君子不食涸腴。

〔四〕倫，擇也。膚，脅革肉，擇之取美者。

〔五〕司士又升，副倅者。合升左右胖曰純，純，猶全也。

〔六〕北面，北上，鄉內相隨。古文"鼏"皆爲"密"。

〔七〕房戶之間，房西室戶東也。棜無足。禁者，酒戒也。大夫去足改名，優尊者，若不爲之戒然。古文"甒"皆作"廡"，今文"鼏"作"幂"。

〔八〕枓，斛水器也。凡設水用罍，沃盥用枓，禮在此也。

〔九〕改，更也。爲實之更，威儀多也。如饋之設，如其陳之左右也。饋設東面。

〔一○〕爲尸將盥。

（以上羹定實鼎饌器）

（十六·六）

　　主人朝服，即位于阼階東，西面。[一]司宮筵于奧，祝設几于筵上，右之。[二]主人出迎鼎，除鼏。士盥，舉鼎。主人先入。[三]司宮取二勺于篚，洗之，兼執以升，乃啟二尊之蓋幂，奠于棜上，加二勺于二尊[一]，覆之，南柄。[四]鼎序入，雍正執一匕以從，雍府執四匕以從，司士合執二俎以從。司士贊者二人，皆合執二俎以相，從入。[五]陳鼎于東方，當序，南于洗西，皆西面，北上，膚爲下。匕皆加于鼎，東枋。[六]俎皆設于鼎西，西肆。胉俎在羊俎之

〔一〕加二勺于二尊　"于"下"二"字，底本、嚴州本脱，據張敦仁本、阮刻本補。

北，亦西肆。^[七]宗人遣賓就主人，皆盥于洗，長枇。^[八]佐食上利升牢心、舌，載于肵俎。心皆安下切上，午割勿沒。其載于肵俎，末在上。舌皆切本末，亦午割勿沒，其載于肵，橫之，皆如初爲之于爨也。^[九]佐食遷肵俎于阼階西，西縮，乃反。佐食二人。上利升羊，載右胖，髀不升，肩、臂、臑、臂、骼，正脊一、脡脊一、橫脊一、短脅一、正脅一、代脅一，皆二骨以並；腸三、胃三，長皆及俎拒，舉肺一，長終肺；祭肺三，皆切。肩、臂、臑、臂、骼在兩端；脊、脅、肺，肩在上。^[一〇]下利升豕，其載如羊，無腸胃。體其載于俎，皆進下。^[一一]司士三人升魚、腊、膚，魚用鮒，十有五而俎，縮載，右首，進腴。^[一二]腊一純而俎，亦進下，肩在上。^[一三]膚九而俎，亦橫載，革順。^[一四]

[一] 爲將祭也。

[二] 布陳神坐也。室中西南隅謂之奧，席東面近南爲右。

[三] 道之也。主人不盥，不舉。

[四] 二尊，兩甒也。今文“啟”爲“開”，古文“柄”皆爲“枋”。

[五] 相，助。

[六] 膚爲下，以其加也。南于洗西，陳於洗西南。

[七] 肵俎在北，將先載也。異其設文，不當鼎。

[八] 長枇者，長賓先，次賓後也。主人不枇，言就主人者，明親臨之。古文“枇”作“匕”。

[九] 牢，羊、豕也。安，平也。平割其下，於載便也。凡割本末，食必正也。午割，使可絕也。勿沒，爲其分散也。肵之爲言敬也，所以敬尸也。《周禮》祭尚肺，事尸尚心舌，心

497

舌知滋味。今文“切”皆爲“刌”。

[一〇] 升之以尊卑，載之以體次，各有宜也。拒，讀爲“介距”之
　　　“距”。俎距，脛中當橫節也。凡牲體之數及載，備於此。

[一一] 進下，變於食生也。所以交於神明，不敢以食道，敬之至
　　　也。《鄉飲酒禮》進腠，羊次其體，豕言進下，互相見。

[一二] 右首進腴，亦變於食生也。有司載魚橫之。《少儀》曰：“羞
　　　濡魚者進尾。”

[一三] 如羊、豕。凡腊之體，載禮在此。

[一四] 列載於俎，令其皮相順。亦者，亦其骨體。

（以上將祭即位，設几加匕載俎）

（十六·七）

卒脀，祝盥于洗，升自西階。主人盥，升自阼階。祝
先入，南面。主人從，戶內，西面。[一] 主婦被錫，衣侈
袂，薦自東房，韭菹、醓醢，坐奠于筵前。主婦贊者一
人，亦被錫，衣侈袂，執葵菹、蠃醢以授主婦。主婦不
興，遂受，陪設于東，韭菹在南，葵菹在北，主婦興，入
于房。[二] 佐食上利執羊俎，下利執豕俎，司士三人執魚、
腊、膚俎，序升自西階，相從入。設俎，羊在豆東，豕亞
其北，魚在羊東，腊在豕東，特膚當俎北端。[三] 主婦自東
房，執一金敦黍，有蓋，坐設于羊俎之南。婦贊者執敦稷
以授主婦，主婦興受，坐設于魚俎南；又興，受贊者敦黍，
坐設于稷南；又興，受贊者敦稷，坐設于黍南。敦皆南首。
主婦興，入于房。[四] 祝酌，奠，遂命佐食啟會。佐食啟
會，蓋二以重，設于敦南。[五] 主人西面，祝在左，主人

再拜稽首。祝祝曰：“孝孫某，敢用柔毛、剛鬣、嘉薦、普淖，用薦歲事于皇祖伯某，以某妃配某氏。尚饗！”主人又再拜稽首。[六]

［一］將納祭也。

［二］被錫，讀爲髲鬄。古者或剔賤者、刑者之髮，以被婦人之紒爲飾，因名髲鬄焉。此《周禮》所謂次也。不纚笄者，大夫妻尊，亦衣綃衣，而侈其袂耳。侈者，蓋半士妻之袂以益之，衣三尺三寸，袪尺八寸。韭菹、醓醢，朝士之豆也，而饋食用之，豐大夫禮。葵菹在縿。今文“錫”爲“緆”[一]，“蠃”爲“蝸”。

［三］相，助也。

［四］敦有首者，尊者器飾也。飾蓋象龜，周之禮，飾器各以其類，龜有上下甲。今文曰：“主婦入于房。”

［五］酌奠，酌酒爲神奠之。後酌者，酒尊要成也。《特牲饋食禮》曰：“祝洗，酌奠，奠于鉶南。”重累之。

［六］羊曰柔毛，豕曰剛鬣。嘉薦，菹醢也。普淖，黍、稷也。普，大也，淖，和也。德能大和，乃有黍、稷。《春秋傳》曰：奉粢以告曰“絜粢豐盛”，謂其三時不害，而民和年豐也。

（以上陰厭）

（十六·八）

祝出，迎尸于廟門之外。主人降立于阼階東，西面。

〔一〕今文錫爲緆　“錫”，底本作“鬄”，據嚴州本、張敦仁本、阮刻本改。

祝先入門右，尸入門左。^[一]宗人奉槃，東面于庭南。一宗人奉匜水，西面于槃東。一宗人奉簞巾，南面于槃北。乃沃尸，盥于槃上。卒盥，坐奠簞，取巾，興，振之三以授尸，坐取簞，興，以受尸巾。^[二]祝延尸。尸升自西階，入，祝從。^[三]主人升自阼階，祝先入，主人從。^[四]尸升筵，祝、主人西面立于戶內，祝在左。^[五]祝、主人皆拜妥尸，尸不言。尸荅拜，遂坐。^[六]祝反，南面。^[七]

[一] 主人不出迎尸，伸尊也。《特牲饋食禮》曰：“尸入，主人及賓皆辟位，出亦如之。”祝入門右者，辟尸盥也，既則後尸。

[二] 庭南，沒霤。

[三] 由後詔相之曰延。延，進也。《周禮》曰大祝相尸禮，祝從，從尸升自西階。

[四] 祝接神，先入宜也。

[五] 主人由祝後而居右，尊也。祝從尸，尸即席，乃卻居主人左。

[六] 拜妥尸，拜之使安坐也。尸自此荅拜，遂坐而卒食，其間有不啐奠，不嘗鉶，不告旨，大夫之禮，尸彌尊也。不告旨者，爲初亦不饗，所謂曲而殺。

[七] 未有事也。墮祭，儞敦，官各肅其職，不命。

（以上迎尸入妥尸）

（十六·九）

尸取韭菹，辯擩于三豆，祭于豆間。上佐食取黍、稷丁四敦，下佐食取牢一切肺于俎，以授上佐食。上佐食兼與黍以授尸。尸受，同祭于豆祭。[一] 上佐食舉尸牢肺、正脊以授尸。上佐食爾上敦黍于筵上，右之。[二] 主人羞肵俎，升自阼階，置于膚北。[三] 上佐食羞兩鉶，取一羊鉶于房中，坐設于韭菹之南。下佐食又取一豕鉶于房中以從，上佐食受，坐設于羊鉶之南。皆芼，皆有柶。尸扱以柶，祭羊鉶，遂以祭豕鉶，嘗羊鉶。[四] 食舉。[五] 三飯。[六] 上佐食舉尸牢幹，尸受，振祭，嚌之。佐食受，加于肵。[七] 上佐食羞胾兩瓦豆，有醢，亦用瓦豆，設于薦豆之北。[八] 尸又食，食胾。上佐食舉尸一魚，尸受，振祭，嚌之。佐食受，加于肵，横之。[九] 又食，上佐食舉尸腊、肩，尸受，振祭，嚌之，上佐食受，加于肵。[一〇] 又食，上佐食舉尸牢、骼，如初。[一一] 又食。[一二] 尸告飽。祝西面於主人之南，獨侑，不拜。侑曰："皇尸未實，侑。"[一三] 尸又食。上佐食舉尸牢、肩，尸受，振祭，嚌之。佐食受，加于肵。[一四] 尸不飯，告飽。祝西面于主人之南。[一五] 主人不言，拜侑。[一六] 尸又三飯。[一七] 上佐食受尸牢肺、正脊，加于肵。[一八]

［一］牢，羊、豕也。同，合也。合祭於俎豆之祭也。黍、稷之祭爲墮祭，將食神餘，尊之而祭之。今文"辯"爲"徧"。

［二］爾，近也，或曰移也。右之，便尸食也。重言上佐食，明更起，不相因。

［三］羞，進也。肵，敬也。親進之，主人敬尸之加。

［四］芼，菜也。羊用苦，豕用薇，皆有滑。

［五］舉牢肺、正脊也。先飲啗之，以爲道也。

［六］食以黍。

［七］幹，正脅也。古文“幹”爲“肝”。

［八］設于薦豆之北，以其加也。四豆亦縮。羊羝在南，豕羝在
　　北，無膴臐者，尚牲不尚味。

［九］又，復也。或言食，或言飯，食大名，小數曰飯。魚橫之
　　者，異於肉。

［一〇］腊、魚皆一舉者，少牢二牲略之。腊必舉肩，以肩爲終
　　也。別舉魚、腊，崇威儀。

［一一］如舉幹也。

［一二］不舉者，卿、大夫之禮，不過五舉，須侑尸。

［一三］侑，勸也。祝獨勸者，更則尸飽。實，猶飽也。祝既侑，
　　復反南面。

［一四］四舉牢體，始於正脊，終於肩，尊於終始。

［一五］祝當贊主人辭。

［一六］祝言而不拜，主人不言而拜，親疏之宜。

［一七］爲祝一飯，爲主人三飯，尊卑之差。凡十一飯，下人
　　君也。

［一八］言受者，尸授之也。尸授牢幹而實舉于俎豆，食畢，操以
　　授佐食焉。

（以上尸十一飯，是謂正祭）

（十六·十）

　　主人降，洗爵，升，北面酌酒，乃酳尸。尸拜受，主
人拜送。[一]尸祭酒，啐酒。賓長羞牢肝，用俎，縮執俎，
肝亦縮，進末，鹽在右。[二]尸左執爵，右兼取肝，揳于俎
鹽，振祭，嚌之，加于菹豆，卒爵。主人拜，祝受尸爵，

502

尸荅拜。[三]

[一]酳，猶羨也。既食之而又飲之，所以樂之。古文“酳”作“酌”。

[二]羞，進也。縮，從也。鹽在肝右，便尸換之。古文“縮”爲“蹙”。

[三]兼，兼羊、豕。

（以上主人獻尸）

（十六·十一）

　　祝酌受尸，尸醋主人。主人拜，受爵，尸荅拜。主人西面奠爵，又拜。[一]上佐食取四敦黍、稷。下佐食取牢一切肺，以授上佐食。上佐食以綏祭。[二]主人左執爵[一]，右受佐食，坐祭之，又祭酒，不興，遂啐酒。[三]祝與二佐食皆出，盥于洗，入，二佐食各取黍于一敦，上佐食兼受，摶之[二]，以授尸。尸執以命祝。[四]卒命祝，祝受以東，北面于戶西，以嘏于主人，曰：“皇尸命工祝，承致多福無疆于女孝孫。來女孝孫，使女受祿于天，宜稼于田，眉壽萬年，勿替引之。”[五]主人坐奠爵，興，再拜稽首，興，受黍，坐振祭，嚌之，詩懷之，實于左袂，挂于季指，執爵以興，坐卒爵，執爵以興，坐奠爵，拜。尸荅拜。執爵以興，出。宰夫以籩受嗇、黍。主人嘗之，納諸內。[六]

〔一〕主人左執爵　“左”，底本、嚴州本、阮刻本作“佐”，據張敦仁本改。

〔二〕摶之　“摶”，底本作“搏”，據嚴州本、張敦仁本、阮刻本改。

［一］主人受酢酒，俠爵拜，彌尊尸。

［二］綏或作挼，挼讀爲墮。將受嘏，亦尊尸餘而祭之。古文
　　　“墮”爲“肵”。

［三］右受佐食，右手受墮於佐食也。至此言坐祭之者，明尸與主
　　　人爲禮也。尸恒坐，有事則起。主人恒立，有事則坐。

［四］命祝以嘏辭。

［五］嘏，大也。予主人以大福工官也。承，猶傳也。来讀曰
　　　釐，釐，賜也。耕種曰稼。勿，猶無也。替，廢也。引，長
　　　也。言無廢止時，長如是也。古文“嘏”爲“格”，“祿”爲
　　　“福”，“眉”爲“微”，“替”爲“抶”，“抶”或爲“載”。載、
　　　替聲相近。

［六］詩，猶承也。實於左袂，便右手也。季，猶小也。出，出戶
　　　也。宰夫，掌飲食之事者。收斂曰嗇，明豐年乃有黍、稷也。
　　　復嘗之者，重之至也。納，猶入也。古文“挂”作“卦”。

（以上尸酢主人命祝致嘏）

（十六·十二）

　　主人獻祝，設席，南面。祝拜于席上，坐受。[一]主人
西面苔拜。[二]薦兩豆菹、醢。[三]佐食設俎，牢、髀、橫
脊一、短脅一、腸一、胃一、膚三，魚一橫之，腊兩髀屬
于尻。[四]祝取菹㨂于醢，祭于豆間。祝祭俎，[五]祭酒，
啐酒，肝牢從。祝取肝，㨂于鹽，振祭，嚌之，不興，加
于俎，卒爵，興。[六]

［一］室中迫狹。

　　〔二〕不言拜送，下尸。

　　〔三〕葵菹，蠃醢。

　　〔四〕皆升下體，祝賤也。魚橫者，四物共俎，殊之也。腊兩髀屬
　　　　　于尻，尤賤，不殊。

　　〔五〕大夫祝俎無肺，祭用膚，遠下尸。不嚌之，膚不盛。

　　〔六〕亦如佐食授爵乃興，不拜既爵，大夫祝賤也。

　　（以上主人獻祝）

（十六·十三）

　　主人酳獻上佐食。上佐食户内牖東北面拜，坐受爵。
主人西面荅拜。佐食祭酒，卒爵，拜，坐授爵〔一〕，興。〔一〕
俎設于兩階之間，其俎：折，一膚。〔二〕主人又獻下佐食，
亦如之。其脊亦設于階間西上，亦折，一膚。〔三〕

　　〔一〕不啐而卒爵者，大夫之佐食賤，禮略。

　　〔二〕佐食不得成禮於室中。折者，擇取牢正體餘骨，折分用之。
　　　　　有脊而無薦，亦遠下尸。

　　〔三〕上佐食既獻則出，就其俎。《特牲記》曰“佐食無事，則中
　　　　　庭北面”，謂此時。

　　（以上主人獻兩佐食，初獻禮竟）

（十六·十四）

　　有司贊者取爵于篚以升，授主婦贊者于房户。〔一〕婦贊

─────────
〔一〕坐授爵　“授”，張敦仁本、阮刻本同，嚴州本作“受”。

者受，以授主婦。主婦洗于房中，出酌，入戶，西面拜，
獻尸。^[二]尸拜受。主婦主人之北，西面拜送爵。^[三]尸祭
酒，卒爵。主婦拜，祝受尸爵，尸荅拜。

[一] 男女不相因。《特牲饋食禮》曰：“佐食卒角，主人受角，降，
　　　反于篚。”

[二] 入戶西面拜，由便也。不北面者，辟人君夫人也。拜而後獻
　　　者，當俠拜也。《昏禮》曰：“婦洗在北堂，直室東隅。”

[三] 拜於主人之北，西面。婦人位在內，此拜於北，則上拜於南
　　　矣，由便也。

（以上主婦獻尸）

（十六·十五）

易爵，洗，酌，授尸。^[一]主婦拜受爵，尸荅拜。上
佐食綏祭。主婦西面于主人之北受祭，祭之。其綏祭如主
人之禮，不嘏，卒爵，拜。尸荅拜。^[二]

[一] 祝出易爵，男女不同爵。

[二] 不嘏，夫婦一體。“綏”亦當作“挼”，古文爲“肵”。

（以上尸酢主婦）

（十六·十六）

主婦以爵出，贊者受，易爵于篚，以授主婦于房
中。^[一]主婦洗，酌，獻祝。祝拜，坐受爵。主婦荅拜于
主人之北。卒爵，不興，坐授主婦。^[二]

　　〔一〕贊者，有司贊者也。易爵，亦以授婦贊者。婦贊者受房戶
　　　　外，入授主婦。

　　〔二〕不俠拜，下尸也。今文曰："祝拜受。"

（以上主婦獻祝）

（十六·十七）

　　主婦受，酌，獻上佐食于戶內。佐食北面拜，坐受
爵。主婦西面荅拜。祭酒，卒爵，坐授主婦。主婦獻下佐
食，亦如之。主婦受爵，以入于房。^{〔一〕}

　　〔一〕不言拜於主人之北，可知也。爵奠於內篚。

（以上主婦獻兩佐食，亞獻禮竟）

（十六·十八）

　　賓長洗爵，獻于尸，尸拜受爵，賓戶西北面拜送爵。
尸祭酒，卒爵。賓拜。祝受尸爵，尸荅拜。

（以上賓長獻尸）

（十六·十九）

　　祝酌，授尸。賓拜受爵。尸拜送爵。賓坐奠爵，遂
拜，執爵以興，坐祭，遂飲，卒爵，執爵以興，坐奠爵，
拜，尸荅拜。

（以上尸酢賓長）

（十六·二十）

賓酌，獻祝。祝拜，坐受爵。賓北面荅拜。祝祭酒，啐酒，奠爵于其筵前。[一]

　　[一] 啐酒而不卒爵[一]，祭事畢，示醉也。不獻佐食，將儐尸，禮殺。

（以上賓長獻祝，終獻禮竟）

（十六·二十一）

主人出，立于阼階上，西面。祝出，立于西階上，東面。祝告曰："利成。"[一] 祝入，尸謖，主人降立于阼階東，西面。[二] 祝先，尸從，遂出于廟門。[三]

　　[一] 利，猶養也。成，畢也。孝子之養禮畢。
　　[二] 謖，起也。謖或作休。
　　[三] 事尸之禮訖於廟門。

（以上祭畢尸出廟）

（十六·二十二）

祝反，復位于室中。主人亦入于室，復位。祝命佐食徹肵俎，降設于堂下阼階南。[一] 司宮設對席，乃四人餕。[二] 上佐食盥，升，下佐食對之，賓長二人備。[三] 司士進一敦黍于上佐食，又進一敦黍于下佐食，皆右之于席

〔一〕 啐酒而不卒爵　"卒"，底本作"啐"，據嚴州本、張敦仁本、阮刻本作改。

上。^[四]資黍于羊俎兩端，兩下是餕。^[五]司士乃辯舉，餕者皆祭黍、祭舉。^[六]主人西面，三拜餕者。餕者奠舉于俎，皆荅拜，皆反，取舉。^[七]司士進一鉶于上餕，又進一鉶于次餕，又進二豆湆于兩下。乃皆食，食舉。^[八]卒食，主人洗一爵，升酌，以授上餕。贊者洗三爵，酌。主人受于戶內，以授次餕，若是以辯。皆不拜，受爵。主人西面三拜餕者。餕者奠爵，皆荅拜，皆祭酒，卒爵，奠爵，皆拜。主人荅壹拜。^[九]餕者三人興，出。^[一〇]上餕止。主人受上餕爵，酌以醋于戶內，西面，坐奠爵，拜。上餕荅拜，坐祭酒，啐酒。^[一一]上餕親嘏，曰：“主人受祭之福，胡壽保建家室。”^[一二]主人興，坐奠爵，拜，執爵以興，坐卒爵，拜。上餕荅拜。上餕興，出，主人送，乃退。^[一三]

[一] 徹胏俎不出門，將儐尸也。胏俎而以儐尸者，其本爲不反魚肉耳。不云尸俎，未歸尸。

[二] 大夫禮，四人餕，明惠大也。

[三] 備四人餕也。三餕亦盙升。

[四] 右之者，東面在南，西面在北。

[五] 資，猶減也。減置於羊俎兩端，則一賓長在上佐食之北，一賓長在下佐食之南。今文“資”作“齊”。

[六] 舉，舉膚。今文“辯”爲“徧”。

[七] 三拜，旅之，示徧也，言反者，拜時或去其席，在東面席者，東面拜，在西面席者，皆南面拜。

[八] 湆，肉汁也。

[九] 不拜受爵者，大夫餕者，賤也。荅壹拜，略也。古文“一”爲“壹”也。

［一〇］出，降實爵于篚，反賓位。

［一一］主人自酢者，上蓋獨止，當尸位，尊不酌也。

［一二］親嘏，不使祝授之，亦以黍。

［一三］送佐食不拜，賤。

（以上蓋）

儀禮卷第十七

儀禮卷第十七

鄭　氏　注

有司第十七

（十七·一）

有司徹。[一]埽堂。[二]司宫攝酒，[三]乃燅尸俎。[四]卒燅，乃升羊、豕、魚三鼎，無腊與膚。乃設扃鼏，陳鼎于門外，如初。[五]乃議侑于賓，以異姓。[六]宗人戒侑。[七]侑出，俟于廟門之外。[八]

［一］徹室中之饋及祝佐食之俎。卿、大夫既祭而賓尸，禮崇也。賓尸則不設饌西北隅，以此薦俎之陳有祭象，而亦足以厭飫神。天子、諸侯，明日祭於祊而繹。《春秋傳》曰"辛巳，有事于大廟，仲遂卒于垂。壬午，猶繹"是也。《爾雅》曰："繹，又祭也。"

［二］爲賓尸新之。《少儀》曰："汎埽曰埽，埽席前曰拚。"

［三］更洗，益整頓之。今文"攝"爲"聶"。

［四］燅，溫也。溫尸俎於爨，肵亦溫焉。獨言溫尸俎，則祝與佐食不與賓尸之禮。古文"燅"皆作"尋"，記或作"燖"。《春秋傳》曰："若可燖也，亦可寒也。"

［五］腊爲庶羞，膚從豕，去其鼎者，賓尸之禮殺於初。如初者，如廟門之外，東方，北面，北上。今文"扃"爲"鉉"，古

文“冪”爲“密”。

［六］議，猶擇也。擇賓之賢者，可以侑尸。必用異姓，廣敬也。
是時主人及賓有司已復内位。古文“侑”皆作“宥”。

［七］戒，猶告也。南面告於其位。戒曰：“請子爲侑。”

［八］俟，待也。待於次，當與尸更入。主人興禮事尸，極敬心也。

（以上將儐尸以選侑）

(十七·二)

　　司宮筵于户西，南面。^[一]又筵于西序，東面。^[二]尸與侑北面于廟門之外，西上。^[三]主人出迎尸，宗人擯。^[四]主人拜，尸答拜。主人又拜侑，侑答拜。主人揖，先入門，右。^[五]尸入門左，侑從，亦左。揖，乃讓。^[六]主人先升自阼階，尸、侑升自西階，西楹西，北面東上。^[七]主人東楹東，北面拜至，尸答拜。主人又拜侑，侑答拜。^[八]

［一］爲尸席也。

［二］爲侑席也。

［三］言與，殊尊卑。北面者，賓尸而尸益卑。西上，統於賓客。

［四］賓客尸而迎之，主人益尊。擯，贊。

［五］道尸。

［六］没霤相揖，至階又讓。

［七］東上，統於其席。

［八］拜至，喜之。

（以上迎尸與侑）

（十七·三）

　　乃舉。[一] 司馬舉羊鼎，司士舉豕鼎、舉魚鼎以入，陳
鼎，如初。[二] 雍正執一匕以從，雍府執二匕以從，司士
合執二俎以從，司士贊者亦合執二俎以從。匕皆加于鼎，
東枋。二俎設于羊鼎西，西縮。二俎皆設于二鼎西，亦西
縮。[三] 雍人合執二俎，陳于羊俎西，並，皆西縮。覆二疏
匕于其上，皆縮俎，西枋。[四]

　　[一] 舉，舉鼎也。舉者不盈，殺也。

　　[二] 如初，如阼階下，西面，北上。

　　[三] 雍正，群吏，掌辨體名肉物者[一]，府，其屬。凡三匕，鼎一
　　　　匕。四俎爲尸、侑、主人、主婦。其二俎設于豕鼎、魚鼎之
　　　　西，陳之宜具也。古文“縮”皆爲“蹙”。

　　[四] 並，併也[二]。其南俎，司馬以羞羊匕湆，羊肉湆。其北俎，
　　　　司士以羞豕匕湆豕肉湆。豕脊，湆魚。疏匕，匕柄有刻飾
　　　　者。古文“並”皆作“併”。

（以上陳鼎階下，設俎俟載）

（十七·四）

　　主人降，受宰几。尸、侑降，主人辭，尸對。[一] 宰授
几，主人受，二手橫執几，揖尸。[二] 主人升，尸、侑升，
復位。[三] 主人西面，左手執几，縮之，以右袂推拂几三，
二手橫執几，進授尸于筵前。[四] 尸進，二手受于手間。[五]

〔一〕 掌辨體名肉物者　“辨”，底本作“辦”，據嚴州本、張敦仁本、阮刻本改。

〔二〕 並併也　“併”，嚴州本同，張敦仁本、阮刻本作“并”。

主人退。尸還几，縮之，右手執外廉，北面奠于筵上，左之，南縮，不坐。^[六]主人東楹東，北面拜。^[七]尸復位，尸與侑皆北面荅拜。^[八]

〔一〕几，所以坐安體。《周禮》“大宰”掌“贊玉几、玉爵”。

〔二〕獨揖尸，几禮主於尸。

〔三〕位，阼階、賓階上位。

〔四〕衣袖謂之袂。推拂，去塵，示新。

〔五〕受從手間，謙也。

〔六〕左之者，異於鬼神。生人陽長左，鬼神陰長右。不坐奠之者，几輕。

〔七〕拜送几也。

〔八〕侑拜者，從於尸。

（以上主人授尸几）

（十七·五）

主人降，洗，尸、侑降。尸辭洗，主人對。卒洗，揖。主人升，尸、侑升。尸西楹西，北面拜洗。主人東楹東，北面奠爵，荅拜。降盥，尸、侑降，主人辭，尸對。卒盥，主人揖，升，尸、侑升。主人坐取爵，酌，獻尸。尸北面拜受爵，主人東楹東，北面拜送爵。^[一]

〔一〕降盥者爲土污手^{〔一〕}，不可酌。

〔一〕降盥者爲土污手　“土”，嚴州本、張敦仁本同，阮刻本作“上”。

（以上主人獻尸爵）

（十七·六）

　　主婦自東房薦韭、菹、醓，坐奠于筵前，菹在西方。婦贊者執昌、菹、醓以授主婦。主婦不興，受。陪設于南，昌在東方。興，取籩于房，麷、蕡坐設于豆西，當外列，麷在東方。婦贊者執白、黑以授主婦。主婦不興，受。設于初籩之南，白在西方，興，退。[一]

　　[一]昌，昌本也。韭、菹、醓、醢、昌本、麋臡。麷，熬麥也。蕡，熬枲實也。白熬稻，黑熬黍。此皆朝事之豆籩。大夫無朝事，而用之賓尸，亦豐大夫之禮。主婦取籩興者，以饌異，親之。當外列，辟鉶也。退，退入房也。

（以上主婦薦籩豆）

（十七·七）

　　乃升。[一]司馬朼羊，亦司馬載。載右體，肩、臂、臑、骼、𩩲，正脊一、脡脊一、橫脊一、短脅一、正脅一、代脅一、腸一、胃一、祭肺一，載于一俎。[二]羊肉湆：𩩲折、正脊一、正脅一、腸一、胃一、嚌肺一，載于南俎。[三]司士朼豕，亦司士載。亦右體，肩、臂、臑、骼、𩩲，正脊一、脡脊一、橫脊一、短脅一、正脅一、代脅一、膚五、嚌肺一，載于一俎。[四]侑俎：羊左肩、左臑、正脊一、脅一、腸一、胃一、切肺一，載于一俎。侑俎：豕左肩折、正脊一、脅一、膚三、切肺一，載于一俎。[五]阼俎：羊肺一、祭肺一，載于一俎。羊肉湆：臂一、脊一、脅一、腸一、胃一、嚌肺一，載于一俎。豕脀，臂一、脊一、脅一、膚三、嚌肺一，載于一俎。[六] 主婦俎：羊左臑、脊一、脅一、腸一、胃一、膚一、嚌羊肺一，載于一俎。[七] 司士朼魚，亦司士載。尸俎五魚，橫載之；侑、主人皆一魚，亦橫載之；皆加膴祭于其上。[八]

［一］升牲體於俎也。

［二］言燅尸俎，復序體者，明所舉肩骼存焉，亦著脊脅皆一骨也。臑在下者，折分之以爲肉湆，貶也。一俎，謂司士所設羊鼎西第一俎。

［三］肉湆，肉在汁中者，以增俎實，爲尸加也。必爲臑折，上所折分者。嚌肺，離肺也。南俎，雍人所設在南者。此以下十一俎，俟時而載，於此歷説之爾。今文"湆"爲"汁"。

［四］臑在下者，順羊也。俎謂雍人所設在北者。

［五］侑俎用左體，侑賤。其羊俎過三體，有肫，尊之加也。豕左肩折，折分爲長兄弟俎也。切肺，亦祭肺，互言之爾。無羊湆，下尸也。豕又祭肺，不嚌肺，不備禮。俎，司士所設，羊鼎西之北俎也。豕俎與尸同。

［六］阼俎，主人俎。無體，遠下尸也。以肺代之，肺尊也。加羊肉湆而有體，崇尸惠，亦尊主人。臂，左臂也。侑用肩，主人用臂，下之也。不言左臂者，大夫尊，空其文也。降於侑羊體一，而增豕膚三，有所屈有所申，亦所謂順而摭也。阼俎，司士所設豕鼎西俎也。其湆俎與尸俎同，豕俎又與尸豕俎同。

［七］無豕體而有膚，以主人無羊體，不敢備也。無祭肺有嚌肺，

亦下侑也，祭肺尊。言嚌羊肺者，文承膚下，嫌也。膚在
羊肺上，則羊豕之體名同相亞也。其俎，司士所設在魚鼎
西者。

[八] 橫載之者，異於牲體，彌變於神。臐，讀如“殷冔”之“冔”。
刌魚時，割其腹以爲大臠也，可用祭也。其俎又與尸豕
俎同。

（以上司馬設羊俎）

（十七·八）

卒升。[一] 賓長設羊俎于豆南。賓降。尸升筵自西方，
坐，左執爵，右取韭、菹，擩于三豆，祭于豆間。尸取㰷、
蕡，宰夫贊者取白、黑以授尸。尸受，兼祭于豆祭。[二]

[一] 卒，已也。已載尸羊俎。
[二] 賓長，上賓。

（以上賓長設俎）

（十七·九）

雍人授次賓疏匕與俎，受于鼎西，左手執俎左廉，縮
之，卻右手執匕枋，縮于俎上，以東面受于羊鼎之西。司
馬在羊鼎之東，二手執桃匕枋以挹湆，注于疏匕，若是者
三。[一] 尸興，左執爵，右取肺，坐祭之，祭酒，興，左
執爵。[二] 次賓縮執匕俎以升，若是以授尸。尸卻手授匕枋，
坐祭，嚌之，興，覆手以授賓。賓亦覆手以受，縮匕于俎
上以降。[三] 尸席末坐，啐酒，興，坐奠爵，拜，告旨，

執爵以興。主人北面于東楹東，荅拜。[四]

[一] 桃謂之歃，讀如"或舂或枕"之"枕"〔一〕，字或作桃者，秦
人語也。此二匕者，皆有淺升，狀如飯橾。桃長枋，可以抒
物於器中者。注，猶寫也。今文"桃"作"枕"，"抯"皆爲
"扱"。

[二] 肺，羊祭肺。

[三] 嚌湇者，明湇肉加耳。嘗之以其汁，尚味。

[四] 旨，美也。拜告酒美，荅主人意。古文曰："東楹之東。"

（以上次賓獻匕及湇）

(十七・十)

司馬羞羊肉湇，縮執俎。尸坐奠爵，興，取肺，坐絶
祭，嚌之，興，反加于俎。司馬縮奠俎于羊湇俎南，乃載
于羊俎，卒載俎，縮執俎以降。[一]

[一] 絶祭，絶肺末以祭〔二〕。《周禮》曰"絶祭"。湇使次賓，肉使
司馬，大夫禮多，崇敬也。

（以上次賓獻羊湇於尸）

(十七・十一)

尸坐執爵以興。次賓羞羊燔，縮執俎，縮一燔于俎上，

〔一〕 讀如或舂或枕之枕 "枕"，張敦仁本、阮刻本同，嚴州本作"枕"。
〔二〕 絶肺末以祭 "末"，阮刻本同，嚴州本、張敦仁本作"未"，非是。

鹽在右。尸左執爵，受燔，擩于鹽，坐振祭，嚌之，興，加于羊俎。賓縮執俎以降。[一] 尸降筵，北面于西楹西，坐卒爵，執爵以興，坐奠爵，拜，執爵以興。主人北面于東楹東荅拜。主人受爵。尸升筵，立于筵末。

[一] 燔，炙。

（以上次賓獻炙於尸）

（十七・十二）

主人酌，獻侑。侑西楹西北面拜受爵。主人在其右，北面荅拜。[一] 主婦薦韭、菹、醢，坐奠于筵前，醢在南方。婦贊者執二邊豑、蕡以授主婦。主婦不興，受之，奠豑于醢南，蕡在豑東。主婦入于房。[二] 侑升筵自北方。司馬橫執羊俎以升，設于豆東。侑坐，左執爵，右取菹，擩于醢，祭于豆間，又取豑、蕡同祭于豆祭，興，左執爵，右取肺，坐祭之，祭酒，興，左執爵。次賓羞羊燔，如尸禮。侑降筵自北方，北面于西楹西，坐卒爵，執爵以興，坐奠爵，拜。主人荅拜。[三]

[一] 不洗者，俱獻，間無事也。主人就右者，賤不專階。
[二] 醢在南方者，立侑爲尸，使正饌統焉。
[三] 荅拜，拜於侑之右。

（以上主人獻侑）

521

　　尸受侑爵，降，洗。侑降，立于西階西，東面。主人
降自阼階，辭洗。尸坐奠爵于篚，興，對，卒洗，主人
升，尸升自西階。主人拜洗。尸北面于西楹西，坐奠爵，
荅拜，降盥，主人降，尸辭，主人對。卒盥，主人升。尸
升，坐取爵，酌。[一]司宮設席于東序，西面。主人東楹
東，北面拜受爵。尸西楹西，北面荅拜。主婦薦韭、菹、
醓，坐奠于筵前，菹在北方。婦贊者執二籩蕢、蕡。主婦
不興，受，設蕢于菹西北，蕡在蕢西。主人升筵自北方，
主婦入于房。[二]長賓設羊俎于豆西。主人坐，左執爵，祭
豆籩，如侑之祭。興，左執爵，右取肺，坐祭之，祭酒，
興。次賓羞匕湆，如尸禮。席末坐啐酒，執爵以興。司馬
羞羊肉湆，縮執俎。主人坐，奠爵于左，興，受肺，坐絕
祭，嚌之，興，反加于湆俎。司馬縮奠湆俎于羊俎西，乃
載之，卒載，縮執虛俎以降。[三]主人坐，取爵以興。次
賓羞燔。主人受，如尸禮。主人降筵自北方，北面于阼階
上，坐卒爵，執爵以興，坐奠爵，拜，執爵以興。尸西楹
西荅拜。主人坐奠爵于東序南。[四]侑升。尸、侑皆北面于
西楹西。[五]主人北面于東楹東，再拜崇酒。[六]尸、侑皆
荅再拜。主人及尸、侑皆升就筵。司宮取爵于篚，以授婦
贊者于房東，以授主婦。[七]主婦洗于房中，出，實爵，尊
南，西面拜獻尸。尸拜于筵上，受。[八]主婦西面于主人之
席北，拜送爵。入于房，取一羊鉶，坐奠于韭、菹西。主
婦贊者執豕鉶以從，主婦不興，受，設于羊鉶之西，興，
入于房，取糗與腶脩，執以出，坐設之，糗在蕢西，脩在
白西，興，立于主人席北，西面。[九]尸坐，左執爵，祭

糗脩，同祭于豆祭，以羊鉶之柶挹羊鉶，遂以挹豕鉶，祭
于豆祭，祭酒。次賓羞豕匕湇，如羊匕湇之禮。尸坐，啐
酒，左執爵，嘗上鉶，執爵以興，坐奠爵，拜。主婦荅
拜。執爵以興。司士羞豕胾。尸坐奠爵，興，受如羊肉湇
之禮，坐取爵，興。次賓羞豕燔。尸左執爵，受燔如羊燔
之禮，坐卒爵，拜。主婦荅拜。

［一］酳者，將酢主人。

［二］設籩于菹西北，亦辟鉶。今文無“二籩”。

［三］奠爵于左者，神惠，變於常也。言受肺者，明有授。言虛俎
　　　者，羊湇俎託於此，虛不復用。

［四］不降奠爵於篚，急崇酒。

［五］見主人不反位，知將與己爲禮。

［六］崇，充也。拜謝尸、侑以酒薄充滿。

［七］房東，房戶外之東。

［八］尊南，西面，拜由便也。

［九］飲酒而有鉶者，祭之餘鉶，無黍、稷，殺也。糗，糗餌也。
　　　腶脩，搗肉之脯。今文“腶”爲“斷”。

（以上主婦獻尸）

(十七·十四)

受爵，酳，獻侑。侑拜受爵。主婦主人之北西面荅
拜。^{［一］}主婦羞糗、脩，坐奠糗于豔南，脩在豔南。侑坐，
左執爵，取糗、脩，兼祭于豆祭。司士縮執豕胾以升。侑
興，取肺，坐祭之。司士縮奠豕胾于羊俎之東，載于羊

俎，卒，乃縮執俎以降。侑興。^[二]次賓羞豕燔，侑受如尸禮，坐卒爵，拜。主婦荅拜。

　　[一] 酌獻者，主婦。今文無“西面”。
　　[二] 豕脅無湆，於侑禮殺。

　　（以上主婦獻侑）

(十七·十五)

　　受爵，酌以致于主人。主人筵上拜受爵。主婦北面于阼階上荅拜。^[一]主婦設二鉶與糗、脩，如尸禮。主人其祭糗脩、祭鉶、祭酒，受豕匕湆，拜，啐酒，皆如尸禮。嘗鉶不拜。^[二]其受豕脅，受豕燔，亦如尸禮。坐卒爵，拜。主婦北面荅拜，受爵。

　　[一] 主婦易位，拜于阼階上，辟併敬。
　　[二] 主人如尸禮，尊也。其異者，不告旨。

　　（以上主婦致爵於主人）

(十七·十六)

　　尸降筵，受主婦爵以降。^[一]主人降，侑降。主婦入于房。主人立于洗東北，西面。侑東面于西階西南。^[二]尸易爵于篚，盥洗爵。^[三]主人揖尸、侑。^[四]主人升。尸升自西階，侑從。主人北面立于東楹東，侑西楹西，北面立。^[五]尸酢。主婦出于房，西面拜受爵。尸北面于侑東荅拜。主婦入于房。司宮設席于房中，南面。主婦立于席西。^[六]婦贊者薦韭、菹、醢，坐奠于筵前，菹在西方。婦人贊者執籩、豆以授婦贊者，婦贊者不興，受，設籩于菹西，豆在籩南。^[七]主婦升筵。司馬設羊俎于豆南。主婦坐，左執爵，右取菹，擩于醢，祭于豆間；又取籩、豆，兼祭于豆祭。主婦奠爵，興，取肺，坐絶祭，嚌之，興，加于俎，坐挩手，祭酒，啐酒。^[八]次賓羞羊燔。主婦興，受燔，如主人之禮。主婦執爵以出于房，西面于主人席北，立卒爵，執爵拜。尸西楹西，北面荅拜。主婦入，立于房。尸、主人及侑皆就筵。^[九]

　　[一] 將酢主婦。

　　[二] 俟尸洗。

　　[三] 易爵者，男女不相襲爵。

　　[四] 將升。

　　[五] 俟尸酌。

　　[六] 設席者，主婦尊。今文曰：“南面立于席西。”

　　[七] 婦人贊者，宗婦之少者。

　　[八] 挩手者于帨，帨，佩巾。《内則》曰，婦人亦“左佩紛帨”。古文“帨”作“説”。

　　[九] 出房立卒爵，宜鄉尊。不坐者，變於主人也，執爵拜，變於男子也。

（以上主婦受尸酢、亞獻，獻禮竟）

（十七·十七）

　　上賓洗爵以升，酌，獻尸。尸拜，受爵。賓西楹西，

北面拜送爵。尸奠爵于薦左。賓降。[一]

> [一] 上賓，賓長也。謂之上賓，以將獻異之，或謂之長賓。奠
> 爵，爵止也。

（以上上賓三獻尸，尸奠爵不舉）

（十七·十八）

主人降，洗觶。尸、侑降。主人奠爵于篚，辭。尸
對。卒洗，揖。尸升，侑不升。[一] 主人實觶酬尸，東楹
東，北面坐奠爵，拜。尸西楹西，北面答拜。坐祭，遂
飲，卒爵，拜。尸答拜。降洗。尸降辭。主人奠爵于篚，
對，卒洗。主人升，尸升。主人實觶，尸拜受爵。主人反
位，答拜。尸北面坐，奠爵于薦左。[二]

> [一] 侑不升，尸禮益殺，不從。
> [二] 降洗者，主人。

（以上主人酢尸）

（十七·十九）

尸、侑、主人皆升筵，乃羞。宰夫羞房中之羞于尸、
侑、主人、主婦，皆右之。司士羞庶羞于尸、侑、主人、
主婦，皆左之。[一]

> [一] 二羞所以盡歡心。房中之羞，其籩則糗餌粉餈，其豆則酏食
> 糝食。庶羞，羊臐豕膮皆有㷩醢。房中之羞，內羞也。內羞

在右，陰也。庶羞在左，陽也。

（以上羞於尸、侑、主人、主婦）

（十七·二十）

主人降，南面拜衆賓于門東，三拜。衆賓門東，北面，皆荅壹拜。[一]主人洗爵，長賓辭。主人奠爵于篚，興，對。卒洗，升，酌，獻賓于西階上。長賓升，拜受爵。主人在其右，北面荅拜。宰夫自東房薦脯、醢，醢在西。司士設俎于豆北，羊骼一、腸一、胃一、切肺一、膚一。[二]賓坐，左執爵，右取肺，擩于醢，祭之，執爵興，取肺，坐祭之，祭酒，遂飲，卒爵，執以興，坐奠爵，拜，執爵以興。主人荅拜，受爵。賓坐，取祭以降，西面坐，委于西階西南。[三]宰夫執薦以從，設于祭東。司士執俎以從，設于薦東。

[一]拜于門東，明少南就之也。言三拜者，衆賓賤，旅之也。衆賓一拜，賤也。卿、大夫尊，賓賤，純臣也，位在門東。古文“壹”爲“一”。

[二]羊骼，羊左骼。上賓一體，賤也。薦與設俎者既，則俟于西序端。古文“骼”爲“胳”。

[三]成祭於上，尊賓也。取祭以降，反下位也。反下位而在西階西南，已獻，尊之。祭，脯肺。

（以上主人獻長賓）

（十七·二十一）

　　衆賓長升，拜受爵，主人苔拜。坐祭，立飲，卒爵，不拜既爵。^[一]宰夫贊主人酌，若是以辯。^[二]辯受爵。其薦脯醢與脊，設于其位。其位繼上賓而南，皆東面。其脊體，儀也。^[三]

　　［一］既，盡也。長賓升者，以次第升受獻。言衆賓長拜，則其餘不拜。

　　［二］主人每獻一人，奠空爵于栚，宰夫酌授於尊南。今文“若”爲“如”，“辯”皆爲“徧”。

　　［三］徧獻乃薦，略之。亦宰夫薦，司士脊。用儀者，尊體盡，儀度餘骨，可用而用之，尊者用尊體，卑者用卑體而已。亦有切肺膚。今文“儀”皆作“膌”，或爲“議”。

　　（以上辯獻衆賓）

（十七·二十二）

　　乃升長賓。主人酌，酢于長賓，西階上北面，賓在左。^[一]主人坐奠爵，拜，執爵以興。賓苔拜。坐祭，遂飲，卒爵，執爵以興，坐奠爵，拜。賓苔拜。賓降。^[二]

　　［一］主人酌自酢，序賓意，賓卑不敢酢。

　　［二］降反位。

　　（以上主人自酢於長賓）

（十七·二十三）

宰夫洗觶以升。主人受酌，降，酬長賓于西階南，北面，賓在左。主人坐奠爵，拜，賓荅拜。坐祭，遂飲，卒爵拜。賓荅拜。^[一]主人洗，賓辭。主人坐，奠爵于篚，對，卒洗，升酌，降，復位。賓拜受爵。主人拜送爵。賓西面坐，奠爵于薦左。

［一］宰夫授主人觶，則受其虛爵，奠于篚。古文“酌”爲“爵”。

（以上主人酬長賓）

（十七·二十四）

主人洗，升酌，獻兄弟于阼階上。兄弟之長升，拜受爵。主人在其右荅拜。坐祭，立飲，不拜既爵。皆若是以辯。^[一]辯受爵，其位在洗東，西面，北上。升受爵，其薦脀設于其位。^[二]其先生之脀，折，脅一、膚一。^[三]其衆，儀也。

［一］兄弟長幼立飲，賤不別。大夫之賓尊於兄弟，宰夫不贊酌者，兄弟以親昵來，不以官待之。

［二］亦辯獻乃薦。既云辯矣，復言升受爵者，爲衆兄弟言也。衆兄弟升不拜受爵，先著其位於上，乃後云薦脀設於其位，明位初在是也。位不繼於主人，而云洗東，卑不統於尊。此薦脀皆使私人。

［三］先生，長兄弟。折，豕左肩之折。

（以上主人獻兄弟）

529

（十七·二十五）

　　主人洗，獻內賓于房中。南面拜受爵。主人南面于其右
荅拜。^[一]坐祭，立飲，不拜既爵。若是以辯，亦有薦脀。^[二]

　　[一] 內賓，姑姊妹及宗婦，獻于主婦之席東。主人不西面，尊不
　　　　與爲賓主禮也。南面於其右，主人之位恒左人。
　　[二] 亦設薦脀於其位。《特牲饋食禮》記曰：內賓立于房中西墉
　　　　下，東面，南上。宗婦北堂，東面，北上。

　　（以上主人獻內賓）

（十七·二十六）

　　主人降洗，升獻私人于阼階上。拜于下，升受，主人
荅其長拜。乃降，坐祭，立飲，不拜既爵，若是以辯。宰
夫贊主人酌。主人於其群私人不荅拜。其位繼兄弟之南，
亦北上，亦有薦脀。^[一]主人就筵。^[二]

　　[一] 私人，家臣，己所自謁除也。大夫言私人，明不純臣也。士
　　　　言私臣，明有君之道。北上，不敢專其位。亦有薦脀，初
　　　　亦北面，在衆賓之後爾。言繼者，以爵既獻爲文。凡獻，
　　　　位定。
　　[二] 古文曰：“升就筵。”

　　（以上主人獻私人均神惠徧）

（十七·二十七）

　　尸作三獻之爵。^[一]司士羞湆魚，縮執俎以升。尸取膴

祭祭之，祭酒，卒爵。^[二]司士縮奠俎于羊俎南，橫載于羊俎，卒，乃縮執俎以降。尸奠爵，拜，三獻北面答拜，受爵，酳，獻侑。侑拜受，三獻北面答拜。司馬羞湆魚一，如尸禮。卒爵，拜，三獻答拜，受爵。^[三]酳致主人。主人拜受爵，三獻東楹東，北面答拜。^[四]司士羞一湆魚，如尸禮。卒爵拜。三獻答拜，受爵。尸降筵，受三獻爵，酳以酢之。^[五]三獻西楹西，北面拜受爵，尸在其右以授之。尸升筵，南面答拜。坐祭，遂飲，卒爵，拜。尸答拜。執爵以降，實于篚。

[一] 上賓所獻爵，不言三獻作之者，賓尸而尸益卑，可以自舉。

[二] 不羞魚匕湆，略小味也。羊有正俎，羞匕湆，肉湆。豕無正俎，魚無匕湆，隆污之殺。

[三] 司馬羞湆魚，變於尸。

[四] 賓拜於東楹東，以主人拜受於席，就之。

[五] 既致主人，尸乃酢之，遂賓意。

（以上賓三獻禮成）

(十七·二十八)

二人洗觶，升實爵，西楹西，北面東上，坐奠爵，拜，執爵以興。尸、侑答拜。坐祭，遂飲，卒爵，執爵以興，坐奠爵，拜。尸、侑答拜。皆降。^[一]洗，升，酳，反位。尸、侑皆拜受爵，舉觶者皆拜送。侑奠觶于右。^[二]尸遂執觶以興，北面于阼階上酬主人，主人在右。^[三]坐奠爵，拜，主人答拜。不祭，立飲，卒爵，不拜既爵。酳，就于阼階上酬主人。^[四]主人拜受爵，尸拜送。^[五]尸就筵，主人以酬侑于西楹西，侑在左。坐奠爵，拜。執爵興，侑荅拜。不祭，立飲，卒爵，不拜既爵，酌，復位。侑拜受，主人拜送。^[六]主人復筵，乃升長賓。侑酬之，如主人之禮。^[七]至于眾賓，遂及兄弟，亦如之，皆飲于上。^[八]遂及私人，拜受者升受，下飲。^[九]卒爵，升酌，以之其位。相酬辯。^[一〇]卒飲者實爵于篚。^[一一]乃羞庶羞于賓、兄弟、內賓及私人。^[一二]

[一] 三獻而禮小成，使二人舉爵，序殷勤於尸、侑。

[二] 奠于右者，不舉也。神惠右不舉，變於飲酒。

[三] 尸拜於阼階上酬，禮殺。

[四] 言就者，主人立待之。

[五] 酬不奠者，急酬侑也。

[六] 言酌復位，明授於西階上。

[七] 遂，旅也。言升長賓，則有贊呼之。

[八] 上，西階上。

[九] 私人之長拜於下，升受兄弟之爵，下飲之。

[一〇] 其位，兄弟南位，亦拜受，拜送，升酌由西階。

[一一] 未受酬者，雖無所旅，猶飲。

[一二] 無房中之羞，賤也。此羞同時羞，則酌房中亦旅。其始，主婦舉酬於內賓，遂及宗婦。

（以上二人舉觶爲旅酬）

（十七·二十九）

兄弟之後生者舉觶于其長。^[一]洗，升酌，降，北面立于阼階南，長在左。坐奠爵，拜，執爵以興，長荅拜。^[二]坐祭，遂飲，卒爵，執爵以興，坐奠爵，拜，執爵以興，長荅拜。洗，升酌，降，長拜受于其位，舉爵者東面荅拜。爵止^[一]。^[三]

> 〔一〕後生，年少也。古文“觶”皆爲“爵”。延熹中，設校書，定作“觶”。
> 〔二〕長在左，辟主人。
> 〔三〕拜受、荅拜不北面者，儐尸，禮殺。長賓言奠，兄弟言止，互相發明，相待也。

（以上兄弟後生舉觶）

（十七·三十）

賓長獻于尸，如初。無湆，爵不止。^[一]

> 〔一〕如初，如其獻侑酌致主人受尸酢也。無湆，爵不止，別不如初者，不使兄弟，不稱加爵，大夫尊也。不用觚，大夫尊者也。

（以上賓長加獻於尸）

（十七·三十一）

賓一人舉爵于尸，如初，亦遂之於下。^[一]

> 〔一〕一人，次賓長者。如初，如二人洗觶之爲也。遂之於下者，遂及賓兄弟，下至于私人。是言亦遂之于下，言上無湆爵不

〔一〕爵止　“止”，底本作“上”，據嚴州本、張敦仁本、阮刻本改。

止，互相發明。

（以上賓一人舉爵於尸，更爲旅酬）

（十七·三十二）

賓及兄弟交錯其酬，皆遂及私人，爵無筭。^[一]

[一] 筭，數也。長賓取觶，酬兄弟之黨，長兄弟取觶，酬賓之黨，唯己所欲，無有次第之數也。

（以上二觶交錯爲無筭爵）

（十七·三十三）

尸出，侑從。主人送于廟門之外，拜，尸不顧。^[一]拜侑與長賓亦如之。衆賓從。^[二]司士歸尸、侑之俎。^[三]主人退，^[四]有司徹。^[五]

[一] 拜送之。

[二] 從者，不拜送也。

[三] 尸侑尊送其家。

[四] 反於寢也。

[五] 徹堂上下之薦俎也。外賓、尸雖堂上，婦人不徹。

（以上儐尸禮畢）

（十七·三十四）

若不儐尸，^[一]則祝、侑亦如之。^[二]尸食，^[三]乃盛

俎，臑、臂、肫、脡脊、横脊、短脅、代脅，皆牢。^[四]魚七，^[五]腊辯，無髀。^[六]卒盛，乃舉牢肩。尸受，振祭，嚌之。佐食受，加于肵。^[七]

[一] 不儐尸，謂下大夫也。其牲物則同，不得備其禮耳。舊説云：謂大夫有疾病，攝昆弟祭。《曾子問》曰："攝主不厭祭，不旅，不假，不綏祭，不配，布奠于賓，賓莫而不舉。"而此備有，似失之矣。

[二] 謂尸七飯時。

[三] 八飯。

[四] 盛者，盛於肵俎也。此七體羊、豕，其脊、脅皆取一骨也，與所舉正脊、幹、骼凡十矣。肩未舉，既舉而俎，猶有六體焉。

[五] 盛半也。魚十有五，而俎其一已舉，必盛半者，魚無足翼，於牲象脊脅而已。

[六] 亦盛半也。所盛者，右體也，脊屬焉。言無髀者，云一純而俎，嫌有之。古文"髀"作"脾"。

[七] 卒，已。

（以上不儐尸者尸八飯後事）

（十七·三十五）

佐食取一俎于堂下以入，奠于羊俎東。^[一]乃摭于魚、腊俎，俎釋三个。其餘皆取之，實于一俎以出。^[二]祝、主人之魚、腊取于是。^[三]尸不飯，告飽。主人拜侑，不言，尸又三飯。^[四]佐食受牢舉，如儐。^[五]

〔一〕不言魚俎東，主于尊。

〔二〕个，猶枚也。魚擩四枚，腊擩五枚。其所釋者，腊則短脅、
　　　正脅、代脅，魚三枚而已。古文"擩"爲"撫"。

〔三〕祝、主人、主婦俎之魚、腊取於此者，大夫之禮文，待神餘
　　　也。三者各取一魚。其腊，主人臂，主婦臑，祝則骼也與？
　　　此皆於鼎側更載焉。不言主婦，未聞。

〔四〕凡十一飯[一]。士九飯，大夫十一飯，其餘有十三飯、十五飯。

〔五〕舉肺脊。

（以上不儐尸者尸十一飯時事）

（十七·三十六）

　　主人洗，酌，酳尸，賓羞肝，皆如儐禮。卒爵，主
人拜，祝受尸爵，尸荅拜。祝酌授尸，尸以醋主人，亦如
儐。其綏祭，其嘏，亦如儐。[一]其獻祝與二佐食，其位、
其薦脀，皆如儐。

〔一〕肝，牢肝也。"綏"皆當作"挼"。挼，讀爲"藏其墮"之
　　　"墮"。古文爲"挼"。

（以上不儐尸者主人初獻與儐尸者正祭初獻同）

（十七·三十七）

　　主婦其洗獻于尸，亦如儐。[一]主婦反取籩于房中，
執棗、糗，坐設之，棗在稷南，糗在棗南。婦贊者執栗、

〔一〕凡十一飯　"一"，底本作"三"，據嚴州本、張敦仁本、阮刻本改。

脯，主婦不興，受，設之，栗在糗東，脯在棗東，主婦興，反位。^[二]尸左執爵，取棗、糗。祝取栗、脯以授尸。尸兼祭于豆祭，祭酒，啐酒。次賓羞牢燔，用俎，鹽在右。尸兼取燔，擩于鹽，振祭，嚌之。祝受，加于肵，卒爵。主婦拜。祝受尸爵。尸荅拜。^[三]祝易爵，洗，酌，授尸。尸以醋主婦。主婦主人之北拜受爵，尸荅拜。主婦反位，又拜。上佐食綏祭，如儐。卒爵，拜，尸荅拜。^[四]主婦獻祝，其酌如儐。拜，坐受爵。主婦主人之北荅拜。^[五]宰夫薦棗、糗，坐設棗于菹西，糗在棗南。祝左執爵，取棗、糗，祭于豆祭，祭酒，啐酒。次賓羞燔，如尸禮。卒爵。^[六]主人受爵，酌，獻二佐食，亦如儐。主婦受爵，以入于房。

［一］自尸、侑不飯告飽至此，與賓同者，在上篇。

［二］棗，饋食之籩。糗，羞籩之實。雜用之，下賓尸也。栗、脯加籩之實也。反位，反主人之北拜送爵位。

［三］自主婦反籩至受加于肵，此異于賓。

［四］主婦夾爵拜，爲不賓尸降崇敬。今文“酢”曰“酌”。

［五］自尸卒爵至此，亦與賓同者，亦在上篇。

［六］内子不薦籩，祝賤，使官可也。自宰夫薦至賓羞燔，亦異于賓。

（以上不儐尸主婦亞獻）

（十七·三十八）

賓長洗爵，獻于尸。尸拜受，賓户西北面荅拜。爵止。^[一]主婦洗于房中，酌，致于主人。主人拜受，主婦戶西北面送爵。司宮設席。^[二]主婦薦韭、菹、醢，坐設于席前，菹在北方。婦贊者執棗、糗以從，主婦不興，受，設棗于菹北，糗在棗西。佐食設俎，臂、脊、脅、肺，皆牢，膚三、魚一、腊臂。^[三]主人左執爵，右取菹，㨎于醢，祭于豆間，遂祭籩，奠爵，興，取牢肺，坐絕祭，嚌之，興，加于俎，坐挩手，祭酒，執爵以興，坐卒爵，拜。^[四]主婦荅拜，受爵，酌以醋，戶內北面拜。^[五]主人荅拜。卒爵，拜。主人荅拜。主婦以爵入于房。尸作止爵，祭酒，卒爵。賓拜。祝受爵。尸荅拜。^[六]祝酌授尸。賓拜受爵，尸拜送。坐祭，遂飲，卒爵，拜。尸荅拜。獻祝及二佐食。洗，致爵于主人。^[七]主人席上拜受爵，賓北面荅拜。坐祭，遂飲，卒爵，拜。賓荅拜。受爵，酌，致爵于主婦。主婦北堂。司宮設席，東面。^[八]主婦席北，東面拜受爵，賓西面荅拜。^[九]婦贊者薦韭、菹、醢，菹在南方。婦人贊者執棗、糗，授婦贊者，婦贊者不興，受，設棗于菹南，糗在棗東。^[一〇]佐食設俎于豆東，羊臑、豕折、羊脊、脅、祭肺一、膚一、魚一、腊臑。^[一一]主婦升筵，坐，左執爵，右取菹，㨎于醢，祭之，祭籩，奠爵，興，取肺，坐絕祭，嚌之，興，加于俎，坐挩手，祭酒，執爵興，筵北東面立卒爵，拜。^[一二]賓荅拜。賓受爵，易爵于篚，洗，酌，醋于主人，戶西北面拜，主人荅拜。卒爵，拜，主人荅拜。賓以爵降奠于篚。^[一三]乃羞。宰夫羞房中之羞，司士羞庶羞于尸、祝、主人、主婦，內羞在右，庶羞在左。

[一]尸止爵者，以三獻禮成，欲神惠之均。於室中，是以奠

而待之。

［二］拜受乃設席，變於士也。

［三］臂，左臂也。特牲五體，此三者，以其牢與腊臂而七，牢腊
　　俱臂，亦所謂腊如牲體。

［四］無從者，變於士也。亦所謂順而摭也。

［五］自酢不更爵，殺。

［六］作止爵乃祭酒，亦變於士。自爵止至作止爵，亦異於賓。

［七］洗致爵者，以承佐食賤，新之。

［八］北堂，中房以北。東面者，變於士妻。賓尸不變者，賓尸禮
　　異矣。內子東面，則宗婦南面，西上。內賓自若東面，南上。

［九］席北，東面者，北屬下。

［一〇］婦人贊者，宗婦之弟婦也。今文曰“婦也，贊者執棗、
　　　糗，授婦贊者，不興，受”。

［一一］豕折，豕折骨也。不言所折，略之。《特牲》主婦觳折，
　　　豕無脊、脅，下主人。羊、豕四體，與腊臂而五。

［一二］立飲拜既爵者，變於大夫。

［一三］自賓及二佐食至此，亦異於賓。

（以上不儐尸者賓長三獻）

（十七·三十九）

　主人降，拜眾賓，洗，獻眾賓。其薦脀，其位，其酬
醋，皆如儐禮。主人洗，獻兄弟與內賓，與私人，皆如儐
禮。其位，其薦脀，皆如儐禮。卒，乃羞于賓、兄弟、內
賓及私人，辯。[一]

〔一〕自乃羞至私人之薦脀，此亦與儐同者，在此篇。不儐尸，則
　　祝猶侑耳。卒，已也。乃羞者，羞庶羞。

（以上不儐尸三獻後，主人徧獻堂下，並內賓之事）

（十七·四十）

　　賓長獻于尸，尸醋。獻祝，致，醋。賓以爵降，實
于篚。〔一〕

〔一〕致，謂致爵于主人、主婦。不言如初者，爵不止，又不及
　　佐食。

（以上不儐尸者次賓長爲加爵）

（十七·四十一）

　　賓、兄弟交錯其酬〔一〕，無筭爵。〔一〕

〔一〕此亦與儐同者，在此篇。

（以上不儐尸旅酬無筭爵）

（十七·四十二）

　　利洗爵，獻于尸。尸醋。獻祝。祝受，祭酒，啐酒，
奠之。〔一〕主人出，立于阼階上，西面。祝出，立于西階
上，東面。祝告于主人曰：“利成。”祝入，主人降，立于

〔一〕兄弟交錯其酬　“錯”，張敦仁本、阮刻本同，嚴州本作“醋”。

阼階東，西面。尸謖。祝前^{〔一〕}，尸從，遂出于廟門。祝反，復位于室中。祝命佐食徹尸俎，佐食乃出尸俎于廟門外。有司受，歸之。徹阼薦俎。^{〔二〕}

〔一〕利獻不及主人，殺也。此亦異於賓。

〔二〕自主人出至此，與賓雜者也。先薦徹主人薦俎者，變于士。《特牲饋食禮》曰：“徹阼俎豆籩，設于東序下。”

（以上不儐尸者禮終尸出）

（十七·四十三）

乃養，如儐。^{〔一〕}

〔一〕謂上篇自司宮設對席，至上餕興出也^{〔二〕}。古文“養”作“餕”。

（以上養）

（十七·四十四）

卒養，有司官徹饋，饌于室中西北隅，南面，如饋之設，右几，厞用席。^{〔一〕}納一尊于室中。^{〔二〕}司宮埽祭。^{〔三〕}主人出，立于阼階上，西面。祝執其俎以出，立于西階上，東面。司宮闔牖户。^{〔四〕}祝告利成，乃執俎以出于廟門外，有司受，歸之。衆賓出。主人拜送于廟門外，乃反。^{〔五〕}婦人乃徹，^{〔六〕}徹室中之饌。^{〔七〕}

〔一〕祝前　“祝”，底本作“祀”，嚴州本同，據張敦仁本、阮刻本改。

〔二〕至上餕興出也　“上”，底本作“此”，據嚴州本、張敦仁本、阮刻本改。

［一］官徹饋者，司馬、司士舉俎，宰夫取敦及豆。此於尸謖改饌，當室之白，孝子不知神之所在，庶其饗之於此，所以爲厭飫。不令婦人改徹饌敦豆，變於始也，尚使官也。佐食不舉羊、豕俎，親餕尊也。扉，隱也。古文“右”作“侑”，“扉”作“茀”。

［二］陽厭殺，無玄酒。

［三］塸豆間之祭。舊説云：“埋之西階東。”

［四］閉牖與户，爲鬼神，或者欲幽闇。

［五］拜送賓者，亦拜送其長。不言長賓者，下大夫無尊賓也。

［六］徹祝之薦及房中薦俎，不使有司者，下上大夫之禮。

［七］有司饌之，婦人徹之，外内相兼，禮殺。

（以上不儐尸者爲陽獻）

圖書在版編目（CIP）數據

儀禮注 /（東漢）鄭玄注 ; 闞海整理 . — 北京 : 商務印
書館, 2023
（十三經漢魏古注叢書）
ISBN 978－7－100－21467－4

Ⅰ.①儀… Ⅱ.①鄭… ②闞… Ⅲ.①禮儀— 中國—
古代 ②《儀禮》— 注釋 Ⅳ.① K892.9

中國版本圖書館 CIP 數據核字（2022）第 128056 號

封面題簽　陳建勝

特約審讀　李夢生

儀　禮　注

〔東漢〕鄭　玄　注
闞　海　整理

商　務　印　書　館　出　版
（北京王府井大街 36 號　郵政編碼 100710）
商　務　印　書　館　發　行
蘇州市越洋印刷有限公司印刷
ISBN　978－7－100－21467－4

2023 年 3 月第 1 版　　　開本 890×1240　1/32
2023 年 3 月第 1 次印刷　　印張 17.5

定價 : 98.00 元